Das Böse

Es ist wie ein Albtraum, der Platte City in Nebraska heimsucht - doch es ist Wirklichkeit: Vermisste Jungen werden ermordet aufgefunden, wie kleine Märtyrer mit einem in die Haut eingeritzten Kreuz und zur letzten Ölung gesalbt. Sheriff Nick Morelli steht vor einer schweren Aufgabe. Er braucht Hilfe - und erhält sie von der attraktiven Maggie O'Dell, einer routinierten Profilerin des FBI. Noch immer hat sie mit dem Trauma ihres letzten Falles zu kämpfen. Doch das muss sie jetzt vergessen, wenn sie mit Nick zusammen das Profil dieses wahnsinnigen Mörders erstellen will. Ein Mörder, der von der heiligen Richtigkeit seines Handelns überzeugt ist und bereits den nächsten Jungen entführt hat ...

Alex Kava präsentiert in ihrem Debütroman ein atemberaubend spannendes Szenario um rituelle Kindermorde und die dunkelsten Seiten der menschlichen Psyche!

Die Handlung und Figuren dieses Romans sind frei erfunden. Ähnlichkeiten mit lebenden oder verstorbenen Personen sind nicht beabsichtigt und wären rein zufällig.

Alex Kava

Das Böse

Roman

MIRA® TASCHENBUCH
Band 25001
1. Auflage: Juni 2002

MIRA® TASCHENBÜCHER
erscheinen in der Cora Verlag GmbH & Co. KG,
Axel-Springer-Platz 1, 20350 Hamburg
Deutsche Erstveröffentlichung

Titel der nordamerikanischen Originalausgabe:
A Perfect Evil
Copyright © 2000 by S. M. Kava
erschienen bei: Mira Books, Toronto
Published by arrangement with
Harlequin Enterprises II B.V., Amsterdam

Übersetzung: Margret Krätzig
Konzeption/Reihengestaltung: fredeboldpartner.network, Köln
Umschlaggestaltung: pecher und soiron, Köln
Titelabbildung und Autorenfoto: © by Harlequin Enterprise S.A., Schweiz
Satz: Berger Grafikpartner GmbH, Köln
Druck und Bindearbeiten: Elsnerdruck, Berlin
Printed in Germany
ISBN 3-89941-001-7

Alle Rechte, einschließlich das des vollständigen oder
auszugsweisen Nachdrucks in jeglicher Form, sind vorbehalten.

Der Preis dieses Bandes versteht sich einschließlich
der gesetzlichen Mehrwertsteuer.

PROLOG

Nebraska Staatsgefängnis
Lincoln, Nebraska,
Mittwoch, 17. Juli

„Segne mich, Vater, denn ich habe gesündigt." Ronald Jeffreys rauer Singsang ließ die Formulierung der Beichte eher wie eine Herausforderung klingen.

Pater Stephen Francis starrte auf Jeffreys' Hände, gebannt von den breiten Knöcheln, den gedrungenen Fingern und den abgekauten Nägeln. Die Finger drehten – nein, strangulierten – die Enden seines blauen Anstaltshemdes. Der alte Priester stellte sich vor, wie diese Finger zupackten, drückten und das Leben aus dem kleinen Bobby Wilson würgten.

„Fängt man so an?"

Jeffreys' Stimme erschreckte den Geistlichen. „So war es gut", bestätigte er rasch.

Seine schweißnasse Hand klebte an der in Leder gebundenen Bibel. Der Kragen war ihm plötzlich zu eng. In der Beobachtungskammer für die Zeugen der Vollstreckung war nicht genügend Luft für sie beide. Graue Betonwände schlossen sie ein, unterbrochen nur von einer winzigen Fensteröffnung, hinter der schwarze Nacht lag. Der durchdringende Geruch nach grünem Pfeffer und Zwiebeln ekelte den alten Priester. Er blickte auf die Reste von Jeffreys' Henkersmahlzeit, verstreute Pizzakruste und Pfützen klebriger Cola. Eine Fliege summte über Krumen, die einmal zu einem Käsekuchen gehört hatten.

„Was jetzt?" fragte Jeffreys und wartete auf Anweisungen.

Pater Francis konnte nicht mehr denken, nicht unter Jeffreys' starrem Blick, nicht bei der lärmenden Menge draußen vor dem Gefängnis und unten auf dem Parkplatz. Je näher Mitternacht rückte, je mehr Wirkung der Alkohol zeigte, desto lauter dröhnten die Sprechchöre. Es war ein rüdes Lärmen, eine morbide Verbrüderungsparty im Freien. *„Schmore, Jeffreys, schmore!"* immer wieder, wie ein Kinderreim, wie Anfeuerungsgesänge, melodisch, ansteckend, krank und Angst einflößend.

Jeffreys schien gegen den Lärm immun zu sein. „Ich bin mir nicht sicher, dass ich noch weiß, wie das geht. Was kommt jetzt?"

Ja, was kam jetzt? Pater Francis war völlig leer im Kopf. Fünfzig Jahre hatte er die Beichte abgenommen, und nun war sein Kopf leer. „Deine Sünden", presste er hervor, da ihm die Kehle wie zugeschnürt war. „Beichte mir deine Sünden."

Jetzt war es Jeffreys, der zögerte. Er glättete den Saum seines Hemdes, wickelte sich einen Faden um den Zeigefinger und zog so fest, dass die Fingerkuppe dunkelrot anlief. Der Priester warf einen Blick auf den Mann, der zusammengesunken auf dem Stuhl mit der hohen Rückenlehne saß. Er war nicht mehr derselbe wie auf den körnigen Zeitungsfotos oder in den kurzen Fernseheinblendungen. Haare und Bart geschoren, wirkte Jeffreys nackt, eher schüchtern und jünger als sechsundzwanzig. In den sechs Jahren im Todestrakt hatte er Gewicht zugelegt, trotzdem wirkte er noch jungenhaft. Plötzlich machte es Pater Francis traurig, dass dieses glatte Gesicht niemals Runzeln oder Lachfalten bekommen würde. Doch dann blickte Jeffreys auf und musterte ihn mit kalten blauen Augen, eisig blau, wie Glas – scharfes Glas –, leer und transparent. Ja, so sah das Böse aus. Der Priester senkte den Blick und wandte den Kopf ab. „Beichte mir deine Sünden", wiederholte er, enttäuscht über das Zittern seiner Stimme. Er konnte nicht atmen. Hatte Jeffreys absichtlich alle Luft aus dem Raum gesogen? Er räusperte sich und fügte hinzu: „Die Sünden, die du aufrichtig bereust."

Jeffreys sah ihn unverwandt an und stieß plötzlich ein bellendes Lachen aus. Pater Francis zuckte zusammen, und Jeffreys lachte noch lauter. Verunsichert schloss der Priester die Finger fester um die Bibel, während er Jeffreys' Hände beobachtete. Warum hatte er nur darauf bestanden, dass der Wachmann die Handschellen entfernte? Selbst Gott konnte die Dummen nicht retten. Schweißtropfen rannen Pater Francis den Rücken hinab. Er dachte daran zu fliehen, sich in Sicherheit zu bringen, ehe Jeffreys erkannte, dass ihn ein zusätzlicher Mord auch nicht mehr kosten würde. Doch die Tür war von außen verschlossen.

Das Lachen hörte so unvermutet auf, wie es begonnen hatte. Stille. „Sie sind wie alle anderen." Die mit tiefer, gutturaler Stimme vorgetragene Anschuldigung kam eiskalt aus seinem Inneren. Und doch lächelte Jeffreys, wobei er kleine scharfe Zähne zeigte, die Schneidezähne länger als der Rest. „Sie erwarten von mir, dass ich etwas gestehe, was ich nicht getan habe." Mit beiden Händen riss er langsam sein Hemd von unten ein, sodass schmale Streifen entstanden. Das Reißgeräusch war nervtötend.

„Ich verstehe nicht, was du meinst." Pater Francis griff sich an den Hals, um den Kragen zu öffnen, und bemerkte entsetzt, dass ihm die Hände zitterten. „Ich war der Meinung, dass du einen Priester verlangt hast, weil du die Beichte ablegen willst."

„Ja ... Ja, das will ich." Er sprach wieder in diesem Singsang und zögerte kurz. „Ich habe Bobby Wilson umgebracht", gestand er so emotionslos, als gäbe er eine Imbissbestellung auf. „Ich habe ihm die Hände ... die Finger um die Kehle gelegt. Zuerst hat er so ein gurgelndes Geräusch gemacht, dann ein würgendes und dann nichts mehr." Er sprach mit gedämpfter Stimme, zurückhaltend, fast klinisch nüchtern – eine gut einstudierte Rede. „Er hat nur ein bisschen gezappelt. Ein Schlappschwanz, wirklich. Ich denke, er wusste, dass er sterben würde. Er hat sich nicht groß gewehrt. Nicht mal, als ich ihn gevögelt habe." Er verstummte, sah Pater

Francis auf der Suche nach Anzeichen von Schockierung an und lächelte, als er sie entdeckte.

„Ich habe gewartet, bis er tot war, ehe ich ihn aufgeschlitzt habe. Er hat nichts gemerkt, deshalb habe ich immer weiter gemacht. Dann habe ich ihn noch mal gevögelt." Er neigte den Kopf leicht zur Seite, plötzlich abgelenkt. Nahm er schließlich doch Notiz von der Feier da draußen?

Pater Francis wartete. Hörte Jeffreys etwa das heftige Pochen seines Herzens? Es schlug ihm wild in der Brust und verriet ihn wie das Zittern seiner Hände.

„Ich habe schon mal gebeichtet", fuhr Jeffreys fort. „Gleich, nachdem es passiert war, aber der Priester ... sagen wir, er war ein bisschen überrascht. Jetzt beichte ich vor Gott, verstehen Sie? Ich beichte, dass ich Bobby Wilson umgebracht habe." Er riss weiter sein Hemd in Streifen, jetzt in raschen, ruckartigen Bewegungen. „Aber den anderen beiden Jungs habe ich nichts getan. Haben Sie mich verstanden?" Er hob plötzlich die Stimme. „Ich habe weder den Harper- noch den Paltrow-Jungen umgebracht."

Stille. Dann verzog Jeffreys die Lippen plötzlich zu einem verschlagenen Lächeln. „Aber das weiß Gott ja schließlich. Richtig, Pater?"

„Gott kennt die Wahrheit", erwiderte Pater Francis, versuchte in die kalten blauen Augen zu sehen, und konnte es nicht. Was wenn sich in seinen die eigenen Schuldgefühle spiegelten?

„Sie wollen mich töten, weil sie mich für einen Serienmörder halten, der kleine Jungs umbringt!" spie Jeffreys geradezu aus. „Ich habe Bobby Wilson umgebracht, und es hat mir Spaß gemacht. Vielleicht verdiene ich, dafür zu sterben. Aber Gott weiß, dass ich diese anderen Jungs nicht angefasst habe. Irgendwo da draußen läuft immer noch ein Monster rum, Pater." Wieder dieses schiefe Lächeln. „Und das ist noch gemeiner als ich."

Unten am Flur schlug Metall auf Metall. Pater Francis zuckte zusammen, und seine Bibel fiel zu Boden. Diesmal lachte Jeffreys nicht. Der alte Priester hielt seinem Blick stand, doch keiner von beiden traf Anstalten, die Bibel aufzuheben. Kamen sie, um Jeffreys abzuholen? Es schien zu früh zu sein, doch mit einem Aufschub der Exekution wurde nicht gerechnet.

„Bereust du deine Sünden, mein Sohn?" fragte Pater Francis im Flüsterton, als befände er sich wieder im Beichtstuhl in St. Margaret.

Ja, da waren Schritte auf dem Flur, die näher kamen. Der Augenblick war gekommen. Jeffreys saß wie gelähmt da und lauschte dem sich nähernden Klack-Klack der Stiefelabsätze.

„Bereust du deine Sünden?" fragte Pater Francis wieder, diesmal eindringlicher, fast im Befehlston. O lieber Gott, es war so schwer zu atmen. Die Sprechchöre vom Parkplatz wurden immer lauter und drängten sich durch das verschlossene Fenster.

Jeffreys merkte auf. Wieder sah er Pater Francis in die Augen. Die Schlösser öffneten sich knarrend, und das Geräusch hallte von den Betonwänden zurück. Jeffreys zuckte zusammen, fing sich jedoch rasch wieder und erhob sich mit gestrafften Schultern. Hatte er Angst? Pater Francis blickte ihm forschend in die Augen, konnte außer ihrem Stahlblau jedoch nichts entdecken.

„Bereust du deine Sünden?" versuchte er es noch einmal, da er ohne das Eingeständnis der Reue keine Absolution erteilen konnte.

Die Tür ging auf und sog auch die verbliebene Luft noch hinaus. Breitschultrige Wachmänner versperrten den Eingang.

„Es ist Zeit", sagte einer von ihnen.

„Es ist Showtime, Pater." Jeffreys versuchte ein zähneknirschendes Lächeln. Die stechenden blauen Augen blickten leer. Er wandte sich den drei Uniformierten zu und streckte ihnen die Handgelenke hin.

Pater Francis zuckte, als die Fesseln zuschnappten. Dann lauschte er dem Klacken der Stiefelabsätze, gefolgt von Mitleid erregenden Schleif- und Klirrgeräuschen, die sich den Flur hinunter entfernten.

Abgestandene Luft sickerte durch die offene Tür herein, kühlte ihm die feuchte, klebrige Haut und ließ ihn leicht frösteln. Gierig sog er japsend die Luft ein, behindert durch asthmatische Kurzatmigkeit. Schließlich legte sich der Sturm in seiner Brust, zurück blieben Schmerzen und Enge.

„Gott steh Ronald Jeffreys bei", flüsterte Pater Francis vor sich hin.

Zumindest hatte Jeffreys die Wahrheit gesagt. Er hatte nicht alle drei Jungen getötet. Pater Francis wusste das. Nicht weil Jeffreys es beteuert hatte, sondern weil ihm vor drei Tagen ein gesichtsloses Monster durch das schwarze Gitter des Beichtstuhles in St. Margaret die Morde an Aaron Harper und Eric Paltrow gestanden hatte. Doch wegen des Beichtgeheimnisses durfte er das keiner Menschenseele anvertrauen.

Nicht mal Ronald Jeffreys.

1. KAPITEL

Fünf Meilen außerhalb Platte City, Nebraska,
Freitag, 24. Oktober
Nick Morrelli wünschte, die Frau unter ihm wäre weniger stark geschminkt. Natürlich war das absurd. Er lauschte ihrem leisen Stöhnen – eigentlich mehr einem Schnurren. Wie eine Katze schmiegte sie sich an ihn und rieb ihre weichen Schenkel an seinen. Sie war mehr als bereit für ihn, und trotzdem konnte er nur an den

blauen, auf ihre Lider geschmierten Puder denken. Obwohl das Licht gelöscht war, sah er ihn wie fluoreszierende Leuchtfarbe vor seinem inneren Auge.

„O Baby, dein Körper ist so straff", gurrte sie ihm ins Ohr und ließ die langen Fingernägel seine Arme hinauf und über den Rücken gleiten.

Er rollte sich zur Seite, ehe sie entdecken konnte, dass durchaus nicht alles an ihm straff war. Was war bloß los mit ihm? Er musste sich konzentrieren, knabberte an ihrem Ohrläppchen, küsste ihr den Nacken und bewegte sich dorthin, wo er sein wollte. Instinktiv fand er ihre Brust und bedeckte sie mit feuchten Küssen. Angie stöhnte leise, als er mit der Zunge die Brustspitze berührte. Er liebte diese Reaktionen, das kurze, heftige Einatmen, das leise Stöhnen, und erwartete sie, ehe er an der Brustspitze sog. Angie bog erschauernd den Rücken durch. Er presste sie an sich und spürte den weichen bebenden Körper in seinen Armen. Gewöhnlich genügte das, ihn auf Touren zu bringen. Heute nicht.

Allmächtiger, verlor er seine Potenz? Unmöglich, für solche Probleme war er zu jung. Schließlich wurde er erst in vier Jahren vierzig.

An welchem Punkt seines Lebens hatte er überhaupt angefangen, sein Alter nach der Entfernung vom vierzigsten Geburtstag zu definieren?

„Darling, nicht aufhören!"

Er hatte nicht einmal gemerkt, dass er *aufgehört* hatte. Ungeduldig bewegte sie die Hüften in einem sinnlichen Rhythmus langsam auf und ab. Ja, sie war eindeutig bereit, und er ebenso eindeutig nicht. Er wünschte, Frauen würden ihn beim Namen nennen und nicht Baby, Darling, Schatz, oder wie auch immer. Hatten Frauen etwa auch Angst, in so intimen Situationen den falschen Namen zu sagen?

13

Ihre Finger krallten sich in sein dichtes kurzes Haar. Sie riss daran, und der Schmerz überraschte ihn. Dann zog sie sein Gesicht wieder auf ihre Brüste herab. Im schwachen Licht erkannte er ein schiefes Dreieck gebräunter Haut. Was war bloß los mit ihm? Eine schöne Blondine wollte ihn. Warum erregte ihr atemloses Verlangen ihn nicht? Er musste sich konzentrieren und nicht so mechanisch und routiniert vorgehen. Er würde das mit Fingern und Zunge kompensieren. Schließlich hatte er einen Ruf zu verlieren.

Lachend und knabbernd bewegte er sich ihren Körper hinab. Angie wand sich unter ihm, schmiegte sich an und holte keuchend Atem, ehe er mit den Zähnen ihren Spitzenslip packte. Küssend arbeitete er sich zur Innenseite ihrer Schenkel vor. Ein Geräusch ließ ihn stutzen, und er lauschte angestrengt unter der Bettdecke.

„Nein, bitte nicht aufhören!" beschwerte sie sich und zog ihn wieder an sich.

Da war es wieder. Ein Klopfen. Jemand war an der Haustür.

„Ich bin gleich zurück." Nick schob sacht ihre Hände fort und stolperte aus dem Bett. Beim Auswickeln aus den Laken wäre er fast gefallen. Während er in die Jeans sprang, sah er die Uhr auf dem Nachttisch – 22.36 Uhr.

Er kannte jedes Knarren der Treppe und ging aus alter Gewohnheit im Dunkeln auf Zehenspitzen hinunter, obwohl seine Eltern seit über fünf Jahren nicht mehr in dem alten Farmhaus lebten.

Das Pochen war jetzt lauter und drängender.

„Warten Sie eine Minute!" rief er ungeduldig und doch erleichtert über die Störung.

Als Nick die Tür öffnete, erkannte er den Sohn von Hank Ashford, erinnerte sich jedoch nicht an seinen Namen. Der Junge war sechzehn oder siebzehn, Linebacker seines Footballteams und gebaut, als könnte er zwei bis drei gegnerische Spieler gleichzeitig wegdrücken. Doch wie der Junge heute Abend auf seiner Veranda stand, wirkte er jämmerlich, die Hände tief in den Taschen vergraben, der Blick wild, das Gesicht blass. Er fröstelte trotz der Schweißperlen auf seiner Stirn.

„Sheriff Morrelli, Sie müssen kommen ... zur Old Church Road ... bitte, Sie müssen ...“

„Wurde jemand verletzt?“ Die frische Nachtluft stach wie tausend Nadeln auf seiner Haut. Ein gutes Gefühl.

„Nein, es ist nicht ... er ist nicht verletzt ... o Gott, Sheriff, es ist so schrecklich!“ Der Junge blickte zu seinem Wagen. Nick bemerkte das Mädchen auf dem Vordersitz. Trotz der Blendung durch die Scheinwerfer sah er, dass es weinte.

„Was ist los?“ wollte er wissen, wonach der Junge sprachlos die Arme vor der Brust verschränkte und das Gewicht einige Male von einem Bein auf das andere verlagerte.

Was für ein blödes Spiel hatten sie diesmal ausgeheckt? Letzte Woche hatte sich eine Gruppe Jungs mit einigen von Jake Turners Geländewagen ein Wettrennen geliefert. Der Verlierer war in einen Graben voller Regenwasser gestürzt. Er hatte von Glück sagen können, dass er mit gebrochenen Rippen und der milden Strafe, zwei Footballspiele aussetzen zu müssen, davongekommen war.

„Was zum Teufel ist diesmal passiert?“ brüllte Nick den zitternden Jungen an.

„Wir haben ... unten an der Old Church Road ... im hohen Gras. O Gott, wir haben ... wir haben einen Körper gefunden.“

„Einen Körper?“ Nick war nicht sicher, ob er ihm glauben durfte. „Du meinst, einen toten Körper?“ War der Junge betrunken? Oder vollgedröhnt?

Der Junge nickte, Tränen in den Augen. Er wischte sich mit dem Ärmel seines Sweatshirts über das Gesicht, blickte von Nick zu seiner Freundin und wieder zu Nick.

„Warte 'ne Minute."

Nick ging ins Haus zurück und ließ die Fliegendrahttür zuschlagen. Wahrscheinlich hatten die sich das eingebildet. Oder es war ein vorgezogener Halloween-Streich. Die waren auf einer Party gewesen und jetzt wahrscheinlich beide voll. Er zog seine Stiefel an, ohne Socken, nahm das Hemd vom Sofa, wo er es vorhin hingeworfen hatte, und ärgerte sich, dass ihm beim Zuknöpfen die Finger zitterten.

„Nick, was ist los?"

Die Stimme vom oberen Treppenabsatz überraschte ihn. Er hatte Angie völlig vergessen. Gerade aus dem Bett gestiegen, umspielte das lange blonde Haar ihre Schultern. Das blaue Augenmake-up war aus dieser Entfernung kaum zu sehen. Sie trug eins seiner T-Shirts. Vor dem schwachen Licht aus dem Flur wirkte es durchsichtig. Als er jetzt zu ihr aufsah, konnte er nicht mehr nachvollziehen, warum er erleichtert gewesen war, von ihr wegzukommen.

„Ich muss etwas überprüfen."

„Wurde jemand verletzt?"

Das klang eher neugierig als besorgt. Lechzte sie nach ein bisschen Klatsch, damit sie die Gäste, die ihren Morgenkaffee in Wandas Diner tranken, unterhalten konnte?

„Ich weiß es nicht."

„Hat jemand den kleinen Alverez gefunden?"

Allmächtiger, daran hatte er überhaupt nicht gedacht. Der Junge wurde seit Sonntag vermisst. Er war verschwunden, einfach so, ehe er seine Runde als Zeitungsausträger begonnen hatte.

„Nein, ich glaube nicht", erwiderte Nick. Sogar das FBI glaubte, dass der Junge von seinem Vater mitgenommen worden war, den sie immer noch suchten. Es war ein schlichter Fall von Sorgerechtsstreit. Und das hier war ein schlichter Fall von übermütigen, Streiche spielenden Teenagern.

„Es dauert vielleicht eine Weile, aber du kannst gerne bleiben."

Er schnappte sich die Schlüssel seines Jeeps und fand den jungen Ashford auf den Verandastufen sitzend, die Hände vors Gesicht geschlagen.

„Gehen wir." Sacht zog Nick ihn hoch. „Ihr zwei solltet bei mir einsteigen."

Nick wünschte, er hätte sich die Zeit genommen, Unterwäsche anzuziehen. Jedes Mal, wenn er die Kupplung trat und den Gang einlegte, kratzte ihn die Jeans. Um alles noch schlimmer zu machen, war die Old Church Road vom Regen der Vorwoche mit tiefen Pfützen übersät. Kiesel sprangen gegen die Karosserie, während er in Schlangenlinien die tiefen Löcher umfuhr.

„Was genau habt ihr zwei hier draußen zu suchen?" Sobald er die Frage gestellt hatte, erkannte er das Offensichtliche. Er musste nicht mehr siebzehn sein, um sich an die Vorzüge einer alten verlassenen Schotterpiste zu erinnern. „Schon okay", fügte er hinzu, ehe einer von beiden antworten konnte. „Sagt mir einfach nur, wohin ich fahren muss."

„Noch etwa eine Meile, gleich hinter der Brücke. Da verläuft ein Weideweg am Fluss entlang."

„Sicher, okay."

Ihm fiel auf, dass der junge Ashford nicht mehr stammelte. Vielleicht wurde er allmählich nüchtern. Das Mädchen hingegen, das zwischen ihm und dem Jungen saß, sprach kein Wort.

Nick verlangsamte das Tempo, als der Jeep über die Holzplankenbrücke rumpelte. Er entdeckte den Weideweg, ehe Ashford ihn darauf hinwies. Sie holperten und schlitterten über die Lehmpiste, die aus tiefen, mit schlammigem Wasser gefüllten Furchen bestand.

„Bis ganz runter zu den Bäumen?" Nick warf Ashford einen

17

Seitenblick zu, der nur nickte und geradeaus sah. Als sie sich dem Schutzgürtel aus Bäumen näherten, verbarg das Mädchen das Gesicht am Sweatshirt des Jungen.

Nick hielt an, stellte den Motor aus und ließ die Scheinwerfer brennen. Er langte über die beiden hinweg und holte eine Taschenlampe aus dem Handschuhfach.

„Die Tür klemmt", informierte er Ashford und sah die beiden Blicke tauschen. Offenbar wollten sie den Jeep nicht verlassen.

„Du hast nicht gesagt, dass wir ihn uns noch einmal ansehen müssen", flüsterte das Mädchen Ashford zu und klammerte sich an seinen Arm.

Nick stieg aus und schlug die Wagentür zu. Das Echo durchschnitt die Stille der Nacht. Meilen im Umkreis gab es nichts, keinen Verkehr, keine Farmbeleuchtung. Sogar die nachtaktiven Tiere schienen zu schlafen. Er stand am Jeep und wartete. Der Junge sah ihn zwar an, stieg aber nicht aus. Anstatt auf seiner Begleitung zu beharren, ließ Nick den Lichtstrahl der Taschenlampe über ein Gebiet am Flussufer wandern. Das Licht fiel durch dichtes Gras auf dunkles Wasser. Ashford folgte dem Lichtkegel mit dem Blick, zögerte, sah Nick an und nickte.

Hohes Gras wischte um Nicks Knie und verdeckte den Schlamm, der an seinen Stiefeln zerrte. Herrgott, war das dunkel hier. Sogar der blassgelbe Mond verbarg sich hinter einem Schleier aus Wolken. Er fuhr herum und schwenkte den Lichtstrahl von Baum zu Baum. War da eine Bewegung? Dort, im Gebüsch? Er hätte schwören mögen, dass sich dort ein Schatten vor dem Licht duckte. Oder war das nur Einbildung?

Nick strengte sich an, hinter die dicken Äste zu sehen. Er hielt den Atem an und lauschte. Nichts. Wahrscheinlich der Wind. Er lauschte wieder und merkte, dass es windstill war. Unwillkürlich fröstelnd, wünschte er, eine Jacke mitgenommen zu haben. Das war doch verrückt. Er ließ sich doch nicht von einem Teenager-streich ins Bockshorn jagen. Je eher er der Sache auf den Grund ging, desto früher war er wieder im warmen Bett.

Das platschende Geräusch bei jedem Schritt wurde lauter, je näher er dem Fluss kam. Es war anstrengend zu gehen, wenn man den Fuß jedes Mal aus dem Schlamm ziehen und vorsichtig wieder aufsetzen musste, um nicht auszurutschen. Seine neuen Stiefel waren ruiniert. Er konnte schon spüren, wie die Füße nass wurden. Keine Socken, keine Unterwäsche, keine Jacke.

„Verdammt", murmelte er vor sich hin, „ich hoffe für euch, dass an der Sache was dran ist." Er würde fuchsteufelswild werden, falls er auf eine Gruppe Teenager stieß, die Verstecken mit ihm spielten.

Der Lichtstrahl erfasste etwas Glitzerndes im Schlamm, nahe am Wasser. Den Blick auf den Punkt gerichtet, beschleunigte Nick seine Schritte. Er war fast dort und hatte das hohe Gras beinah hinter sich gelassen, als er plötzlich stolperte, das Gleichgewicht verlor und hart zu Boden stürzte, wobei er mit den Ellbogen den Aufprall abfing. Die Taschenlampe flog ihm aus der Hand und landete im Wasser.

Er ignorierte den stechenden Schmerz, der seinen Arm hinauf-schoss. Der saugende Schlamm zerrte an ihm, als er sich mit den Händen abstützend auf die Knie aufrichtete. Ein widerlicher Gestank stach ihm in die Nase. Das war mehr als der übliche Verwesungsgeruch vom Fluss. Das silbrige Objekt lag fast in Reichweite, und er erkannte jetzt, dass es ein Anhänger in Kreuzform war. Die Kette war gerissen und lag abseits im Schlamm.

Nick sah zurück, um festzustellen, worüber er gestolpert war. Er war gegen etwas Festes gestoßen, vermutlich einen umgestürz-ten Baumstamm. Doch kaum einen Meter entfernt lag, in Schlamm und Blätter eingebettet, ein kleiner weißer Körper.

Nick rappelte sich auf, die Knie weich, der Magen in Aufruhr. Der Geruch wurde intensiver, erfüllte die Luft und quälte seine Nase. Langsam näherte er sich dem Körper, wie um den Jungen nicht aufzuwecken, der trotz der aufgerissenen, in den Himmel starrenden Augen aussah, als schliefe er. Dann entdeckte er die durchschnittene Kehle und den verstümmelten Brustkorb mit der aufgerissenen, zurückgeklappten Haut. In dem Moment stülpte sich sein Magen um, und die Knie gaben nach.

2. KAPITEL

„Ein schlechter Apfel verdirbt die ganze Ernte", hämmerte Christine Hamilton in die Tastatur. Dann drückte sie auf die Löschtaste und sah, wie die Worte verschwanden. Der Artikel wurde nie fertig. Sie lehnte sich zurück, um einen Blick auf die Uhr im Flur zu werfen – ein heller Strahl im Tunnel aus Dunkelheit. Fast elf Uhr nachts. Gott sei Dank schlief Timmy bei einem Freund.

Der Hausmeisterdienst hatte schon wieder die Flurbeleuchtung ausgeschaltet. Ein weiterer Beweis dafür, wie wichtig die „Leben heute"-Spalte war. Am Ende des langen Korridors sah sie Licht aus dem Nachrichtenraum unter der trennenden Abteilungstür durchscheinen. Selbst aus dieser Entfernung hörte sie die Kabeldienste und die Faxmaschinen brummen. Auf der anderen Seite jener Tür kippten ein halbes Dutzend Reporter und Redakteure Kaffee in sich hinein und quetschten sich in letzter Minute Artikel und Korrekturen ab. Auf der anderen Seite jener Tür wurden Nachrichten gemacht, während sie sich den Kopf über Apfelkuchen zerbrach.

Sie öffnete einen Aktenordner und blätterte Notizen und Rezepte durch. Über hundert verschiedene Methoden, Äpfel zu schneiden, würfeln, pürieren und backen, und alle waren ihr vollkommen gleichgültig. Vielleicht war ihr cleveres kleines Hirn eingetrocknet, aufgebraucht bei den würzigen Tomatengerichten der letzten Woche und den Dutzenden Tricks, wie man frisches Gemüse in die Familienkost einschmuggelte. Sie wusste, dass ihre journalistischen Fähigkeiten eingerostet waren. Das verdankte sie vor allem Bruce und seiner sturen Haltung, Frauen gehörten ins Haus und er sollte in der Familie die Hosen anhaben. Zu schade, dass der Mistkerl sie anderswo herunterlassen musste.

Sie schlug den Ordner zu, stieß ihn über den Schreibtisch und sah zu, wie er hinunterfiel, zu Boden krachte und Zeitungsausschnitte über das Linoleum verstreute. Wie lange wollte sie sich noch der Verbitterung hingeben? Nein, die eigentliche Frage war, wie lange würde es noch wehtun? Warum schmerzte es sie immer noch so sehr? Schließlich lag die Sache über ein Jahr zurück.

Sie rollte sich mit dem Stuhl vom Computerterminal zurück und fuhr sich mit den Händen durch das dichte blonde Haar. Es musste geschnitten werden, und vermutlich dunkelte es an den Haarwurzeln bald nach. Mit der Blondierung hatte sie sich einen neuen Touch verliehen, ein Geschenk zur Scheidung. Die Anfangserfolge hatten den Einsatz bereits gelohnt. Dass man sich nach ihr umdrehte, war eine ganz neue Erfahrung. Sie musste nur den Friseur so regelmäßig einplanen wie alles andere in ihrem Leben.

Das Rauchverbot im Gebäude ignorierend, schlug sie eine Zigarette aus dem Päckchen, das sie immer in der Handtasche hatte. Sie zündete sie an, inhalierte rasch und wartete, dass das Nikotin ihre Nerven beruhigte. Ehe sie ausatmete, hörte sie eine Tür zuschlagen und drückte die Zigarette auf einem Dessertteller aus, auf dem für jemand, der sich das Rauchen abgewöhnen wollte, bereits zu viele mit Lippenstift verschmierte Kippen lagen. Schnelle Schritte hallten auf dem Korridor und kamen näher. Sie schnappte sich den Teller, suchte nach einem Versteck dafür und wedelte mit der Hand den Rauch fort. In Panik warf sie den Teller in den Abfalleimer unter ihrem Schreibtisch. Porzellan schlug gegen Metall, als Pete Dunlap in ihr Zimmer kam.

„Hamilton. Gut, dass Sie noch da sind." Er rieb sich mit einer Hand über das wettergegerbte Gesicht in dem nutzlosen Versuch, die Erschöpfung wegzuwischen. Pete war seit fast fünfzig Jahren beim *Omaha Journal* und hatte als Bote angefangen. Trotz weißer Haare, Brille und arthritischen Händen hätte er als Einziger die Zeitung praktisch allein herausbringen können, weil er jede Abteilung durchlaufen hatte.

„Riesenschreibblockade", erklärte Christine lächelnd und versuchte zu erklären, warum jemand aus der „Leben heute"-Abteilung noch so spät arbeitete. Sie war froh, dass Pete Dienst hatte und nicht Charles Schneider, der andere Nachtredakteur, der seine Leute kommandierte wie ein Feldwebel.

„Bailey hat sich krank gemeldet. Russell beendet den Artikel über Congressman Neales Sex-Skandal, und ich habe Sanchez gerade zu einem großen Unfall auf Highway 50 losgeschickt, in den drei Autos verwickelt sind. Da ist irgendwas los unten am Fluss, an der Old Church Road in Sarpy County. Ernie hat aus dem Funkverkehr nicht viel mitbekommen, aber es ist eine ganze Armada von Einsatzwagen unterwegs. Vielleicht sind es wieder nur ein paar betrunkene Kids, die mit den Geländewagen ihrer Daddys spielen. Ich weiß, Sie gehören nicht zum Nachrichtenteam, Hamilton, aber hätten Sie was dagegen, die Sache zu übernehmen?"

Christine versuchte, ihre Begeisterung nicht zu zeigen. Sie verbarg ihr Lächeln, indem sie sich wieder ihrem halbgaren Artikel am Computer zuwandte. Endlich die Chance, eine echte Nachricht zu schreiben, und wenn es auch nur um ein paar betrunkene Teenager ging.

„Ich decke Sie bei Whitman, egal, an was Sie gerade arbeiten", fügte Pete hinzu und missverstand ihr Zögern.

„Okay. Ich denke, ich kann das für Sie übernehmen." Sie wählte ihre Worte mit Bedacht, um zu betonen, dass sie ihm einen Gefallen tat. Obwohl sie erst seit einem Jahr zum Team gehörte, wusste sie, dass Journalisten nicht selten wegen erwiesener Gefallen befördert wurden, weniger auf Grund von Leistung.

„Nehmen Sie die Interstate. Highway 50 ist wegen des Unfalls wahrscheinlich zu. Nehmen Sie die Ausfahrt 372 zum Highway 66. Die Old Church Road ist etwa 6 Meilen südlich, an der 66."

Fast hätte sie ihn unterbrochen. Als Teenager war sie oft genug zum Knutschen an der Old Church Road gewesen. Wenn sie sich verplapperte, verriet sie jedoch ihre Herkunft vom Lande, was sie vermeiden wollte. Also schwieg sie und schrieb die Wegbeschreibung auf.

„Sie sollten gegen eins zurück sein, damit wir noch ein paar Zeilen in die Morgenausgabe bringen können."

„Mach ich." Christine schlang sich den Riemen der Handtasche über die Schulter und musste sich beherrschen, um nicht vor Freude den Korridor hinunterzuhüpfen.

„Und wenn ich dann noch Russell dazu bringe, halb so schnell zu schreiben, wie er spricht, bin ich ein glücklicher Mann", hörte sie Pete grummeln, als sie die Tür hinter sich schloss.

Unbeobachtet auf dem dunklen Parkplatz, drehte sie sich einmal um die eigene Achse und rief der Betonwand ein begeistertes „Ja!" zu. Das war ihre Chance, hinter die Tür der Nachrichtenredaktion zu gelangen und von Rezepten und Haushaltsanekdoten zu echten Nachrichten zu wechseln. Was immer dort unten am Fluss geschah, sie würde das Drama peinlich genau einfangen. Und wenn es kein Drama gab ... na, dann konnte ein guter Reporter ja wohl eines erfinden.

23

3. KAPITEL

Er brach durch das Geäst, das Knacken des Holzes klang wie Explosionen in der Stille der schwarzen Nacht. Folgten sie ihm? Waren sie nah dran? Er wagte nicht zurückzublicken. Plötzlich glitt er auf dem Schlamm aus, verlor das Gleichgewicht und schlitterte hinunter zum Flussufer. Platschend stürzte er ins knietiefe eiskalte Wasser, strampelte in Panik mit Armen und Beinen und schlug klatschend auf das Wasser, dass es klang wie Donnerschläge. Er fiel auf die Knie, begrub seinen schweißnassen Körper im Wasser und sank in den Schlick ein, bis er kinntief im wogenden Fluss steckte. Die Strömung erfasste ihn, zerrte und drohte ihn dorthin zurückzuspülen, woher er soeben geflohen war.

Das kalte Wasser betäubte seine Krämpfe. Wenn er doch bloß atmen könnte. Das Keuchen schmerzte in der Brust und stach ihm in die Seiten. Atme! befahl er sich, als seine Lungen nach Luft schrien. Er stieß auf und schluckte eisiges Flusswasser, keuchte und brachte würgend das meiste wieder heraus.

Er sah die Scheinwerfer nicht mehr. Vielleicht war er weit genug gelaufen. Er lauschte angestrengt, um mehr als das eigene Keuchen zu hören.

Keine schnellen Schritte, keine hechelnden Bluthunde, keine rasenden Motoren. Es war knapp gewesen – der Typ mit der Taschenlampe, hatte der ihn wirklich nicht im Gras hocken sehen? Ja, inzwischen war er sicher, niemand war ihm gefolgt.

Er hätte heute Nacht nicht herkommen sollen. Es war eine dumme Angewohnheit geworden, ein gefährliches Risiko, eine wunderbare Sucht, ein geistiges Aufgeilen. Scham durchdrang ihn heiß trotz des kalten Wassers. Nein, er hätte nicht herkommen sollen. Aber niemand hatte ihn gesehen. Niemand war ihm gefolgt. Er war gerettet – genau wie der Junge.

4. KAPITEL

Der Verwesungsgeruch haftete an Nick. Er wollte seine Kleidung loswerden, doch der Geruch nach Fluss und Blut war ihm bereits tief in die Poren gedrungen. Er schälte sich aus dem Hemd und dankte Bob Weston für die FBI-Windjacke. Die Ärmel endeten eine Handbreit über seinen Gelenken, und der Stoff spannte über seiner breiten Brust. Der Reißverschluss war auf halber Länge stecken geblieben. Er musste riechen und aussehen wie der letzte Penner. Seine Vermutung bestätigte sich, als er Eddie Gillick, einen seiner Deputys, sich durch die Menge von FBI-Agenten, uniformierten Polizisten und weiteren Deputys drängen sah, um ihm ein feuchtes Handtuch zu reichen.

Die Szenerie sah aus wie Vorbereitungen zu einer Halloweenparty. Blendende Suchscheinwerfer hingen in den Ästen. Gelbe Bänder waren zwischen den Baumstämmen gespannt, und das Zischen und Qualmen der Nachtfackeln mischte sich mit dem schrecklichen Gestank des Todes. Inmitten dieser makaberen Szene lag die kleine weiße Gestalt eines Jungen wie schlafend im Gras.

In den zwei Jahren als Sheriff hatte Nick Morrelli drei Opfer von Autounfällen geborgen. Dabei hatte ihn der hohe Adrenalinspiegel im Blut gegen den Anblick von verbogenem Metall und verletztem Fleisch praktisch immun gemacht. Er hatte es mit einer Schusswunde zu tun bekommen – ein kleiner Kratzer, als jemand sein Gewehr gereinigt und dabei einen halben Liter Whiskey getrunken hatte. Er hatte zahllose Schlägereien geschlichtet und dabei selbst einige Schrammen und Prellungen abbekommen. Aber nichts hatte ihn auf das hier vorbereitet.

„Kanal Neun ist da." Eddie Gillick deutete auf das neue Paar Scheinwerfer, das auf und ab wippend auf dem Weg in Sicht gekommen war. Die beleuchtete orangefarbene Neun auf dem Dach des Van strahlte hell in der Dunkelheit.

„Scheiße! Wie haben die das rausgekriegt?"

„Polizeifunk. Wahrscheinlich haben sie keine Ahnung, was los ist, die wissen nur, dass was los ist."

„Sag Lloyd und Adam, sie sollen die so weit von der Baumgruppe fern halten wie nur möglich. Keine Kameras, keine Interviews, keine Schnüffeleien. Dasselbe gilt für die restlichen Blutsauger, wenn sie hier eintrudeln." Das fehlte ihm gerade noch – ein Bild von ihm in der Morgenzeitung in seinem lächerlichen Clownaufzug mit schlammigen Jeans, das dem ganzen Bundesstaat seine Inkompetenz vor Augen führte.

„Prima. Noch ein verdammtes Paar Reifenspuren", sagte Weston sarkastisch zu den Agenten, die auf den Knien im Schlamm arbeiteten, sah jedoch Nick dabei an, damit er begriff, dass der Kommentar ihm galt.

Nick wurde es heiß, er schluckte eine Erwiderung hinunter und ging weg. Weston machte kein Geheimnis daraus, dass er ihn für den Witz eines Kleinstadtsheriffs hielt. Seit Sonntag, seit Danny Alverez verschwunden war und ein brandneues Fahrrad und eine Tasche voll unausgelieferter Zeitungen hinterlassen hatte, gingen sie sich an die Kehle. Nick hatte Leute zusammentrommeln wollen, um Felder und Parks abzusuchen. Weston hingegen hatte beharrt, auf eine Lösegeldforderung zu warten, die niemals einging. Nick hatte sich Westons fünfundzwanzigjähriger FBI-Erfahrung gefügt, anstatt seinem Instinkt zu folgen.

Er fragte sich, warum er Westons Theorie von dem unzufriedenen Vater, der seinen Jungen mitgenommen hatte, nicht zustimmen wollte? Der Vater war wütend auf seine Ex-Frau, weil sie ihm den Jungen vorenthielt. Zum Teufel, die Zeitungen waren voll von solchen Geschichten. Dass sie Major Alverez nicht hatten ausfindig machen können, hatte den Verdacht gegen ihn nur verstärkt. Also warum hatte er nicht auf Spezialagent Bob Weston gehört? Nur weil er den Mann nicht mochte?

Westons Arroganz hatte ihn von Anfang an gestört. Knapp eins sechzig groß, erinnerte er Nick an einen kleinen Napoleon, der mit seinem großen Mundwerk den geringen Wuchs kompensieren musste. Gut einen Kopf kleiner als er selbst wirkte er verglichen mit seiner athletischen Statur wie ein kleines knochiges Männchen. Doch heute Nacht und nach Westons Kommentaren fühlte Nick sich klein. Er wusste, dass er Mist gebaut hatte, angefangen von der Zerstörung von Spuren am Tatort, über die mangelhafte Absicherung eines ausreichend großen Gebietes, bis zum Alarmieren zu vieler Beamter. Somit verdiente er Westons abschätzige Sticheleien. Er fragte sich sogar, ob Weston ihm absichtlich die zu kleine Jacke gegeben hatte.

Nick sah, wie sich George Tillie einen Weg durch die Menge bahnte, und war erleichtert, ein vertrautes Gesicht zu entdecken. George schien gerade aus dem Bett gestiegen zu sein. Seine Sportjacke war verknittert und hing falsch geknöpft über einem pinkfarbenen Männernachthemd. Sein graues Haar stand in alle Richtungen ab. Das traurige Gesicht war von tiefen Linien durchzogen, und auf den Wangen sprießten graue Bartstoppeln. Seine kleine schwarze Tasche an die Brust gepresst, stapfte er vorsichtig in Fellpantoffeln durch den Schlamm. Wenn er sich nicht irrte, hatten die Hausschuhe kleine Ohren und Hundeschnauzen. Lächelnd fragte Nick sich, wie George es an den FBI-Aufpassern vorbei geschafft hatte.

„George!" rief er und musste lachen, als der wegen seines unangemessenen Aufzugs die Brauen hochzog. „Der Junge ist hier drüben." Er führte den alten Leichenbeschauer am Ellbogen und

27

gestattete ihm, sich auf ihn zu stützen, während sie im Schlamm durch die Menge staksten.

Ein Beamter schoss mit einer Polaroidkamera ein letztes Bild vom Tatort, ehe er ihnen Platz machte. Ein Blick auf den Jungen, und George erstarrte. Die hängenden Schultern strafften sich, sein Gesicht wurde weiß.

„O lieber Gott, nicht schon wieder.“

5. KAPITEL

Aus einer Meile Entfernung war die Weide beleuchtet wie ein Fußballstadion während eines Spiels. Christine trat aufs Gas, und der Wagen schleuderte über den Schotter.

Hier ging etwas Großes vor. Vor gespannter Erwartung flatterte ihr der Magen, ihr Puls schlug schneller. Die Handflächen wurden ihr feucht. Das war aufregender als Sex, jedenfalls soweit sie sich erinnern konnte.

Die Informationen der Polizeieinsatzleitung waren wenig ergiebig gewesen: „Beamter erbittet sofortige Hilfe und Unterstützung.“

Das konnte alles Mögliche bedeuten. Während sie auf den glitschigen Weg schlitterte, wuchs ihre Anspannung. Rettungsfahrzeuge, zwei TV-Vans, fünf Sherifflimousinen und eine Menge unauffälliger Wagen parkten verstreut kreuz und quer im Schlamm. Drei Deputy-Sheriffs bewachten den Tatort, der mit gelbem Band abgesperrt war. Gelbes Band, die Absperrung für den Tatort eines Verbrechens – das war ernst. Hier ging es eindeutig nicht um angetrunkene Teenager.

Sie erinnerte sich an die Entführung – der Zeitungsjunge, dessen Gesicht seit Anfang der Woche in jeder Nachrichtensendung und auf jeder Zeitung erschienen war. War eine Lösegeldforderung eingegangen? Da waren Rettungsteams. Vielleicht war eine Befreiungsaktion im Gang?

Sie sprang aus dem Wagen, der rollte weiter, sie merkte es und stieg wieder ein.

„Sei nicht dumm, Christine", sagte sie leise vor sich hin, stellte die Automatikschaltung in Parkstellung und zog die Handbremse an. „Sei ruhig, sei gelassen", belehrte sie sich, nahm ihren Notizblock und stieg aus.

Sofort schluckte der Schlamm ihre Lederpumps. Sie schüttelte sie ab, hob sie auf und warf sie hinten ins Auto. In Strümpfen ging sie auf die Leute der Nachrichtenmedien zu.

Die Deputys standen aufrecht und unbeirrbar da, obwohl sie mit Fragen bombardiert wurden. Hinter den Bäumen beleuchteten Suchscheinwerfer ein Gebiet unten am Fluss. Hohes Gras und eine Menge Uniformierter versperrten den Blick auf das, was dort vor sich ging.

Kanal Fünf hatte eine seiner Abendmoderatorinnen geschickt. Darcy McManus sah tadellos aus, bereit für den Auftritt vor der Kamera. Das rote Kostüm war gut gebügelt, das seidige schwarze Haar und das Make-up perfekt. Ja, sie hatte sogar ihre Schuhe an. Für eine Live-Reportage war es jedoch schon zu spät, und die Kamera blieb aus.

Christine erkannte Deputy Eddie Gillick in der Reihe der Wachtposten, näherte sich ihm langsam und sorgte dafür, dass er sie sah. Sie wusste, ein falsches Wort, und alles war aus.

„Deputy Gillick? Hallo, ich bin Christine Hamilton. Erinnern Sie sich?"

„Mrs. Hamilton. Natürlich erinnere ich mich. Sie sind Tonys Tochter. Was führt Sie her?"

„Ich arbeite jetzt für das *Omaha Journal*."

„Aha." Sofort wurde er wachsam.

Sie musste schnell handeln oder sie verlor. Ihr fiel Gillicks glatt zurückgekämmtes Haar auf, nicht eine Strähne tanzte aus der Reihe. Sein After Shave roch überwältigend intensiv. Sein dünner Oberlippenbart war sorgsam gestutzt, die Uniform faltenfrei. Die Krawatte war eng um den Hals gebunden und mit einem goldenen Halter befestigt. Ein rascher Blick verriet, kein Ehering. Offenbar war er eitel und hielt sich für einen Frauentyp.

„Kaum zu glauben, wie schlammig das hier ist. Ich alberne Gans habe sogar meine Schuhe verloren." Sie deutete auf ihre schlammverkrusteten Füße mit den rot lackierten Nägeln, die durch die Strümpfe schimmerten. Gillick sah prüfend auf ihre Füße, und sie bemerkte erfreut, dass sein Blick ihre langen Beine hinabglitt. Der unbequeme kurze Rock zahlte sich letztlich doch aus.

„Ja, Ma'am, das ist wirklich übel." Er fühlte sich offenbar leicht unbehaglich, verschränkte die Arme vor der Brust und verlagerte das Gewicht. „Sie sollten aufpassen, dass Sie sich keine Erkältung holen." Er sah sie noch einmal an, und diesmal nicht nur ihre Beine. Sein Blick verweilte auf ihren Brüsten. Sie bog den Rücken leicht durch, damit sich ihr Blazer öffnete und er es einfacher hatte.

„Diese ganze Situation ist übel, was, Eddie? Ihr Name ist doch Eddie, oder?"

„Ja, Ma'am." Er wirkte erfreut, dass sie sich an ihn erinnerte. „Allerdings ist mir nicht gestattet, über die gegenwärtige Situation zu reden."

„Sicher, ich verstehe schon." Sie beugte sich trotz seines Pomadegeruchs zu ihm hinüber. Auch ohne Schuhe hatte sie fast seine Größe. „Ich weiß, dass Sie nichts über den kleinen Alverez sagen dürfen", flüsterte sie, die Lippen nah an seinem Ohr.

Eddie schien erstaunt, eine Braue hochgezogen, wurde sein

Ausdruck jedoch milder. „Woher wissen Sie?" Er sah sich um, ob jemand mithörte.

Bingo. Ins Schwarze getroffen. Jetzt ganz vorsichtig. Ruhig und besonnen. Nichts versauen. „Sie wissen, dass ich meine Quellen nicht nennen darf, Eddie." Würde er in ihrer tiefen gedämpften Stimme etwas Verführerisches erkennen, oder durchschaute er sie? Ihre Verführungskünste waren nie besonders gut gewesen, jedenfalls laut Bruce.

„Sicher, natürlich." Er nickte und fraß den Köder.

„Sie hatten wahrscheinlich noch nicht mal die Möglichkeit, sich den Fundort anzusehen. Wo Sie doch hier festsitzen und praktisch die Drecksarbeit machen."

„Im Gegenteil, ich hatte mehr als einen Blick auf das Ganze." Er schwellte stolz die Brust, als hätte er täglich mit solchen Sensationen zu tun.

„Der Junge ist wohl ziemlich übel zugerichtet, was?"

„Ja. Sieht aus, als hätte das Monster ihn verstümmelt."

Sie spürte, wie ihr das Blut aus dem Kopf wich. Die Knie wurden ihr weich. Der Junge war tot!

„He!" schrie Eddie Gillick, und einen Moment glaubte sie, er habe ihr Anbiedern durchschaut. „Schalten Sie die Kamera aus! Entschuldigen Sie mich, Mrs. Hamilton."

Während Eddie Gillick eine Kamera von Kanal Fünf konfiszierte, zog sich Christine zu ihrem Auto zurück. Sie setzte sich bei geöffneter Tür auf den Fahrersitz und fächelte sich mit dem leeren Notizblock frische Luft zu. Dabei atmete sie tief durch. Trotz der Kälte klebte ihr die Bluse am Leib.

Danny Alverez war tot, ermordet. Um Deputy Gillick zu zitieren, „verstümmelt".

Sie hatte ihre erste große Geschichte, doch das Flattern im Magen hatte sich zu Krämpfen verstärkt.

6. KAPITEL

Samstag, 25. Oktober

Nick schluckte widerwillig den kalten starken Kaffee hinunter. Warum wunderte er sich, dass er kalt genauso bitter schmeckte wie heiß? Er verabscheute das Zeug, trotzdem schenkte er sich eine zweite Tasse ein.

Vielleicht war es nicht so sehr der Geschmack, der ihm zuwider war, sondern die damit verbundenen Erinnerungen. Kaffee erinnerte ihn vor allem an Nächte, in denen er für das Staatsexamen gebüffelt hatte, und an eine schreckliche Autofahrt zu seinem im Sterben liegenden Großvater.

Damals war er auf Bitten seiner Großmutter hingefahren. Es war nötig gewesen, weil sein Vater sich geweigert hatte, zum Krankenbett des alten Mannes zu kommen. Schon damals hatte er in der Reise eine Art Omen für die Beziehung zu seinem Vater gesehen. Er fragte sich, ob sein Vater, der große Antonio Morrelli, die Ironie erkennen würde, wenn seine Zeit gekommen war und sein Sohn sich weigerte, an sein Sterbebett zu kommen.

Immer noch beschwor der Geruch nach abgestandenem Kaffee automatisch Assoziationen an die faltige graue Haut seines Großvaters und urinbefleckte Laken herauf. Doch von jetzt an würde Kaffeegeruch ihn stets auch an die Schmerzensschreie einer trauernden Mutter erinnern, die den verstümmelten Körper ihres einzigen Sohnes identifizieren musste. Zweifellos kein wünschenswerter Ersatz.

Nick dachte an die erste Begegnung mit Laura Alverez Sonntagnacht – großer Gott, das war kaum eine Woche her. Danny war seit zwölf Stunden vermisst gewesen, als er einen Angelausflug abgebrochen hatte, um die Mutter persönlich zu befragen. Zuerst hatte auch er angenommen, es handele sich um einen typischen

Sorgerechtsstreit, bei dem die Frau ihren Sohn benutzte, den Ex-Mann entweder zu strafen oder zurückzugewinnen. Dann war er Laura Alverez begegnet.

Sie war eine große Frau, leicht untersetzt, mit einer üppigen Figur. Das lange schwarze Haar und die rauchgrauen Augen ließen sie jedoch jünger wirken als fünfundvierzig. Sie hatte etwas Statuenhaftes, dass man automatisch an einen Fels in der Brandung dachte.

Trotz ihrer Größe graziös, war Laura Alverez an jenem Abend zwischen dem Spülbecken in der Küche und dem Schrank ständig hin und her gegangen. Sie hatte seine Fragen ruhig und gelassen beantwortet. Viel zu ruhig. Er hatte zehn, vielleicht fünfzehn Minuten gebraucht, ehe ihm auffiel, dass sie für jeden Teller, den sie abgewaschen in den Schrank stellte, einen neuen, sauberen mit an das Spülbecken nahm. Dann bemerkte er das Schild am Kragen ihres Pullovers, den sie offenbar falsch herum angezogen hatte, und die beiden nicht zueinander passenden Schuhe. Sie befand sich offensichtlich in seelischem Ausnahmezustand, den sie hinter einer Ruhe verbarg, die Nick unheimlich wurde.

Diese Ruhe hatte sie während der Woche beibehalten. Sie war die Unerschütterliche gewesen und hatte den Männern, die jeden Tag ihr Haus füllten, Kaffee gekocht und Brötchen gebacken. Wenn sie nur ein wenig Emotionen gezeigt hätte, wäre es für ihn nicht so schwierig gewesen, mit anzusehen, wie diese stattliche Frau vor wenigen Augenblicken kollabiert und auf den harten Boden der Pathologie gesackt war. Ihr Schreien war durch die stillen, sterilen Flure gehallt wie das schrille verzweifelte Jammern eines verwundeten Tieres. Keine Frau sollte so etwas allein durchstehen müssen. Er wünschte jetzt, sie hätten ihren Ex-Mann gefunden, damit er ihn verprügeln konnte.

„Morrelli." Bob Weston betrat Nicks Büro, ohne anzuklopfen

oder eine Aufforderung zum Eintreten abzuwarten. Er ließ sich Nick gegenüber in den Sessel fallen. „Sie sollten heimgehen, duschen und sich umziehen. Sie stinken."

Er beobachtete Weston, der versuchte, sich die Müdigkeit aus den Augen zu reiben, und erkannte, dass er lediglich Fakten feststellte und nicht beleidigend sein wollte.

„Was ist mit dem Ex-Mann?"

Weston hob den Blick und schüttelte den Kopf. „Ich bin Vater, Nick. Gleichgültig, wie sauer er auf seine Frau war, ich glaube einfach nicht, dass ein Vater seinem Kind so etwas antun könnte."

„Also, wo fangen wir an?" Ich muss erledigt sein, dachte Nick, wenn ich tatsächlich anfange, Weston um Rat zu bitten.

„Ich würde mit einer Liste bekannter Sexualstraftäter anfangen, Pädophile, Männer, die mit Kinderpornografie zu tun haben."

„Das könnte eine lange Liste werden."

„Entschuldige, Nick", unterbrach Lucy Burton sie von der Tür her. „Ich wollte dir nur mitteilen, dass alle vier Fernsehstationen von Omaha und die beiden von Lincoln mit Kamerateams unten sind. Außerdem ist die Halle voll mit Radio- und Zeitungsreportern. Alle fragen nach einer Erklärung oder Pressekonferenz."

„Scheiße!" schimpfte Nick halblaut. „Danke, Lucy." Er beobachtete, wie Weston sich in seinem Stuhl verrenkte, um Lucys lange Beine zu sehen, als sie davonging. Da sie in den Medien erscheinen würden, sollte er vielleicht ein Wort mit ihr über die kurzen Röcke und die hohen Absätze reden. Schade. Sie hatte hübsche Beine, was vom einstudierten Gang noch betont wurde.

„Wir haben die Medien bisher gemieden", sagte Nick zu Bob Weston. „Wir müssen mit denen reden."

„Ganz meine Meinung. Sie müssen mit denen reden."

„Ich? Warum ich? Ich denke, Sie sind hier der Super-Experte."

„Solange es um eine Entführung ging. Jetzt ist es ein Tötungs-delikt, Morrelli. Tut mir Leid, Sie sind am Ball."

Nick ließ sich gegen die Sessellehne sinken, legte den Kopf ans Leder und schwang sich von einer Seite zur anderen. Das konnte doch nicht wahr sein. Gleich würde er aufwachen, und Angie Clark lag neben ihm im Bett. Die letzte Nacht schien schon eine Ewigkeit her zu sein.

„Wissen Sie, Morrelli", begann Weston freundlich und mitfühlend, sodass Nick ihn sofort argwöhnisch beäugte, ohne jedoch den Kopf zu heben, „ich habe nachgedacht. Vielleicht könnte ich jemand bitten, Ihnen mit der Erstellung eines Täterprofils zu helfen."

„Wozu das?"

„Noch hat offenbar niemand die Ähnlichkeit mit Jeffreys' Verbrechen erkannt, aber wenn es dazu kommt, bricht hier das Chaos aus."

„Chaos?" Chaosbewältigung gehörte nicht zu seiner Ausbildung. Nick schluckte den säuerlichen Geschmack im Mund hinunter. Ihm wurde wieder übel. Er roch immer noch das Blut von Danny Alverez, das seine Jeans aufgesogen hatte.

„Wir haben Experten, die das psychologische Profil des Täters erstellen können. Die zeigen Ihnen bestimmte Merkmale auf und geben Ihnen eine Ahnung, wer dieses Arschloch sein kann."

„Ja, das würde helfen. Das wäre sogar gut." Nick ließ seine Verzweiflung nicht anklingen. Trotz Westons plötzlichem Mitgefühl war es nicht der richtige Zeitpunkt, Schwäche einzugestehen.

„Ich habe von einem Spezialagenten gehört, O'Dell. Die Profile sind so genau, dass man sogar die Schuhgröße des Täters vorher kennt. Ich könnte Quantico anrufen."

„Was glauben Sie, wie schnell die jemand herschicken können?"

35

„Lassen Sie den Jungen noch nicht von Tillie aufschneiden. Ich rufe gleich an und sehe zu, dass Montagmorgen jemand hier ist. Vielleicht sogar O'Dell." Weston stand plötzlich auf, offenbar mit neuer Energie geladen.

Nick entknotete seine Beine und stand ebenfalls auf, erstaunt, dass seine Füße ihn wieder trugen.

An der Tür stieß Weston fast mit Deputy Hal Langston zusammen. „Ich dachte, Sie würden vielleicht gern die Morgenausgabe des *Omaha Journal* sehen." Er entfaltete die Zeitung und hielt sie hoch. Die reißerische Schlagzeile verkündete in Großbuchstaben: JUNGENMORD IM STIL VON JEFFREYS.

„Verdammte Scheiße!" Weston entriss Hal die Zeitung und begann laut zu lesen: „Gestern Nacht wurde am Platte River in der Nähe der Old Church Road die Leiche eines Jungen gefunden. Erste Berichte deuten darauf hin, dass der noch nicht identifizierte Junge erstochen wurde. Ein Deputy am Fundort, der ungenannt bleiben möchte, sagte: ‚Es sieht aus, als hätte der Bastard ihn verstümmelt.' Klaffende Brustwunden waren ein Markenzeichen des Serienmörders Ronald Jeffreys, der im Juli diesen Jahres hingerichtet wurde. Identität des Jungen und Todesursache müssen noch von der Polizei bekannt gegeben werden."

„Auch das noch!" stöhnte Nick und hatte Magenschmerzen.

„Verdammt, Morrelli, verpassen Sie Ihren Männern einen Maulkorb!"

„Es wird noch schlimmer." Hal sah Nick an. „Der Artikel ist mit Christine Hamilton unterzeichnet."

„Wer zum Henker ist Christine Hamilton?" Weston sah von Hal zu Nick. „Bitte, erzählen Sie mir nicht, dass es eine aus dem kleinen Harem ist, den Sie beglücken."

Nick sank in seinen Sessel zurück. Wie konnte sie ihm das antun? Sie hatte ihn weder gewarnt noch Kontakt zu ihm aufgenommen. Beide Männer starrten ihn an, und Weston wartete auf eine Erklärung.

„Nein", erwiderte Nick leise. „Christine Hamilton ist meine Schwester."

7. KAPITEL

Maggie O'Dell schüttelte im Flur ihre schmutzigen Laufschuhe von den Füßen, ehe Greg sie dazu auffordern konnte. Sie vermisste ihr kleines, überladenes Apartment in Richmond, obwohl sie aus Vernunft und Bequemlichkeit übereingekommen waren, auf halbem Weg zwischen Quantico und Washington zu leben. Doch seit sie die teure Eigentumswohnung in Crest Ridge bewohnten, entwickelte Greg die absurde Obsession, ein gewisses Image zu pflegen. Alles sollte stets makellos aussehen. Das war leicht zu bewerkstelligen, da sie auf Grund ihrer Berufe kaum zu Hause waren. Dennoch widerstrebte es ihr, in eine Wohnung zu kommen, die zwar ihren monatlichen Lohnscheck auffraß, aber nicht gemütlicher war als die Hotels, an die sie sich allmählich gewöhnte.

Sie zog das feuchte Sweatshirt aus und spürte sofort eine angenehme Kühle. Trotz des kalten Herbsttages hatte sie es nach einer weiteren schlaflosen Nacht, in der sie sich wieder nur von einer Seite auf die andere gewälzt hatte, beim Laufen geschafft, in Schweiß zu geraten. Sie knüllte das Trikot zu einem Ball und warf es auf dem Weg in die Küche in den Waschraum. Wie achtlos von ihr, nicht den Wäschekorb zu treffen.

Am offenen Kühlschrank bestätigte ein Blick, wie sehr es ihnen an häuslichen Fähigkeiten mangelte: eine Tüte mit Resten eines chinesischen Gerichtes, ein halber Bagel in Cellophan, eine Schachtel aus Styrolschaum mit unidentifizierbarem Inhalt. Sie nahm sich eine Flasche Wasser und schlug die Tür wieder zu. In-

37

zwischen fröstelte sie in ihren Laufshorts, dem schweißnassen T-Shirt und dem Sport-BH, der an ihr klebte wie eine zweite Haut.

Das Telefon klingelte. Sie ließ den Blick suchend über die blitzsauberen Arbeitsflächen wandern und nahm es vor dem vierten Klingeln von der unbenutzten Mikrowelle.

„Hallo?"

„O'Dell, hier ist Cunningham."

Sie fuhr sich mit den Fingern durch das kurze schwarze Haar und nahm beim Klang seiner Stimme automatisch Haltung an.

„Hallo. Was ist los?"

„Ich habe gerade einen Anruf vom Außenbüro in Omaha bekommen. Die haben dort ein Mordopfer, einen kleinen Jungen. Einige seiner Wunden sind charakteristisch für einen Serienkiller, der vor sechs Jahren in der Gegend sein Unwesen trieb."

„Ist er wieder aktiv geworden?" Sie begann auf und ab zu gehen.

„Nein, der Serientäter war Ronald Jeffreys. Ich weiß nicht, ob Sie sich an den Fall erinnern? Er hat drei Jungen umgebracht ..."

„Ja, ich erinnere mich", unterbrach sie ihn, da sie wusste, dass er lange Erklärungen hasste. „Wurde er nicht im Juni oder Juli hingerichtet?"

„Ja ... ja, im Juli, glaube ich." Seine Stimme klang müde. Obwohl es Samstagnachmittag war, stellte Maggie ihn sich hinter seinen Aktenstapeln am Schreibtisch vor. Sie hörte, wie er mit Papieren raschelte. Wie sie Direktor Kyle Cunningham kannte, hatte er Jeffreys' gesamte Akte bereits vor sich ausgebreitet. Lange bevor sie in seiner Abteilung für wissenschaftliche Verhaltensstudien zu arbeiten begann, hatte man ihm bereits den liebevollen Spitznamen Falke gegeben, weil ihm nichts entging. In letzter Zeit schien sein Scharfblick jedoch mit geschwollenen Augen erkauft zu werden, die von zu wenig Schlaf zeugten.

38

„Dann ist das vielleicht ein Nachahmungstäter." Maggie blieb stehen und öffnete auf der Suche nach Block und Stift für Notizen mehrere Schubläden. Sie fand nur sorgfältig zusammengelegte Küchentücher und sterile Küchenutensilien in ärgerlich ordentlichen Reihen. Sogar alltägliche Dinge wie Korkenzieher und Dosenöffner lagen akkurat ausgerichtet nebeneinander in der Ecke. Sie nahm einen glänzenden Servierlöffel, drehte ihn um und legte ihn quer über alles andere. Zufrieden schob sie die Schublade zu und ging weiter.

„Es könnte ein Nachahmungstäter sein", bestätigte Cunningham etwas zerstreut. Offenbar las er die Akte, während er sprach, eine Konzentrationsfalte zwischen den Brauen, die Brille weit unten auf der Nase. „Es könnte ein einmaliges Ereignis sein. Die Sache ist die, man hat einen Profiler angefordert. Genauer gesagt, Bob Weston hat Sie angefordert."

„Dann bin ich also auch in Nebraska eine Berühmtheit?" Sie ignorierte die leichte Verärgerung in seinem Tonfall. Vor einem Monat hätte er noch nicht so reagiert. Vor einem Monat hätte es ihn stolz gemacht, dass einer seiner Protegés angefordert wurde. „Wann fahre ich los?"

„Nicht so hastig, O'Dell." Sie hielt das Telefon fester und wartete auf die Lektion. „Ich bin sicher, Westons Stapel glühender Erfolgsberichte über Sie enthielt nichts über Ihren letzten Auftrag."

Maggie blieb stehen und lehnte sich gegen den Küchentresen. Sie presste eine Hand auf den Magen, wartete und wappnete sich vor der Übelkeit. „Ich will doch hoffen, dass Sie mir nicht jedes Mal die Stucky-Sache vorhalten, wenn ich zu einem Fall rausfahren will." Das Beben ihrer Stimme klang nach Verärgerung. Das war gut. Zorn war besser als Schwäche.

„Sie wissen, dass ich das nicht tue, Maggie."

O Gott, er hatte sie beim Vornamen genannt. Das wurde eine ernste Lektion. Sie griff nach einem Handtuch.

„Ich bin einfach besorgt", fuhr er fort. „Sie haben sich nach der Stucky-Geschichte keine Pause gegönnt. Sie haben nicht mal mit dem Psychologen unseres Hauses gesprochen."

„Kyle, ich bin okay", log sie, irritiert durch das plötzliche Zittern ihrer Hand. „Es war doch nicht das erste Mal. Ich habe in den letzten acht Jahren viel Blut und Eingeweide gesehen. Es gibt nicht mehr viel, was mich schockieren kann."

„Genau darüber mache ich mir Gedanken. Maggie, Sie waren mitten in diesem Blutbad. Es ist ein Wunder, dass Sie überlebt haben. Es ist mir gleich, für wie hart Sie sich halten. Wenn man mit Blut und Eingeweiden bespritzt wird, ist das etwas anderes, als wenn man an einen blutigen Tatort kommt."

Daran brauchte er sie nicht zu erinnern. Das Bild war ihr stets gegenwärtig, wie Albert Stucky die Frauen zu Tode hackte – ein blutiges Spektakel, nur für sie inszeniert. Nachts hörte sie immer noch seine Stimme: *Ich will, dass du zusiehst. Wenn du deine Augen schließt, töte ich einfach noch eine und noch eine.*

Sie hatte ein Diplom in Psychologie. Sie brauchte keinen Psychologen, um sich zu erklären, warum sie nachts nicht schlafen konnte, warum die Bilder sie immer noch verfolgten. Sie hatte nicht einmal Greg alles von dieser Nacht erzählt, wie könnte sie sich da einem Fremden anvertrauen.

Natürlich war Greg nicht da gewesen, sondern meilenweit weg, als sie in ihr Hotelzimmer gewankt war. Allein hatte sie die Partikel von Lydia Barnetts Hirn aus dem Haar gezogen und Melissa Stonekeys Blut von ihrer Haut geschrubbt. Sie hatte allein ihre Wunde versorgt, ein hässlicher Schnitt quer über den Bauch. So etwas besprach man nicht am Telefon.

Wie war dein Tag? Meiner? Nichts Besonderes. Ich habe nur zugesehen, wie zwei Frauen abgeschlachtet wurden.

Nein, in Wahrheit hatte sie Greg nichts gesagt, weil er sonst durchgedreht wäre. Er hätte darauf bestanden, dass sie den Job aufgab. Schlimmer noch, er hätte ihr das Versprechen abgenommen, nur noch im Labor zu arbeiten, Blut und Eingeweide sicher unter dem Mikroskop, aber nicht mehr unter Fingernägeln zu begutachten. Er hatte sich schon einmal fürchterlich aufgeregt, als sie sich ihm anvertraute. Das war das letzte Mal gewesen, dass sie über ihren Beruf gesprochen hatte.

Die mangelnde Kommunikation zwischen ihnen schien ihn nicht zu stören. Offenbar bemerkte er nicht einmal, dass sie nachts umherwanderte, um die Erinnerungen loszuwerden und das Echo der Schreie in ihrem Kopf zu dämpfen. Die fehlende Intimität mit ihrem Mann ermöglichte es ihr, die Narben – physische wie psychische – zu verbergen.

„Maggie?"

„Ich muss arbeiten, Kyle. Bitte nehmen Sie mir das nicht weg." Sie sprach mit fester Stimme, nur ihre Hände zitterten, und der Magen revoltierte. Würde Kyle trotzdem bemerken, wie es um sie bestellt war? Er las vor allem zwischen den Zeilen, wie konnte sie da erwarten, ihn zu täuschen?

Sie schwiegen, und sie deckte die Sprechmuschel mit der Hand ab, damit er ihr unregelmäßiges Atmen nicht hörte.

„Ich faxe Ihnen die Details", sagte er schließlich. „Ihr Flug geht morgen früh um sechs. Wenn das Fax da ist, rufen Sie mich an, falls Sie Fragen haben."

Sie hörte es klicken und wartete auf den Wählton. Das Telefon noch am Ohr, seufzte sie und atmete dann tief durch. Die Eingangstür schlug zu, sodass sie zusammenzuckte.

„Maggie?"

„Ich bin in der Küche!" Sie legte den Hörer auf und trank etwas Wasser, um das flaue Gefühl im Magen loszuwerden. Sie brauchte diesen Fall. Sie musste Cunningham beweisen, dass die traumatischen Erlebnisse mit Stucky sie nicht ihrer professionellen Fähigkeiten beraubt hatten.

„Hallo, Baby." Greg kam um den Tresen herum und wollte sie umarmen, wich jedoch zurück, als er bemerkte, wie verschwitzt sie war. Er setzte ein künstliches Lächeln auf, um seinen Ekel zu überspielen. Seit wann wandte er sein schauspielerisches Talent als Anwalt bei ihr an? „Wir haben Reservierungen für halb sieben. Bist du sicher, dass du rechtzeitig fertig wirst?"

Sie sah auf die Wanduhr. Es war erst vier. Wie schlimm sah sie seiner Ansicht nach denn aus? „Kein Problem", erwiderte sie, schluckte gierig mehr Wasser und ließ es sich absichtlich übers Kinn rinnen.

Sie konnte ihm den Widerwillen vom Gesicht ablesen, das perfekt gemeißelte Kinn war angespannt vor Abscheu. Er trainierte im Sportraum der Anwaltskanzlei, wo er in angemessener Umgebung schwitzte, stöhnte und tropfte. Dann duschte er und zog sich um, und wenn er sich wieder der Öffentlichkeit präsentierte, lag kein schimmerndes goldenes Haar mehr falsch. Dasselbe Verhalten erwartete er von ihr. Er hatte ihr deutlich zu verstehen gegeben, wie sehr er es verabscheute, wenn sie durch ihr Wohnviertel joggte. Zunächst hatte sie geglaubt, das geschah aus Sorge um ihre Sicherheit.

„Ich habe den Schwarzen Gürtel, Greg. Ich kann mich verteidigen", hatte sie ihm liebevoll versichert.

„Davon spreche ich nicht. Herrgott, Maggie, du siehst fürchterlich aus, wenn du joggst! Willst du denn keinen guten Eindruck bei den Nachbarn hinterlassen?"

Das Telefon läutete, und Greg griff danach.

„Lass es klingeln", sagte sie rasch, den Mund noch voll Wasser. „Das ist ein Fax von Direktor Cunningham." Ohne Greg anzusehen, spürte sie seine Verärgerung. Sie lief ins Arbeitszimmer, prüfte die Nummer des Anrufers und schaltete das Faxgerät ein.

„Warum faxt er dir an einem Samstag etwas zu?"

Sie erschrak. Sie hatte nicht gemerkt, dass er ihr gefolgt war. Er stand in der Tür, die Hände auf den Hüften, und sah so streng aus, wie es einem in Khakihosen und Stehkragenpulli gelang.

„Er faxt mir einige Details über einen Fall zu, in dem ich das Täterprofil erstellen soll." Sie vermied es, ihn anzusehen, aus Angst vor einem verkniffenen und finsteren Blick. Für gewöhnlich war er es, der ihre gemeinsamen Samstage ruinierte, aber sie hielt es für kindisch, ihn darauf hinzuweisen. Stattdessen riss sie das Fax ab und begann, die Details zu lesen und sich einzuprägen.

„Wir wollten heute Abend ein nettes ruhiges Dinner genießen – nur wir zwei."

„Das werden wir", versprach sie. „Es könnte nur sein, dass wir es nicht zu lange ausdehnen dürfen. Mein Flug geht schon früh um sechs."

Stille. Eins, zwei, drei …

„Verdammt, Maggie! Es ist unser Hochzeitstag! Das sollte unser gemeinsames Wochenende werden."

„Nein, das war letztes Wochenende. Aber du hast es vergessen und stattdessen das Golfturnier gespielt."

„Verstehe!" schnaubte er. „Dann ist das also die Retourkutsche."

„Nein, ganz und gar nicht." Sie blieb ruhig, obwohl sie diese Streitereien satt hatte. Es war völlig in Ordnung, wenn er ihre Pläne durchkreuzte, nur eine halbherzige Entschuldigung dafür lieferte und ein charmantes: „Ich mache es wieder gut, Baby."

„Wenn es keine Retourkutsche ist, wie nennst du es dann?"

43

„Arbeit."

„Arbeit, na klar! Wie praktisch. Nenne es, wie du willst. Es ist eine Retourkutsche."

„Ein kleiner Junge wurde ermordet, und ich kann vielleicht helfen, den Psychopathen zu finden, der dafür verantwortlich ist." Sie war kurz davor, ihrem Ärger freien Lauf zu lassen, klang jedoch erstaunlich ruhig. „Tut mir Leid, ich mache es wieder gut." Die sarkastische Bemerkung entschlüpfte ihr, doch er schien den Seitenhieb nicht mal zu bemerken. Sie ging mit dem Fax an ihm vorbei zur Tür. Er packte sie am Handgelenk und drehte sie zu sich herum.

„Sag denen, die sollen jemand anders schicken, Maggie. Wir brauchen dieses gemeinsame Wochenende!" bat er jetzt mit sanfter Stimme.

Sie sah in seine grauen Augen und fragte sich, wann sie so blass geworden waren. Sie suchte nach einem Hinweis auf den intelligenten, mitfühlenden Mann, den sie vor neun Jahren geheiratet hatte, als sie beide kurz vor dem Diplom standen, bereit, der Welt ihren eigenen Stempel aufzudrücken. Sie würde die Kriminellen jagen, und er würde den hilflosen Opfern beistehen. Dann übernahm er die Stelle in Washington bei Brackman, Harvey und Lowe, und aus seinen hilflosen Opfern wurden milliardenschwere Unternehmen. Und doch glaubte sie in diesem Augenblick des Schweigens einen Funken Aufrichtigkeit an ihm zu entdecken. Sie wollte schon nachgeben, als er fester zupackte und die Kiefer zusammenpresste.

„Sag ihnen, die sollen jemand anders schicken, oder wir sind fertig miteinander!"

Maggie entriss ihm ihr Handgelenk. Er packte es wieder, und sie schlug ihm mit der Faust gegen die Brust. Greg riss verblüfft die Augen auf.

Sie schob sich an ihm vorbei, eilte mit wackeligen Beinen ins Schlafzimmer und unterdrückte das Brennen in den Augen.

8. KAPITEL

Sonntag, 26. Oktober
So fängt es also an, dachte er und trank den brühend heißen Tee.

Die Schlagzeile auf der Titelseite gehörte eher auf den *National Enquirer* und nicht auf eine so respektable Zeitung wie das *Omaha Journal*.

TOTER SERIENKILLER HÄLT GEMEINDE MIT JUNGENMORD IN ATEM.

Wieder stammte der Artikel von Christine Hamilton. Er kannte den Namen aus der Kolumne „Leben heute". Warum überließen sie die Story einer Neuen, einer Anfängerin?

Er blätterte rasch weiter und suchte den Rest der Geschichte, die auf Seite zehn einspaltig weiterging. Da war ein Schulfoto des Jungen. Daneben stand ein ausführlicher Bericht über sein Verschwinden vor einer Woche während seiner frühen Runde als Zeitungsausträger. In dem Artikel hieß es, dass das FBI und die Mutter auf eine Lösegeldforderung gewartet hatten, die nicht einging. Schließlich hatte Sheriff Morrelli den Körper des Jungen auf einer Weide am Fluss gefunden.

Er überflog den Abschnitt noch einmal. Morrelli? Nein, das hier war Nicholas Morrelli, nicht Antonio. Wie schön, dachte er, dass Vater und Sohn dieselbe Erfahrung machen dürfen.

Der Artikel hob die Ähnlichkeit dieser Tat mit der Ermordung von drei kleinen Jungen in derselben Gemeinde vor über sechs Jahren hervor. Die Körper der strangulierten und erstochenen Jungen waren Tage später in verschiedenen abgelegenen Waldstücken gefunden worden.

Der Artikel verzichtete jedoch auf Details und erwähnte nichts von den sorgfältigen Einschnitten im Brustbereich. Hoffte die Polizei, dieses Merkmal wieder zurückhalten zu können? Kopfschüttelnd las er weiter.

Er benutzte sein Filetiermesser, um Gelee auf dem verbrannten Muffin zu verteilen. Der Toaster funktionierte schon seit Wochen nicht mehr richtig. Aber hier zu frühstücken, war besser als mit den anderen in der Küche. In seinem Zimmer konnte er wenigstens in Ruhe essen und die Zeitung lesen, ohne gezwungenermaßen höfliche Konversation zu betreiben.

Der Raum war sehr schlicht, weiße Wände und Hartholzboden. Mit seinen fast zwei Metern passte er gerade so in das schmale Bett. In manchen Nächten ragten seine Füße über das Ende des Bettes hinaus. Er hatte einen kleinen Tisch mit Resopalplatte und zwei Stühle hinzugefügt, trotzdem gestattete er niemand, ihm Gesellschaft zu leisten. Auf dem Servierwagen in der Ecke stand der gebrauchte Toaster, das Geschenk eines Gemeindemitgliedes. Außerdem besaß er eine Kochplatte und einen Kessel, mit dem er Tee zubereiten konnte.

Auf seinem Nachttisch stand sein aufwendigster Einrichtungsgegenstand: eine verzierte Lampe, deren Fuß ein Relief geschmackvoll arrangierter Cherubine und Nymphen darstellte. Eines der wenigen Dinge, die er von seinem mageren Gehalt gekauft hatte. Das und die drei Gemälde. Sie hingen dem Bett gegenüber an der Wand, damit er sie beim Einschlafen betrachten konnte, obwohl er in letzter Zeit nicht gut schlief. Er konnte nicht, wenn das Pochen im Kopf begann, in sein ansonsten ruhiges Leben eindrang und mit seinen schlimmen Erinnerungen kollidierte. Obwohl sein Raum sehr schlicht war, verschaffte er ihm kurze Momente der Behaglichkeit, der Sicherheit und des Alleinseins in einem Leben, das nicht mehr ihm gehörte.

Er sah auf die Uhr und rieb sich mit der Hand übers Kinn. Heute musste er sich nicht rasieren, sein jungenhaftes Gesicht war noch glatt von der gestrigen Rasur. Er hatte Zeit, zu Ende zu lesen, obwohl er die lächerlichen Artikel über Ronald Jeffreys nicht mehr ansehen mochte. Jeffreys hatte die Aufmerksamkeit, die man ihm schenkte, nicht verdient. Sogar nach seinem Tod stand er noch im Rampenlicht.

Er beendete sein Frühstück und säuberte den Tisch mit größter Sorgfalt. Kein Krümel entging seinen raschen Wischbewegungen mit dem feuchten Lappen. Er holte die inzwischen von allen Lehmpartikeln sauber geschrubbten Schuhe aus dem kleinen braunfleckigen Spülbecken und bedauerte, sie nicht rechtzeitig ausgezogen zu haben. Er schüttelte sie trocken und stellte sie beiseite, um den einzigen Teller zu spülen, den er besaß: einen zerbrechlichen, handgemalten Noritake, den er sich vor langer Zeit aus dem Porzellanschrank der Gemeinde geborgt hatte. Die passende Teetasse – samt Untertasse ebenfalls geborgt – füllte er bis zum Rand wieder mit kochend heißem Wasser auf. Graziös tauchte er den bereits benutzten Teebeutel wieder ein und wartete, dass das Wasser die richtige bernsteinfarbene Färbung annahm. Dann zog er ihn rasch heraus und quetschte ihn aus, damit er auch den letzten Tropfen hergab.

Nachdem dieses morgendliche Ritual beendet war, ging er auf Händen und Knien zu Boden und zog eine hölzerne Kiste unter dem Bett hervor. Er stellte sie auf den kleinen Tisch und ließ die Finger über die aufwendige Schnitzarbeit gleiten. Nachdem er sorgfältig die Zeitungsartikel ausgeschnitten hatte, wobei er die von Ronald Jeffreys überging, öffnete er die Kiste und legte die gefalteten Artikel zu den anderen, die schon teilweise vergilbt waren. Zugleich überprüfte er den übrigen Inhalt: ein strahlend weißes Leintuch, zwei Kerzen und ein kleines Behältnis mit Öl. Er leckte die Geleereste vom Filetiermesser und legte es in die Kiste zurück, wobei er es sorgfältig auf die weiche Baumwolle von Knabenunterhosen bettete.

9. KAPITEL

Timmy Hamilton schob die Hand seiner Mutter fort, als sie auf den Stufen von St. Margaret stehen blieben. Schlimm genug, dass sie zu spät kamen, er wollte nicht auch noch, dass seine Mom sich vor den Augen seiner Freunde an ihm zu schaffen machte.

„Lass das, Mom. Es können alle sehen."

„Ist das eine neue Prellung?" Sie umfasste sein Kinn und hob sacht sein Gesicht an.

„Ich bin beim Fußballtraining mit Chad zusammengestoßen. Keine große Sache." Er legte eine Hand auf die Hüfte, wie um die größere Prellung dort zu verbergen.

„Du musst vorsichtiger sein, Timmy. Du bekommst so leicht blaue Flecke. Ich muss nicht ganz bei Trost gewesen sein, als ich dir erlaubt habe, Fußball zu spielen."

Sie öffnete die Handtasche und suchte etwas.

„Ich komme zu spät! Die Messe fängt in 'ner Viertelstunde an!"

„Ich dachte, ich hätte dein Anmeldeformular und den Scheck für das Zeltlager dabei."

„Mom, ich bin schon spät dran!"

„Okay, okay." Sie ließ die Tasche zuschnappen. „Sag Pater Keller, dass ich es morgen in die Post gebe."

„Kann ich jetzt gehen?"

„Ja."

„Willst du nicht auch noch meine Unterwäsche kontrollieren oder so?"

„Naseweis." Sie gab ihm lachend einen Klaps auf den Hosenboden.

Es gefiel ihm, wenn sie lachte. Das tat sie nicht mehr oft, seit sein Dad weg war. Wenn sie lachte, glätteten sich die Linien in ihrem Gesicht, und in den Wangen erschienen Grübchen. Dann wurde sie die schönste Frau, die er kannte, besonders jetzt mit dem seidigen blonden Haar. Sie war fast hübscher als Miss Roberts, seine Lehrerin in der vierten Klasse. Aber Miss Roberts hatten sie letztes Jahr gehabt. In diesem Jahr hatten sie Mr. Stedman, und obwohl erst Oktober war, hasste er dieses Schuljahr bereits. Er lebte für das Fußballtraining – und für den Job als Messdiener bei Pater Keller.

Als seine Mom ihn im Juli ins Ferienlager der Kirche geschickt hatte, war er wütend gewesen. Aber bei Pater Keller hatte es unheimlich Spaß gemacht. Es war ein toller Sommer geworden, und sein Dad hatte ihm fast nicht gefehlt. Und dann kam das Beste, als Pater Keller ihn gefragt hatte, ob er nicht Messdiener bei ihm sein wollte. Obwohl er und seine Mom erst seit dem Frühling zur Gemeinde von St. Margaret gehörten, wusste er, dass Pater Kellers Messdiener eine handverlesene Truppe waren, die besondere Belohnungen bekamen wie beispielsweise den bevorstehenden Campingausflug.

Timmy klopfte an die verzierte Tür zum Vestibül der Kirche. Als niemand antwortete, schob er sie vorsichtig auf und lugte hinein. Er fand ein Messdienergewand in seiner Größe unter all den anderen im Schrank, riss es eilig vom Bügel und versuchte, die verlorene Zeit aufzuholen. Er warf seine Jacke quer durch den Raum auf einen Stuhl und erschrak, als er den Priester neben dem Stuhl knien sah. Sein gerader Rücken war ihm zugewandt, doch Timmy erkannte Pater Keller an dem dunklen, lockigen Haar, das ihm über den Kragen fiel. Sein schmaler Körper ragte über den Stuhl hinaus, obwohl er kniete. Er verharrte still und ruhig, obgleich die Jacke ihn beinah getroffen hätte.

Timmy starrte ihn mit angehaltenem Atem an und wartete, dass der Priester zuckte, sich regte oder atmete. Schließlich hob er einen Arm und schlug das Kreuzzeichen. Behende richtete er sich auf, wandte sich Timmy zu und legte die Jacke ordentlich über die Armlehne des Stuhls.

„Weiß deine Mom, dass du deine Sonntagssachen herumwirfst?" Sein Lächeln ließ weiße, gleichmäßige Zähne und hellblaue Augen erstrahlen.

„Tut mir Leid, Pater. Ich habe Sie nicht gesehen, als ich reinkam. Ich hatte Angst, ich würde zu spät kommen."

„Kein Problem, wir haben noch jede Menge Zeit." Er wuschelte Timmy das Haar und ließ die Hand einen Moment auf seinem Kopf liegen. Timmy fühlte sich augenblicklich besser, ja sogar wohl. Er durfte es ja nicht laut zugeben, aber er mochte Pater Keller fast lieber als seinen Dad. Pater Keller schrie nie, seine Stimme war sanft und tröstend, tief und kraftvoll. Mit den großen Händen tätschelte und streichelte er – sie straften nicht.

Wenn Pater Keller mit ihm sprach, hatte Timmy das Gefühl, wichtig und etwas Besonderes zu sein. Im Gegenzug versuchte er ihm Freude zu machen, obwohl er bei seinen Aufgaben als Messdiener noch einiges durcheinander brachte. Am letzten Sonntag hatte er zwar das Wasser zum Altar gebracht, aber den Wein vergessen. Pater Keller hatte nur gelächelt, ihn flüsternd auf seinen Fehler aufmerksam gemacht und geduldig gewartet. Außer ihm hatte wohl niemand etwas bemerkt.

Nein, Pater Keller war kein bisschen wie sein Dad, der die meiste Zeit bei der Arbeit verbracht hatte, auch als sie drei noch eine Familie gewesen waren. Pater Keller war mehr wie ein bester Freund und weniger wie ein Priester. Samstags spielte er manchmal unten im Park mit den Jungs Fußball. Dann war er einer von ihnen, wurde genauso angerempelt und genauso schmutzig wie sie. Im Lager erzählte er gruselige Geistergeschichten, solche, die Eltern einem verboten. Nach der Messe tauschte Pater Keller manchmal Baseballkarten mit ihnen. Er hatte ein paar der Besten, wirklich alte, wie Jackie Robinson und Joe DiMaggio. Nein, Pater Keller war zu cool, um wie sein Dad zu sein.

Timmy zog sich um und wartete, bis auch Pater Keller bereit war. Nach einem prüfenden Blick in den bodenlangen Spiegel wandte er sich Timmy zu.

„Fertig?"

„Ja, Pater", erwiderte er und folgte ihm durch den kleinen Korridor zum Altar.

Timmy musste grinsen, als er die strahlend weißen Nikes unter dem langen Messgewand hervorlugen sah.

10. KAPITEL

Platte City erinnerte Maggie an das fiktive Mayberry R.F.D. Den Reiz von Kleinstädten hatte sie nie verstanden. Niedlich und freundlich bedeutete meistens langweilig und von Neugier geprägt. Ermittlungen in Kleinstädten machten sie übellaunig und gereizt. Sie hasste die Vertraulichkeit der Leute, die ihren Ausdruck in „Wie geht es Ihnen?" und „Guten Morgen!" fand. Ihr fehlten die aufreizenden, aber vertrauten Geräusche von hupenden Taxis und sechsspurigem Straßenverkehr. Schlimmer noch war allerdings, dass sie sich mit chinesischen Schnellgerichten aus Lokalen wie „Big Fred's" oder verwässerten Cappuccinos aus Automaten begnügen musste.

Die Fahrt von Omaha hierher war landschaftlich allerdings reizvoll gewesen. Die Laubbäume am Platte River hatten in spektakulären Farben geleuchtet: strahlendes Orange, flammendes Rot, gemischt mit Grün und Gold. Der Geruch nach Nadelbäumen und aufziehendem Regen hatte die Luft mit einem ärgerlich angenehmen Duft erfüllt. Trotz der Kühle ließ sie das Seitenfenster einen Spalt offen.

Ein Jet donnerte über ihren Kopf hinweg, als sie mit blockierenden Reifen an einer Kreuzung anhielt. Das plötzliche, laute Geräusch ließ ihren Wagen erzittern und erzeugte ein Echo in den stillen Straßen. Sie erinnerte sich, dass das strategische Luftkommando nur zehn, vielleicht fünfzehn Meilen entfernt lag. Okay, dann gab es also doch ein paar vertraute Geräusche in Platte City.

Sie nahm bewusst eine falsche Abzweigung, um nicht gleich in den Ortskern zu kommen. Der Umweg würde sie nur wenige Minuten kosten und ihr hoffentlich ein paar Einblicke in die Gemeinde verschaffen.

Eine Straßenecke nahm ein Pizza Hut ein. Ihm gegenüber lagen der übliche Supermarkt und ein strahlend neuer McDonald's. Seine goldenen Bögen überragten alles im Umkreis von Meilen und konkurrierten lediglich mit einem Maiskornspeicher und einem Kirchturm. Dessen spitzes Eisenkreuz stach in die dicken Wolken, die seit einigen Minuten hereinzogen.

Der Kirchenparkplatz begann sich zu leeren, sodass Maggie in den Stau im Schneckentempo fahrender Gottesdienstbesucher geriet. Sie wartete geduldig, während jeder Fahrer dem vor ihm Befindlichen gestattete, aus der Parklücke zurückzusetzen und sich in die Schlange einzureihen. Nein, das war alles viel zu wohlgeordnet. Die ruinierten glatt jeden guten Verkehrsstau. Maggie wartete, bis sie ausreichend Platz vor sich hatte, und wendete den gemieteten Ford mit quietschenden Reifen. Köpfe drehten sich nach ihr um, die Schlange der Schnecken blieb stehen, als sie in entgegengesetzter Richtung davonfuhr. Sie blickte in den Rückspiegel. Keine

52

Polizeistreife mit blinkenden Lichtern hinter ihr, obwohl es sie nicht überrascht hätte, wenn sie verfolgt worden wäre.

Die Informationen von der Website des Tourismusbüros von Nebraska beschrieben Platte City (Bevölkerung 3500) als wachsende Schlafstadt für viele, die in Omaha (zwanzig Meilen nordöstlich) oder Lincoln (dreißig Meilen südwestlich) arbeiteten. Das erklärte die vielen schönen, gepflegten Häuser und Neubauviertel, obwohl es in der Nähe keinerlei Industrie gab.

Am Stadtplatz gab es eine Post, Wanda's Diner, ein Kino, etwas, das sich Paitin' Place nannte, einen kleinen Lebensmittelladen und ja, sogar einen Drugstore/Soda-Springbrunnen. Vor vielen Läden hingen leuchtend rote Markisen. Andere hatten Balkonkästen mit noch blühenden Geranien vor den Fenstern. Im Zentrum des Platzes erhob sich das Gerichtsgebäude aus rotem Backstein über alle Häuser der Umgebung. Gebaut in einer Ära, als der Stolz mehr zählte denn Kosten, war in die Fassade ein Relief mit Szenen der Geschichte Nebraskas eingefügt – Planwagen und Pferde vor dem Pflug, getrennt durch die Waagschalen der Justiz.

Das Gerichtsgebäude, das von aufwendig gearbeiteten und frisch gestrichenen schwarzen Schmiedeeisengittern umgeben war, nahm jedoch nur die Hälfte des Platzes ein. Gepflasterte Spazierwege, Bronzestatuen, ein Marmorspringbrunnen, Bänke und altmodische Laternen machten den Rest zu einem parkähnlichen Refugium.

Was Maggie auf ihrem Weg über das unebene Pflaster am meisten beeindruckte, war das völlige Fehlen von Abfall. Nicht eine Hamburgerschachtel, nicht ein Pappbecher verunzierte den ehrwürdigen Boden. Stattdessen dekorierten riesige Ahorn- und Sykamorblätter den Weg mit Gold und Rot.

Als Maggie wenig später die Lobby des Gerichtes betrat, klapperten ihre Absätze auf dem Marmorboden, dass das Echo hinaufstieg zur kathedralartig gewölbten Decke. Es gab keinen Sicherheitsbeamten, nicht mal einen Pförtner. Sie überflog die Wegbeschreibung an der Wandtafel. Das Büro des Bezirkssheriffs, etliche Gerichtssäle und das Gefängnis befanden sich im zweiten Stock.

Sie ignorierte den Lift und nahm die offene, weit geschwungene Treppe, die einen Blick aus der Vogelperspektive auf das Atrium gestattete. Üppiger weißer und grauer Marmor im Treppenhaus und auf dem Boden. Solide Eiche und schimmerndes Messing an Geländern und Türen. Sie ertappte sich dabei, dass sie auf Zehenspitzen ging.

Die Dienststelle des Sheriffs schien leer zu sein, obwohl aus einem der hinteren Räume der Geruch von frisch aufgebrühtem Kaffee und das Summen eines Kopierers drangen. Die Wanduhr stand auf halb zwölf. Maggie sah auf ihre Uhr, die noch östliche Zeit anzeigte, stellte sie um und ging zu den Südfenstern hinüber. Dicke graue Wolken hatten sich vor Sonne und blauen Himmel geschoben. Auf der Straße unter ihr war kaum etwas los. Ein paar Gäste im Sonntagsstaat verließen Wanda's Diner. Hinter dem Theater hievte ein kleiner grauhaariger Mann Abfall in eine große Mülltonne.

Noch nicht einmal Mittag, und sie war schon erschöpft. Sie war ausgelaugt von ihren Streitereien mit Greg und einer weiteren schlaflosen Nacht mit dem Versuch, die Bilder von Stuckys Untat zu verdrängen. Zudem hatte ein unruhiger Flug heute Morgen sie Tausende Meter über dem Boden gründlich durchgerüttelt. Sie hasste das Fliegen, und es wurde mit keinem Mal besser.

Es war der Kontrollverlust, der ihr zusetzte, wie ihre Mutter ihr bei jeder Gelegenheit unter die Nase rieb.

„Du musst loslassen, Maggie-Mädchen. Du kannst nicht erwarten, dein Leben vierundzwanzig Stunden am Tag unter Kontrolle zu haben."

Und das von einer Frau, die nach zwanzigjähriger Therapie noch nicht begriffen hatte, was Selbstkontrolle war, die ihre Trauer über den Tod des Ehemannes jeden Freitagabend im Alkohol ersäufte und jeden Fremden mit nach Hause nahm, der ihr Drinks spendierte. Erst als einer ihrer Freunde einen flotten Dreier vorgeschlagen hatte – Tochter, Mutter und er selbst – hatte sie die Kerle nicht mehr mitgebracht und war auf Motelzimmer ausgewichen. Die Vorstellung, ihre zwölfjährige Tochter zu teilen, hatte sie abgeschreckt.

Maggie rieb sich mit der Hand den Nacken, die Muskeln hart vor Anspannung, wie stets, wenn sie an ihre Mutter dachte. Sie wäre vielleicht besser erst in ein Hotel gegangen und hätte etwas gegessen. Jedoch wollte sie sich sofort in den Fall stürzen, nachdem sie die Stunden in der Luft genutzt hatte, sich mit dem Fall Ronald Jeffreys vertraut zu machen.

Der gegenwärtige Mord entsprach Jeffreys' Vorgehensweise bis hin zum in die Brust geschnittenen X. Nachahmungstäter waren oft sehr sorgfältig und kopierten jedes Detail, um den Reiz zu erhöhen. Das machte sie manchmal noch gefährlicher als den ursprünglichen Täter. Bei ihnen entfiel die Leidenschaft und somit die Tendenz, Fehler zu begehen.

„Kann ich Ihnen helfen?"

Erschreckt von der Stimme, fuhr Maggie herum. Die junge Frau, die aus dem Nichts aufgetaucht war, entsprach ganz und gar nicht dem Typ, den sie als Angestellte in einem Sheriffbüro erwartet hätte. Das lange Haar war zu hoch und steif frisiert und der Strickrock zu kurz und eng. Sie sah mehr wie ein zu einem Date aufgetakelter Teenager aus.

„Ich möchte zu Sheriff Nicholas Morrelli."

Die Frau beäugte sie argwöhnisch und blieb im Türrahmen stehen, als bewache sie die hinteren Büros. Maggie wusste, dass sie in ihrem blauen Hosenanzug sehr offiziell wirkte. Die Kleidung überspielte ihre schlanke Figur, deren Zartheit ihrer Autorität gelegentlich im Wege stand. Seit Beginn ihrer beruflichen Laufbahn hatte sie sich eine forsche, manchmal etwas schroffe Art angewöhnt, die Aufmerksamkeit einforderte und ihre kleine Statur wettmachte. Nur mittelgroß, bei hundertfünf Pfund Gewicht, hatte sie gerade so die körperlichen Anforderungen für den Dienst beim FBI erfüllt.

„Nick ist nicht hier", sagte die junge Frau in einem Tonfall, der Maggie verriet, dass sie keine weiteren Informationen preisgeben wollte. „Hat er Sie erwartet?" Die Frau stand mit verschränkten Armen aufrecht da und versuchte, Autorität zu demonstrieren.

Maggie sah sich im Büro um, ignorierte die Frage und zeigte so, dass sie nicht beeindruckt war. „Kann man ihn erreichen?" Sie heuchelte Interesse am Schwarzen Brett, an dem ein Fahndungsplakat aus den frühen Achtzigern hing, dazu ein Handzettel über eine Halloweenparty und eine Notiz, in der jemand einen 1990er Ford Pickup zum Verkauf anbot.

„Wirklich, Lady, ich möchte nicht unhöflich sein", sagte die junge Frau und schien ein wenig unsicher zu werden. „Warum genau möchten Sie Nick … Sheriff Morrelli sprechen?"

Maggie sah die Frau über die Schulter hinweg an, die jetzt älter wirkte, die Linien um Mund und Augen traten deutlicher hervor. Sie schwankte unsicher auf ihren extrem hohen Absätzen und nagte an der Unterlippe.

Maggie griff in ihre Jackentasche, um ihren Ausweis zu zeigen, als zwei Männer laut redend durch die Eingangstür kamen. Der Ältere trug eine braune Deputy-Uniform, die Hose mit makelloser Bügelfalte, die Krawatte eng um den Hals gebunden. Sein schwarzes Haar war glatt zurückgekämmt, lockte sich jedoch auf dem Kragen, jede Strähne an ihrem Platz. Im Gegensatz dazu trug der

jüngere Mann ein graues, schweißnasses T-Shirt, Shorts und Laufschuhe. Sein dunkelbraunes, kurzes Haar klebte ihm an der Stirn.
Trotz seines lässigen Aufzugs sah er gut aus und war mit langen
muskulösen Beinen, schmalen Hüften und breiter Brust eindeutig
bestens in Form. Maggie ärgerte sich sofort, dass es ihr auffiel.

Sobald die beiden Männer sie sahen, hörten sie auf zu reden. Es
herrschte Stille, während sie von Maggie zu der irritierten jungen
Frau an der Tür blickten.

„Hallo, Lucy. Alles okay?" fragte der jüngere Mann, während
er Maggie mit einem Blick vom Scheitel bis zur Sohle maß. Als sich
ihre Blicke schließlich begegneten, lächelte er, als gefiele ihm, was
er sah.

„Ich versuchte gerade herauszufinden, was diese Lady ..."

„Ich möchte zu Sheriff Morrelli", unterbrach Maggie sie. Sie
hatte es langsam satt, wie ein Steuerprüfer behandelt zu werden.

„Weshalb möchten Sie zu ihm?" Der Deputy übernahm es, sie
zu befragen, dabei legte er besorgt die Stirn in Falten und nahm
eine Haltung ein, als wittere er Gefahr.

Maggie fuhr sich mit einer Hand durchs Haar und wartete,
dass ihre Gereiztheit sich legte, ehe sie in Ärger umschlug. Sie holte ihren Ausweis heraus, klappte ihn auf und hielt ihn hoch. „Ich
bin vom FBI."

„Sie sind Spezialagent O'Dell?" sagte der jüngere Mann und
wirkte eher verlegen als überrascht.

„Ja, allerdings."

Er wischte sich die Hand am T-Shirt ab und streckte sie ihr hin.
„Ich bin Nick Morrelli."

Ihre Verblüffung stand ihr wohl ins Gesicht geschrieben, denn
er lächelte über ihre Reaktion. Sie hatte mit genügend Kleinstadtsheriffs zusammengearbeitet, um zu wissen, dass sie nicht wie
Nick Morrelli aussahen. Er wirkte mehr wie ein Profiathlet, einer

57

von der Sorte, denen man ihre Arroganz auf Grund des guten Aussehens und ihres Charmes verzieh. Die Augen waren himmelblau und als Kontrast zur gebräunten Haut und den dunklen Haaren kaum zu übersehen. Sein Händedruck war fest, keine zarte, für Frauen reservierte Zurückhaltung. Er sah ihr in die Augen und schenkte ihr seine ganze Aufmerksamkeit, als sei sie die einzige Frau im Raum. Ein intensiver Blick, den er zweifellos für die Damenwelt reservierte.

„Das hier ist Deputy Eddie Gillick, und ich glaube, Lucy Burton kennen Sie schon. Es tut mir wirklich Leid. Aber wir sind hier im Moment alle ein bisschen nervös. Wir hatten ein paar sehr lange Nächte, und es gab eine Menge herumschnüffelnder Reporter."

„Jedenfalls haben Sie sich eine interessante Tarnung zugelegt." Sie unterzog Nick Morrelli derselben Musterung wie er sie. Als sie ihm wieder in die Augen sah, entdeckte sie einen Hauch Befangenheit.

„Ich bin gerade aus Omaha zurückgekommen. Ich habe beim Corporate Cup Lauf mitgemacht." Eifrig bemüht, seinen Aufzug zu erklären, als hätte sie ihn bei etwas Verbotenem ertappt, verlagerte er das Gewicht befangen von einem Bein auf das andere. „Es ist eine Wohltätigkeitsveranstaltung für die ‚American Lung Association' ... vielleicht war es auch die ‚American Heart Association'. Ich kann mich nicht erinnnern. Jedenfalls war es für einen guten Zweck."

„Sie schulden mir keine Erklärung, Sheriff Morrelli", erwiderte sie, jedoch erfreut, dass sie ihn zu einer veranlasst hatte.

Einen Moment betretenes Schweigen. Schließlich räusperte Deputy Gillick sich. „Ich muss mich wieder auf den Weg machen." Diesmal lächelte er Maggie an. „Es war mir ein Vergnügen, Sie kennen zu lernen, Miss O'Dell."

„Agentin O'Dell", korrigierte Nick ihn.

„Ja, richtig, entschuldigen Sie." Betreten durch die Belehrung, hatte der Deputy es jetzt eilig, zum Ausgang zu kommen.

„Ich bin sicher, wir sehen uns wieder", gab Maggie noch eins drauf.

„Lucy, rieche ich da frischen Kaffee?" fragte Nick mit jungenhaftem Lächeln.

„Ich habe gerade eine Kanne aufgebrüht." Lucys Stimme klang jetzt zuckersüß und überaus feminin. Maggie lächelte vor sich hin, als die junge Frau ihre starre, autoritäre Haltung aufgab und losging, um dem gut aussehenden Sheriff mit sinnlichem Hüftschwung Kaffee zu holen.

„Würdest du Agentin O'Dell bitte auch eine Tasse bringen?" Er lächelte Maggie an, während Lucy sich zu ihr umdrehte und gereizt fragte: „Sahne oder Zucker?"

„Für mich bitte keinen, danke."

„Wie wäre es stattdessen mit einer Cola?" fragte er, um Freundlichkeit bemüht.

„Ja, das klingt schon besser." Der Zucker im Getränk half ihr vielleicht, den leeren Magen zu füllen.

„Vergiss den Kaffee, Lucy. Bitte zwei Dosen Cola."

Lucy starrte Maggie voller Verachtung an. Von ihrer Begeisterung, den Sheriff bedienen zu dürfen, war nichts mehr zu spüren. Sie wandte sich ab, ging davon, und das Klappern ihrer hohen Absätze hallte durch den langen Korridor.

Da nur sie beide übrig waren, rieb Nick Morrelli sich wie fröstelnd die Arme. Ihm schien unbehaglich zu sein, und Maggie wusste, dass sie der Grund dafür war. Vielleicht hätte sie ihn vorher anrufen sollen. Sie war nun mal nicht gut in Etikette, aber schließlich wurde sie in Platte City, Nebraska, erwartet.

„Nach fast achtundvierzig Stunden Dienst hatten wir beschlossen, heute eine Pause zu machen." Wieder schien er bemüht, seinen Aufzug und die leere Abteilung zu rechtfertigen. „Ich habe Sie eigentlich erst morgen erwartet. Immerhin ist heute Sonntag."

Maggie begann sich zu fragen, ob man ihn zum Sheriff ernannt oder gewählt hatte. In beiden Fällen war seinem jugendlichen Charme offenbar Vorrang gegeben worden vor Kompetenz.

„Meine Vorgesetzten gaben mir zu verstehen, dass der Zeitfaktor in diesem Fall sehr wichtig sein könnte. Sie halten den Leichnam doch für meine Untersuchung bereit, oder?"

„Ja, natürlich. Er ist ..." Nick Morrelli fuhr sich mit einer Hand über die Bartstoppeln. Maggie bemerkte eine kleine Narbe, eine gezackte weiße Linie auf einem ansonsten perfekten Kinn. „Wir haben ihn in die Pathologie des Krankenhauses gebracht." Er presste die Finger auf seine Augen.

Maggie fragte sich, ob er das aus Erschöpfung tat, oder um die Bilder loszuwerden, die ihn vermutlich im Schlaf verfolgten. In dem Bericht stand, dass Nick Morrelli den Leichnam gefunden hatte.

„Wenn Sie wollen, kann ich Sie dorthin fahren", fügte er hinzu.

„Danke. Ja, da muss ich hin. Aber zunächst möchte ich, dass Sie mich woandershin fahren."

„Sicher. Wahrscheinlich wollen Sie in Ihr Hotel. Bleiben Sie hier in der Stadt?"

„Das meinte ich eigentlich nicht. Ich möchte den Tatort sehen." Sie sah Nick Morrelli erbleichen. „Ich möchte, dass Sie mir zeigen, wo Sie den Leichnam gefunden haben."

11. KAPITEL

Der Weideweg löste sich in zertrampeltem Gras und ausgefransten Furchen auf. Reifenspuren überkreuzten sich, tief in den Schlamm eingegraben. Nick schaltete in den zweiten Gang herunter, und der Jeep wühlte sich weiter, immer tiefer in den Schlamm einsinkend.

„Es ist wohl niemandem aufgefallen, dass durch das viele Hin und Her wertvolle Spuren zerstört wurden, was?"

Nick warf Agentin O'Dell einen frustrierten Blick zu. Er war es leid, ständig an seine Fehler erinnert zu werden.

„Als wir den Leichnam entdeckten, waren mindestens schon zwei Wagen hier durchgefahren. Ja, uns ist klar, dass wir die Spuren des Täters vermutlich verwischt haben."

Er warf ihr noch einen raschen Blick zu, während er versuchte, den Jeep nicht in den tiefsten Schlamm abrutschen zu lassen. Obwohl sie sich älter gab, schätzte er sie auf Ende zwanzig, Anfang dreißig, jedenfalls viel zu jung, um Expertin zu sein. Ihr Alter war nicht das Einzige, was ihn entwaffnete. Trotz ihres kühlen, etwas schroffen Auftretens war sie sehr attraktiv. Und selbst der konservative Hosenanzug konnte die zweifellos umwerfende Figur nicht ganz verbergen.

Unter normalen Umständen hätte er jetzt eine massive Charmeattacke gestartet. Sie hatte jedoch etwas an sich, das ihn verunsicherte. Ihre Haltung war kompetent und selbstsicher. Sie wusste offenbar genau, was sie tat. Was ihm den eigenen Mangel an Sachkompetenz umso deutlicher vor Augen führte. Und das war mehr als ärgerlich.

Der Jeep kam vor dem Schutzgürtel aus Bäumen abrupt zum Stehen. Sofort meldete sich bei Nick die Übelkeit zurück, die ihn in jener Nacht befallen hatte. Zusätzlicher Schwindel überraschte ihn. Wenn das so weiterging, wurde es peinlich. Er hörte Agentin O'Dell am Türgriff hantieren, ein vertrautes Klicken von Metall auf Metall.

„Warten Sie, die Tür klemmt. Lassen Sie mich helfen." Ohne weiter nachzudenken, lehnte er sich über den Sitz. Erst als er den Türgriff berührte, wurde ihm bewusst, dass er sich dicht über sie beugte, das Gesicht nah an ihrem. Sie presste sich in den Sitz, um jeden Körperkontakt zu vermeiden. Er riss sofort die Hand zurück und richtete sich wieder auf.

„Ich versuche es von außen."

„Gute Idee."

Nick stieg aus und schalt sich einen Dummkopf. Er benahm sich nicht gerade professionell und wurde soeben seinem Ruf als inkompetenter Playboy-Sheriff gerecht.

Er stapfte zur anderen Seite des Jeeps. Im Büro hatte er rasch geduscht, Jeans angezogen und seine Laufschuhe gegen die Stiefel getauscht, die er in jener Nacht getragen hatte. An dem teuren Leder klebte noch getrockneter Lehm, und sofort wurden sie wieder vom saugenden Schlamm umschlossen. Graue Wolken zogen herein, drohten, ihre Last abzuladen, und garantierten so, dass der Boden noch tagelang morastig blieb.

Von außen ließ sich die Jeeptür leicht öffnen. Würde Agentin O'Dell sein Herübergreifen als plumpen Annäherungsversuch werten? Gleichgültig. Etwas sagte ihm, dass Agentin O'Dell immun war gegen seinen Charme – oder was davon übrig war.

„Warten Sie", hielt er Maggie O'Dell zurück, ehe sie aussteigen konnte. „Ich glaube, ich habe hinten noch ein Paar Stiefel." Er langte über sie hinweg, verharrte jedoch mitten in der Bewegung, als ihm bewusst wurde, dass er sich schon wieder unschicklich verhielt. Er wich ihrem Blick aus und wartete, bis sie genügend weit zur Seite gerückt war, um sicheren Abstand von ihm zu haben. Glücklicherweise lagen die Gummistiefel in Reichweite, und er holte sie hervor.

„Glauben Sie, dass das nötig ist?" Sie sah die Arbeitsstiefel an, als wären es Fußfesseln.

„Ohne die kommen Sie in diesem Morast keinen Schritt weiter. Am Flussufer wird es noch schlimmer."

Er hatte schon begonnen, die Schnürung zu öffnen, reichte ihr einen Stiefel und löste die Schnürung des anderen, als sie ihre teuren Lederslipper auszog. In Strümpfen waren ihre Füße klein, schmal und zierlich. Er sah ihren Fuß in dem viel zu großen Stiefel versinken. Zwar steckte sie noch das Hosenbein mit hinein, doch auch das war keine Garantie, dass sie beim Gehen nicht hinausschlüpfen würde.

Nick war beeindruckt, dass sie auf dem Weg durch den Schlamm trotz hinderlichen Schuhwerks und kürzerer Schritte sein Tempo hielt. Das Gebiet war noch von dem gelben, zwischen den Bäumen gespannten Band abgesperrt. An einigen Stellen war es gerissen und flatterte im Wind, der stärker wurde und die schwarzen Wolken immer rascher über sie hinwegtrieb. Nick schlug den Jackenkragen hoch. Sein Haar war noch feucht, und er fröstelte. Er streifte Agentin O'Dell, die lediglich ihr Wolljackett und die passende Hose trug, mit einem Blick. Zwar knöpfte sie ihre Jacke zu, doch ließ sie nicht erkennen, dass ihr die schneidende Kälte zusetzte.

Er beobachtete, wie vorsichtig sie um den im Gras sichtbaren Abdruck des kleinen Körpers herumging. Sie hockte sich hin, prüfte die abgeknickten Grashalme, nahm einen Finger voll Schlamm und roch daran. Mit Widerwillen erinnerte Nick sich an den Verwesungsgeruch. Seine Haut fühlte sich immer noch wund an, weil er versucht hatte, den Gestank abzuschrubben.

Agentin O'Dell erhob sich wieder und schaute zum Platte River hinunter. Das Ufer war nur anderthalb bis zwei Meter entfernt. Der Hochwasser führende Fluss schäumte, und die Wellen klatschten ans Ufer.

„Wo haben Sie den Anhänger gefunden?" fragte sie, ohne ihn anzusehen.

Nick ging zu der Stelle und entdeckte das weiße Zeichen, das sein Deputy dort in den Boden gesteckt hatte. „Hier", sagte er und deutete auf die Plastikmarkierung, die fast im Schlamm verschwunden war.

Sie sah von der Stelle zum Fundort der Leiche. Dazwischen lagen nur wenige Schritte.

„Der Anhänger gehörte dem Jungen. Seine Mutter hat ihn identifiziert", erklärte Nick und bedauerte immer noch, dass er ihn Laura Alverez trotz ihrer Bitte nicht hatte zurückgeben dürfen. „Die Kette war gerissen. Vermutlich ist sie ihm im Kampf abgerissen worden."

„Außer dass es keinen Kampf gab."

„Wie bitte?" Er sah sie an und erwartete eine Erklärung. Doch sie war bereits wieder in der Hocke und maß mit einem kleinen Messband den Abstand zwischen der Markierung und der Druckstelle im Gras.

„Es gab keinen Kampf", wiederholte sie ruhig, richtete sich auf und wischte sich Schmutz von Ärmeln und Hosenbeinen.

„Wie kommen Sie darauf?" Ihre gelassene Feststellung ärgerte ihn. Sie war erst ein paar Minuten hier und schien schon alles zu wissen.

„Sie sind hier gefallen, als Sie stolperten, richtig?" Sie deutete auf das abgeknickte Gras und die Delle im Schlamm.

Nick wand sich innerlich. Sogar sein Bericht ließ ihn wie einen Trottel aussehen. „Das ist richtig", bestätigte er.

„Das niedergetrampelte Gras stammt offenbar von Ihren Deputys."

„Und vom FBI", fügte er verteidigend hinzu, obwohl ihm klar war, dass solche Details sie nicht interessierten. „Sie hatten die Federführung, bis wir eine Entführung ausschließen konnten."

„Abgesehen von dieser Stelle und dem Fundort der Leiche gibt es kein abgeknicktes oder niedergewalztes Gras. Das Opfer war an Händen und Füßen gefesselt, als Sie es fanden?"

„Ja, die Hände waren hinter dem Rücken gefesselt."

„Ich vermute, dass er bereits so hier ankam. Hat der Gerichts-mediziner schon eine ungefähre Todeszeit und den Todesort fest-gestellt?" Sie holte ein kleines Buch hervor und trug ein paar Noti-zen ein.

„Er wurde hier draußen getötet, ungefähr vierundzwanzig Stunden, ehe ich ihn fand." Ihm war wieder übel. Nick fragte sich, ob er den Anblick des toten Jungen mit den großen, unschuldig zum Himmel starrenden Augen jemals vergessen konnte.

„Wann ist das Opfer verschwunden?"

„Früh am letzten Sonntagmorgen. Wir fanden sein Fahrrad und den Beutel mit Zeitungen an einem Zaun. Er hatte seine Tour noch nicht einmal angefangen."

„Dann war er drei volle Tage in der Gewalt des Täters."

„Großer Gott!" entfuhr es Nick. Er hatte über die Zeit zwi-schen dem Verschwinden und dem Mord nie nachgedacht. Da alle davon ausgegangen waren, der Junge sei bei seinem Vater oder von jemandem entführt worden, der Lösegeld haben wollte, hatte auch er geglaubt, er sei in guter Obhut.

„Also, wie ist dann die Kette zerrissen?" Nick mochte nicht daran denken, was der Junge vielleicht durchgemacht hatte.

„Ich kann es nicht mit Sicherheit sagen. Der Täter hat sie ihm vielleicht abgerissen. Es war ein silbernes Kreuz, nicht wahr?" Sie sah ihn auf Bestätigung wartend an. Er nickte nur, beeindruckt, weil sie so viele Details aus seinem Bericht kannte. Sie fuhr fort, als denke sie laut nach. „Vielleicht mochte der Killer es nicht ansehen. Vielleicht konnte er sein Vorhaben nicht ausführen, solange das Opfer dieses Kreuz trug. Es ist ein religiöses Symbol, das Schutz bietet. Vielleicht war der Täter religiös genug, das so zu empfin-den, und ihm war unbehaglich dabei."

„Ein religiöser Killer? Na, großartig."

„Was haben wir sonst noch für Spuren?"

„Spuren?"

„Oder Beweisstücke – Gegenstände, Stofffetzen oder Stücke von Seil. Konnte das FBI irgendwelche Reifenspuren sichern?"

Wieder die Reifenspuren. Wie oft würde man ihn noch an seinen Fehler erinnern?

„Wir haben einen Fußabdruck gefunden."

Sie sah ihn durchdringend an, und er entdeckte einen Hauch Ungeduld in ihrem Mienenspiel.

„Einen Fußabdruck? Verzeihen Sie, Sheriff, ich möchte das nicht anzweifeln, aber wie konnten Sie einen einzelnen Fußabdruck entdecken? Soweit ich das sehe, müssen hier Dutzende herumgelaufen sein." Mit einer ausladenden Handbewegung deutete sie auf die vielen Fußspuren im Schlamm. „Woher wollen Sie wissen, dass der Abdruck, den Sie fanden, nicht von Ihren Männern oder vom FBI stammt?"

„Weil keiner von uns barfuß war." Er wartete nicht auf ihre Reaktion, sondern ging näher zum Fluss. Er konnte sich gerade noch an einem Ast festhalten, als er ausglitt und ein Stück das Flussufer hinabrutschte. Als er aufblickte, stand Agentin O'Dell über ihm.

„Genau hier." Er deutete auf die Zehenabdrücke im Schlamm, die durch Reste von Abgusspuder betont wurden.

„Es gibt keine Garantie, dass der Abdruck vom Täter stammt."

„Wer sonst sollte verrückt genug sein, hier ohne Schuhe herumzulaufen?"

Sie hielt sich am selben Ast fest und schlitterte zu ihm hinunter. „Würden Sie mir Ihre Hand geben?" Sie streckte ihm die Hand hin. Er nahm sie und hielt sie fest, während sie sich weit über den Abdruck beugte, ohne ins Wasser zu fallen.

Ihre Hand lag klein und weich in seiner. Doch sie griff beherzt zu. Ihr Jackett klaffte auf, und er wandte den Blick ab. Junge, Junge, sie war wirklich nicht wie ein FBI-Agent gebaut.

Nach ein paar Sekunden zog sie sich wieder hoch und ließ seine Hand los. Sobald sie festen Boden unter den Füßen hatte, machte sie Notizen in ihr Buch.

Nick blickte zu den dicken grauen Wolken hinauf und wünschte sich, woanders zu sein. Die letzten achtundvierzig Stunden hatten ihn erschöpft. Seine Muskeln schmerzten vom Zehn-Kilometer-Rennen, das er heute Morgen absolviert hatte, er fühlte sich inkompetent, und ihm wurde schlecht, wenn er an Danny Alverez' weißen Körper und die offenen, in den Himmel starrenden Augen dachte. Eine Schar von Schneegänsen flog über sie hinweg. Nick ertappte sich bei dem Gedanken, was Danny wohl zuletzt gesehen hatte? Hoffentlich Gänse, etwas Ruhiges, Vertrautes.

„Die Stichwunden und Einschnitte in der Brust des Jungen waren genau wie bei den Morden von Jeffreys", sagte er und zwang sich, Agentin O'Dell wieder anzusehen. „Woher konnte jemand diese Informationen haben?"

„Seine Hinrichtung war erst kürzlich. Im Juli, nicht wahr?"

„Ja."

„Vor einer Hinrichtung rollen die örtlichen Medien die Bluttat oft noch einmal auf. Einzelheiten könnte jemand aus solchen Berichten erfahren haben."

„Die guten alten Medien", sagte Nick und dachte an Christines Artikel.

„Jemand könnte sich auch Informationen aus Gerichtsakten besorgt haben. Nach Abschluss des Prozesses sind sie der Öffentlichkeit zugänglich."

„Sie glauben also, wir haben es mit einem Nachahmungstäter zu tun?"

„Ja. Dass so viele Details zufällig übereinstimmen, ist unwahrscheinlich."

„Warum kopiert jemand einen solchen Mord? Holt er sich seinen Kick dabei?"

„Ich fürchte, das kann ich Ihnen nicht sagen." Agentin O'Dell blickte von ihrem Notizbuch auf und sah Nick in die Augen. „Ich kann Ihnen aber sagen, dass dieser Täter es wieder tun wird. Und wahrscheinlich schon bald."

12. KAPITEL

Die Leichenhalle des Krankenhauses lag im Keller, wo jedes Geräusch von den weißen Steinwänden zurückhallte. Wasserleitungen summten, und ein Ventilator drehte sich brummend. Die Fahrstuhltür schloss sich hinter Nick und Agentin O'Dell, nachdem sie ausgestiegen waren. Sie hörten ein Zerren und Kratzen, als sich die Seile spannten und die Kabine wieder hinaufbeförderten.

Sheriff Morrelli schien auf Zehenspitzen zu gehen, damit die frisch geputzten Stiefelabsätze auf dem Fliesenboden nicht so klapperten. Maggie streifte ihn mit einem Seitenblick, während sie nebeneinander her gingen. Er tat so, als sei dies alles Routine für ihn, doch er war leicht zu durchschauen. Unten am Fluss hatte sie ein-, zweimal bemerkt, wie er zusammengezuckt war, was seine überlegene Haltung Lügen strafte.

Dennoch hatte er darauf bestanden, sie hierher zu begleiten, sobald er hörte, dass der Gerichtsmediziner heute einen Jagdausflug machte und nicht zu erreichen war. Für sie eine absurde Vorstellung, dass ein Gerichtsmediziner einen freien Tag beim Jagen verbrachte. Nach all den Toten, die sie untersucht hatte, könnte sie niemals zur Entspannung auch noch Tiere töten.

Sie blieb zurück, während Nick Morrelli mit einem dicken

Schlüsselbund hantierte und schließlich merkte, dass die Leichenhalle unverschlossen war. Er hielt ihr die Tür auf, indem er sich mit seinem Körper dagegen stemmte und ihr ermöglichte, sich an ihm vorbeizudrängen. Maggie wusste nicht, ob das Absicht war, jedenfalls arrangierte er es zum zweiten oder dritten Mal so, dass sie fast Körperkontakt hatten.

Ihr kühles, autoritäres Auftreten erstickte unerwünschte Annäherungsversuche in der Regel im Keim. Sheriff Morrelli schien davon jedoch unbeeindruckt. Vermutlich witterte er in jeder Frau, die er traf, ein mögliches Abenteuer für eine Nacht. Sie kannte diesen Typ, der wusste, dass Flirten, jungenhafter Charme, athletischer Körper und gutes Aussehen ihn meist ans Ziel führten. Das war ärgerlich, aber in Morrellis Fall auch harmlos.

Sie hatte schon Schlimmeres erlebt. Sie war an anzügliche Bemerkungen von Männern gewöhnt, die ihre Unsicherheit überspielen mussten, wenn sie mit einer Frau zusammenarbeiteten. Zu ihrer Berufserfahrung gehörten eine Menge sexueller Belästigungen, angefangen von mildem Flirten bis zu heftigem Gegrapsche. Das hatte sie gelehrt, auf sich Acht zu geben und sich hinter einem Schild aus Unnahbarkeit zu schützen.

Sheriff Morrelli fand den Lichtschalter, und die Neonröhren flammten wie in einem Dominoeffekt eine nach der anderen auf. Der Raum war größer als erwartet. Sofort stach ihr Ammoniakgeruch in die Nase und brannte ihr in den Lungen. Alle Arbeitsflächen waren tadellos sauber geschrubbt. Mitten im gefliesten Raum stand ein Tisch aus Edelstahl. An einer Wand befanden sich ein großes Doppelspülbecken und ein Tresen mit verschiedenen Werkzeugen, einschließlich einer Stryker Säge, verschiedener Mikroskope, Ampullen und Teströhrchen. An der gegenüberliegenden Wand waren fünf Kühlschübe für die Leichen. Maggie fragte sich unwillkürlich, ob der kleine Ort jemals alle fünf gleichzeitig gebraucht hatte.

Sie zog ihr Jackett aus, hängte es sorgfältig über einen Stuhl und begann sich die Blusenärmel aufzukrempeln. Sie hielt inne und sah sich nach einem Laborkittel oder einer Arbeitsschürze um. Ihre Seidenbluse war ein Geschenk von Greg. Ihm würde zweifellos auffallen, wenn sie sie nicht mehr trug, weil sie durch Flecken ruiniert war. Er würde ihr Gedankenlosigkeit und Leichtsinn vorwerfen, wie damals bei dem Ehering, der jetzt irgendwo auf dem schlammigen Grund des Charles River lag. Na, egal. Sie rollte sich weiter die Ärmel auf.

Maggie hatte eine kleine schwarze Tasche mitgebracht, in der sie alles Notwendige aufbewahrte. Sie öffnete sie und legte den Inhalt auf dem Tresen aus. Als erstes einen kleinen Tiegel mit Wick Vaporub. Ein bisschen von der Salbe verteilte sie um ihre Nasenlöcher. Sie hatte schon vor langer Zeit gelernt, dass auch gekühlte Leichen einen Geruch verströmten, dem man sich besser nicht aussetzte. Ehe sie den Deckel fest schloss, drehte sie sich zu Sheriff Morrelli um, der sie von der Tür beobachtete, und warf ihm den Tiegel zu.

„Wenn Sie bleiben möchten, sollten Sie vielleicht auch ein wenig davon benutzen."

Er betrachtete den Tiegel, öffnete ihn zögernd und folgte ihrem Beispiel.

Als Nächstes nahm sie Plastikhandschuhe heraus und warf ihm ein Paar zu, doch er schüttelte den Kopf.

„Sie müssen nicht bleiben", sagte sie ihm. Er wurde schon wieder blass, und sie hatten den Leichnam noch nicht mal aus der Lade geholt.

„Nein, ich bleibe. Ich will nur ... ich will Ihnen nur nicht im Weg sein."

Sie war nicht sicher, ob er das aus Pflichtbewusstsein tat, oder ob sein Macho-Image es von ihm verlangte. Sie führte die Untersuchung lieber allein durch. Allerdings befand sie sich auf Morrellis Terrain, und es war sein Fall. Ob er die Rolle nun ausfüllte oder nicht, technisch betrachtet, war er der Leiter der Ermittlung.

Sie machte weiter, als wäre er nicht anwesend, holte den Rekorder heraus, prüfte das Band und schaltete es auf Stimmenaktivierung. Danach holte sie die Polaroid-Kamera hervor und vergewisserte sich, dass ein Film eingelegt war.

„Welche Schublade?" fragte sie, vor den Kühlschüben stehend, die Hände auf den Hüften, bereit, mit der Arbeit zu beginnen. Sie sah zu Nick Morrelli, der die Kühlwand anstarrte, als sei ihm nicht bewusst gewesen, dass sie den Leichnam tatsächlich herausnehmen mussten.

Er bewegte sich langsam und zögerlich, entriegelte die mittlere Lade und zog sie heraus. Die Metallrollen quietschten und klickten, als der Schub in den Raum glitt.

Maggie löste die Bremse an den Rollen des Stahltisches und schob ihn unter die Lade. Er passte perfekt. Gemeinsam hoben sie die Trage mit dem Leichensack des kleinen Jungen an und legten ihn flach auf den Tisch, den sie wieder in die Mitte des Raumes unter die abgehängte Beleuchtung schoben. Maggie arretierte die Bremsen, während Nick Morrelli die Tür der Lade schloss. Sobald sie den Reißverschluss des Leichensacks aufzog, wich Nick in eine Ecke des Raumes zurück.

Der Körper des Jungen wirkte klein und zerbrechlich, was seine Wunden umso brutaler erscheinen ließ. Ein hübscher Junge, dachte Maggie. Sein rotblondes Haar war kurz geschnitten. Die Sommersprossen auf Nase und Wangen hoben sich deutlich von der wächsernen Haut ab. Im Nacken hatte er starke Blutergüsse und Abdrücke von einem Seil über der klaffenden Halswunde.

Maggie begann zu fotografieren. Sie machte Nahaufnahmen von den Stichwunden und dem gezackten X auf der Brust, dann

71

von den blauroten Verfärbungen an den Gelenken und der durchschnittenen Kehle. Sie wartete bei jeder Aufnahme ab, bis sich das Foto entwickelte, und vergewisserte sich, dass sie genügend Licht und den richtigen Winkel erwischt hatte.

Den Rekorder nah am Mund, begann sie zu diktieren, was sie sah.

„Das Opfer weist Strangulationsabdrücke unter und um den Hals auf, augenscheinlich von einem Seil. Es könnte festgezurrt worden sein. Da scheint eine kleine Abschürfung unter dem linken Ohr zu sein, vielleicht von einem Knoten."

Sacht hob sie den Kopf des Jungen an, um sein Genick zu sehen. Er fühlte sich leicht, fast gewichtslos an. „Ja, die Abdrücke reichen rings um den Hals. Das bedeutet, der Junge wurde stranguliert, ehe ihm die Kehle durchschnitten wurde. Die Halswunde ist tief und lang und reicht von einem Ohr zum anderen. Blutergüsse an Hand- und Fußgelenken gleichen denen am Hals. Eventuell wurde dasselbe Seil verwendet."

Seine Hände wirkten klein in ihren. Maggie hielt sie vorsichtig und ehrfürchtig, während sie die Handflächen prüfte. „Tiefe Abdrücke von Fingernägeln in den Handflächen. Das könnte darauf hinweisen, dass das Opfer noch lebte, als einige der Wunden zugefügt wurden. Die Fingernägel selbst sind sauber ... sehr sauber sogar."

Sie legte die kleinen Hände an die Körperseiten zurück und untersuchte die Wunden. „Das Opfer weist acht, nein neun Stichwunden im Brustbereich auf." Vorsichtig schob sie den Zeigefinger hinein, der tief in einigen der Wunden verschwand. „Sie scheinen von einem Messer mit einseitiger Schneide herzurühren. Drei sind flach. Mindestens sechs sind sehr tief und haben möglicherweise Knochen verletzt. Einer könnte durchs Herz gegangen sein. Trotzdem ist da nur sehr wenig ... genau genommen gar kein Blut. Sheriff Morrelli, hat es geregnet, während der Leichnam draußen lag?"

Er merkte, dass sie mit ihm sprach, drückte sich von der Wand ab und stand fast stramm. „Tut mir Leid, was haben Sie gesagt?" fragte er mit gedämpfter Stimme, als wolle er den Jungen nicht wecken.

„Erinnern Sie sich, ob es geregnet hat, während der Körper im Freien lag?"

„Nein, gar nicht. Die Woche davor hatten wir sehr viel Regen."

„Hat der Gerichtsmediziner den Körper gereinigt?"

„Wir hatten George gebeten, alles zu unterlassen, bis Sie hier sind. Warum?"

Maggie sah sich noch einmal den Körper an. Zog einen Handschuh aus und strich sich eine Haarsträhne hinter das Ohr zurück. Irgendetwas stimmte hier nicht. „Einige der Wunden sind sehr tief. Auch wenn sie dem Jungen nach dem Tod zugefügt wurden, hätten sie geblutet. Wenn ich mich recht erinnere, war am Tatort im Gras und im Schlamm jede Menge Blut."

„Da war viel Blut. Ich habe ewig gebraucht, alles von meiner Kleidung abzuwaschen."

Sie hob wieder eine kleine Hand. Die Nägel waren sauber, kein Schmutz, kein Blut, keine Haut, obwohl er sie irgendwann in die Handflächen gebohrt hatte. An den Füßen war ebenfalls kein Schmutz, keine Spur von Schlamm. Obwohl er sich mit gefesselten Händen und Füßen nicht viel gewehrt haben konnte, hätte er sich doch zweifellos genügend bewegt, um schmutzig zu werden.

„Es sieht fast aus, als ob der Körper gereinigt worden ist", sagte sie vor sich hin. Als sie aufblickte, stand Sheriff Morrelli neben ihr.

„Wollen Sie sagen, der Mörder hat den Leichnam gewaschen, nachdem er fertig war?"

„Sehen Sie sich die Einschnitte in der Brust an." Sie zog den Handschuh wieder über und fuhr vorsichtig unter einen Hautlappen. „Hierfür hat er ein anderes Messer benutzt, eines mit einer Sägekante. Es hat die Haut an einigen Stellen gezerrt und eingerissen. Sehen Sie hier?" Sie fuhr mit der Fingerspitze über die eingerissene Haut.

„Das hätte geblutet. Da hätte Blut sein müssen, zumindest am Anfang. Und diese Stichwunden sind tief." Sie schob den Finger noch einmal hinein, um es ihm zu zeigen. „Wenn man ein Loch von der Größe und Tiefe macht, blutet es heftig, bis man es stopft. Das hier, da bin ich mir fast sicher, ging ins Herz. Wir reden hier von der Verletzung großer Gefäße und starken Blutungen. Und die Kehle ... Sheriff Morrelli?"

Nick lehnte sich gegen den Tisch, und sein Gewicht schob den Stahltisch kreischend über die Fliesen. Maggie bemerkte, dass sein Gesicht kalkweiß war, und ehe sie sich versah, sackte er gegen sie. Sie umfasste seine Taille, aber er war zu schwer. Ihre Knie gaben nach, und sie sank mit ihm zu Boden, da er mit dem ganzen Gewicht gegen ihre Brust fiel.

„Morrelli, he, sind Sie okay?"

Sie kroch unter ihm hervor und lehnte ihn stützend gegen ein Tischbein. Er war bei Bewusstsein, aber seine Augen blickten glasig. Sie stand auf und sah sich nach einem Handtuch um, das sie anfeuchten konnte. Doch trotz der guten Ausrüstung des Labors gab es weder Tücher, noch Kittel, noch Handtücher. Sie erinnerte sich, einen Dosenautomaten neben dem Fahrstuhl gesehen zu haben. Sie suchte Kleingeld heraus, lief zum Automaten und kehrte zurück, ehe Morrelli sich bewegt hatte.

Seine Beine lagen abgeknickt unter ihm, sein Kopf ruhte am Tischbein. Wenigstens wirkte sein Blick schon konzentrierter, als sie sich mit der Dose neben ihn kniete.

„Hier", sagte sie und reichte sie ihm.

„Danke, aber ich habe keinen Durst."

„Nicht zum Trinken, für Ihren Nacken. Hier ..." Sie griff ihm vorsichtig ins Genick und zog seinen Kopf sacht nach vorn. Dann legte sie ihm die kalte Coladose ins Genick. Nick Morrelli lehnte sich an sie. Noch ein paar Zentimeter, und sein Kopf ruhte zwischen ihren Brüsten. In seinem gegenwärtigen Zustand schien er sich dessen jedoch nicht bewusst zu sein. Vielleicht war das Macho-Ego ja mit einer sensiblen Natur gepaart. Sie wollte soeben die Hand wegziehen, als Nick Morrelli danach griff und sie mit seinen langen kräftigen Fingern umschloss. Er sah sie an, und seine kristallblauen Augen blickten wieder normal.

„Danke." Es klang ein wenig verlegen, trotzdem wich er ihrem Blick nicht aus. Er war zwar angeschlagen, doch wenn sie sich nicht sehr täuschte, flirtete er trotzdem mit ihr.

Als Reaktion darauf riss sie die Hand weg, abrupter und heftiger als nötig. Genauso abrupt streckte sie ihm die Dose hin, wich auf Knien zurück und sorgte für Abstand.

„Ich kann nicht glauben, dass mir das passiert ist", sagte Nick. „Es ist mir ein bisschen peinlich."

„Das muss es nicht sein. Ich habe eine Menge Zeit auf dem Boden verbracht, ehe ich mich an Autopsien gewöhnt hatte."

„Wie gewöhnt man sich daran?" Er sah ihr wieder in die Augen, als suche er dort nach einer Antwort.

„Ich weiß nicht genau. Man koppelt sich irgendwie von den Geschehnissen ab und versucht nicht darüber nachzudenken." Sie wandte sich ab und stand rasch auf. Sie mochte nicht Ziel seines forschenden Blickes sein. Obwohl sie das als schlichte Masche, als hinterhältiges Werkzeug seines Charmes entlarvte, fürchtete sie, er könnte tatsächlich etwas von der Schwäche entdecken, die sie so sorgfältig verbarg. Noch vor Monaten hätte es nichts zu verbergen gegeben. Albert Stucky hatte ihr jedoch die eigene Verletzbarkeit vor Augen geführt. Und dieses Bewusstsein war ihr immer noch so präsent, dass man es ihr vielleicht anmerkte.

75

Ehe sie ihm hilfreich die Hand geben konnte, entknotete Nick Morrelli seine langen Beine und stand ohne zu schwanken auf. Abgesehen von der Fast-Ohnmacht, bewegte er sich sehr geschmeidig und selbstsicher, wie sie feststellte.

Er lächelte sie an, rieb sich mit der kühlen Coladose über die Stirn und hinterließ einen nassen Streifen. Ein paar Haarsträhnen fielen ihm in die Stirn und blieben an der Feuchtigkeit kleben. „Hätten Sie etwas einzuwenden, wenn wir uns in der Cafeteria treffen, sobald Sie fertig sind?"

„Nein, natürlich nicht. Es dauert nicht mehr lange."

„Ich denke, ich mache eine Pause." Er hob die Dose wie in einem spielerischen Prosit, wandte sich zum Gehen, blickte noch einmal zu dem kleinen Leichnam zurück und verschwand.

Maggie knurrte der Magen. Sie bedauerte, das Frühstück ausgeschlagen zu haben, das man ihr während des unruhigen Fluges angeboten hatte. Trotz der Kühle des Raumes hatte der kleine Ringkampf mit Morrelli sie erhitzt. Sie schwitzte, zog einen Handschuh aus und wischte sich über die feuchte Stirn. Dabei blickte sie auf die Stirn des Jungen. Aus diesem Winkel sah sie, dass dort etwas glänzte.

Sie beugte sich über den Tisch und besah sich den durchsichtigen Schmierfilm mitten auf der Stirn genauer. Sie strich mit einem Finger darüber, rieb die Substanz zwischen Daumen und Zeigefinger und hielt sie sich unter die Nase. Wenn der Körper gewaschen worden war, bedeutete das, die ölige Substanz war später aufgebracht worden. Instinktiv überprüfte sie die blauen Lippen des Jungen und fand auch dort einen Ölfilm. Ehe sie sich vergewissern konnte, wusste sie bereits, dass sie auch auf der Brust des Jungen, direkt über dem Herzen, dieses Öl finden würde. Vielleicht zahlten sich die vielen Jahre katholischer Erziehung doch aus. Andernfalls wäre ihr nie aufgefallen, dass irgendwer, vielleicht der Mörder, diesem Jungen die Letzte Ölung verabreicht hatte.

13. KAPITEL

Christine Hamilton versuchte den Artikel zu überarbeiten, den sie in ihr Notizbuch gekritzelt hatte, während sie so tat, als kenne sie den genauen Stand des Fußballspiels unten auf dem Spielfeld. Die Holztribünen waren schrecklich unbequem, gleichgültig, wie sie ihr Gewicht verlagerte. Sie wollte eine Zigarette rauchen und kaute stattdessen auf der Kappe ihres Stiftes.

Ein plötzliches Aufbrausen von Applaus, Johlen und Pfeifen veranlasste sie, gerade noch rechtzeitig den Kopf zu heben, um die Mannschaft der Zehnjährigen im roten Trikot sich triumphierend mit erhobenen Händen gegenseitig abklatschen zu sehen. Wieder war ihr ein Tor entgangen, doch als der kleine rothaarige Junge aus dem Trubel zu ihr aufschaute, lächelte sie und machte das Siegeszeichen mit dem Daumen nach oben, als hätte sie den Spielzug verfolgt.

Er war um einiges kleiner als seine Mannschaftskameraden, doch ihr schien er viel zu schnell zu wachsen. Dass er seinem Vater mit jedem Tag ähnlicher wurde, machte es auch nicht besser.

Sie schob sich die Sonnenbrille auf das windzerzauste Haar. Die Sonne verschwand hinter der Baumreihe, die den Park säumte. Zum Glück waren die meisten Wolken vorübergezogen, ohne weiteren Regen abzuladen. Schlimm genug, dass sie am Sonntagnachmittag so taten als ob.

Sie hatte sich allein auf die obere Tribünenreihe gesetzt, fernab von den anderen Fußballmüttern und -vätern. Sie machte sich nichts aus diesen besessenen Eltern, die Mannschaftstrikots trugen und den Trainer beschimpften. Später würden sie ihm dann auf den Rücken klopfen und ihm zu einem weiteren Sieg gratulieren.

Christine blätterte eine Seite um und wollte sich wieder ihrem Artikel widmen, als sie drei der anderen geschiedenen Fußballmütter miteinander tuscheln sah. Anstatt das Spiel zu verfolgen, deuteten sie auf die Seitenlinie. Christine drehte sich, folgte ihrer Blickrichtung und entdeckte sofort, was sie abgelenkt hatte. Der Mann, der an der Seitenlinie entlangging, entsprach einem Klischee: groß, dunkelhaarig, gut aussehend. Er trug enge Jeans, ein Sweatshirt mit dem Namenszug der Nebraska Cornhuskers auf der Brust und sah aus wie die ältere Version des College Quarterback, der er einmal gewesen war. Er beobachtete das Spiel, während er die Seitenlinie entlang schritt, nein glitt. Christine wusste allerdings, dass er sich der Aufmerksamkeit, die er auf den Rängen erregte, durchaus bewusst war. Als er schließlich in ihre Richtung sah, winkte sie und genoss die neidvollen Blicke der anderen Frauen, als er ihr zulächelte und zu ihr auf die Tribüne kam.

„Wie steht's?" fragte Nick und ließ sich neben ihr nieder.

„Fünf zu drei, glaube ich. Dir ist schon klar, dass ich von jeder geschiedenen, schmachtenden Fußballmutter hier beneidet werde, oder?"

„Da siehst du mal, was ich alles für dich tue, und du zahlst es mir mit solchen Gemeinheiten heim."

„Gemeinheiten? Ich war noch nie gemein zu dir", sagte sie zu ihrem jüngeren Bruder. „Jedenfalls nicht richtig."

„Das habe ich nicht gemeint, und das weißt du auch."

Sie setzte sich gerade hin, bereit sich zu rechtfertigen, da ein leises Schuldgefühl an ihr nagte. Ja, sie hätte ihn anrufen sollen, ehe sie die Geschichte in die Redaktion gegeben hatte. Aber was, wenn er sie aufgefordert hätte, den Artikel nicht zu bringen? Immerhin hatte sie sich damit auf die andere Seite der Redaktionstür katapultiert. Anstatt hilfreicher Haushaltstipps hatte sie in den letzten beiden Tagen zwei Leitartikel mit ihrem Namenszug verfasst. Und ab morgen saß sie an ihrem eigenen Schreibtisch in der Lokalredaktion.

„Wie wäre es, wenn ich es wieder gutmache? Dinner morgen Abend? Ich mache Spaghetti mit Fleischbällchen und Mamas Geheimsauce."

Er sah sie an und warf einen Blick auf ihr Notizbuch. „Du begreifst es einfach nicht, was?"

„Ach komm schon, Nick. Du weißt, wie sehr ich darauf hin gearbeitet habe, aus der ‚Leben heute'-Ecke herauszukommen. Wenn ich den Artikel nicht gebracht hätte, hätte es jemand anders getan."

„Wirklich? Und hätte dieser Jemand auch einen Officer zitiert, der ihr privat etwas anvertraut hatte?"

„Er hat mir nicht gesagt, dass es vertraulich war. Falls Gillick etwas anderes behauptet, lügt er."

„Ich wusste gar nicht, dass es Eddie war. Mein Gott, Christine, du hast gerade eine anonyme Quelle preisgegeben."

Ihr wurden die Wangen warm, und sie wusste, dass ihre normalerweise blasse Haut puterrot war. „Verdammt, Nick. Du weißt, wie sehr ich mich bemühe. Ich bin ein bisschen eingerostet. Aber ich kann eine richtig gute Reporterin sein."

„Wirklich? Ich halte deine Berichterstattung für verantwortungslos."

„Jetzt mach aber mal einen Punkt! Nur weil sie dir nicht gefällt, ist sie noch nicht verantwortungslos!"

„Und was ist mit der Schlagzeile?" presste Nick hervor. Sie konnte sich nicht erinnern, ihn je so zornig erlebt zu haben. Er wich ihrem Blick aus und beobachtete die rennenden Jungen auf dem Spielfeld. „Wie kommst du dazu, diesen Mord mit Jeffreys in Verbindung zu bringen?"

„Es gibt auffallende Ähnlichkeiten."

„Jeffreys ist tot", flüsterte er und sah sich um, ob jemand sie hören konnte. Er faltete die Hände vor dem rechten Knie und stieß rhythmisch mit einem Fuß gegen die Bankreihe vor ihnen. Ein nervöser Tick, den Christine seit der Kindheit kannte.

„Werde erwachsen, Nick. Jeder mit einem Funken Verstand wird diese Tat mit denen von Jeffreys in Verbindung bringen. Ich habe nur geschrieben, was viele denken. Willst du behaupten, ich liege falsch?"

„Ich will sagen, dass wir keine Panik in der Stadt brauchen, die gerade wieder an die Sicherheit ihrer Kinder zu glauben beginnt." Er verschränkte die Arme vor der Brust, da er nicht zu wissen schien, was er mit den geballten Händen tun sollte. „Du hast mich wie einen verdammten Idioten hingestellt!"

„Verstehe. Darum geht es also. Die Panik in der Stadt ist dir völlig egal. Du machst dir nur Gedanken, wie du in der Öffentlichkeit dastehst. Warum überrascht mich das nicht?"

Er sah sie wütend an. Einen Moment hatte es den Anschein, als wolle er sich rechtfertigen, doch dann blickte er nur schweigend aufs Spielfeld. Sie hasste es, wenn er ihre billigen Seitenhiebe kommentarlos hinnahm. Schon als Kind hatte er nicht gewusst, wie er sich gegen ihre Beleidigungen zur Wehr setzen sollte – ihre Geheimwaffe. Offenbar wurde sie alt, denn plötzlich bedauerte sie, ihn gekränkt zu haben.

Zugleich wurde sie jedoch ungehalten über die Art und Weise, wie er die Dinge anging. Immer suchte er den Weg des geringsten Widerstandes. Aber schließlich, warum auch nicht? Nick schien alles zuzufliegen, von Job-Angeboten bis zu Frauen. Und er flatterte mühelos und ohne Gewissensbisse von einer zur anderen, ohne lange nachzudenken. Als ihr Vater den Sheriffposten damals aufgab, hatte er darauf bestanden, dass Nick sich darum bemühte. Der hatte seine Professur an der Uni ohne zu zögern aufgegeben. Zumindest war ihr kein Zögern aufgefallen, obwohl sie wusste, dass er als umschwärmte lebende Legende gern an der Uni war.

Ohne Schwierigkeiten – und eigentlich auch vorhersehbar – war er zum Bezirkssheriff gewählt worden. Allerdings gab Nick als Erster zu, dass er das Amt nur seinem Namen und dem legendären Ruf seines Vaters verdankte. Jedoch schien ihm das nichts auszumachen. Er nahm die Dinge, wie sie kamen.

Sie hingegen hatte sich alles erarbeiten müssen, besonders, seit Bruce fort war. Jedenfalls verdiente sie das Glück, in der Nachrichtenredaktion zu sein, und wollte sich dafür nicht entschuldigen.

„Es ist ein Nachahmungstäter. Findest du nicht, dass die Bevölkerung gewarnt werden muss?" fragte sie ernsthaft, obwohl sie sich nicht rechtfertigen wollte. Sie meldete Nachrichten und wusste, was sie tat. Die Öffentlichkeit hatte ein Recht auf Information.

Nick antwortete nicht. Stattdessen stellte er beide Füße auf die vordere Bankreihe, stemmte die Ellbogen auf die Knie und stützte das Kinn auf die geballten Hände. Inmitten von Jubel und Gejohle saßen sie eine Weile schweigend da. Nick war verändert, und das beunruhigte sie.

Nach einer kleinen Ewigkeit sagte er schließlich: „Danny Alverez war nur ein Jahr älter als Timmy." Sein Blick war starr geradeaus gerichtet.

Christine sah Timmy über das Feld wirbeln und andere Jungen umspielen, die größer waren als er. Er war schnell und agil und nutzte seine geringe Größe zu seinem Vorteil. Timmy sah fast aus wie Danny auf dem Schulfoto aus der Zeitung. Beide hatten rotblondes Haar, blaue Augen und Sommersprossen. Wie Danny war Timmy klein für sein Alter.

„Ich habe den Nachmittag in der Pathologie verbracht." Seine Stimme riss sie aus ihren Gedanken.

„Warum?" fragte sie wie beiläufig, sah aufs Spielfeld, beobachtete Nick jedoch aus den Augenwinkeln. Sie hatte ihn noch nie so bedrückt erlebt.

„Bob Weston hat uns einen Experten besorgt, um ein Profil des Täters zu erstellen – Spezialagentin Maggie O'Dell aus Quantico. Sie kam heute Morgen an und konnte es nicht abwarten, mit der Arbeit zu beginnen." Er warf Christine einen Blick zu und mochte seinen Augen nicht trauen, als er sah, wie sie etwas in ihr Buch notierte. „Mein Gott, Christine!" brauste er auf, dass sie zusammenzuckte. „Kann man dir nichts mehr anvertrauen?"

„Wenn du es vertraulich behandelt haben möchtest, musst du es mir sagen." Sie beobachtete, dass er sich die Wange rieb, als hätte sie ihn geschlagen. „Außerdem weiß morgen sowieso jeder über Agentin O'Dell Bescheid, wenn sie anfängt, Fragen zu stellen. Worüber machst du dir Sorgen, Nick? Eine Expertin hinzuzuziehen, ist doch eine gute Sache."

„Ist es das? Oder stehe ich nicht eher so da, als wüsste ich nicht, was ich tun soll?" Er sah sie finster an. „Wage nicht, das zu schreiben."

„Entspann dich. Ich bin nicht dein Feind, Nicky." Sie bemerkte, wie die Jungen zwischen dem üblichen Händeschütteln Freudentänze aufführten. Das Spiel war vorüber, und es wurde langsam dunkel. Die Laternen im Park gingen eine nach der anderen an. „Weißt du, Dad hat sich nie gescheut, mit den Medien zusammenzuarbeiten."

„Ich bin nicht Dad!" Jetzt hatte sie ihn verärgert. Sie wusste, dass sie keine Vergleiche anstellen sollte, aber sie mochte auch nicht wie ein verantwortungsloser Schreiberling behandelt werden. Außerdem, wenn er nicht verglichen werden wollte, hätte er vielleicht nicht in die Fußstapfen des Vaters treten sollen. Wie gewöhnlich wiegelte sie bei dem Thema ab.

„Ich sage nur, dass Dad wusste, wie er die Medien einsetzen musste, damit sie ihm halfen."

„Damit sie halfen?" fragte Nick ungläubig zurück und sprach

so laut, dass er den Jubel ringsum übertönte. Er sah sich rasch um, beugte sich zu Christine hinüber und fügte mit gesenkter Stimme hinzu: „Dad nutzte die Nachrichtenmedien, weil er gern im Rampenlicht stand. Es gab so viele Lecks in seinem Department, dass Jeffreys' Verhaftung an ein Wunder grenzt."

„Was für Lecks? Wovon sprichst du?"

„Egal." Er blickte auf ihr Notizbuch.

Christine verdrehte die Augen und fragte sich, ob er nur einen Köder auswarf. „Aber sie haben Jeffreys verhaftet, und Dad hat den Fall gelöst", erinnerte sie ihn.

„Ja, sie haben Jeffreys verhaftet, und der gute alte Dad hat die Lorbeeren eingeheimst."

„Nicky, niemand verlangt von dir, dass du sein sollst wie er. Du glaubst immer, du müsstest ihm nacheifern." Okay, jetzt war es heraus, sie hatte sich verplappert. Gespannt beobachtete sie seine Reaktion.

Er schüttelte nur den Kopf, die Andeutung eines frustrierten Lächelns um den Mund, als denke er, dass sie ihn einfach nicht verstand.

„Hast du dich jemals gefragt ..." Er zögerte, blickte auf das Spielfeld und war mit den Gedanken weit weg. „Ist dir nie aufgefallen, dass alles zu glatt ging ... sehr einfach und bequem war?"

Das war nicht die Erwiderung, die sie erwartet hatte. Die Abendluft wurde kühl, und Christine begann zu frösteln. Sie rieb sich die Arme und versuchte ihrem Bruder in die Augen zu sehen. Er begann ihr Sorgen zu machen mit seinem unterdrückten Zorn und den ernsten Anspielungen. Für gewöhnlich scherzte Nick herum und nahm nichts allzu ernst, schon gar nicht ihr geschwisterliches Geplänkel. Hatte die Erwähnung des Vaters seinen Stimmungswandel ausgelöst? Nein, da steckte etwas anderes dahinter.

Was wusste er? Was hatte ihren unbekümmerten, selbstsicheren kleinen Bruder so eingeschüchtert?

„Nick, was meinst du damit?"

„Vergiss es", sagte er, beendete das Thema, stand auf und streckte sich.

„Onkel Nick! Onkel Nick! Hast du gesehen, wie ich das Tor geschossen habe?" rief Timmy, die Tribünentreppe hinaufstürmend.

„Und ob ich das gesehen habe", log er.

Sie beobachtete, wie freundlich und entspannt lächelnd er ihren kleinen Sohn auf die Arme nahm und an sich drückte.

Christine wusste, dass ihr Bruder etwas verbarg, und sie musste herausfinden, was es war.

14. KAPITEL

Er umrundete den Park noch einmal, fuhr diesmal langsamer und bog in die Parkbucht in der Ecke, weitab von den anderen Wagen. Bei ausgeschalteten Scheinwerfern saß er still da, beobachtete und lauschte den Klängen von Vivaldi, die das Pochen in seinen Schläfen dämpften.

Es passierte wieder, in so kurzer Zeit. Er konnte es weder unterbinden noch beherrschen, schlimmer noch, er wollte es gar nicht. Er war schrecklich müde. Er versuchte sich zu erinnern, wann er das letzte Mal eine Nacht durchgeschlafen hatte, ohne herumzulaufen oder durch die Straßen zu wandern. Er rieb sich die Augen, um die Erschöpfung zu vertreiben, und hielt plötzlich inne. Seine Finger zitterten unkontrollierbar.

„Lieber Gott, lass es aufhören!" flüsterte er und zog sich an den Schläfenhaaren. Warum hörte es nicht auf? Das pulsierende Klopfen in seinem Kopf tat ihm weh.

Er beobachtete die Gruppe Jungen in ihren grasfleckigen Trikots. Sie wirkten so glücklich nach dem Sieg. Die Arme umeinander gelegt, klopften sie sich auf den Rücken und berührten einander sorglos und selbstverständlich. Ihre Stimmen wurden im Näherkommen lauter, und mit ihrem unverständlichen Geplapper übertönten sie sogar Vivaldi.

Eine plötzliche Erinnerung überflutete ihn lähmend, dass er steif, wie an das Leder des Sitzes genagelt dasaß. Er war elf gewesen. Sein Stiefvater hatte dafür gesorgt, dass er in die Jugendmannschaft eintrat, und handelte mit dem Trainer aus, dass er jeden Samstagmorgen aus dem Haus war. Er hatte gewusst, warum: weil sein Stiefvater seine Mutter den ganzen Morgen vögeln wollte.

Am Samstag davor war er versehentlich in ihr Zimmer geplatzt, weil sie keine Milch mehr hatten. Die Erinnerung war auch nach all den Jahren noch deutlich und so aufwühlend, dass er mit den Fingern das Lenkrad umklammerte.

Er stand in der Tür zum Schlafzimmer seiner Mutter, gelähmt vom Anblick ihrer nackten weißen Haut und dem silbernen Kreuz, das zwischen ihren großen Brüsten baumelte.

Ihre Brüste schwangen vor und zurück, sie stützte sich auf Händen und Knien ab, während sein Stiefvater aufgeritten war wie ein liebestoller Hund.

Sein Stiefvater entdeckte ihn zuerst und schrie ihn keuchend und zuckend an, während seine Mutter vor Entsetzen die Augen weit aufriss. Sie entwand sich seinem Stiefvater, fiel stolpernd vom Bett und schnappte sich das Laken. Da hatte er sich abgewandt und war davongelaufen. Er stolperte den Flur entlang, stürzte und erreichte schließlich sein Zimmer. Doch als er die Tür zuschlagen wollte, drängte sich sein Stiefvater herein.

Er war noch nackt. Zum ersten Mal sah er das erigierte Glied eines erwachsenen Mannes, und es war schrecklich. Groß und steif ragte es aus dichtem schwarzen Haar hervor. Sein Stiefvater packte ihn am Genick und schob ihn gegen die Wand.

„Möchtest du nur interessiert zusehen, oder willst du es erleben?" Er hörte immer noch die raue, atemlose Stimme in sein Ohr keuchen.

Er hatte still gestanden und kaum Luft bekommen. Sein Stiefvater hielt ihn mit einer Hand am Genick fest, mit der anderen riss er ihm die Pyjamahose herunter. Seine Mutter schrie und trommelte mit den Fäusten gegen die verschlossene Tür. Dann spürte er es, den enormen Druck, einen Schmerz so zerreißend, dass er glaubte, innerlich zu explodieren. Er jammerte nicht, obwohl er schreien wollte. Seine Wange rieb gegen die raue Tapete der Schlafzimmerwand. Er starrte nur auf das Kruzifix nah vor seinem Gesicht und wartete, dass sein Stiefvater aufhörte, sich in seinen kleinen Körper zu rammen.

Ein Auto hupte. Der Schreck riss ihn aus seiner Trance. Seine Handflächen am Lenkrad waren schweißnass, die Finger zitterten. Er beobachtete, wie die Jungen zu ihren Eltern in die Limousinen und Vans stiegen. Wie viele von denen mochten Geheimnisse wie seines verbergen? Wie viele versteckten ihre Prellungen und Narben? Wie viele warteten auf eine Erlösung, auf Rettung vor der Folter?

Dann entdeckte er den kleinen Jungen auf dem Gehweg, der den anderen nachwinkte. Er beobachtete, ob er heute Abend abgeholt wurde oder wie üblich allein heimging.

Es wurde allmählich dunkler. Mehrere Straßenlaternen flammten auf. Er hörte den Kies unter den Reifen knirschen, als die Autos losfuhren. Scheinwerfer wurden eingeschaltet und blendeten ihn kurz, als die Wagen wendeten und sich entfernten. Niemand bemerkte ihn. Niemand nahm sich die Zeit, in seine Richtung zu sehen. Wer ihn dennoch erkannte, winkte lächelnd. Es war nicht ungewöhnlich, dass er sich ein Fußballspiel in der Nachbarschaft ansah.

Einen halben Block weiter ging der Junge allein heim und warf sich den Fußball von einer Hand in die andere. Er wirkte dünn und zart in dem weiten Trikot und sehr schutzlos. Er hüpfte, obwohl ihm keiner zusah. Vielleicht hatte er sich an das Alleinsein gewöhnt.

Als der letzte Wagen den Parkplatz verließ, brachte er Vivaldis „Vier Jahreszeiten" mitten im „Herbst" zum Schweigen. Ohne hinzusehen, ertastete er die kleine Glasampulle im Handschuhfach, brach sie geschickt auf und tropfte den Inhalt auf ein schneeweißes Taschentuch. Er wünschte, die zusätzlichen Vorsichtsmaßnahmen wären nicht nötig, aber bei Danny war er achtlos gewesen. Er nahm die schwarze Skimaske, stieg aus und schloss leise die Tür.

Augenblicklich merkte er, dass seine Hände nicht mehr zitterten. Ja, er war wieder Herr der Lage. Dann folgte er dem Jungen langsam den Gehsteig entlang.

15. KAPITEL

Montag, 27. Oktober

Maggie goss den Rest Scotch aus der kleinen Flasche in den Plastikbecher. Die Eiswürfel schlugen klirrend gegeneinander. Sie trank einen Schluck, schloss die Augen und genoss das angenehme Brennen in der Kehle. In letzter Zeit machte sie sich etwas Sorgen, dass sie wie ihre Mutter Geschmack am Alkohol finden könnte, oder vielleicht sogar abhängig wurde von der angenehmen Betäubung, die das Teufelszeug gewährte.

Sie rieb sich die Augen und blickte zum billigen Uhrenradio auf dem Nachttisch an der Schmalseite des Zimmers. Nach zwei

Uhr morgens, und sie konnte nicht schlafen. Die schwache Tischbeleuchtung verursachte ihr Kopfschmerzen. Wahrscheinlich lag das am Scotch, trotzdem würde sie den Hotelier bitten, ihr eine hellere Glühbirne zu geben.

Der kleine Tisch war mit den Polaroidfotos bedeckt, die sie in der Pathologie gemacht hatte. Sie versuchte sie in chronologische Ordnung zu bringen – Hände gefesselt, am Hals stranguliert, dann Kehle durchschnitten, Stichwunden. Dieser Wahnsinnige ging methodisch vor. Er ließ sich Zeit. Er ritzte, schnitt und schälte Haut mit beängstigender Präzision. Sogar das gezackte X folgte einer besonderen Diagonallinie von der Schulter zum Bauchnabel.

Sie verteilte zwei Aktenordner voller Polizeiberichte und Zeitungsausschnitte mit genügend grauenhaften Details, ein Leben lang für Albträume zu sorgen. Allerdings konnte man keine Albträume haben, wenn man gar nicht schlief.

Sie zog die nackten Beine an und schlug sie unter, um bequem im Sessel zu sitzen. Ihr Green-Bay-Shirt war vom vielen Waschen ausgeleiert. Es bedeckte kaum ihre Schenkel, war jedoch das weichste Nachthemd, das sie besaß, und war zur Schutzkleidung geworden, in der sie sich, gleichgültig, wo sie war, zu Hause fühlte. Trotz Gregs ständigem Drängen hatte sie sich geweigert, es auszurangieren.

Wieder sah sie zur Uhr. Sie hätte Greg bei der Rückkehr ins Hotel anrufen sollen. Jetzt war es zu spät. Vielleicht war das gut so. Sie brauchten beide Zeit, um sich abzukühlen.

Maggie blätterte die verstreuten Unterlagen durch und überflog ihre Aufzeichnungen: etliche Seiten mit Details, kleine Beobachtungen, die für die meisten unbedeutend wären. Sie würde alles zusammenfügen und daraus ein Täterprofil erstellen. So ging sie immer vor. Manchmal konnte sie einen Täter bis hin zu Größe, Haarfarbe und – wie in einem Fall – der Marke seines After Shave exakt beschreiben. Diesmal war es jedoch schwierig. Zum Teil, weil der Hauptverdächtige bereits hingerichtet worden war, und zum Teil, weil es immer schwer war, sich in das kranke Hirn eines widerlichen Kindsmörders hineinzufinden.

Sie nahm ihre silberne Kette mit dem Anhänger von der Ecke des Schreibtisches. Das Kreuz ähnelte dem von Danny Alverez. Dieses hatte sie zur Heiligen Kommunion von ihrem Vater bekommen.

„Solange du das trägst, wird Gott dich beschützen", hatte er ihr gesagt. Doch sein eigener, identischer Anhänger hatte ihn nicht beschützt. Sie fragte sich, ob er in jener Nacht im Vertrauen auf Gott in das brennende Gebäude gegangen war?

Bis vor einem Monat hatte sie die Kette getragen, mehr aus Gewohnheit und zur Erinnerung an ihren Vater als aus Religiosität. Die war ihr an jenem Tag abhanden gekommen, als sie zusehen musste, wie der Sarg ihres Vaters in die kalte, harte Erde hinabgelassen wurde. Sie war zwölf gewesen, und alle Katechismusstunden hatten ihr nicht erklären können, warum Gott ihr den Vater nahm.

Sie hatte den Katholizismus beiseite geschoben, bis sie vor acht Jahren die Arbeit im forensischen Labor in Quantico aufnahm. Plötzlich hatten die grausigen Zeichnungen ihres Baltimore-Katechismus von Dämonen mit Hörnern und roten Augen einen Sinn ergeben.

Das Böse gab es wirklich. Sie hatte es in den Augen von Mördern gesehen. Sie hatte es in den Augen von Albert Stucky gesehen. Ironischerweise war es dieses Böse, das ihr Gott wieder näher brachte. Und es war Albert Stucky, der für sie die Frage aufwarf, ob Gott sich nichts mehr aus den Menschen machte. In der Nacht, als sie zusehen musste, wie Stucky zwei Frauen hinmetzelte, war sie heimgekehrt und hatte den Anhänger vom Hals genommen.

Obwohl sie sich nicht überwinden konnte, ihn wieder anzulegen, trug sie ihn doch immer bei sich.

Sie ließ die Finger über die glatte Oberfläche des Kreuzes gleiten und fragte sich, was Danny Alverez gefühlt hatte. Was war in ihm vorgegangen, als der wahnsinnige Täter ihm das Kreuz abriss, das er vielleicht für seinen letzten Schutz gehalten hatte? Wie ihr Vater hatte Danny Alverez seine Hoffnung in einen albernen Metallgegenstand gesetzt.

Sie umschloss den Anhänger fest, holte aus und wollte ihn quer durch den Raum werfen, als ein leises Klopfen an der Tür sie davon abhielt. Das Klopfen war kaum hörbar gewesen. Instinktiv zog sie ihre 38er Smith und Wesson aus dem Holster und stand auf. Barfuß ging sie geräuschlos zur Tür und fühlte sich, nur in Nachthemd und Slip, sehr angreifbar. Sie nahm den Revolver fest in die Hand und hoffte, er mache ihr Mut. Durch den Spion sah sie Sheriff Morrelli auf der anderen Seite stehen, und die Anspannung fiel von ihr ab. Sie öffnete die Tür einen Spalt, um mit ihm zu sprechen.

„Was ist los, Sheriff?"

„Tut mir Leid. Ich hatte versucht, Sie anzurufen, aber der Nachtportier hat mindestens eine Stunde telefoniert."

Er wirkte erschöpft. Die Augen waren geschwollen und gerötet, das kurze Haar stand in alle Richtungen ab, und er war unrasiert. Das Hemd hing über der Jeans und lugte unter der Jeansjacke hervor. Sie merkte, dass die oberen Knöpfe fehlten. Der verdrehte Kragen stand offen und gab ein paar lockige schwarze Brusthaare frei. Ungehalten, weil es ihr auffiel, wandte sie den Blick ab.

„Ist etwas passiert?" fragte sie.

„Es wird schon wieder ein Junge vermisst", erklärte er und schluckte trocken, als falle ihm jedes Wort schwer.

„Unmöglich", erwiderte sie automatisch, erkannte jedoch sofort, dass es durchaus möglich war. Albert Stucky hatte sein viertes Opfer eine Stunde, nachdem das dritte entdeckt worden war, genommen. Die schöne blonde Studentin war zerstückelt worden. Teile von ihr hatte er in Mitnahmebehältern in den Abfallcontainer hinter dem Restaurant geworfen, in dem er früher am Abend gespeist hatte.

„Ich habe veranlasst, dass meine Männer in der Gegend von Haus zu Haus gehen und Straßen, Parks und Felder absuchen." Er rieb sich mit einer Hand über das müde Gesicht und kratzte das stoppelige Kinn. Seine Augen waren wie blaue Bergseen. „Der Junge ging vom Fußballspiel nach Hause. Er hatte nur fünf Blocks zu gehen." Er wich Maggies Blick aus und sah den Flur hinunter, als wolle er sich vergewissern, dass sie allein waren.

„Vielleicht sollten Sie hereinkommen."

Sie hielt ihm die Tür auf. Er zögerte, trat langsam ein, blieb jedoch an der Tür stehen und sah sich im Raum um. Er drehte sich Maggie zu, und sein Blick fiel auf ihre nackten Beine. Sie hatte nicht an ihr kurzes Nachthemd gedacht. Rasch hob er den Blick und wandte sich ab. Er war verlegen. Der charmante, flirtende Sheriff Morrelli war verlegen.

„Tut mir Leid. Habe ich Sie geweckt?" Er sah sie wieder an, und als sich ihre Blicke begegneten, spürte sie ihre Wangen warm werden. So lässig wie möglich drückte sie sich an ihm vorbei und ging zur Kommode.

Sie steckte die Waffe ins Holster zurück, holte eine Jeans aus der Schublade und zog sie an, während sie Nick Morrelli auf dem kleinen freien Stück zwischen Bett und Tisch hin und her gehen sah.

„Habe ich erwähnt, dass ich anrufen wollte?"

Sie sah auf, und ihre Blicke begegneten sich im Spiegel.

„Ja, das haben Sie. Ist schon okay", versicherte sie und mühte sich mit dem Reißverschluss ab. „Eigentlich wollte ich gerade meine Notizen überfliegen."

„Ich war bei dem Spiel", sagte er leise und ruhig.

„Bei welchem Spiel?"

„Dem Fußballspiel, von dem der Junge heimging. Mein Neffe spielte auch mit. Mein Gott, Timmy kennt den Jungen wahrscheinlich." Er ging wieder im Raum hin und her und ließ das Zimmer durch seine langen Schritte noch kleiner erscheinen.

„Sind Sie sicher, dass der Junge nicht mit einem Freund nach Hause gegangen ist?"

„Wir haben andere Eltern angerufen. Seine Freunde erinnern sich, dass sie gesehen haben, wie er mit dem Fußball nach Hause ging. Und wir haben seinen Fußball gefunden. Er trägt das Autogramm eines berühmten Spielers. Seine Mutter sagt, er sei sein wertvollster Besitz gewesen. Sie ist sicher, dass er ihn niemals einfach so liegen gelassen hätte."

Er wischte sich mit einem Ärmel über das Gesicht. Maggie merkte, in welcher Sorge er war. Offenbar war er auf eine solche Situation nicht vorbereitet. Sie fragte sich, welche Erfahrung er in Krisenmanagement hatte. Seufzend fuhr sie sich mit den Fingern durch das wirre Haar und bedauerte bereits, dass es offenbar ihre Aufgabe war, ihn auf das Wesentliche zu konzentrieren.

„Sheriff, vielleicht sollten Sie sich setzen."

„Bob Weston hat vorgeschlagen, ich sollte eine Liste mit bekannten Pädophilen und Sexualstraftätern zusammenstellen. Soll ich die dann alle zum Verhör vorladen? Können Sie mir in etwa sagen, worauf ich achten muss?" Im Vorbeigehen blickte er auf die Unterlagen, die sie auf dem Tisch verstreut hatte.

„Sheriff Morrelli, warum setzen Sie sich nicht?"

„Nein, danke, ich stehe lieber."

„Ich bestehe darauf." Sie packte ihn bei den Schultern und

schob ihn sacht in den Sessel hinter dem Tisch. Es sah aus, als wolle er wieder aufstehen, doch er besann sich und streckte die langen Beine aus.

„Hatten Sie schon einen Verdächtigen, als der kleine Alverez verschwand?" fragte Maggie.

„Nur einen. Seinen Vater. Die Eltern sind geschieden. Dem Vater wurden wegen seiner Trunksucht und der Neigung zur Gewalttätigkeit Sorge- und Besuchsrecht entzogen. Wir haben ihn nicht aufstöbern können, nicht mal die Air Force konnte es. Er war Major auf der Basis, entfernte sich aber vor zwei Monaten unerlaubt von der Truppe und lief mit einer Sechzehnjährigen davon, einer Internet-Bekanntschaft."

Maggie hörte zu und ging auf und ab. Vielleicht war es ein Fehler gewesen, Nick Morrelli zum Sitzen zu zwingen. Dass er sie nun beobachtete, störte sie beim Denken. Sie rieb sich erschöpft die Augen. Wie lange konnte ein Mensch ohne ausreichend Schlaf funktionieren? „Sind Sie denn auf der Suche vorangekommen?"

„Wir haben die Suche eingestellt."

„Was soll das heißen?"

„Nachdem wir Dannys Leiche gefunden hatten, sagte Bob Weston, es könne nicht der Vater gewesen sein. Ein Vater wäre nicht fähig, seinem Sohn so etwas anzutun."

„Ich habe gesehen, was Väter ihren Söhnen antun können. Ich erinnere mich an einen Fall vor drei, nein vier Jahren, als ein Vater seinen sechzehnjährigen Sohn in einer Kiste verscharrte. Er grub im Hinterhof ein Loch und ließ nur eine kleine Atemöffnung mit einem Stück Gummischlauch darin. Das war die Strafe für irgendeine Dummheit. Ich kann mich nicht mehr erinnern, was der Junge angestellt hatte. Nach ein paar Regentagen konnte der Mann das Luftloch nicht wiederfinden. Anstatt den ganzen Garten nach dem Jungen umzugraben, tat er so, als sei er entführt worden. Die Frau machte das verrückte Spiel mit. Vielleicht wollte sie nicht auch in einer Kiste enden. Sie sollten vielleicht weiter nach Mr. Alverez suchen. Sagten Sie nicht, er neige zur Gewalttätigkeit?"

„Ja, der Typ ist ein echter Mistkerl. Hat seine Frau und den Sohn regelmäßig geschlagen, auch nach der Scheidung noch. Sie hat ein halbes Dutzend Gerichtsbeschlüsse gegen ihn erwirkt, dass er sich fern halten soll. Aber ich sehe keine Verbindung zu dem neuen Fall. Ich glaube kaum, dass Danny Alverez und Matthew Tanner sich kannten."

„Vielleicht gibt es keine Verbindung. Wir wissen nicht sicher, dass der Junge entführt wurde. Er könnte immer noch bei einem Freund auftauchen. Oder er ist vielleicht weggelaufen."

„Okay." Er seufzte, wirkte jedoch nicht überzeugt. Er rutschte tiefer in den Sessel, um den Kopf gegen die Lehne zu legen. „Aber Sie glauben nicht wirklich, dass er weggelaufen ist, oder?"

Sie sah ihn forschend an. Trotz seiner Verwirrung und Panik wollte er die Wahrheit wissen, und sie tat ihm den Gefallen.

„Nein. Wahrscheinlich nicht. Ich wusste, dass der Täter wieder zuschlagen würde. Ich hatte nur nicht angenommen, dass es so schnell geschehen könnte."

„Sagen Sie mir, wo ich anfangen soll? Haben Sie schon irgendetwas über den Täter herausgefunden?"

Sie kam um den Tisch herum und blickte auf die Montage aus Fotos, Notizen und Berichten.

„Er ist sehr sorgfältig und methodisch. Er lässt sich Zeit, nicht nur mit den Morden, sondern auch mit dem Saubermachen danach. Das Säubern geschieht jedoch nicht, um Beweise zu vernichten ... es ist Teil des Rituals. Ich glaube, er hat das schon früher gemacht." Sie blätterte ihre Notizen durch. „Er ist eindeutig nicht jung und unreif", fuhr sie fort. „Es gab am Tatort keine Anzeichen eines Kampfes. Also wurde das Opfer vorher gefesselt. Das bedeutet, er ist kräftig genug, einen siebzig bis achtzig Pfund schweren Jungen etwa einen halben Kilometer weit tragen zu können. Ich vermute, er ist in den Dreißigern, etwa einsneunzig groß und ungefähr zweihundert Pfund schwer. Er ist weiß, er ist gebildet und intelligent."

An irgendeinem Punkt ihrer Beschreibung richtete Sheriff Morrelli sich auf, interessiert an dem Durcheinander, in dem sie suchte.

„Erinnern Sie sich noch? Nachdem ich den Jungen im Krankenhaus untersucht hatte, sagte ich Ihnen, dass er Danny vielleicht die Letzte Ölung gegeben hat. Das würde bedeuten, der Täter ist katholisch. Vielleicht kein praktizierender Katholik, aber sein religiöses Schuldgefühl ist stark ausgeprägt. Stark genug, dass er sich von einem Kreuzanhänger irritieren lässt und ihn abreißt. Er verabreicht die Letzte Ölung, vielleicht um für seine Sünde zu büßen. Sie sollten überprüfen, ob dieser Junge, Matthew Tanner?" fragte sie und sah Nick an, damit er den Namen bestätigte. Als er nickte, fuhr sie fort: „Ob er zur selben Kirchengemeinde gehörte wie der kleine Alverez."

„So auf Anhieb würde ich sagen, das ist unwahrscheinlich. Danny ging auf der Militärbasis zur Schule und in die Kirche. Das Haus der Tanners liegt nur ein paar Blocks von St. Margaret entfernt, aber das muss nicht bedeuten, dass die Tanners katholisch sind."

„Es kann gut sein, dass der Täter die Jungen nicht mal kennt." Maggie begann wieder hin und her zu gehen. „Vielleicht sucht er nur leichte Opfer, Jungen, die sich allein draußen aufhalten, ohne dass jemand in der Nähe ist. Trotzdem vermute ich, dass er irgendwie mit einer katholischen Kirche, vielleicht in dieser Gegend zu tun hat. So seltsam das klingt, aber diese Typen entfernen sich oft nicht weit von ihrem vertrauten Umfeld."

„Klingt, als wäre der Typ echt krank im Hirn. Sie sagten, er hat das vielleicht schon früher gemacht. Könnte es sein, dass er vorbestraft ist? Vielleicht wegen Kindesmissbrauchs oder sexueller Belästigung? Vielleicht hat er auch mal einen schwulen Liebhaber verprügelt?"

„Sie vermuten also, dass er schwul ist oder pädophil?"

„Ist das nicht eine begründete Annahme, wenn ein erwachsener Mann kleinen Jungen so etwas antut?"

„Nein, ganz und gar nicht. Er befürchtet vielleicht, schwul zu sein, oder hat homosexuelle Tendenzen. Aber nein, ich glaube nicht, dass er schwul ist. Und auch nicht pädophil."

„Und das lesen Sie aus den Spuren heraus, die wir gefunden haben?"

„Nein. Ich entnehme das den Spuren, die wir nicht gefunden haben. Das Opfer war offenbar nicht sexuell missbraucht worden. Es gab keine Spermaspuren in Mund oder Rektum, obwohl er sie abgewaschen haben könnte. Es gab keine Anzeichen für Penetration oder sexuelle Stimulation. Selbst bei Jeffreys' Opfern gab es nur einen – Bobby Wilson", sagte sie und vergewisserte sich in den Unterlagen. „Nur bei dem Wilson-Jungen gab es Hinweise auf sexuellen Missbrauch, und die waren offensichtlich. Mehrfache Penetration, Zerreißungen, Blutergüsse."

„Warten Sie einen Moment. Wenn unser Täter Jeffreys nur kopiert, wie können wir dann sicher sein, dass sein Vorgehen uns einen Hinweis auf seine Person gibt?"

„Nachahmungstäter suchen sich Morde aus, die ihren eigenen Fantasien entsprechen. Manchmal geben sie diesen Taten dann noch eine persönliche Note. Ich finde keinen Hinweis darauf, dass Jeffreys seinen Opfern die Letzte Ölung gegeben hat, allerdings könnte es leicht übersehen worden sein."

„Ich weiß, dass er vor seiner Hinrichtung um einen Priester bat, bei dem er beichten wollte."

„Woher wissen Sie das?" Sie blickte auf Nick Morrelli hinunter und wurde sich bewusst, dass sie schräg auf der Armlehne des Sessels saß und ihr Schenkel seinen Arm berührte. Sie stand sofort auf. Vielleicht ein wenig zu plötzlich, doch ihm schien es nicht aufzufallen.

„Sie wissen wahrscheinlich, dass mein Vater der Sheriff war, der Jeffreys geschnappt hat. Er hatte bei der Hinrichtung einen Platz in der ersten Reihe."

„Ist es möglich, ihm einige Fragen zu stellen?"

„Er und Mom haben sich vor einigen Jahren ein Wohnmobil gekauft und sind das ganze Jahr unterwegs. Von Zeit zu Zeit melden sie sich, aber ich weiß nicht, wie ich sie erreichen kann. Wenn sie von dieser Sache erfahren, melden sie sich garantiert sofort, aber es kann eine Weile dauern."

„Vielleicht können wir herausfinden, wer der Priester bei der Hinrichtung war."

„Das ist kein Problem. Pater Francis arbeitet immer noch hier in St. Margaret. Allerdings weiß ich nicht, wie er uns helfen könnte. Jeffreys' Beichte wird er zweifellos nicht preisgeben."

„Ich möchte trotzdem mit ihm sprechen. Dann sollten wir mit den Tanners reden. Sie kennen sie ja offensichtlich."

„Seine Mom. Matthews Eltern sind geschieden."

Maggie sah ihn an, stutzte und begann in ihren Unterlagen zu suchen.

„Was ist los?" Nick beugte sich vor und berührte sie fast.

Sie fand, was sie suchte, blätterte einige Seiten durch und hielt inne. „Alle drei von Jeffreys' Opfern kamen aus geschiedenen Elternhäusern. Alle drei lebten bei allein erziehenden Müttern."

„Was bedeutet das?"

„Das bedeutet, dass es vielleicht doch kein Zufall ist, wie er seine Opfer sucht. Er wartet vermutlich nicht einfach, bis er einen Jungen allein erwischt. Er wählt jeden sehr sorgfältig aus. Sie sagten, der kleine Alverez ließ sein Fahrrad und den Zeitungsbeutel an einem Zaun zurück?"

„Ja. Er hatte seine Tour gar nicht angefangen."

„Und es gab keine Anzeichen für einen Kampf?"

„Nein. Es sah aus, als habe er sorgfältig sein Fahrrad abgestellt und sei zu dem Täter ins Auto gestiegen. Deshalb dachten wir, es sei jemand gewesen, den er kannte. Diese Jungen kommen zwar aus der Kleinstadt, aber sie kennen das Leben. Ich kann mir nicht vorstellen, dass Danny bei einem Fremden eingestiegen wäre."

„Es sei denn, es war jemand, den er für vertrauenswürdig hielt."

Maggie sah Sheriff Morrellis wachsende Besorgnis. Sie erkannte die Panik, diesen speziellen Ausdruck des Entsetzens, wenn Menschen begreifen mussten, dass der Täter aus ihrer Gemeinde stammt.

„Was meinen Sie damit? Dass jemand vorgegeben hat, seine Mom oder seinen Dad zu kennen?"

„Vielleicht. Oder jemand wirkte vertrauenswürdig, weil er eine Uniform trug." Das hatte sie oft genug erlebt. Niemand bezweifelte, ob einem Uniformierten auch tatsächlich die Uniform gehörte.

„Vielleicht eine Militäruniform, wie sein Dad sie getragen hatte?"

„Oder auch ein weißer Laborkittel oder eine Polizeiuniform."

16. KAPITEL

Timmy rutschte an der Wand hinab, bis er auf dem Boden saß, und beobachtete die Badezimmertür. Er musste dringend, aber er wollte seine Mom nicht stören. Wenn er anklopfte, würde sie rufen, er solle hereinkommen und aufs Klo gehen, während sie sich schminkte. Er fühlte sich zu alt dafür, in Gegenwart seiner Mom zu pinkeln.

Er hörte sie singen und schnürte seine Tennisschuhe neu. Der Spalt in der Sohle war größer geworden. Bald würde er um neue bitten müssen, obwohl Mom sie sich nicht leisten konnte. Er hatte sie am Telefon sprechen hören und wusste, dass Dad das Geld schuldig geblieben war, das er jeden Monat zahlen musste, wie das Gericht es gesagt hatte.

Seine Mom sang eine Melodie aus *Die kleine Meerjungfrau*. Ihr jamaikanischer Akzent musste noch besser werden, obwohl sie den Film bestimmt so viele Male gesehen hatte wie er *Krieg der Sterne*. Das Telefon läutete. Sie würde es nicht hören. Also sprang er auf und ging an den Apparat.

„Hallo?"

„Timmy? Hier spricht Mrs. Calloway – Chads Mutter. Ist deine Mom da?"

Er wäre fast herausgeplatzt, dass Chad ihn zuerst geschlagen habe. Und wenn er etwas anderes behaupte, lüge er! Stattdessen erwiderte er: „Eine Minute, ich hole sie."

Chad Calloway war ein Rüpel, aber wenn er Mom gebeichtet hätte, dass Chad ihm die blauen Flecke absichtlich beigebracht hatte, hätte sie ihm sicher das Fußballspielen verboten. Und jetzt hatte dieser blöde Kerl wegen seiner eigenen blauen Flecke wahrscheinlich gelogen.

Timmy klopfte leise an die Badezimmertür. Falls sie nicht antwortete, würde er Mrs. Calloway sagen, dass seine Mom im Moment nicht ans Telefon kommen könne. Die Tür ging jedoch auf. Das Herz fiel ihm geradezu in die Hose.

„Habe ich da das Telefon gehört?" Sie kam heraus, duftete gut und zog eine Parfumwolke hinter sich her.

„Es ist Mrs. Calloway."

„Wer?"

„Mrs. Calloway, Chads Mom."

Sie sah ihn mit hochgezogenen Brauen an und wartete auf weitere Erklärungen.

„Ich weiß nicht, was sie will." Er zuckte die Achseln und folgte ihr zum Telefon, obwohl er immer noch pinkeln musste, jetzt nötiger denn je.

„Christine Hamilton. Ja, natürlich." Sie drehte sich zu Timmy um und formte mit dem Mund „Calloway?".

„Sie ist Chads Mom", flüsterte er.

„Ja, Sie sind Chads Mom."

Er konnte nicht mitbekommen, was Mrs. Calloway sagte. Seine Mom ging hin und her, wie sie es meistens beim Telefonieren tat, und nickte gelegentlich, obwohl die Person am anderen Ende sie nicht sehen konnte. Ihre Antworten waren kurz, einige Male „hm" und dann „ja, sicher".

Plötzlich blieb sie stehen und hielt das Telefon fester. Jetzt gings los. Er musste sich eine Geschichte zurechtlegen. Nein, Moment mal, er brauchte keine Geschichte. Die Wahrheit war, dass Chad ihn aufs Korn genommen hatte. Genauer gesagt, Chad hatte ihn verprügelt, und das ohne Grund, einfach so zum Spaß.

„Danke, dass Sie angerufen haben, Mrs. Calloway."

Seine Mom legte das Telefon ab und starrte aus dem Fenster. Er konnte nicht feststellen, ob sie ärgerlich war. Sie durfte ihm das Fußballspielen nicht verbieten. Er war drauf und dran, sich zu rechtfertigen, als sie sich umdrehte und ihm zuvorkam.

„Timmy, einer deiner Mitspieler aus der Mannschaft wird vermisst."

„Was?"

„Matthew Tanner ist gestern Abend nach dem Spiel nicht nach Haus gekommen."

Dann hatte es gar nichts mit Chad zu tun?

„Einige der Eltern treffen sich heute Morgen im Haus von Mrs. Tanner, um ihr beizustehen."

„Ist Matthew in Schwierigkeiten? Warum ist er nicht nach Haus gegangen?" Er konnte nur hoffen, dass sie seine Erleichterung nicht bemerkte.

„Ich möchte nicht, dass du dir Sorgen machst, Timmy. Aber erinnerst du dich an meinen Artikel über Danny Alverez?"

Er nickte. Wie könnte er den vergessen. Sie hatte ihn losgeschickt, um fünf zusätzliche Zeitungen zu kaufen, obwohl sie im Verlag so viele hätte bekommen können, wie sie haben wollte.

„Nun, wir wissen es noch nicht genau, deshalb möchte ich nicht, dass du Angst hast, aber der Mann, der Danny entführt hat, hat vielleicht auch Matthew mitgenommen."

Seine Mom war besorgt. Die Linien um ihren Mund waren deutlicher, wenn sie sich Sorgen machte.

„Geh jetzt ins Bad, dann bringe ich dich zur Schule. Ich möchte nicht, dass du heute allein gehst."

„Okay." Er rannte ins Bad. Armer Matthew, dachte er. Schade, dass es nicht Chad an seiner Stelle erwischt hatte.

17. KAPITEL

Christine konnte ihr Glück nicht fassen.

Während Timmy im Bad gewesen war, hatte sie mit Taylor Corby gesprochen, dem Nachrichtenredakteur, ihrem neuen Chef. Sie hatten am Wochenende mehrfach miteinander telefoniert. Obwohl sie bisher nichts miteinander zu tun gehabt hatten, kannte sie ihn genau. Ihre Kollegen in der „Leben heute"-Abteilung nannten Corby einen Nachrichtenfreak. Er trug witzige Nickelbrillen und schien nur schwarze Hosen und weiße Oxfordhemden zu besitzen, zu denen er mit Cartoonfiguren geschmückte Krawatten umband. Nicht genug damit, fuhr er auch noch Sommer wie Winter mit dem Fahrrad zur Arbeit. Nicht weil er sich kein Auto leisten konnte, sondern weil es ihm Spaß machte.

Als sie ihm heute Morgen von Matthew Tanner berichtete, hatte Corby still gelauscht.

„Christine, Sie wissen, was das bedeutet?"

Warum er den Printmedien den Vorzug gegeben hatte vor Fernsehjournalismus, war leicht zu verstehen. Der Klang seiner Stimme änderte sich nie, er zeigte keine Emotionen. Ungeachtet seiner Wortwahl war oft schwer zu entscheiden, ob er aufgeregt, gelangweilt und schlicht desinteressiert war. „Wenn Sie den Artikel noch für die Abendausgabe fertig kriegen, sind wir den anderen am dritten Tag hintereinander um eine Nasenlänge voraus."

„Ich muss Mrs. Tanner noch zu einem Interview überreden."

„Ob Interview oder nicht, Sie haben auch so genug für eine großartige Story. Vergewissern Sie sich nur, ob die Fakten stimmen."

„Natürlich."

Christine blickte jetzt zu Timmy hinüber, der sich vermutlich Sorgen um seinen Freund machte. Er hatte nichts dagegen gehabt, dass sie ihn zur Schule fuhr, und saß die ganze Zeit schweigend da. Sie bog in die Straße zur Schule und trat sofort auf die Bremse. Eine Autokolonne reichte bis zur Ecke. Offenbar brachten heute alle Eltern ihre Kinder zum Unterricht, viele zu Fuß, und an jeder Kreuzung begleiteten erwachsene Lotsen ihre kleinen Schutzbefohlenen.

Hinter ihnen hupte jemand. Christine und Timmy zuckten zusammen. Sie ließ den Wagen ein wenig vorrollen und reihte sich in die Schlange ein.

„Was ist los, Mom?" Timmy löste den Sicherheitsgurt und kniete sich auf den Sitz, damit er über das Armaturenbrett sehen konnte.

„Die Eltern sorgen dafür, dass ihre Kinder sicher zur Schule kommen, okay?" Einige wirkten überbesorgt, schoben die Kinder vor sich her, eine Hand an der Schulter, dem Arm oder dem Rücken, als bedeute zusätzlicher Kontakt auch zusätzliche Sicherheit.

„Wegen Matthew?"

„Wir wissen noch nicht, was mit Matthew ist. Vielleicht hat er sich nur über etwas aufgeregt und ist von zu Hause weggelaufen. Du solltest nichts von Matthew sagen." Sie hätte nicht mit ihm über Matthew reden sollen. Obwohl sie sich nach Bruces Weggang geschworen hatte, immer offen und ehrlich mit Timmy zu sein, hätte sie die Sache mit Matthew für sich behalten müssen. Außerdem wussten bisher nur sehr wenige Leute von seinem Verschwinden. Diese Panik hier war eine Reaktion auf ihre Artikel. Allein die Erwähnung des Namens Ronald Jeffreys löste den Schutztrieb bei Eltern aus. Mit derselben Panik hatten sie reagiert, als Jeffreys noch auf freiem Fuß gewesen war.

Christine erkannte Richard Melzer von KRAP-Radio. Er eilte im Trenchcoat den Bürgersteig entlang, in einer Hand eine Aktentasche, an der anderen ein kleines blondes Mädchen, zweifellos seine Tochter. Christine überlegte, dass sie so schnell wie möglich zu Michelle Tanner musste. Nicht lange, und die anderen würden von Matthews Verschwinden erfahren.

Die Autoschlange bewegte sich nur langsam voran, und sie suchte nach einer Lücke. Vielleicht konnte sie Timmy gleich hier absetzen.

„Mom?"

„Timmy, wir fahren so schnell es geht."

„Mom, ich bin ziemlich sicher, dass Matthew nicht einfach weggelaufen ist."

Sie blickte zu ihrem kleinen Sohn, der auf seinen Füßen hockte und die ungewöhnliche Parade draußen vor dem Fenster verfolgte. Sein Haar stand ab, obwohl er den Wirbel mit Wasser geglättet hatte. Die Sommersprossen ließen seine Haut nur noch blasser erscheinen. Wann war dieser kleine Junge so weise geworden? Sie hätte stolz sein sollen auf ihn, doch heute Morgen stimmte es sie vor allem traurig, dass sie ihm nicht länger die kindliche Unschuld bewahren konnte.

18. KAPITEL

Die bunten Gestalten in den Bleiglasfenstern blickten aus großer Höhe hinab. Der Duft von brennendem Weihrauch und Kerzenwachs erfüllte den Raum. Maggie fragte sich, warum sie sich in einer katholischen Kirche immer so fühlte, als wäre sie erst zwölf. Sofort dachte sie schuldbewusst an ihren schwarzen Spitzen-BH und den -Slip. Unangebrachte Farbe. Der Knauf ihrer Waffe stieß ihr in die Seite. Sie griff in die Jacke und richtete das Holster neu. Durfte sie in einer Kirche überhaupt eine Waffe tragen? Natürlich. Das war ja wohl lächerlich.

Sie blickte über die Schulter, als erwarte sie, dass ein Sarg den Mittelgang hinabgerollt wurde. Sie hörte immer noch das leise Klacken der Rollen und das sachte Auftreten Dutzender Lederschuhe, die im Gleichschritt hinter dem Sarg ihres Vaters hermarschierten. Als sie aufsah, merkte sie, dass Sheriff Morrelli sie am Altar wartend beobachtete.

„Alles okay?"

Er hatte ihr Hotelzimmer um fünf Uhr morgens verlassen, um

heimzufahren, zu duschen und sich umzuziehen. Sie erkannte ihn kaum wieder. Das kurze Haar war ordentlich zurückgekämmt, das Gesicht glatt rasiert. Es bekam durch die kleine, jetzt deutlicher sichtbare Narbe am Kinn eine leicht verwegene Note. Unter seiner Jeansjacke trug er ein weißes Hemd mit schwarzer Krawatte, dazu saubere Jeans und schwarze Cowboystiefel. Das war alles andere als die übliche braune Uniform seiner Mitarbeiter, trotzdem wirkte er offiziell. Vielleicht lag es an seiner straff aufrechten Haltung.

„Agentin O'Dell, ist alles in Ordnung mit Ihnen?" erkundigte er sich erneut.

Sie sah sich in der Kirche um. Für eine Kleinstadt wie Platte City war sie groß, und Maggie konnte sich nicht vorstellen, dass die vielen Reihen von Holzbänken stets gefüllt waren.

„Alles in Ordnung", beteuerte sie schließlich und bedauerte, mit der Antwort gewartet zu haben, denn Sheriff Morrelli schien besorgt zu sein. Seine geschwollenen Augen verrieten noch Müdigkeit. Sie hatte die Spuren des Schlafmangels mit Make-up zu überdecken versucht. „Die Kirche wirkt so groß", sagte sie und versuchte, ihre Zerstreutheit zu erklären.

„Sie ist vergleichsweise neu. Die alte Kirche war eine kleine Landkapelle etwa fünf Meilen südlich der Stadt. Platte City ist gewachsen. Die Einwohnerzahl hat sich in den letzten zehn Jahren praktisch verdoppelt. Meistens ziehen Leute hierher, die das Leben in der Stadt satt haben. Sie fahren zur Arbeit entweder nach Omaha oder Lincoln. Irgendwie ironisch, was? Die Leute flüchten vor der Großstadtkriminalität hierher, weil sie ihre Kinder in Sicherheit aufziehen wollen." Die Hände in den Hosentaschen, blickte er über ihren Kopf hinweg.

„Kann ich Ihnen helfen?" Ein Mann kam durch den Spalt des Vorhangs hinter dem Altar.

„Wir suchen Pater Francis", sagte Nick Morrelli, ohne weitere Erläuterungen abzugeben.

Der Mann beäugte sie argwöhnisch. Obwohl er einen Besen in der Hand hatte, trug er eine dunkle Anzughose, ein weißes Hemd und dazu eine dunkelbraune Strickjacke. Trotz seiner grau melierten Haare wirkte er jung. Als er näher kam, bemerkte Maggie, dass er leicht hinkte und schneeweiße Tennisschuhe trug.

„Was wollen Sie von Pater Francis?"

Nick Morrelli sah Maggie an, als frage er, wie viel sie preisgeben konnten. Ehe er etwas erwiderte, schien der Mann ihn jedoch zu erkennen.

„Warten Sie eine Minute. Ich weiß, wer Sie sind." Er sagte das wie eine Anklage. „Waren Sie nicht Quarterback bei den Nebraska Cornhuskers? Sie sind Morrelli, Nick Morrelli, 1982 bis 83."

„Sie sind ein Fan der Cornhuskers?" Nick lächelte, erfreut, erkannt worden zu sein. Maggie bemerkte, dass er Grübchen hatte, wenn er lächelte. Er war also Quarterback gewesen. Warum überraschte sie das nicht?

„Ich bin ein großer Fan. Ich heiße Ray ... Ray Howard. Ich bin erst letzten Frühling hierher zurückgekommen. Da drüben haben sie nicht viele Spiele übertragen. Es war schrecklich, einfach schrecklich. Ich habe selbst auch ein bisschen gespielt." Er plapperte aufgeregt weiter. „In der High School, an der Omaha Central. Sogar Dr. Tom kam, um mich zu testen. Dann habe ich mir mein Knie kaputt gemacht. In unserem letzten Spiel gegen die Creighton Prep, ausgerechnet diese Schlappschwänze. Ich habe mir das Knie verdreht und konnte nicht mehr spielen."

„Das tut mir Leid", sagte Nick.

„Ja, die Wege des Herrn sind seltsam. Also ist das hier Ihre Frau?" Endlich bemerkte er Maggie. Sie sah, wie sein Blick über

ihren Körper glitt, und widerstand dem Drang, ihr Jackett zuzu-
knöpfen.

„Nein, wir sind nicht verheiratet." Nick wirkte leicht verlegen.

„Dann ist sie Ihre Verlobte, was? Deshalb wollen Sie vermutlich zu Pater Francis. Er hat Hunderte getraut."

„Nein, wir sind nicht ..."

„Wir müssen ihn in einer offiziellen Angelegenheit sprechen",
unterbrach Maggie ihn und ersparte ihm weitere Peinlichkeiten.
Der Mann sah sie an und wartete auf eine Erklärung. Sie ver-
schränkte zur Unterstreichung ihrer Autorität die Arme vor der
Brust und brachte seinen wandernden Blick zum Stehen. „Ist Pater
Francis da?"

Ray Howard sah vom Sheriff zu Maggie und erkannte, dass er
keine weitere Erklärung bekam.

„Ich denke, er ist hinten und zieht sich um. Er hat die Morgenmesse gehalten." Er traf keine Anstalten zu gehen.

„Würden Sie ihn bitte holen, Ray?" fragte Nick sehr viel höfli-
cher, als Maggie es getan hätte.

„Aber sicher." Er wandte sich zum Gehen, blieb jedoch noch
einmal stehen. „Was soll ich ihm sagen, wer ihn sprechen will?" Er
sah Maggie an und wartete darauf, dass sie sich vorstellte.

Maggie verlagerte nur seufzend ihr Gewicht. Nick streifte sie
mit einem Seitenblick und erwiderte: „Sagen Sie ihm nur, Nick
Morrelli, okay?"

„Aber sicher."

Ray Howard verschwand hinter dem Vorhang. Maggie verdrehte die Augen und sah den lächelnden Nick an. „Quarterback,
was?"

„Das ist lange her, fast in einem anderen Leben."

„Waren Sie gut?"

„Ich hatte die Möglichkeit, weiterzumachen und zu den Dolphins zu gehen. Aber Dad bestand auf dem Jurastudium."

„Haben Sie immer gemacht, was Dad Ihnen sagte?"

Es hatte ein Witz sein sollen, doch Nick wirkte verärgert. Offenbar hatte sie unabsichtlich einen heiklen Punkt berührt. Schließlich erwiderte er jedoch lächelnd: „Offenbar ja."

„Nicholas!" Ein kleiner grauhaariger Priester bewegte sich wie schwebend im bodenlangen schwarzen Gewand auf den Altar zu. „Mr. Howard sagte, du müsstest mich in einer offiziellen Angelegenheit sprechen."

„Hallo, Pater Francis. Tut mir Leid, dass ich nicht vorher angerufen habe."

„Das ist schon in Ordnung. Du bist hier immer willkommen."

„Pater, das ist Spezialagentin Maggie O'Dell. Sie arbeitet für das FBI, und sie ist hier, um mir bei dem Alverez-Fall zu helfen."

Maggie gab ihm die Hand. Der alte Priester nahm sie mit beiden Händen und hielt sie fest. Dicke blaue Venen traten aus der dünnen braun gefleckten Haut hervor. Ein leichtes Zittern bewegte ihre Hand. Er sah ihr tief in die Augen, und es kam ihr plötzlich vor, als könne er ihr in die Seele blicken. Leicht fröstelnd hielt sie seinem Blick stand.

„Es ist mir ein Vergnügen, Sie kennen zu lernen." Nachdem er sie losgelassen hatte, stützte er sich am nahen Podium ab. „Christines Sohn Timmy erinnert mich an dich, Nicholas. Er ist einer von Pater Kellers Messdienern." An Maggie gewandt fügte er hinzu: „Nicholas war vor vielen Jahren einer meiner Ministranten in der alten St. Margaret Kirche."

„Wirklich?" Maggie warf Nick einen Blick zu, um sein Unbehagen auszukosten. Eine Bewegung hinter ihm erregte ihre Aufmerksamkeit. Der Vorhang hinter dem Altar bewegte sich. Ein Luftzug war jedoch nicht zu spüren. Dann entdeckte sie die Spitzen weißer Tennisschuhe unter dem Vorhang. Anstatt Aufmerksamkeit auf den Lauscher zu lenken, lächelte sie Nick Morrelli an, dem die Erinnerungen des Paters peinlich zu sein schienen.

Er beeilte sich, das Thema zu wechseln. „Pater Francis, wir wären Ihnen dankbar, wenn Sie uns einige Fragen beantworten könnten."

„Sicher. Womit kann ich helfen?" Er sah Maggie an.

„Soweit ich weiß, haben Sie Ronald Jeffreys die letzte Beichte abgenommen", fuhr Nick fort.

„Ja, aber ich kann darüber nicht reden. Ich hoffe, du verstehst das." Seine Stimme klang plötzlich brüchig, als würde das Thema an seinen Kräften zehren.

Maggie fragte sich, ob er krank war. Vielleicht hatte er etwas Ernstes, das die Blässe seiner Haut erklärte. Seine Atemzüge waren kurz und angestrengt, während er sprach. Wenn er schwieg, hoben sich seine knochigen Schultern in einem seltsamen Rhythmus, begleitet von einem leisen Pfeifen.

„Natürlich verstehen wir das", log sie. Eigentlich verstand sie es nicht, doch sie wollte sich ihre Ungeduld nicht anmerken lassen. „Wenn es allerdings etwas gäbe, das ein neues Licht auf den Alverez-Fall werfen könnte, wäre ich Ihnen dankbar, wenn Sie es uns mitteilten."

„O'Dell, das ist irisch-katholisch, nicht wahr?"

Maggie war verblüfft und leicht verärgert über die Ablenkung. „Ja, das ist richtig." Jetzt klang sie ein wenig gereizt. Er schien es nicht zu bemerken.

„Und Maggie bedeutet, dass Sie nach unserer heiligen Margaret benannt wurden."

„Ja, vermutlich. Pater Francis, falls Ronald Jeffreys Ihnen etwas gestanden hat, das uns zum Mörder von Danny Alverez führt, müssen Sie es uns sagen."

„Das Beichtgeheimnis gilt sogar bei verurteilten Mördern, Agentin O'Dell."

Maggie seufzte und sah Nick an, der ebenfalls wirkte, als verlöre er die Geduld mit dem alten Priester.

„Pater", begann er, „Sie können uns vielleicht eine Auskunft geben. Wer außer einem Priester darf die Letzte Ölung geben?"

Der Themenwechsel schien Pater Francis zu verwirren. „Das Sakrament der Letzten Ölung sollte von einem Priester gegeben werden, aber bei außergewöhnlichen Umständen ist das nicht zwingend erforderlich."

„Wer sonst wüsste, wie sie zu geben ist?"

„Vor dem Zweiten Vatikanischen Konzil wurde es im Baltimore-Katechismus erklärt. Sie beide sind vielleicht zu jung, um das zu wissen. Heute wird es wohl nur noch im Priesterseminar unterrichtet. Es könnte aber auch zur Ausbildung der Diakone gehören."

„Und was sind die Voraussetzungen, um Diakon zu werden?" fragte Maggie leicht frustriert, weil damit ihre Verdächtigenliste länger werden konnte.

„Es gibt strenge Regeln. Natürlich muss man gut zur Kirche stehen. Und leider können nur Männer Diakone werden. Ich verstehe nicht ganz, was das mit Ronald Jeffreys zu tun hat."

„Ich fürchte, das können wir Ihnen nicht mitteilen, Pater." Nick lächelte. „Bei allem Respekt." Er sah Maggie an und wartete, ob sie noch eine Frage stellte. Dann sagte er: „Danke für Ihre Hilfe, Pater Francis."

Nick gab ihr ein Zeichen, dass sie gehen sollten, doch sie blickte den Pater an und hoffte in den tief liegenden Augen etwas zu lesen. Fast schien es, als wolle er ihr etwas mitteilen. Doch der Priester nickte nur lächelnd.

Nick berührte sie an der Schulter. Sie drehte sich um und ging mit ihm hinaus. Draußen auf den Stufen des Portals blieb sie plötzlich stehen. Er war bereits auf dem Bürgersteig, ehe er merkte, dass sie nicht mehr bei ihm war. Er schaute zu ihr hinauf und zuckte die Achseln. „Was ist los?"

„Er weiß etwas. Jeffreys hat ihm etwas gesagt, das er uns verschweigt."

„Verschweigen *muss*."

Sie drehte sich um und lief zurück.

„O'Dell, was machen Sie?"

Sie hörte Sheriff Morrelli hinter sich, als sie die schwere Tür aufstieß und den Mittelgang hinuntereilte. Pater Francis verließ gerade den Altarraum und verschwand hinter dem dicken Vorhang.

„Pater Francis!" rief Maggie. Das Echo ihrer Stimme gab ihr augenblicklich das Gefühl, eine Regel gebrochen und eine Sünde begangen zu haben. Der Pater blieb stehen, kam in die Mitte des Altarraumes zurück und sah ihr entgegen, wie sie auf ihn zukam, Nick Morrelli dicht hinter ihr.

„Wenn Sie etwas wissen ... wenn Jeffreys Ihnen etwas gesagt hat, das einen weiteren Mord verhindern kann ... Pater, wenn Sie das Leben eines unschuldigen kleinen Jungen retten können, müssten Sie dann nicht das Beichtgeheimnis eines verurteilten Serienmörders brechen?"

Atemlos blickte sie abwartend in die Augen des Mannes, der viel mehr zu wissen schien, als er preisgeben durfte oder wollte.

„Ich kann Ihnen nur sagen, dass Ronald Jeffreys nichts als die Wahrheit gesagt hat."

„Wie bitte?" Ihre Ungeduld verwandelte sich in Zorn.

„Von dem Tag, an dem er die Tat gestand, bis zu seiner Hinrichtung hat Ronald Jeffreys immer nur die Wahrheit gesagt." Er sah ihr weiter in die Augen, doch wenn er ihr stumm etwas mitteilen wollte, so verstand sie ihn nicht. „Wenn Sie mich jetzt bitte entschuldigen würden."

Nick Morrelli stand abwartend neben ihr und beobachtete, wie der Priester hinter dem Vorhang verschwand. „Mein Gott", flüsterte er schließlich, „was hat das bloß zu bedeuten?"

„Es bedeutet, dass wir uns Jeffreys' Geständnis ansehen müssen", entschied sie, wandte sich ab und ging. Diesmal achtete sie sorgsam darauf, dass ihre Absätze nicht auf dem Marmorboden klapperten.

19. KAPITEL

Mit durchdrehenden Reifen preschte er vom Parkplatz der Kirche. Die Tüte mit Lebensmitteln fiel vom Sitz. Orangen kullerten unter seine Beine, während er das Gaspedal durchtrat.

Er musste sich beruhigen. Er sah in den Rückspiegel. Niemand folgte ihm. Sie waren in die Kirche gekommen, um Fragen zu stellen. Fragen zu Jeffreys. Er wurde nicht verdächtigt, die wussten nichts. Sogar diese Zeitungsreporterin hatte angedeutet, dass Dannys Mörder ein Nachahmungstäter war. Jemand, der Jeffreys kopierte. Warum kam niemand darauf, dass Jeffreys der Nachahmungstäter war? Dass er ein kaltblütiger Mörder gewesen war, hatte ihn zum idealen Sündenbock gemacht.

Im Umkreis von etlichen Blocks um die Schule eilten verängstigte Eltern mit ihren Kindern wie Ratten die Straßen entlang und standen in Trauben an jeder Kreuzung. Sie setzten ihre Sprösslinge am Straßenrand ab und warteten, bis sie in der Schule verschwanden. Bisher hatten sie ihre Kleinen kaum beachtet, sie stundenlang allein gelassen und Schlüsselkind für ein Kosewort gehalten. Sie brachten ihnen Wunden und Narben bei, die, wenn es andauerte, ein Leben lang schmerzten. Genau diese Eltern begannen zu lernen. Er tat ihnen einen Gefallen, erwies ihnen sogar einen wertvollen Dienst.

Der Wind verhieß Schnee. Beißend kalt peitschte er Jacken und Röcke, die bald nicht mehr ausreichend wärmten. Dabei dachte er an die Decke im Kofferraum. Waren noch Blutflecke darauf? Er versuchte sich zu erinnern, versuchte zu denken, während er die Ratten beobachtete, die Bürgersteige und Kreuzungen verstopften. An einem Haltesignal blieb er stehen und wartete auf den Lotsen. Ein Rattenstrom überquerte die Straße. Jemand erkannte ihn und winkte. Er winkte zurück.

Nein, er hatte die Decke gewaschen. Sie war nicht mehr blutig. Das Bleichmittel hatte Wunder gewirkt. Und sie würde wärmen, sollte es noch kälter werden.

Während er aus der Stadt fuhr, bemerkte er eine Gänseschar am Himmel, sie flogen in Formationen wie Kampfpiloten von der Militärbasis. Er kurbelte das Fenster herunter und lauschte. Die Schreie hallten durch die frische Morgenluft. Ja, diesmal würden die dicken, geblähten Wolken Schnee mitbringen, keinen Regen. Er fühlte es in den Knochen.

Er hasste Kälte und Schnee. Sie erinnerten ihn an zu viele Weihnachtsfeste, an denen er die wenigen Geschenke ausgepackt hatte, die seine Mutter heimlich für ihn unter den Baum legte. Ihrem Wunsch gemäß war er am Weihnachtsmorgen immer sehr früh aufgestanden, um Geschenke auszupacken. Das hatte er so leise gemacht, dass er hörte, wie seine Mutter nebenan im Schlafzimmer seinen Vater beschäftigte.

Sein Stiefvater hatte nie Verdacht geschöpft, dankbar für die frühmorgendliche Gabe. Hätte er von den Geschenken erfahren, wären sie beide für das frivole Verschwenden seines hart verdienten Geldes verprügelt worden. Solche Prügel an Weihnachten hatten ihre heimliche Tradition begründet.

113

Er bog auf die Old Church Road ab und fuhr am Fluss entlang. Das Flussufer glühte in strahlenden Rot-, Orange- und Gelbtönen. Der Schnee würde all das zerstören, die lebhaften Farben bedecken und einen weißen Schleier des Todes ausbreiten.

Es war nicht mehr weit. Plötzlich erinnerte er sich an die Baseballkarten. Vorgebeugt suchte er hektisch in allen Jackentaschen, während er mit einer Hand steuerte. Der Wagen schwang scharf nach rechts. Ein Reifen rutschte in eine tiefe Rinne, ehe er das Steuer herumwarf und ihn wieder unter Kontrolle brachte. Endlich spürte er den Kartenpacken in der Gesäßtasche seiner Jeans.

Er bog von der Straße in einen Hain ab. Der Baldachin aus Ästen und Blättern schlug gegen den Wagen, als er anhielt. Er stopfte die verstreuten Lebensmittel wieder in die Tüte, nahm sie auf den Arm und stieg aus. Er öffnete den Kofferraum und nahm die aufgerollte und mit einem Seil zusammengebundene dicke Wolldecke hoch und schlang sie sich über die Schulter. Als er den Kofferraumdeckel zuschlug, hallte das Echo von Bäumen und Wasser zurück.

Es war still und friedlich trotz des Windes, der flüsternd um die Bäume strich und Kälte versprach. Er verwischte den Geruch des Flusses, diese wunderbar dumpfe Mischung aus Fisch, Verrottung und Verwesung. Er blieb stehen und betrachtete das in kleinen Wellen schnell fließende Gewässer, das Treibholz und anderen Abfall mit sich führte. Es war lebendig und gefährlich mit zerstörerischer Kraft. Es hatte die Macht zu heilen und zu reinigen.

Die schlammigen Blätter verbargen die Holztür so gut, dass selbst er ein wenig suchen musste, ehe er sie fand. Er befreite sie von Abfall, packte mit beiden Händen zu und riss und zog, ehe sie sich knarrend öffnete. Ein Lichtschimmer erhellte schwach die Stufen, als er hinabstieg. Sofort schlug ihm der Geruch nach feuchter Erde und Verwesung entgegen. Am Boden angelangt, stellte er Tüte und Decke ab.

Er zog die Gummimaske aus der Jackentasche. Sie war besser als die Skimaske, weniger beängstigend und der Jahreszeit eher angemessen. Trotzdem hasste er das verdammte Ding, aber noch mehr hasste er die Erinnerung an den Blick in Dannys Augen. Er hatte ihn erkannt und ihm vertraut. Und in seinem Blick hatte der stumme Vorwurf gelegen, ihn betrogen zu haben. Wenn Danny es doch nur begriffen hätte. Doch dieser Blick und das verdammte Kreuz am Hals des Jungen hätten ihm fast den Rest gegeben. Nein, er konnte kein Risiko mehr eingehen. Er zerrte sich die Maske über, und innerhalb von Sekunden spürte er Schweißtropfen im Gesicht.

Wie ein Zombie machte er mit ausgestreckten Armen und tastenden Händen kleine Schritte, bis er gegen das Holzregal stieß. Seine Finger berührten Laterne und Streichhölzer. Fell streifte seine Haut. Er riss die Hand zurück, stieß die Laterne hinunter und fing sie blindlings auf, ehe sie den Boden berührte.

„Verdammte Ratten!"

Er hob das rostige Metall auf, riss ein Streichholz an und brachte den Lampendocht beim ersten Versuch zum Brennen. Das Dunkel erwachte im gelben Schein zum Leben. Kleine Erdbrocken fielen von den Wänden. Er vermied es, auf das eilig flüchtende Nachtgetier zu achten, und wartete. In wenigen Sekunden hatten die Viecher neue Verstecke gefunden, und alles war wieder still und friedlich.

Er lehnte sich gegen das dicke Holzregal und drückte mit der Schulter. Ächzend und schwankend begann sich das schwere Teil zu bewegen. Es schrammte über den Boden und nahm weitere Erdklumpen mit. Schweiß rann ihm den Rücken hinab. In der Maske, die sich auf sein Gesicht presste, war es entsetzlich heiß. Schließlich war der Geheimgang frei. Er kroch in das kleine Loch, langte zurück und zog Tüte und Decke hinter sich her.

Er hoffte, Matthew freute sich über die Baseballkarten.

115

20. KAPITEL

Das Haus der Tanners befand sich am Stadtrand, am Ende eines Häuserblocks. Dahinter erstreckte sich ein riesiges Feld, auf dem große gelbe Baumaschinen die Landschaft veränderten, indem sie wie hungrige Monster Bäume mit einem Happen verschlangen. Solche Anblicke gehörten zu den Nachteilen des raschen Wachstums von Platte City. Ländliche Gebiete voller Wildrosen, strahlenden Goldruten und wogendem Präriegras verwandelten sich in perfekte Beete aus Blauschwingelgras und grauer Pflasterung, gespickt mit Plastikschaukeln und Geländewagen.

„Großer Gott", raunte Nick, als er die Reihe geparkter Autos vor dem Haus der Tanners entdeckte.

„Haben Sie jemand eingesetzt, der alles koordiniert?" fragte Maggie O'Dell vom Beifahrersitz des Jeeps.

Er warf ihr lediglich einen Seitenblick zu.

„Ich frage nur, Morrelli. Kein Grund, gereizt zu werden."

Sie hatte Recht. Ihr Ton war nicht vorwurfsvoll gewesen. Er durfte nicht vergessen, dass sie auf seiner Seite stand. Also informierte er sie, was er zwischenzeitlich unternommen hatte.

Er hatte Hal Langston letzte Nacht einen Mini-Kommandoposten in Michelle Tanners Wohnraum einrichten lassen und dabei an die Lektionen gedacht, die Bob Weston ihn während des Alverez-Falles gelehrt hatte. Minuten nach Michelle Tanners verzweifeltem Anruf hatte er Phillip Van Dorn hergeschickt, um ihr Telefon anzuzapfen und eine Rundum-Überwachung zu installieren. Noch vor Mitternacht hatte Lucy Burton den Konferenzraum im Sheriffbüro in einen Raum zur Lagebesprechung umgewandelt, mit Großaufnahmen von Matthew an der Wand und einer geschalteten Hotline.

Diesmal hatte Nick umgehend die Polizeichefs von Richfield, Stanton und Bennet informiert und um zusätzliche Männer gebeten, um die Straßen, Felder und sogar das Flussufer abzusuchen. Seine eigenen Leute waren von Tür zu Tür gegangen. Sie hatten den Auftrag, höflich Fragen zu stellen, ohne Panik zu verbreiten. Falls das noch möglich war. Vielleicht war es dafür zu spät. Auf der Fahrt heute Morgen hatte er die verängstigten Eltern gesehen, die ihre Kinder zur Schule brachten. Dank seiner Schwester hatte der Wahnsinn bereits begonnen. Er mochte sich gar nicht vorstellen, was passierte, wenn die Sache mit Matthew allgemein bekannt wurde. Die Hoffnung, eine Panik noch zu verhindern, war vermutlich reiner Selbstbetrug.

Die Haustür der Tanners stand offen, und Stimmen hallten in den Vorgarten. Maggie O'Dell klopfte an die Fliegendrahttür und wartete. Nick hätte geklopft und wäre eingetreten. Da er nah hinter ihr stand, merkte er, dass er einen guten Kopf größer war als sie. Er beugte sich leicht vor, um den Duft ihrer Haare aufzunehmen, als der Wind ein paar Strähnen wie eine Liebkosung gegen sein Kinn wehte.

Sie strich sich mit einer Hand das Haar wieder glatt und berührte ihn fast. Er wich zurück und sah zu, wie sie sich die ungebärdige Strähne hinters Ohr schob. Heute Morgen trug sie ein burgunderrotes Jackett mit passender Hose. Die Farbe ließ ihre Haut besonders weich erscheinen.

Die Fliegendrahttür knarrte in den alten Angeln, als ein Unbekannter sie aufschob, um die beiden Besucher zu begutachten. „Wer sind Sie?" fragte er argwöhnisch und nicht gerade um Höflichkeit bemüht, während er sie musterte.

„Ist schon okay." Hal Langston tauchte hinter ihm auf und schob ihn sacht beiseite. Hal zog die Fliegendrahttür weiter auf. Der Mann warf ihm nur einen Blick zu und ging zurück. Hal konnte sehr beeindruckend wirken. Er hatte mit Nick in der High

School Football gespielt. Und obwohl er etwas Fett angesetzt hatte, war er immer noch in bester Verfassung.

„Das Eheleben", erklärte er schlicht, wenn Nick ihn wegen seiner zusätzlichen Pfunde aufzog. „Du solltest es mal probieren, mein Freund", fügte er dann hinzu. Zu seiner Ehre musste gesagt werden, dass er eine der besten Partien der Stadt gemacht hatte.

Tess Langston war vor zehn Jahren nach Platte City gezogen, um an der High School Geschichte zu unterrichten. Da sie ebenso klug wie hübsch war, hatte sich keiner der sie anhimmelnden Junggesellen an sie heran getraut, mit Ausnahme von Hal. Fast drei Wochen lang hatte er Nick, der damals an der Ostküste Jura studierte, jeden Abend hilfesuchend angerufen und seine Telefonrechnung in astronomische Höhen getrieben. Zwischen Schadenersatzklage und Vertragsbruch hatte Nick ihm geholfen, seinen nächsten Schritt in der Eroberung zu planen.

Er schrieb kleine Gedichte, empfahl, welche Blumen er schenken sollte – Gänseblümchen, keine Rosen –, und riet ihm, wann und wo er sie wie berühren sollte: ein leichtes Knabbern am Ohrläppchen bei der Umarmung, kein Grapschen an die Brust. Es war ihm so vorgekommen, als mache er selbst Tess den Hof. Und als Hals Anrufe aufhörten, fehlten sie ihm. Erst später wurde ihm klar, dass ihm nicht der Kumpel fehlte, sondern die Frau, der er nur einmal begegnet war, die er aber durch seinen Freund so genau kannte, dass er sich selbst in sie verliebt hatte.

Hal und Tess hatten nach sechs Monaten geheiratet, und selbst heute noch empfand er eine Nähe zu Tess, die er nicht recht erklären konnte. Nick wusste nicht, ob Hal ihr jemals das Geheimnis seiner Brautwerbung anvertraut hatte, doch manchmal sah Tess ihn an, als wisse sie Bescheid und sei ihm dankbar.

Im Wohnzimmer der Tanners drängten sich seine Deputys und fremde Polizisten. Einige tranken Kaffee, während andere sich über Karten und Notizen beugten. Nick sah sich nach Michelle Tanner um, nicht sicher, ob er sie wiedererkannte. Gestern Nacht hatte sie in ihrem rosa Chenille-Bademantel, den vom Weinen roten Augen und dem fleckigen Gesicht wie betrunken und desorientiert gewirkt. Ihr rotes Haar hatte sich teilweise aus dem Knoten gelöst und sich wie kleine Schlangen um ihren Kopf geringelt. Mit schwingenden Armen hin und her gehend, hatte ihr kleiner Körper völlig verkrampft gewirkt.

Die Küche war noch voller.

„Wer zum Henker sind all diese Leute, Hal?" Nick drehte sich um und stieß mit Hal zusammen, der dicht hinter ihm ging. Maggie O'Dell war zu Phillip Van Dorn gewandert und hatte ihn bereits dazu gebracht, ihr alle Geheimnisse der technischen Überwachungseinrichtungen zu offenbaren.

„Das war Mrs. Tanners Idee", erklärte Hal leise. „Sie hat ein paar Nachbarn angerufen, ihre Mutter und die Eltern der Mannschaftskameraden ihres Sohnes."

„Mein Gott, Hal, wir haben das ganze verdammte Fußballteam hier!"

„Nur ein paar Eltern."

Nick bahnte sich mit dem Ellbogen einen Weg durch die Menge und begann die Leute regelrecht beiseite zu schieben, als er die Frau erkannte, die mit Michelle Tanner am Tisch Kaffee trank.

„Was zum Teufel tust du denn hier?" bellte er, und es wurde still im Raum.

21. KAPITEL

Ehe Christine antworten konnte, drängte sich ihr Bruder durch die Menge, verschüttete Emily Fultons Kaffee und stieß Paul Calloway fast zu Boden. Alle starrten ihn an, als er mit dem Finger auf sie zeigte und zu Michelle Tanner sagte: „Mrs. Tanner, ist Ihnen klar, dass diese Frau eine Reporterin ist?"

Michelle Tanner war eine zierliche Frau und so schlank, dass sie zerbrechlich wirkte. Sie war, wie Christine bereits bemerkt hatte, leicht einzuschüchtern. Demgemäß wurde ihr kleines Gesicht blass, und sie riss die Augen auf. Sie sah Christine an, hantierte mit ihrer Kaffeetasse und schien von ihrem lauten Geklapper in der plötzlichen Stille überrascht zu werden. Schließlich sah sie zu Nick auf.

„Ja, Sheriff Morrelli, ich weiß sehr wohl, dass Christine Reporterin ist." Sie faltete die Hände, bemerkte offenbar, dass sie ein wenig zitterten, und versteckte sie unter dem Tisch, wo sie sie in ihren Schoß legte. Den Blick auf ihren Kaffeebecher gerichtet, fuhr sie fort: „Wir hielten es für günstig, wenn in der Abendausgabe etwas über Matthew erscheint." Jetzt zitterte ihre Stimme.

Christine sah, wie Nick weich wurde. Wenn es etwas gab, das ihren Macho-Bruder aus der Fassung brachte, dann die Tränen einer Frau. Sie hatte das selbst gelegentlich ausgenutzt. Michelle Tanners Tränen waren jedoch echt.

„Mrs. Tanner, ich bedaure, aber ich halte das für keine gute Idee."

„Es ist sogar eine sehr gute Idee."

Christine verlagerte auf dem Stuhl ihr Gewicht, um die Frau zu sehen, die hinter Nick auftauchte. Sie wäre glatt als Model durchgegangen: makellose Haut, hohe Wangenknochen, volle Lippen und seidiges, kurzes dunkles Haar. Ihr Anzug saß tadellos an der schlanken, athletischen Figur, die genügend Kurven aufwies, um die Aufmerksamkeit aller Männer im Raum zu erregen. Stimme und Haltung zeigten jedoch, dass sie auf die Wirkung ihrer Weiblichkeit keinen Wert legte. Sie trat selbstsicher und mit Autorität auf. Diese Frau ließ sich nicht so leicht einschüchtern, schon gar nicht durch einen Raum voller fremder Menschen. Christine mochte sie auf Anhieb.

„Wie bitte?" Nick schien ungehalten.

„Ich halte es für eine gute Idee, die Medien von Anfang an einzubeziehen."

Nick sah sich spürbar verärgert um. „Kann ich eine Minute mit Ihnen reden? Allein!" Er nahm die Frau beim Arm, den sie ihm sofort entriss. Dennoch drehte sie sich um und ging davon. Die Menge teilte sich, um ihr Platz zu machen, und Nick folgte ihr.

„Entschuldigen Sie mich." Christine tätschelte Michelle die Hand und nahm ihren Notizblock. Obwohl Nick sauer war, wollte sie die Frau kennen lernen, die ihn in seine Schranken verwiesen hatte. Das musste die FBI-Agentin aus Quantico sein, Spezialagentin Maggie O'Dell. Sie fragte sich, welche Informationen Agentin O'Dell wohl weitergeben würde? Informationen, die Nick hütete wie seinen Augapfel, wenn es darum ging, seinen wertvollen Ruf zu schützen.

Nick und Agentin O'Dell standen in einer Ecke des Wohnraumes, neben dem Erkerfenster, das nach vorn hinausging. Einige Polizisten beobachteten die beiden. Nicks Leute wussten es besser und gaben sich beschäftigt.

„Ich habe dir prophezeit, es wird ihm nicht gefallen, dass du hier bist", sagte eine Stimme hinter ihr.

Christine sah Hal über die Schulter hinweg an. „Nun ja, da ändert vielleicht gerade jemand seine Meinung."

„Tja, in der hat er zweifellos seinen Meister gefunden. Ich gehe nach draußen, eine rauchen. Kommst du mit?"

„Danke, nein. Ich versuche aufzuhören."

„Wie du willst."

Er ging zur Haustür hinaus. Die Fliegendrahttür quietschte und schlug zu. Nick und Agentin O'Dell bemerkten es nicht einmal. Nick sprach mit gedämpfter Stimme und beherrschte mühsam seinen Zorn. Agentin O'Dell wirkte völlig ungerührt, die Stimme ruhig und emotionslos.

„Verzeihen Sie, dass ich störe." Christine wich Nicks bösem Blick aus. „Sie müssen Spezialagentin O'Dell sein. Ich bin Christine Hamilton." Sie gab ihr die Hand, und Maggie O'Dell nahm sie ohne Zögern.

„Miss Hamilton."

Ihr Händedruck war kräftig und ruhig. „Nick hat in seiner Wut sicher versäumt zu erwähnen, dass ich seine Schwester bin."

Agentin O'Dell sah Nick an, und Christine glaubte auf dem ansonsten stoischen Gesicht den Anflug eines Lächelns zu entdecken. „Ich hatte mich schon gefragt, ob es da eine persönliche Beziehung gibt."

„Er ist sauer auf mich, deshalb fällt es ihm schwer zu erkennen, dass ich eigentlich hier bin, um zu helfen."

„Da bin ich mir sicher."

„Also hätten Sie nichts dagegen, mir einige Fragen zu beantworten?"

„Bedaure, Miss Hamilton."

„Christine."

„Natürlich, Christine. Aber ich leite diese Ermittlung nicht. Ich bin nur hier, um das Täterprofil zu erstellen."

Christine wusste, ohne ihn anzusehen, dass Nick jetzt lächelte. Das machte sie wütend. „Und was heißt das bitte? Ein Heraushalten der Presse wie im Alverez-Fall? Nick, das macht die Sache nur schlimmer."

„Ich glaube, Christine, Sheriff Morrelli hat seine Meinung geändert", erwiderte Maggie O'Dell und beobachtete Nick, dessen Lächeln sich in eine säuerliche Miene verwandelte.

Er schob sich das Haar aus der Stirn. Maggie O'Dell verschränkte die Arme vor der Brust und wartete. Christine blickte von einem zum anderen. Die gespannte Atmosphäre in dieser Ecke des Raumes war deutlich spürbar.

Schließlich räusperte Nick sich, als säße sein Unbehagen irgendwo zwischen Kehlkopf und Zunge. „Morgen früh um halb neun gibt es in der Lobby des Gerichtsgebäudes eine Pressekonferenz."

„Darf ich das in meinem Artikel für die Abendausgabe bringen?" Sie sah von Nick zu Maggie O'Dell und wieder zu Nick.

„Sicher", gab er widerwillig nach.

„Darf ich sonst noch etwas in der Abendausgabe bringen?"

„Nein."

„Sheriff Morrelli, sagten Sie nicht, dass Sie vom Foto des Jungen bereits Abzüge gemacht haben?" Maggie O'Dell erwähnte das wieder wie beiläufig, ohne scharfen Unterton. „Vielleicht erinnert sich der eine oder andere, wenn Christine ihrem Artikel ein Foto beifügt."

Er schob die Hände in die Hosentaschen, vermutlich, wie Christine argwöhnte, damit er Maggie O'Dell nicht würgen konnte.

„Du kannst am Gerichtsgebäude vorbeifahren und dir eines abholen. Ich weise Lucy an, es am Empfang für dich zu hinterlegen. Am Empfang, Christine. Ich möchte nicht, dass du in meinem Büro herumschnüffelst."

„Entspann dich, Nicky. Ich sage dir doch, ich bin nicht der Feind." Sie wollte gehen, drehte sich an der Tür jedoch noch einmal um. „Du kommst doch trotzdem heute Abend zum Dinner, oder?"

„Ich habe vielleicht zu viel zu tun."

„Agentin O'Dell, möchten Sie uns nicht Gesellschaft leisten?

Ich mache allerdings nur Spaghetti, aber es gibt jede Menge Chianti."

„Danke, das klingt gut."

Christine hätte fast losgelacht, so erstaunt sah Nick aus.

„Dann erwarte ich Sie gegen sieben. Nick kennt die Adresse."

22. KAPITEL

Im Sheriffbüro knisterte es geradezu vor nervöser Anspannung. Nick merkte es, sobald er mit Maggie O'Dell durch die Tür kam. Da machte er sich Sorgen wegen einer Panik in der Stadt, und er hatte bereits eine in seiner Abteilung.

Die Telefone klingelten unaufhörlich. Maschinen piepsten, Tastaturen klickten, Faxgeräte brummten. Dazu plärrte der Funk. Leute hasteten hin und her und stießen sich erstaunlicherweise nicht an.

Er sah Polizisten und Ausrüstungsgegenstände, die er nicht einordnen konnte. Er verließ sich auf Menschen, die er kaum kannte, um Aufgaben zu erledigen, die er nicht verstand. Ihm war mehr als unbehaglich dabei.

Lucy wirkte erleichtert, ihn zu sehen. Lächelnd winkte sie ihm von der anderen Seite des Raumes zu. Dann warf sie einen kurzen, verächtlichen Blick auf Maggie O'Dell. Doch die schien es nicht zu bemerken.

„Nick, wir haben jeden Zentimeter der Stadt abgesucht." Lloyd Benjamins Stimme war heiser vor Erschöpfung. Er nahm die Brille ab und wischte sich die Augen. Die Sorgenfalten auf seiner Stirn traten so deutlich hervor wie dauerhaft eingeprägte Furchen. Lloyd war der Älteste aus Nicks Mannschaft und neben Hal auch der Zuverlässigste. „Die Männer aus Richfield suchen noch den Fluss ab, dort, wo wir den kleinen Alverez gefunden haben.

Die Kollegen aus Stanton sind im Nordteil der Stadt. Sie überprüfen die Kiesgrube und den Northton See."

„Gut, sehr gut, Lloyd." Nick gab ihm einen aufmunternden Klaps auf den Rücken. Lloyd rieb sich das Kinn und warf einen Seitenblick auf Maggie O'Dell. „Wir haben uns untereinander ausgetauscht", fuhr er leise, fast flüsternd fort. „Stan Lubrick glaubte sich zu erinnern, dass Jeffreys einen Partner hatte, als er verhaftet wurde. Du weißt schon ... einen ... na ja, einen Liebhaber eben. Ich meine, dass wir einen Typen zum Verhör mitgenommen haben. Aber ich glaube nicht, dass er ausgesagt hat. Einen Mark Rydell", sagte er und überflog ein Notizbuch mit unleserlichem Gekritzel. „Wir haben uns gefragt, ob wir versuchen sollten, ihn ausfindig zu machen. Vielleicht ist er in der Gegend."

Beide sahen Maggie O'Dell an, die von dem Chaos ringsum abgelenkt war. Nick war nicht einmal sicher, ob sie Lloyd gehört hatte. Sie hatte die Hände tief in ihre Jackentaschen geschoben. Ihr Blick schweifte umher, während sie den Aufruhr verfolgte. Verwirrt merkte sie, dass man ihre Antwort erwartete.

„Ich wusste nicht, dass Jeffreys homosexuell war. Woher wollen Sie wissen, dass dieser Typ sein Liebhaber war?" Wieder sprach sie in diesem beiläufigen Tonfall. Nicht die Spur von Herablassung. Obwohl Nick wusste, dass sie eine absurde Spekulation durchaus ins Lächerliche ziehen konnte.

Lloyd lockerte die Krawatte und öffnete den oberen Hemdknopf. Das Thema war ihm offenbar peinlich.

„Nun, sie lebten damals zusammen."

„Macht sie das nicht zunächst mal nur zu Mitbewohnern?"

Maggie O'Dell war so unnachgiebig, wie sie schön war. Nick war froh, diesmal nicht das Opfer ihrer Fragetechnik zu sein. Lloyd sah ihn Hilfe suchend an, und Nick zuckte nur die Achseln.

„Kann man herausfinden, ob Rydell auch im Gefängnis Kontakt mit Jeffreys hielt?" fragte Maggie Lloyd, anstatt seinen Hinweis als nichtig abzutun.

„Das kann man uns vermutlich im Gefängnis sagen."

„Stellen Sie fest, welche Besucher Jeffreys hatte oder wer sonst Kontakt mit ihm hielt. Überprüfen Sie auch, ob es Mitgefangene oder sogar Wärter gab, mit denen er sich angefreundet hat. Im Todestrakt hat man nicht viele Kontakte, aber vielleicht gab es ein paar."

Nick gefiel die Art, wie sie Informationen verarbeitete und kein Detail außer Acht ließ. Eine Spur, die er für weit hergeholt gehalten hätte, entwickelte sich zu einer Hoffnung. Sogar Lloyd, der stolz darauf war, noch einer Generation anzugehören, die Frauen auf ihren Platz verwies, schien zufrieden. Er hatte seinen Notizen weiteres Gekritzel hinzugefügt, während Maggie sprach. Jetzt nickte er beiden zu und ging zum nächsten Telefon.

Nick war beeindruckt, Maggie merkte, dass er sie beobachtete, und lächelte nur.

„He Nick, diese Frau hat wieder angerufen!" rief Eddie Gillick von seinem Schreibtisch herüber, den Hörer unter das Kinn geklemmt.

„Agentin O'Dell, hier ist ein Fax aus Quantico für Sie." Adam Preston gab ihr eine Rolle Papier.

„Was für eine Frau?" rief Nick zurück.

„Sophie Krichek. Erinnere dich, sie meldete, einen blauen Pickup in der Gegend gesehen zu haben, wo der kleine Alverez entführt wurde."

„Lass mich raten. Sie hat den Lieferwagen wieder gesehen, und diesmal mit einem kleinen Jungen, der zufällig aussah wie Matthew Tanner."

„Warten Sie eine Minute." Maggie O'Dell unterbrach das Lesen des langen Faxes, das aufgerollt bis zum Boden reichte. „Wieso nehmen Sie die Frau nicht ernst?"

„Sie ruft ständig an", erklärte Nick.

„Nick, hier sind die eingegangenen Nachrichten für dich, während du außer Haus warst." Lucy gab ihm einen Stapel rosa Zettel und blieb vor ihm stehen. Sie trug den üblichen engen Pullover zu dem üblichen engen Rock. Es wäre entschieden leichter, sie zu bremsen, wenn sie nicht so eine üppige Figur hätte.

„Damit ich das richtig verstehe. Sie wollen diesem Hinweis nicht nachgehen, weil die Frau ihr Soll an Anrufen überschritten hat?" Maggie O'Dell hatte diesen Ausdruck in den Augen, der besagte, dass sie ihn kurz vor inkompetent einstufte. Er fragte sich, ob es etwas mit seiner kurzen Zerstreutheit wegen Lucys engen blau-grünen Strickstreifen zu tun hatte.

„Vor drei Wochen rief sie an, um uns mitzuteilen, sie habe Jesus in ihrem Hinterhof gesehen, wie er einem kleinen Mädchen auf der Schaukel Schwung gab. Sie hat nicht mal einen Hinterhof. Sie lebt in einem Wohnkomplex mit einem Betonparkplatz. Lucy, sind die Abschriften von Jeffreys' Geständnis und den Prozessakten schon da?"

„Max will sie so schnell wie möglich rüberbringen." Lucy balancierte auf ihren hohen Stöckelschuhen, die sie nur seinetwegen trug, wie er wusste. „Die müssen alles kopieren. Max gibt die Originale nicht aus der Hand. Ach, Agentin O'Dell, ein Gregory Stewart hat drei- oder viermal für Sie angerufen. Er sagte, es sei dringend, und Sie hätten seine Nummer."

„Kontrollanruf von Ihrem Boss?" Nick lächelte Maggie an, die plötzlich beunruhigt wirkte.

„Nein, mein Mann. Gibt's hier ein Telefon, das ich benutzen kann?"

Ernüchtert sah er auf ihre Hand. Kein Ehering. Ja, er war sicher, dass er schon früher nachgesehen hatte, aus alter Gewohnheit. Sie wartete auf eine Antwort.

„Sie können mein Büro benutzen", erwiderte er und versuchte sich desinteressiert zu geben, indem er den Stapel Notizen durchsah. „Den Flur hinunter, letzte Tür rechts."

„Danke."

Sobald sie verschwunden war, blieb Eddie Gillick auf dem Weg zum Faxgerät neben ihm stehen. „Warum siehst du so erstaunt aus, Nick? Sie ist doch ein toller Fang. Warum sollte sie nicht verheiratet sein?"

Es war lächerlich. Heute Morgen bei Michelle Tanner hätte er sie am liebsten erwürgt. Und jetzt fühlte er sich, als hätte ihm jemand in den Magen geboxt.

23. KAPITEL

Das Büro war schlicht und klein mit einem grauen Metallschreibtisch und passendem Aktenschrank. Auf Regalen standen etliche Trophäen von Footballmeisterschaften. An der Wand hinter dem Schreibtisch hingen einige Bilder. Maggie sank in den Ledersessel, die einzige Extravaganz in dem ansonsten schlichten Büro. Sie nahm den Telefonhörer auf und besah sich die Bilderwand genauer.

Fotos von jungen Männern in rot-weißen Footballhemden. Eine Aufnahme zeigte unter all dem Schweiß und Schmutz offenbar einen jungen Morrelli. Er stand stolz neben einem älteren Herrn, der nach dem gekritzelten Autogramm ein gewisser Trainer Osborne war.

In einer Ecke, fast durch den Aktenschrank verborgen, hingen zwei gerahmte Collegediplome, auf denen sich Staub ansammelte. Eines von der Uni Nebraska. Das andere war ein Juradiplom von

... Maggie fiel fast der Hörer aus der Hand. Es war von der Harvard University. Sie stand auf, um es sich genauer anzusehen, und setzte sich wieder, beschämt, dass sie auch nur einen Moment angenommen hatte, es handele sich um eine Fälschung, einen Scherzartikel. Die Urkunde war in der Tat echt.

Sie blickte wieder auf die Footballfotos. Sheriff Nicholas Morrelli steckte voller Überraschungen. Je mehr sie über ihn erfuhr, desto neugieriger wurde sie auf ihn. Was die Zusammenarbeit nicht einfacher machte, war eine deutliche erotische Spannung zwischen ihnen. Nick Morrelli empfand das vermutlich als normal, sie hingegen als ärgerlich.

Mit Greg verband sie eine eher leidenschaftslose Beziehung. Sie waren durch Freundschaft und gemeinsame Ziele zusammengeschmiedet worden, weniger durch überschwängliche Gefühle. Ziele, die sich mit den Jahren leider verschoben hatten. Und aus der Freundschaft war Gleichgültigkeit geworden. Sie gewährten einander nicht mal mehr höfliche Rücksichtnahme. In letzter Zeit fragte sie sich, ob sie sich nur auseinander gelebt oder nie wirklich nahe gestanden hatten.

Im Grunde war das gleichgültig. An einer Ehe musste man arbeiten, trotz aller Veränderungen. Daran glaubte sie. Wenn es anders wäre, hätte sie es nicht so lange ausgehalten. Zumindest hatte Greg sie jetzt angerufen und den ersten Schritt zur Versöhnung getan. Das musste ein gutes Zeichen sein.

Sie wählte die Nummer seines Büros und wartete geduldig, bis es vier-, fünf-, sechsmal klingelte.

„Brackman, Harvey und Lowe. Wie kann ich Ihnen helfen?"

„Greg Stewart bitte."

„Mr. Stewart ist in einer Besprechung. Kann ich ihm etwas ausrichten?"

„Könnten Sie ihn vielleicht aus der Besprechung holen? Ich bin seine Frau. Er hat den ganzen Morgen versucht, mich zu erreichen."

Es entstand eine Pause, in der die Dame offenbar abwog, wie unvernünftig die Bitte war. „Einen Augenblick."

Aus dem Augenblick wurden Minuten. Nach etwa fünf erklang Gregs Stimme. „Maggie, dem Himmel sei Dank, endlich erwische ich dich!" Er sprach eindringlich, aber nicht erleichtert. „Warum ist dein Handy ausgeschaltet?" Obwohl er sie offenbar dringend sprechen musste, fand er noch Zeit zu schimpfen.

„Ich habe vergessen, es aufzuladen. Heute Abend ist es wieder einsatzbereit."

„Egal", sagte er ungehalten, als hätte sie das Thema aufgebracht. „Es geht um deine Mutter." Automatisch wechselte er in jenen mitleidigen Tonfall, den er bei Klienten anschlug, die gerade ihren Fall verloren hatten. Die Fingernägel in die Armlehne des Sessels gebohrt, wartete sie, dass Greg fortfuhr. „Sie ist im Krankenhaus."

Maggie lehnte den Kopf zurück, schloss die Augen und schluckte trocken. „Was war es diesmal?"

„Ich glaube, sie meint es ernst, Maggie. Diesmal hat sie eine Rasierklinge benutzt."

24. KAPITEL

Maggie legte den Hörer auf und massierte sich die Schläfen. Das Pochen zog bis in Nacken und Schultern. Die letzten zwanzig Minuten hatte sie mit dem Doktor debattiert, der ihre Mutter betreute. Der arrogante kleine Bastard hatte betont, dass er als Bester seines Jahrgangs abgeschlossen hatte. Frisch von der Uni, und er bildete sich ein, alles zu wissen. Von ihrer Mutter wusste er zweifellos wenig. Er hatte sich noch nicht einmal ihre Vorgeschichte angesehen. Als sie ihm empfohlen hatte, den Therapeuten ihrer Mutter hinzuzuziehen, hatte er erleichtert geklungen, und war dankbar gewesen, als sie ihm Namen und Telefonnummer nannte. Sie fragte sich flüchtig, wie viele Menschen wohl Namen und Telefonnummer des Therapeuten der Mutter im Kopf hatten.

Einer Meinung waren sie allerdings gewesen, dass sie nicht ins nächste Flugzeug nach Richmond steigen sollte. Der Selbstmordversuch war ein Schrei nach Aufmerksamkeit gewesen. Wenn sie sofort zu ihrer Mutter eilte, würde die sich nur in ihrem Fehlverhalten bestärkt fühlen. Jedenfalls war es die letzten fünf Male so gewesen. Großer Gott, dachte Maggie, irgendwann hat sie Erfolg mit ihren Selbstmordversuchen, und wenn auch nur versehentlich. Obwohl sie Greg zustimmte, dass Rasierklingen als Werkzeug eine ernste Verschlimmerung darstellten, waren die Schnitte laut Dr. Superklug horizontal und nicht vertikal gewesen.

Maggie ließ den schmerzenden Kopf gegen die weiche Lederlehne sinken und schloss die Augen. Sie kümmerte sich um ihre Mutter, seit sie zwölf war. Aber wie gut konnte sich eine Zwölfjährige, die soeben den Vater verloren hatte, schon kümmern? Manchmal fürchtete sie, ihre Mutter im Stich gelassen zu haben. Doch eigentlich war sie von ihrer trunksüchtigen Mutter im Stich gelassen worden.

Es klopfte leise an der Bürotür. Sofort ging die Tür einen Spalt auf, und Sheriff Morrelli steckte seinen Kopf herein. „Alles okay mit Ihnen, Agentin O'Dell?"

Sie hing wie paralysiert im Sessel, Arme und Beine zu schwer, um sie zu bewegen. „Ich bin okay", log sie und wusste, dass es weder überzeugend klang noch so aussah.

Nicholas Morrelli zog die Stirn kraus, und die sanften blauen Augen blickten besorgt. Er zögerte, kam langsam herein und stellte eine Dose Diät-Cola vor sie hin. Wassertropfen perlten an den

Seiten hinab, und Maggie fragte sich, wie lange der Sheriff vor seinem eigenen Büro gestanden hatte, ehe er den Mut fand, einzutreten.

„Danke." Sie regte sich immer noch nicht, was Nicholas Morrelli sichtlich nervös machte. Zuerst stand er mit verschränkten Armen da, dann schob er die Hände in die Hosentaschen.

„Sie sehen nicht gut aus", stellte er fest.

„Vielen Dank, Morrelli." Sie lächelte.

„Könnten Sie mir vielleicht einen Gefallen tun? Nennen Sie mich Nick. Immer wenn Sie mich Morrelli oder Sheriff Morrelli nennen, drehe ich mich um und suche meinen Vater."

„Okay, ich versuch's." Sogar ihre Lider fühlten sich bleischwer an. Wenn sie jetzt ihre Augen schloss, würde sie dann einschlafen?

„Lucy ordert unseren Lunch bei Wanda. Was darf ich Ihnen bestellen? Der Spezialteller am Montag ist Kotelett, aber ich würde Ihnen das Sandwich mit gebratenem Geflügelsteak empfehlen."

„Ich bin wirklich nicht sehr hungrig."

„Ich bin seit zwei Uhr früh mit Ihnen zusammen, und Sie haben noch nichts gegessen. Sie müssen essen, Agentin O'Dell. Ich will nicht verantwortlich sein, wenn Sie verdorren ... mitsamt Ihrem süßen kleinen ..." Er hielt rechtzeitig inne, doch es war zu spät. Die Verlegenheit stand ihm ins Gesicht geschrieben. Er rieb sich das Kinn, als könnte er den Ausdruck wegwischen. „Ich bestelle Ihnen ein Käse-Schinken-Sandwich." Er wandte sich zum Gehen.

„Auf Vollkornbrot?"

Er sah sie über die Schulter hinweg an. „Okay."

„Und mit scharfem Senf?"

Jetzt lächelte er und hatte Grübchen. „Sie sind eine Nervensäge, O'Dell, wissen Sie das?"

„He, Nick!" hielt sie ihn wieder auf.

„Was jetzt noch?"

„Nennen Sie mich Maggie."

25. KAPITEL

„Gefallen dir die Baseballkarten?" Die Maske dämpfte seine Stimme. Er klang, als spräche er unter Wasser. Und bei dem Schweiß, der ihm heruntertropfte, fühlte er sich auch so.

Matthew starrte ihn von dem schmalen Bett in der Ecke des Zimmers an. Ein Kissen an die Brust gepresst, saß er auf der zerwühlten Bettdecke. Seine Augen waren rot und geschwollen, das Haar stand ihm an einigen Stellen ab. Sein Fußballdress war verknittert, und er hatte letzte Nacht zum Schlafen nicht mal die Schuhe ausgezogen.

Licht fiel durch die Spalten zwischen den Brettern, mit denen das Fenster vernagelt war. Glasscherben klirrten, als der Wind durch die verrotteten Schlitze blies. Sein Heulen und Pfeifen war geisterhaft, und er zerrte an den Ecken der Poster, die die geborstenen Wände bedeckten. Es war der einzige Laut im Raum. Der Junge hatte den ganzen Morgen noch kein Wort gesprochen.

„Hast du es bequem?" fragte er.

Als er näher kam, wich der Junge ängstlich in die Ecke zurück und warf sich mit seinem kleinen Körper gegen den blätternden Putz. Die Kette von seinem Fuß zum metallenen Bettpfosten rasselte. Sie war lang genug, damit der Junge mitten in den Raum gehen konnte. Und doch standen der Cheeseburger und die Fritten, die er ihm gestern Abend dagelassen hatte, noch unangetastet auf dem metallenen Tabletttisch. Sogar der dreifache Schokoshake war noch bis zum Rand gefüllt.

„Mochtest du dein Essen nicht, oder isst du lieber Hot Dogs?

Vielleicht sogar mit Chili? Du kannst alles haben, was du dir wünschst."

„Ich will nach Haus", flüsterte Matthew, drückte sein Kissen und drehte eine Hand so, dass er an den Nägeln kauen konnte. Einige waren völlig heruntergeknabbert und hatten während der Nacht geblutet. Getrocknetes Blut sprenkelte den weißen Baumwollbezug des Kissens.

Das würde wieder schwer rauszuwaschen sein. „Vielleicht magst du lieber Comics als Baseballkarten. Ich habe ein paar von Flash Gordon, die dir bestimmt gefallen. Ich bringe sie das nächste Mal mit."

Er beendete das Auspacken der Einkaufstüte. Drei Orangen, ein Beutel Cheetos, zwei Riegel Snickers, ein Sechserpack Hires Rootbeer, zwei Dosen SpaghettiOs und eine Packung Jell-O Schokopudding. Er legte alles auf eine Weinkiste, die er in dem Raum gefunden hatte, der offenbar mal ein Lager gewesen war. Er hatte sich wirklich Mühe gegeben, alles zu besorgen, was Matthew am liebsten mochte.

„Es könnte kalt werden heute Nacht", sagte er, rollte die dicke Wolldecke aus und breitete sie über das Bett. „Tut mir Leid, dass ich kein Licht dalassen kann. Kann ich dir sonst noch etwas bringen?"

„Ich will nach Haus", flüsterte der Junge wieder.

„Deine Mom hat nicht die Zeit, sich um dich zu kümmern, Matthew."

„Ich will zu meiner Mom!"

„Sie ist nie zu Hause. Und ich wette, sie bringt abends fremde Männer mit, seit sie deinen Dad rausgeworfen hat, nicht wahr?" Er sprach ruhig und tröstend.

„Bitte lassen Sie mich gehen!"

„Sie lässt dich die ganze Zeit allein. Sie arbeitet spät. Sie arbeitet sogar an den Wochenenden."

„Ich will nur nach Haus." Der Junge begann zu weinen und erstickte sein leises Schniefen mit dem Kissen.

„Und du kannst nicht zu deinem Dad." Ruhig und gelassen. Er musste ruhig bleiben, obwohl er die Wut schon wieder in sich aufsteigen spürte. „Dein Dad schlägt dich, nicht wahr, Matthew?"

„Ich will nur nach Haus!" wimmerte der Junge jetzt lauter.

„Ich werde dir helfen, Matthew. Ich werde dich retten. Aber du musst Geduld haben. Schau, ich habe dir deine Lieblingssachen gebracht."

Trotzdem weinte der Junge. Sein schrilles Wimmern ging ihm so auf die Nerven, dass er eine Grimasse schnitt. Er spürte die Wut geradezu in sich explodieren. Er musste sich beherrschen. Ruhig! Warum konnte er nicht einfach ruhig bleiben? Ja, ruhig und gelassen.

„Ich will nach Hause!"

Das Jammern setzte ihm zu. „Verdammt noch mal, halt die Klappe, du Scheiß Heulsuse!"

26. KAPITEL

Christines Artikel in der Abendausgabe lag um halb vier an den Zeitungsständen in Omaha. Um vier warfen die Zeitungsausträger das zusammengerollte *Omaha Journal* auf die Veranden und in die Vorgärten von Platte City. Ab zehn nach vier klingelten im Sheriffbüro unaufhörlich die Telefone.

Nick beauftragte Phillip Van Dorn, mehr Telefone und Leitungen zu installieren, und ging sogar so weit, das Büro des Protokollführers am Flur zu requirieren. Genau diesen Aufstand hatte er vermeiden wollen. Aber der Wahnsinn hatte begonnen, und er musste mit ihm fertig werden.

Zornige Bürger verlangten zu wissen, was unternommen wurde. Die Stadtverwaltung wollte wissen, was durch zusätzliches

Personal und Ausrüstung an Kosten auf die Stadt zukam. Reporter baten um ein Exklusivinterview, weil sie nicht auf die offizielle Pressekonferenz am Morgen warten wollten. Einige kampierten bereits in der Gerichtslobby und wurden von Beamten zurückgehalten, die man auf den Straßen gebraucht hätte.

Natürlich gab es auch Hinweise. Maggie hatte Recht, Matthews Foto weckte Erinnerungen. Das Problem war, die echten Spuren von den falschen zu trennen, obwohl Maggie darauf beharrte, auch die merkwürdigen Hinweise zu beachten. Nick nahm sich vor, morgen jemand zu Sophie Krichek zu schicken, um die Geschichte vom alten blauen Pickup zu prüfen. Allerdings hielt er das für reine Zeitverschwendung. Sophie Krichek war eine einsame alte Frau, die Aufmerksamkeit brauchte. Aber er wollte sich nicht nachsagen lassen, eine Spur übersehen zu haben ... besonders von Maggie nicht.

„Nick, Angie Clark hat schon viermal deinetwegen angerufen." Lucy holte ihn im Flur ein, offensichtlich verärgert, weil sie Botin in Liebesdingen war.

„Sag ihr das nächste Mal, es täte mir Leid, aber ich hätte einfach keine Zeit."

Erfreut ging sie davon, drehte sich jedoch noch einmal um. „Oh, das hätte ich fast vergessen. Max ist in der Halle mit den Abschriften von Jeffreys' Geständnis und den Gerichtsakten."

„Großartig. Sag das bitte auch Agentin O'Dell, ja?"

„Wo soll ich die Sachen hinbringen lassen?" Sie ging auf dem Weg zu seinem Büro hinter ihm her.

„Kannst du sie nicht einfach Agentin O'Dell geben?"

„Alle fünf Kisten?"

Nick blieb so abrupt stehen, dass sie mit ihm zusammenstieß. Er hielt sie am Ellbogen fest, während sie gefährlich auf ihren hochhackigen Pumps schwankte.

„Das sind fünf Kisten?"

„Du kennst ja Max. Sie ist furchtbar gründlich. Alles ist beschriftet und katalogisiert. Ich soll dir sagen, sie hat auch Kopien aller Beweismittel dazugelegt, sowie eidesstattliche Erklärungen von Zeugen, die nicht im Gericht waren."

„Fünf Kisten." Er schüttelte den Kopf. „Bring sie in mein Büro."

„Okay." Sie wandte sich zum Gehen, blieb aber wieder stehen. „Willst du immer noch, dass ich es Agentin O'Dell sage?"

„Ja, bitte." Ihr Misstrauen oder ihre Abneigung gegen Maggie wurde immer deutlicher.

„Ach ja, und der Bürgermeister wartet auf dich auf Leitung drei."

„Lucy, wir können es uns nicht leisten, eine Leitung für ihn freizuhalten."

„Ich weiß. Aber er bestand darauf. Ich konnte doch nicht einfach auflegen."

Dass Brian Rutledge, diese Nervensäge, darauf bestanden hatte, konnte er sich vorstellen.

Nick zog sich in sein Büro zurück. Sobald die Tür geschlossen war, warf er sich in seinen Ledersessel und lockerte die Krawatte. Er fingerte am Kragenknopf herum und riss ihn beim Öffnen fast ab. Mit Daumen und Zeigefinger die Augen pressend, versuchte er sich zu erinnern, wie viel Schlaf er seit Freitag bekommen hatte. Schließlich drückte er den Knopf für Leitung drei. „Hallo, Brian, ich bin's, Nick."

„Nick, was zum Teufel geht bei Ihnen vor? Ich warte seit verdammten zwanzig Minuten."

„Ich wollte Ihnen keine Ungelegenheiten bereiten, aber wir sind hier ziemlich beschäftigt."

„Nick, ich habe hier auch eine Krise! Der Stadtrat meint, ich soll die Halloween-Party absagen. Mein Gott, wenn ich die absage, bin ich hier der Grinch!"

„Den gibt's nur im Märchen."

„Verdammt, das ist nicht lustig!"

„Ich lache ja auch nicht. Ich habe mich um ernstere Dinge zu sorgen als um Halloween."

Lucy steckte den Kopf zur Tür herein. Er winkte sie heran. Sie öffnete die Tür weiter und gab den vier Männern, die ihr folgten, Zeichen, die Kisten in die Ecke unter das Fenster zu stellen.

„Das mit Halloween ist eine ernste Sache, Nick. Was ist, wenn dieser Verrückte wieder zuschlägt, wenn all die Kinder im Dunkeln unterwegs sind?"

Rutledges weinerliche Blechstimme zerrte Nick an den Nerven. Er lächelte Maxine Cramer zu und formte mit dem Mund das Wort „danke", als sie die letzte Kiste hereinholte. Sogar am Ende des Tages, und nachdem sie die Kisten den langen Flur entlanggeschleppt hatte, hatte ihr königsblauer Anzug noch scharfe Bügelfalten. Ihr dauergewelltes blau-graues Haar, passend zum Anzug, war tadellos frisiert. Sie erwiderte sein Lächeln, nickte und ging wieder zur Tür hinaus.

„Brian, was wollen Sie von mir?"

„Ich will wissen, wie ernst die Lage ist. Haben Sie Verdächtige? Gibt es in naher Zukunft Verhaftungen? Was zum Teufel machen Sie überhaupt?"

„Ein Junge ist tot, ein anderer wird vermisst. Was glauben Sie wohl, wie ernst das ist, Brian? Und wie ich die Ermittlungen führe, geht Sie einen verdammten Scheiß an. Wir brauchen diese Leitung für Wichtigeres, als Sie zu trösten. Also rufen Sie nicht wieder an!" Er warf den Hörer auf die Gabel und bemerkte Maggie O'Dell an der Tür stehen und ihn beobachten.

„Tut mir Leid." Es war ihr unangenehm, seinen Wutausbruch mitzuerleben.

Zweimal an einem Tag hatte sie ihn schon aufbrausen sehen. Vermutlich hielt sie ihn für verrückt oder schlichtweg überfordert.

„Lucy sagte mir, die Abschriften der Akten wären da."

„Sind sie. Kommen Sie herein, und machen Sie die Tür hinter sich zu."

Sie zögerte, als wäge sie ab, ob es gefahrlos war, hinter geschlossener Tür mit ihm allein zu sein.

„Das war der Bürgermeister", erklärte Nick. „Er wollte wissen, ob ich bis Freitag eine Verhaftung vornehme, damit er Halloween nicht abblasen muss."

„Was haben Sie ihm gesagt?"

„Ungefähr das, was Sie gehört haben. Die Kisten sind hier unter dem Fenster." Er rollte mit dem Sessel hin, zeigte darauf, blieb am Fenster und sah hinaus. Er hatte das düstere Wetter satt. Nichts als dichter Regen. Er konnte sich schon nicht mehr erinnern, wann der letzte Sonnentag gewesen war. Ganz Sarpy County schien unter einer Glasglocke zu liegen, die man nur schütteln musste, und es gab Niederschlag. Immer neue Regenwolken rollten heran, schienen den Globus zu umrunden und wieder hier anzukommen.

Maggie O'Dell kniete am Boden. Sie hatte von mehreren Kästen bereits die Deckel abgehoben und Akten um sich verteilt.

„Kann ich Ihnen einen Sessel holen?" fragte er, blieb jedoch in seinem sitzen.

„Nein, danke, so ist es einfacher."

Sie sah aus, als hätte sie gefunden, wonach sie suchte, öffnete eine Akte, überflog den Inhalt und blieb auf einer Seite stecken. Ihr Gesicht wurde sehr ernst. Sie überflog die Seite und setzte sich auf die Hacken.

„Was ist?" Nick beugte sich vor, um zu sehen, was sie so fesselte.

„Das ist Jeffreys' ursprüngliches Geständnis gleich nach der Verhaftung. Es ist sehr detailliert, angefangen von der Sorte Klebeband, die er zur Fesselung von Händen und Füßen benutzte, bis zu den Einkerbungen auf seinem Jagdmesser." Sie sprach langsam und überflog weitere Dokumente.

„Okay, und Pater Francis sagte, Jeffreys habe nicht gelogen. Das bedeutet, die Details stimmen. Also, was ist los?"

„Ist Ihnen klar, dass Jeffreys nur den Mord an Bobby Wilson gestanden hat?" Sie blätterte einige Seiten weiter. „Er hat ausdrücklich darauf beharrt, nichts mit den Morden an den beiden anderen Jungen zu tun zu haben."

„Ich kann mich nicht erinnern, dass das erwähnt wurde. Die haben wahrscheinlich gedacht, er lügt."

„Und wenn nicht?" Sie sah ihn besorgt an.

„Okay, wenn er nicht gelogen hat und nur Bobby Wilson umbrachte ..." Nick verstummte schockiert.

„Dann ist der wahre Serientäter entkommen und zurückgekehrt."

27. KAPITEL

Christine hoffte, dass Nick ihre Erleichterung nicht bemerkte, als er anrief und die Verabredung zum Dinner absagte. Wenn diese neue Spur etwas taugte, würde sie noch spät arbeiten, um wieder eine Titelstory in der Morgenausgabe zu haben.

„Können wir es auf morgen verschieben?" fragte er entschuldigend.

„Sicher. Kein Problem. Passiert heute Abend noch etwas Wichtiges?" fragte sie, um ihn ein wenig auszuforschen.

„Dein neuer Erfolg bekommt dir nicht, Christine." Er klang müde und erledigt.

„Ob er mir bekommt oder nicht, ich genieße ihn."

„Diese Nummer, die ich von der Zeitung bekommen habe, klingt nach einem Handy."

„Ja, um meinen neuen Erfolg zu feiern." Sie musste das Thema wechseln, ehe er fragte, wo sie war und wohin sie ging. „Ach Nick, könntest du bitte morgen deinen Schlafsack mitbringen, wenn du kommst? Timmy wollte ihn sich für seinen Campingausflug ausleihen."

„Sie gehen an Halloween zum Camping?"

„Sie sind Freitagnacht zurück. Pater Keller muss die Messe halten an Allerheiligen. Denkst du an den Schlafsack?"

„Ja, natürlich."

„Und vergiss Agentin O'Dell nicht."

„Nein, tue ich nicht."

Sie bog auf den Parkplatz ein, als sie ihr Handy zuklappte und in die Tasche steckte. Nick wäre wütend, wenn er wüsste, wo sie war.

Das vierstöckige Apartmentgebäude wirkte heruntergekommen. Die Steine waren verwittert und geborsten. Rostige Klimageräte hingen an wackeligen Halterungen in den Fenstern. In einem Viertel mit überwiegend gepflegten Fachwerkhäusern wirkte das Gebäude fehl am Platze. Die kleinen Häuser waren trotz ihres Alters gut erhalten, und in den Gärten standen Sandkästen, Schaukeln und große alte Ahornbäume, ideal für Baumhäuser.

In der Luft hing der Geruch nach brennendem Kaminholz. In der Ferne bellte ein Hund, und sie hörte das Klimpern eines Windspiels. In diesem Viertel hatte Danny Alverez gelebt. Genau hier hatte der Horror seiner letzten Tage begonnen, an einem Ort, den er selbstverständlich für sicher gehalten hatte.

Ein schwerer Abfallbehälter aus Metall hielt die Sicherheitstür auf. Er quoll über vor Zigarettenkippen, die schon auf dem Boden lagen. Christine trat vorsichtig auf.

Die Liftkabine roch nach kaltem Zigarettenrauch und Hundeurin und hatte einen fleckigen Teppich. Christine betrat sie dennoch und drückte den Knopf für die vierte Etage. Sie musste zwei-, dreimal drücken, ehe der Knopf aufleuchtete und die Türen sich schlossen. Der Lift ratterte, zitterte, knarrte, und sie wollte schon den Türöffner drücken, als sich die Kabine doch noch unter Mahlen und Wimmern in Bewegung setzte.

Sie hasste Aufzüge, und sie hasste enge Kabinen. Sie hätte die Treppe nehmen sollen. Suchend sah sie sich nach dem Notruftelefon um. Es gab keins. Die Sekunden verstrichen, und am Aufleuchten der Anzeigetafel konnte sie verfolgen, dass sie erst die zweite Etage erreicht hatte. Sie drückte auf drei, um die Fahrt abzukürzen, doch der Knopf zerbrach. Eilig sammelte sie die größeren Stücke auf und drückte sie wie ein Puzzle in den Rahmen zurück. Zwei blieben an ihrem Platz, eines fiel in das Loch und der Rest landete wieder auf dem Boden. Der Lift hielt mit einem Ruck an, und die Türen öffneten sich quietschend. Christine zwängte sich hinaus, ehe sie ganz offen waren.

Im Flur blieb sie stehen und lehnte sich gegen die schmutzige Wand, um wieder zu Atem zu kommen. Das Licht war dämmerig, doch der Boden hier war noch fleckiger. Wieder roch es nach Hundeurin, modrigen alten Zeitungen und verbranntem Essen. Wie konnte man in einem solchen Loch leben?

Apartment 410 war am Ende des Flures. Eine handgeflochtene Willkommensmatte lag vor einer zerkratzten, zerschlissenen Tür. Die Matte war blitzsauber.

Christine klopfte und hielt die Luft an, um nicht unnötig viel von dem Gestank einzuatmen. In der Wohnung klickten mehrere Schlösser, dann öffnete sich die Tür einen Spalt. Tiefliegende, von Falten gerahmte blaue Augen betrachteten sie durch dicke Brillengläser.

„Mrs. Krichek?" fragte sie so höflich, wie das mit angehaltenem Atem möglich war.

„Sind Sie die Reporterin?"

„Ja, das bin ich. Mein Name ist Christine Hamilton."

Die Tür ging auf, und Christine wartete ab, bis die Frau mit der Gehhilfe ihr Platz machte.

„Irgendwelche Verbindungen zu Ned Hamilton? Ihm gehört der Quick Mart an der Ecke."

„Nein, ich glaube nicht. Hamilton ist der Name meines Ex-Mannes, und er stammte nicht von hier."

„Verstehe." Die Frau schlurfte davon.

In der Wohnung wurde Christine von drei großen getigerten Katzen begrüßt, die sich an ihren Beinen rieben.

„Ich habe gerade heiße Schokolade gemacht. Möchten Sie eine Tasse?"

Sie hätte fast ja gesagt, entdeckte jedoch rechtzeitig die Kanne auf dem Kaffeetisch, aus dem sich soeben eine weitere große Katze bediente.

„Nein, vielen Dank." Sie hoffte, ihren Widerwillen verbergen zu können.

Die Wohnung roch sehr viel sauberer als der Flur. Der Ammoniakgeruch eines verborgenen Katzenklos war wahrzunehmen, aber erträglich. Über Couch und Liegesessel waren farbenfrohe Decken und Quilts drapiert. Über den Fenstern hingen Grünpflanzen, und auf dem antiken Buffet und dem Sekretär lagen Häkeldeckchen. Auf beiden standen Schwarz-weiß-Fotos von Männern in Uniform, von einem jungen Paar vor einem alten Buick und drei Farbfotos von einem Mädchen in unterschiedlichen Entwicklungsstadien.

„Setzen Sie sich", wies die alte Dame sie an und nahm im Schaukelstuhl Platz. „Oh, diese Schmerzen in der Schulter", klagte

143

sie und rieb sich den knochigen Knubbel, der die Strickjacke wölbte. „Solche Schmerzen wünsche ich meinem ärgsten Feind nicht."

„Tut mir Leid, dass es Ihnen nicht gut geht."

Sie wirkte klapperig. Unter dem schlichten Baumwollhauskleid sahen knochige Knie hervor. Das runde Gesicht war dauerhaft zur Klagemiene verzogen, und ihre blauen Augen wurden durch die dicken Brillengläser verzerrt und vergrößert. Ihr weißes Haar war ordentlich zu einem Knoten frisiert und wurde von hübschen Schildpattkämmen gehalten.

„Alt zu werden, ist die Hölle. Wenn meine Katzen nicht wären, würde ich wohl aufgeben."

Christine setzte sich und sah, wie sich Katzenhaare an ihrem blauen Rock festsetzten. Zwei Katzen strichen ihr immer noch um die Beine, während die dritte auf die Couch sprang, um sie genauer in Augenschein zu nehmen.

„Rummy, geh da runter!" schimpfte die Frau und drohte dem Kater mit einem knochigen Finger. Er ignorierte sie.

„Schon okay, Mrs. Krichek. Mir macht das nichts", log sie. „Wenn es Ihnen recht ist, möchte ich gleich auf das zu sprechen kommen, was Sie gesehen haben, als Danny Alverez verschwand."

„Das ist mir recht. Ich bin froh, dass es endlich jemand interessiert."

„Aus dem Büro des Sheriffs war niemand hier, um Sie zu befragen?"

„Ich habe zweimal dort angerufen. Erst heute Morgen, bevor ich Ihren Artikel las. Die haben Ausflüchte und tun so, als würde ich mir das Ganze ausdenken. Danach habe ich Sie angerufen. Mir ist egal, was die denken, ich habe gesehen, was ich gesehen habe."

„Und was genau haben Sie gesehen, Mrs. Krichek?"

„Ich habe gesehen, wie der Junge sein Fahrrad abstellte und in einen alten blauen Pickup einstieg."

„Sind Sie sicher, dass es der Alverez-Junge war?"

„Ich habe ihn Dutzende Male gesehen. Er war ein guter Zeitungsjunge. Er hat mir die Zeitung immer bis an die Tür gebracht und sie auf die Matte gelegt. Nicht wie der Junge, den wir jetzt haben. Der macht nur einen Schritt aus dem Lift und wirft sie den Flur entlang. Manchmal kommt sie hier an und manchmal auch nicht. Es ist nicht leicht, mit dem Gehwagen durch die Tür zu kommen. Ich finde, Ihre Zeitung sollte dafür sorgen, dass die Jungs ihre Aufgabe gewissenhaft erledigen."

„Ich werde das weitergeben, Mrs. Krichek. Erzählen Sie mir von dem Pickup. Konnten Sie den Fahrer sehen?"

„Nein. Es war noch fast dunkel draußen. Ich stand gleich da am Fenster. Die Sonne kam gerade über den Horizont. Der Fahrer bog auf den Parkplatz ein, so dass ich nur die Beifahrerseite sehen konnte. Er muss etwas zu dem Jungen gesagt haben, denn Danny stellte sein Fahrrad an den Zaun, kam um den Wagen und stieg ein."

„Danny ist in den Pickup eingestiegen? Sind Sie sicher, dass der Mann ihn nicht geschnappt und hineingezerrt hat?"

„Nein, nein. Es war alles sehr freundschaftlich. Sonst hätte ich gleich den Sheriff gerufen. Erst als ich hörte, dass Danny vermisst wurde, zählte ich zwei und zwei zusammen und rief an."

Christine konnte nicht glauben, dass niemand die Geschichte dieser Frau überprüft hatte. Entging ihr da etwas? Die Frau war alt, aber ihre Geschichte klang glaubwürdig. Sie stand auf und ging zu dem Fenster, auf das die Frau gedeutet hatte. Von hier hatte man einen ungehinderten Blick auf den Parkplatz und den Maschendrahtzaun. Trotz ihrer Sehbehinderung hatte Mrs. Krichek die berichteten Geschehnisse von hier gut verfolgen können.

„Was war das für ein Pickup?"

„Ich weiß nur wenig über Autos und Lieferwagen." Die Frau

stützte sich wieder auf den Gehwagen und schlurfte zu Christine ans Fenster. „Er war alt, königsblau, mit abblätternder Farbe und einigen Rostflecken. Sie wissen schon, auf dem hinteren Teil. Und er hatte Trittbretter. Ich weiß es genau, weil Danny darauf stieg, um hineinzuklettern. Und er hatte hölzerne Gitter um die Ladefläche, selbst gemachte. So wie Farmer sie haben. Oh, und ein Scheinwerfer funktionierte nicht."

Falls diese Frau senil war, hatte sie eine lebhafte Fantasie. Christine notierte die Details. „Konnten Sie etwas vom Nummernschild erkennen?"

„Nein, so gut sind meine Augen nicht mehr."

Unten schlug eine Fliegendrahttür zu, und ein kleines Mädchen lief in den Hof auf der anderen Seite des Zaunes. Es sprang auf die Schaukel und rief einem Mann etwas zu, der ihm folgte. Er hatte langes Haar und einen Bart und trug Jeans mit einem langen tunikaartigen Hemd darüber.

„Die sind erst letzten Monat eingezogen." Mrs. Krichek nickte zu den beiden hinunter, als der Mann der schaukelnden Kleinen Schwung gab, die vor Vergnügen quiekte. „Als ich ihn das erste Mal sah, dachte ich, es ist der Herr persönlich. Finden Sie nicht auch, dass er wie Jesus aussieht?"

Christine nickte lächelnd.

28. KAPITEL

Maggie beobachtete, wie Nick vorsichtig um die kleinen Stapel herumging, die sie auf dem Boden seines Büros verteilt hatte. Er räumte einen Platz frei und stellte die dampfende Pizza und die kalten Coladosen ab. Dann setzte er sich neben sie auf den Boden und streckte die langen Beine aus. Mit einem Fuß stieß er fast gegen ihren Schenkel. Den ganzen Tag über war sie sich seiner Gegenwart akut bewusst gewesen. Sie hatte geglaubt, für Gefühle zu erschöpft zu sein, deshalb überraschten ihre Reaktionen sie jedes Mal, wenn sein Ellbogen zufällig gegen ihren Arm stieß oder seine Hand beim Schalten im Jeep ihr Bein berührte.

Sie hatte schon vor Stunden die Schuhe ausgezogen und kniend auf ihren Füßen gesessen, bis sie einschliefen. Jetzt massierte sie einen nach dem anderen, während sie die Obduktionsberichte von Aaron Harper und Eric Paltrow las, deren Ermordung Jeffreys möglicherweise irrtümlich angelastet worden war.

Die Pizza roch gut trotz der grausigen Details, die sie las. Sie blickte auf und merkte, dass Nick ihr beim Massieren der Füße zusah. Wie bei etwas Unerlaubtem ertappt, wandte er den Blick ab, öffnete eine Dose und reichte sie ihr.

„Danke." Diesmal war sie wirklich hungrig. Von Wandas Käse-Schinken-Sandwich hatte sie nur zwei Bissen genommen, ehe der junge Deputy Preston es ihr zum Glück abnahm. Das war vor Stunden gewesen. Jetzt war es bereits dunkel draußen. Die Telefone unten am Flur hatten aufgehört zu klingeln, und der Mitarbeiterstab hatte sich deutlich ausgedünnt. Einige waren nach Haus geschickt worden, um sich auszuruhen, und andere waren wieder auf der Suche nach dem kleinen Jungen.

Nick schnitt ein dickes Stück Pizza ab und reichte es Maggie auf einem Papierteller. Sie roch grünen Pfeffer, italienische Wurst und Romano-Käse. Er hatte gut gewählt. Sie biss zu viel ab, so dass ihr Käse und Sauce aufs Kinn tropften.

„Mein Gott, O'Dell, Sie haben das ganze Gesicht voller Sauce."

Sie leckte sich unter seinem Blick einen Mundwinkel.

„Die andere Seite." Er zeigte hin. „Und das Kinn."

Ihre Hände waren voll mit Pizza und Gerichtsakten. Sie leckte sich den anderen Mundwinkel und sah sich nach einem freien Platz um, wo sie gefahrlos etwas ablegen konnte.

„Nein, höher", wies er sie an. „Warten Sie, lassen Sie mich das machen."

Als er mit dem Daumen ihren Mundwinkel berührte, sahen sie sich wie gebannt an. Er wischte ihr mit den Fingern über das Kinn und fuhr mit dem Daumen über ihre Unterlippe, wo garantiert weder Sauce noch Käse waren. Sie merkte ihm an, dass auch er dieses erotische Prickeln spürte. Seine Finger blieben länger als nötig auf ihrem Kinn, bewegten sich hinauf und streichelten ihr die Wange, während sein Daumen an ihrem Mundwinkel verweilte. Überrascht von ihrer körperlichen Reaktion darauf, wich sie zurück und entzog sich ihm.

„Danke", sagte sie mit gesenktem Blick. Sie warf den Pizzateller regelrecht zur Seite, schnappte sich eine Serviette und rieb sich gründlicher als nötig das Kinn ab.

„Ich glaube, wir brauchen mehr Servietten und Colas", stellte Nick fest und stand befangen auf.

Er nahm zwei weitere Dosen aus dem kleinen Kühlschrank in der Ecke und fügte dem Stapel Servietten, der bereits auf dem Boden lag, noch ein paar hinzu. Als er sich wieder zu ihr setzte, hielt er mehr Abstand. Ihr war aufgefallen, dass er sich zurückhielt und auch nicht mehr mit ihr flirtete, seit er wusste, dass sie verheiratet war. Die Berührung, die zärtliche Geste hatte ihn offenbar selbst überrascht.

„Da gibt es zu viele Unterschiede", sagte sie und versuchte sich wieder auf den Autopsiebericht zu konzentrieren. „Ich weiß nicht, warum alle glaubten, Jeffreys hätte alle drei Jungen umgebracht."

„Aber verändern Serienmörder nicht ihre Vorgehensweise?"

„Sie fügen vielleicht Dinge hinzu. Sie experimentieren. Jeffrey Dahmer experimentierte mit verschiedenen Arten, seine Opfer am

Leben zu erhalten. Er hat ihnen Löcher in die Schädel gebohrt, um sie handlungsunfähig zu machen, sie aber zunächst leben lassen."

„Vielleicht hat auch Jeffreys gern experimentiert?"

„Ungewöhnlich ist hierbei nur, dass die Morde an Harper und Paltrow fast identisch sind. Beide waren gefesselt, die Hände waren mit Stricken auf dem Rücken zusammengebunden. Sie wurden erwürgt, dann wurden ihnen die Kehlen durchgeschnitten. Die Brustverletzungen waren fast identisch bis hin zu den Stichwunden. Um das X einzuschneiden, wurde dasselbe Messer benutzt. Beide Jungen wurden nicht sexuell missbraucht. Ihre Körper wurden in unterschiedlichen abgelegenen Gegenden in Flussnähe gefunden."

Sie las aus mehreren Dokumenten, die vor ihr auf dem Boden lagen, und beugte sich vorsichtig darüber, um sie nicht zu beschmutzen. Allmählich begann sie das Ausmaß ihrer Erschöpfung zu spüren. Ihr Blick verschwamm, als sie die hingekritzelten Notizen des Gerichtsmediziners las. George Tillie war nicht so präzise gewesen, wie er hätte sein sollen. Nur im Paltrow-Bericht wurde erwähnt, dass der Körper gesäubert worden war und man wenig Rückstände fand. In beiden Berichten stand nichts von Ölresten auf der Stirn oder sonst am Körper.

Maggie sah zu Nick, der sich gegen den Aktenschrank lehnte und sich die Augen rieb. Sein Haar war wirr vom vielen Hindurchfahren mit den Fingern. Seine Hemdsärmel waren bis zu den Ellbogen aufgerollt und zeigten muskulöse Unterarme. Er hatte die Krawatte abgelegt und die oberen Knöpfe seines zerknitterten Hemdes geöffnet. Dabei kam genug seiner Brust zum Vorschein, dass sie nervös wurde. Sie nahm einen Bericht vom Boden auf und versuchte sich zu konzentrieren.

„Der Wilson-Junge andererseits ..."

„Ich weiß", fiel Nick ihr ins Wort und beugte sich vor. „Seine

149

Hände waren mit Klebeband vor dem Körper gefesselt. Keine Stricke. Er wurde erstochen, keine Hinweise auf Strangulierung. Ihm wurde die Kehle nicht durchschnitten. Der Täter benutzte sein Jagdmesser. Obwohl es eine Menge Stichwunden gab ...“

„Zweiundzwanzig.“

„Zweiundzwanzig Stichwunden, aber keine Einschnitte.“

„Der kleine Wilson wurde außerdem mehrmals missbraucht.“

„Und seine Leiche wurde in einem Abfallbehälter im Park gefunden und nicht am Fluss. Mein Gott, wenn ich das alles höre, wird mir schlecht.“ Er schob seine Pizza beiseite, nahm die Cola, trank die Dose leer und wischte sich den Mund mit dem Handrücken. „Okay, da gibt es eine Menge Unterschiede, aber könnte Jeffreys nicht seine Vorgehensweise verändert haben? Sogar der Missbrauch, könnte man das nicht als ... ich weiß nicht ... als Eskalation betrachten?“

„Ja, könnte man. Aber denken Sie an die Reihenfolge: Harper, Wilson, Paltrow. Es wäre sehr ungewöhnlich, wenn der Mörder seine Vorgehensweise verändert, eskalieren lässt, um dann wieder auf die ursprüngliche zurückzukommen. Er benutzt ein Messer mit einer schmalen Klinge, vielleicht ein Filetiermesser, dann wechselt er zu einem Jagdmesser, und dann nimmt er wieder das Filetiermesser? Die Morde sind im Stil unterschiedlich. Der Harper- und Paltrow-Mord sind sehr sorgfältig im Detail ausgeführt. Beide Jungen wurden von jemand umgebracht, der sich Zeit ließ, und es genießt, Schmerz zu bereiten. Dem Mord an Danny Alverez sehr ähnlich. Der Mord an Bobby Wilson jedoch wirkt, als wäre er in der Hitze des Augenblicks geschehen, zu emotionsgeladen und zu leidenschaftlich, um auf Details zu achten.“

„Wissen Sie, ich hatte immer das Gefühl, das alles war viel zu einfach damals“, sagte Nick müde. „Ich habe mich gefragt, ob mein Dad bei dem ganzen Medienzirkus nicht was übersehen hat.“

„Was meinen Sie damit?"

„Nun ja, man hört von Dingen, die in der Aufregung verloren gehen, weil man auf eine Verurteilung drängt. Mein Dad steht gern im Mittelpunkt. In dem Jahr, als ich als Quarterback für die UNL zu spielen begann, kam er bei jedem Spiel zu mir in die Garderung. Er bestand darauf. Meine Mom sagte, er täte das, weil er so stolz auf mich sei. Aber er begrüßte immer erst die Kamerateams, ehe er mich überhaupt zur Kenntnis nahm."

Maggie lauschte geduldig und wartete ab, als er schwieg. Nick und sein Vater hatten offenbar eine komplizierte Beziehung. Anscheinend sprach er nicht gern darüber, doch sie hatte das deutliche Gefühl, dass er ihr etwas Wichtiges zu sagen versuchte, das den Fall Jeffreys betraf. Glaubte Nick wirklich, sein Vater habe den Fall manipuliert?

Schließlich sah er sie an, als hätte er ihre Gedanken gelesen.

„Verstehen Sie mich nicht falsch. Ich sage nicht, dass mein Dad einen Fall manipulieren würde. Er ist ein sehr respektierter Mann, seit vielen Jahren. Ich weiß auch, dass ich meine Wahl zum größten Teil dem Umstand verdanke, dass ich Antonio Morrellis Sohn bin. Ich sage nur, dass mir alles ein bisschen zu glatt ging damals, als mein Dad Jeffreys fing. An einem Tag kam ein anonymer Hinweis, und am nächsten plappert Jeffreys bereits sein Geständnis aus."

„Was war das für ein anonymer Hinweis?"

„Ich glaube, es war ein Telefonanruf. Ich weiß nicht mehr genau. Damals lebte ich nicht mehr hier. Ich lehrte bereits an der UNL, deshalb sind meine Kenntnisse über den Fall aus zweiter Hand. Steht denn nichts in den Berichten?"

Maggie suchte in verschiedenen Akten. Sie hatte die meisten gelesen und konnte sich nicht erinnern, dass irgendwo ein Telefonanruf erwähnt worden war. Aber sie hatte auch keine Telefonauflistungen gesehen, nicht mal von einer Hotline.

„Ich habe nichts über einen anonymen Tipp gelesen", sagte sie und reichte ihm die Akte mit der Aufschrift: „Jeffreys' Verhaftung". „An was erinnern Sie sich?"

Er schien verwirrt. Sie war jedoch sicher, dass er nicht an seinem Erinnerungsvermögen zweifelte, sondern an seinem Vater. Sie beobachtete, wie er die Berichte mit der Unterschrift Antonio Morrelli überflog.

„Die Berichte Ihres Vaters sind sehr detailliert, besonders der über die Verhaftung. Er schließt sogar das Beweisstück ein, das sie im Kofferraum von Jeffreys Chevy Impala gefunden haben." Sie überflog ihre eigenen Notizen und las die Liste. „Sie fanden eine Rolle Klebeband, ein Jagdmesser, einen Strick ... Moment mal."

Sie hielt inne, um sich zu vergewissern, dass sie die Liste richtig abgeschrieben hatte. „Eine Knabenunterhose, die später identifiziert wurde als die von ..." Sie sah zu Nick, der in der Liste des Berichtes dieselbe Stelle gefunden hatte und dasselbe las wie sie. Sie sahen sich an und hatten denselben Gedanken.

Sie fuhr fort: „Eine Knabenunterhose, die später identifiziert wurde als die von Eric Paltrow."

Maggie blätterte den Bericht des Gerichtsmediziners durch, um sich zu vergewissern, dass sie sich nicht irrte, obwohl sie schon wusste, was sie finden würde.

„Eric Paltrows Leiche wurde mit einer Unterhose bekleidet gefunden."

Nick schüttelte ungläubig den Kopf.

„Ich wette, sogar Jeffreys war verblüfft, wie viel Zeugs man in seinem Kofferraum gefunden hat."

Sie sahen sich an, und keiner mochte laut sagen, worauf sie soeben gestoßen waren. Ronald Jeffreys waren zwei Morde angehängt worden, die er nicht begangen hatte. Und es bestand eine große Chance, dass die Manipulation der Beweise von jemand aus der Abteilung des Sheriffs begangen worden war.

29. KAPITEL

Dienstag, 28. Oktober

Der Tag war nicht gut gelaufen, und Nick machte die zwei Stunden Schlaf in seinem Bürosessel dafür verantwortlich. Maggie war um drei Uhr früh in ihr Hotel gegangen, um sich auszuruhen, zu duschen und sich umzuziehen. Anstatt die fünf Meilen zu seinem Haus auf dem Land zu fahren, war er an seinem Schreibtisch eingeschlafen. Den ganzen Tag hatten Nacken und Rücken ihn erinnert, dass er nur noch vier Jahre von seinem vierzigsten Geburtstag entfernt war.

Sein Körper war zweifellos nicht mehr das, was er einmal gewesen war, doch die Besorgnis, seine Potenz zu verlieren, hatte sich dank Agentin O'Dell wieder gelegt. Das Berühren ihrer Lippen gestern Abend, der Ausdruck in ihren Augen, das elektrisierende Prickeln ... na ja, er war dankbar gewesen, dass die Gefängnisdusche nur kaltes Wasser lieferte. Schließlich hatte sogar er Prinzipien, was verheiratete Frauen anging. Leider drängte ihn sein Körper, sie zu brechen.

Da sein Vorrat an frischer Kleidung im Büro in den letzten Tagen aufgebraucht worden war, hatte er auf die braune Uniform zurückgegriffen, ohnehin die angemessene Bekleidung für die morgendliche Pressekonferenz. Nicht dass es ihm etwas genützt hätte. Die Presseleute hatten sich rasch in einen Lynchmob verwandelt, zumal nach Christines morgendlicher Schlagzeile: BÜRO DES SHERIFFS IGNORIERT SPUREN IM FALL ALVEREZ.

Er war davon ausgegangen, dass Eddie sich schon nach dem ersten Anruf überzeugt hatte, wo diese Mrs. Krichek lebte. Warum

153

zum Kuckuck hatte er nicht gemerkt, dass die alte Dame einen ungehinderten Blick auf den Parkplatz hatte, wo Danny entführt worden war? Er hätte Eddie am liebsten erwürgt oder ihn den Medien als Sündenbock präsentiert. Stattdessen hatte er ihm nur unter vier Augen eine Standpauke gehalten und ihm einen Verweis erteilt.

Im Moment brauchte er jeden Mann. Er musste Ruhe bewahren, auch wenn das angesichts der heiklen Fragen auf der Pressekonferenz schwierig gewesen war. Aber Maggie O'Dell hatte mit ihrer gelassenen Autorität die Lage gerettet. Sie hatte die Medien aufgefordert, bei der Suche nach dem mysteriösen blauen Lieferwagen zu helfen. Sie hatte sie in die Jagd nach dem Täter einbezogen, anstatt sie nach Fehlern in der Abteilung des Sheriffs jagen zu lassen. Er begann sich zu fragen, was er ohne sie anstellen würde, und hoffte, das nicht so bald herausfinden zu müssen.

Er bog in Christines Straße ein, als die Sonne gerade durch eine Wolkenlücke brach und dann langsam hinter einer Baumreihe versank. Es war kälter geworden, und der beißende Wind verriet, dass die Temperaturen weiter sanken.

Maggie hatte auf der gesamten Fahrt still neben ihm gesessen, die Nase in der Alverez-Akte, Tatortfotos und ihre eigenen Polaroid-Aufnahmen auf ihrem Schoß verteilt. Sie war besessen davon, ihr Profil zu erstellen, als könnte das Matthew Tanner retten. Nachdem sie am Nachmittag jedoch widersprüchliche Spuren verfolgt und zweifelhafte Zeugenaussagen überprüft hatten, fürchtete Nick, es war zu spät. Seit Matthews Verschwinden arbeiteten hundertfünfundsiebzig Deputys, Polizeibeamte und unabhängige Ermittler an dem Fall. Und nicht die kleinste Spur brachte sie einem Erfolg näher. Es sah tatsächlich so aus, als hätte jemand neben Matthew gehalten, und der Junge sei bereitwillig eingestiegen, genau wie Sophie Krichek es bei Danny beschrieben hatte.

Wenn das stimmte, kannten die Jungen den Täter und vertrauten ihm. Nick hätte lieber geglaubt, die Jungs hätten sich in Luft aufgelöst, als sich einzugestehen, dass sie vielleicht von jemand aus der Stadt, jemand, den er kannte, getötet und verstümmelt worden waren.

Zerstreut bog er in die Zufahrt und trat so heftig auf die Bremse, dass die Fotos zu Boden fielen.

„Entschuldigung." Er schob den Schalthebel in Parkstellung, dabei glitt seine Hand an Maggies Schenkel entlang. Rasch zog er die Hand zurück und langte hinunter, um die Fotos aufzusammeln. Ihre Arme überkreuzten sich, und sie berührten sich mit den Köpfen. Er gab ihr die eingesammelten Fotos, und sie dankte ihm, ohne ihn anzusehen. Schon den ganzen Tag schlichen sie umeinander herum. Er war nicht sicher, ob aus Angst, einander zu nahe zu kommen, oder weil sie vermeiden wollten, über ihre Entdeckung im Fall Jeffreys zu reden.

Als sie Christines Haustür erreichten und ausstiegen, klingelte Maggies Handy.

„Agentin O'Dell."

Christine forderte sie mit einer Geste auf hereinzukommen. „Ich war mir fast sicher, dass du absagen würdest", flüsterte sie Nick zu und führte ihn ins Wohnzimmer, während sie Maggie im Eingangsflur ihr Gespräch führen ließ.

„Wegen des Artikels?"

Sie wirkte überrascht, als hätte sie an den Artikel nicht einmal gedacht. „Nein, weil du überlastet bist. Du bist doch nicht sauer wegen des Artikels, oder?"

„Die Krichek ist leicht verrückt. Ich bezweifle, dass sie überhaupt was gesehen hat."

„Sie ist überzeugend, Nicky. Die alte Dame ist kein bisschen verrückt. Du solltest nach einem alten blauen Lieferwagen suchen lassen."

Nick beobachtete Maggie, die hin und her ging, und wünschte, ihre Unterhaltung mithören zu können. Plötzlich erfüllte sich sein Wunsch, als ihre ärgerliche Stimme in den Wohnraum schallte.

„Fahr zur Hölle, Greg!" Sie klappte das Telefon zu und steckte es in die Tasche. Es begann wieder zu läuten.

Christine sah Nick fragend an. „Wer ist Greg?" flüsterte sie.

„Ihr Mann."

„Ich wusste nicht, dass sie verheiratet ist."

„Warum sollte sie es nicht sein?" gab er kurz angebunden zurück und bedauerte seine Überreaktion, als er seine Schwester lächeln sah.

„Kein Wunder, dass du dich von deiner besten Seite zeigst."

„Was zum Teufel soll das denn heißen?"

„Für den Fall, dass du es nicht bemerkt haben solltest, sie ist hinreißend, kleiner Bruder."

„Sie ist FBI-Agentin! Das ist rein beruflich, Christine."

„Seit wann hält dich das ab? Erinnerst du dich noch an die niedliche kleine Staatsanwältin aus dem Büro der Bundesanwaltschaft? Sollte das nicht auch rein beruflich sein?"

„Sie war nicht verheiratet." Zumindest lebte sie in Scheidung, wenn er sich recht entsann.

Maggie kam mit kummervoller Miene herein. „Tut mir Leid", sagte sie und lehnte sich an den Türrahmen. „In letzter Zeit hat mein Mann die ärgerliche Neigung, mich auf die Palme zu bringen."

„Deshalb habe ich meinen abserviert", erwiderte Christine lächelnd. „Nicky, hol Maggie ein Glas Wein. Ich muss mich um das Dinner kümmern." Im Vorbeigehen gab sie Maggie einen Klaps auf die Schulter.

Wein und Gläser standen vor ihm auf dem Kaffeetisch. Er schenkte Maggie ein Glas ein und beobachtete sie aus den Augenwinkeln. Sie ging umher, wie um Christines Dekorationskünste zu würdigen, war jedoch zerstreut. Am Fenster blieb sie stehen und sah in den Garten hinaus. Nick kam mit zwei gefüllten Gläsern zu ihr und erschreckte sie.

„Alles okay?" Er reichte ihr den Wein und hoffte auf einen Blick in ihre Augen.

„Waren Sie jemals verheiratet, Nick?" Sie nahm ihm das Glas ab, ohne ihn anzusehen, plötzlich an den Schatten interessiert, die Christines Garten verdunkelten.

„Nein, ich habe mir Mühe gegeben, es zu vermeiden."

Schweigend standen sie nebeneinander. Als sie das Glas hob und einen Schluck trank, berührte sie mit dem Ellbogen seinen Arm. Nick hielt still und genoss den sachten Kontakt. Er wartete ab und hoffte zu hören, dass ihre Ehe zerbrach. Sofort hatte er Schuldgefühle. Wie um seine Gedanken zu rechtfertigen, sagte er: „Mir ist aufgefallen, dass Sie keinen Ehering tragen."

Sie hob die Hand, als müsse sie sich vergewissern, und steckte sie in die Tasche. „Der liegt auf dem Grund des Charles River."

„Wie bitte?" Ohne Blickkontakt konnte er nicht entscheiden, ob sie scherzte.

„Vor etwa einem Jahr zogen wir einen Treiber aus dem Wasser."

„Einen was?"

„Eine Leiche, die schon eine Weile im Wasser treibt. Das Wasser war sehr kalt. Mein Ring muss abgerutscht sein."

Sie schaute weiter geradeaus, und er folgte ihrer Blickrichtung. Da es dunkler wurde, sah er ihr Spiegelbild in der Fensterscheibe. Sie dachte immer noch an das Gespräch mit ihrem Mann. Er fragte sich, wie er war, der Mann, der irgendwann das Herz von Maggie

157

O'Dell erobert hatte. Er fragte sich, ob Greg vielleicht ein intellektueller Snob war. Jede Wette, der sah sich nicht mal Football an, geschweige denn die Packers.

„Sie haben ihn nicht ersetzt?"

„Nein. Vielleicht hatte ich mir unbewusst längst eingestanden, dass er lange bevor er auf dem Grund des Flusses landete, als Symbol wertlos geworden war."

„Onkel Nick", wurden sie von Timmy unterbrochen, der quer durch den Raum lief und sich Nick in die Arme warf, ehe der sich ganz umdrehen konnte. Sofort spürte er die Folgen seines Sesselschlafs. Sein Rücken schrie, er solle den Jungen absetzen, doch er wirbelte ihn herum, dass die kleinen Beine den überall herumstehenden Schnickschnack herunterzufegen drohten.

„Jungs!" tadelte Christine von der Tür her. Und an Maggie gewandt: „Es ist, als hätte man zwei Kinder im Haus."

Er setzte Timmy ab, biss die Zähne zusammen und lächelte trotz der Schmerzen im Rücken, als er sich aufrichtete. Herrgott, wie er diese Erinnerungen ans Älterwerden hasste.

„Maggie, das ist mein Sohn Timmy. Timmy, das ist Spezialagentin Maggie O'Dell."

„Dann sind Sie FBI-Agent genau wie Agent Mulder und Agentin Scully aus *Akte X*?"

„Außer dass ich keine Aliens fange. Allerdings sind die Typen, die ich jage, auch ganz schön beängstigend."

Nick war stets erstaunt, welch lockernde Wirkung Kinder auf Frauen hatten. Er wünschte, den Trick zu beherrschen. Maggie strich sich lächelnd eine Strähne hinter das Ohr, ihre Augen strahlten, und die Miene war gelöst.

„Ich habe ein paar Poster von *Akte X* in meinem Zimmer. Möchten Sie sie sehen?"

„Timmy, wir wollen gleich essen."

„Haben wir noch Zeit?" fragte Maggie Christine.

Timmy wartete, dass seine Mom „sicher" sagte. Dann nahm er Maggie bei der Hand und führte sie den Flur hinunter.

Nick schwieg, bis sie außer Hörweite waren. „Schön zu sehen, dass er von seinem Meister lernt. Obwohl ich nie auf die Idee gekommen wäre zu fragen: ‚Darf ich Ihnen meine Akte-X-Poster zeigen'?"

Christine verdrehte die Augen und warf ein Küchentuch nach ihm. „Komm, hilf mir, und bring mir auch ein Glas Wein."

30. KAPITEL

Maggie gab nur ungern zu, dass sie nie *Akte X* sah. Ihr Lebensstil ließ wenig Zeit für Film und Fernsehen. Das schien Timmy jedoch nicht zu stören. Sobald sie in seinem Zimmer waren, zeigte er ihr eifrig seine Schätze: Modelle vom *Raumschiff Enterprise* bis zu seiner Fossiliensammlung, die seiner Ansicht nach auch einen Dinosaurierzahn enthielt.

Der kleine Raum war herrlich überladen. Am Bettpfosten hing ein Baseballhandschuh. Ein *Jurassic Park* Bettüberwurf bedeckte einen Knubbel, der vermutlich ein Pyjama im gleichen Dessin war. In einem Buchregal in der Ecke stützte ein altes Mikroskop Ausgaben von König Arthur, Galaxien und Sterne und die Sammlerenzyklopädie für Baseballkarten. Die Wände waren mit Postern der Akte X, der Nebraska Cornhuskers, Star Trek, Jurassic Park und Batman geschmückt.

Maggie nahm das alles auf wie eine Zwölfjährige, der man diesen Teil der Kindheit geraubt hatte.

Dann fiel ihr das Gespräch mit Greg wieder ein, und ihre Anspannung war nur schwer abzuschütteln. Er hatte ihr vorgeworfen, ihre Mutter zu vernachlässigen. Sie hatte ihn erinnert, dass sie diejenige mit einem Diplom in Psychologie war. Es hatte nichts genützt. Er war immer noch sauer, weil sie ihm aus seiner Sicht den Hochzeitstag verdorben hatte, und trug seinen Groll vor sich her wie ein siegreich erobertes Banner. Wie waren sie bloß an diesen Punkt gelangt?

Timmy nahm sie wieder bei der Hand und führte sie an die Kommode. Er deutete auf die leere Schale einer Hufeisenkrabbe.

„Mein Grandpa hat mir das aus Florida mitgebracht. Er und Grandma reisen viel. Sie dürfen es anfassen, wenn Sie möchten."

Als sie einen Finger über die glatte Schale gleiten ließ, bemerkte sie das Foto dahinter. Etwa zwei Dutzend Jungen standen in gleichen T-Shirts und Shorts in einem Kanu und auf dem Anleger daneben. Sie erkannte den Jungen im Bug des Kanus und beugte sich leicht vor, um sich zu vergewissern. Ihr Puls beschleunigte sich. Sie nahm das Foto auf, ohne die Krabbe zu berühren. Der Junge war Danny Alverez.

„Was ist das für ein Foto, Timmy?"

„Ach, das ist vom Zeltlager der Kirche. Meine Mom hat mich hingeschickt. Ich dachte, es würde mir die Sommerferien versauen, aber es hat Spaß gemacht."

„Ist der Junge da nicht Danny Alverez?" Sie deutete auf ihn, und Timmy sah hin.

„Ja, das ist er."

„Dann kanntest du ihn also?"

„Nicht richtig. Er war unten in den Rotkehlchenhütten. Ich war bei den Goldammern."

„Ist er nicht in deine Kirche gegangen?" Sie betrachtete die anderen Gesichter.

„Nein, ich glaube, er ging auf der Militärbasis zur Schule und zur Kirche. Möchten Sie meine Baseballkartensammlung sehen?"

Maggie wollte mehr über das Zeltlager erfahren. „Wie viele Jungen waren dabei?"

„Ich weiß nicht, 'ne Menge." Er stellte eine Holzkiste aufs Bett und begann Karten herauszunehmen. „Sie kamen aus verschiedenen Kirchengemeinden im ganzen Bezirk."

„Ist das Zeltlager nur für Jungs?"

„Nein, es gibt auch ein Mädchencamp, aber das liegt auf der anderen Seite vom See. Irgendwo hier drin habe ich eine von Darryl Strawberry." Er suchte in dem Stapel, den er auf dem Bett verteilt hatte.

Auf dem Foto gab es zwei Erwachsene. Einer war Ray Howard, der Küster von St. Margaret. Der andere war ein großer, gut aussehender Mann mit dunklem lockigen Haar und jungenhaftem Gesicht. Er und Howard trugen graue T-Shirts mit dem Schriftzug St. Margaret.

„Timmy, wer ist der Typ da auf dem Foto?"

„Ach, das ist Pater Keller. Der ist echt cool. Ich bin dieses Jahr Messdiener bei ihm. Es darf nicht jeder Messdiener bei ihm sein. Er ist echt wählerisch."

„Inwiefern?" Sie achtete darauf, interessiert und nicht etwa besorgt zu klingen.

„Ich weiß nicht. Er will sicher sein, dass sie zuverlässig sind und so. Er behandelt uns besonders und belohnt uns, wenn wir gut waren."

„Inwiefern behandelt er euch besonders?"

„Diesen Donnerstag und Freitag geht er mit uns zum Camping. Manchmal spielt er mit uns Fußball. Und er tauscht Baseballkarten mit uns. Ich habe mal einen Bob Gibson für einen Joe DiMaggio getauscht."

Sie wollte das Foto zurückstellen, als ein weiteres Gesicht ihre Aufmerksamkeit erregte. Diesmal hätte sie den Rahmen fast fallen lassen. Ihr Herz begann zu hämmern. Auf dem Anleger, teils von einem größeren Jungen verdeckt, lugte das kleine, sommersprossige Gesicht von Matthew Tanner hervor.

„Timmy, könnte ich mir das Foto für einige Tage von dir ausleihen? Ich verspreche, ich bringe es zurück."

„Okay. Tragen Sie eine Waffe?"

„Ja, das tue ich." Sie bemühte sich, ruhig zu sprechen. Während sie das Foto aus dem Rahmen löste, bemerkte sie jedoch ein leichtes Zittern der Hände, Folge von zu viel Adrenalin im Blut.

„Tragen Sie jetzt auch eine?"

„Ja, allerdings."

„Kann ich sie sehen?"

„Timmy", unterbrach Christine sie, „es ist Zeit fürs Dinner. Du musst dir die Hände waschen." Sie hielt ihm die Tür auf, und als er an ihr vorbeiging, versetzte sie ihm einen Klaps mit dem Küchentuch.

Maggie schob das Foto in ihre Jackentasche, ohne dass Christine es merkte.

31. KAPITEL

Nach dem Dinner bestand Nick darauf, dass er und Timmy den Abwasch machten. Christine war klar, dass er das nur wegen Maggie tat, doch sie nutzte die Großzügigkeit ihres Bruders.

Die beiden Frauen zogen sich in den Wohnraum zurück, wo sie die Gespräche über Football nur gedämpft hörten. Christine stellte Kaffeetassen auf den Glastisch und wünschte, Maggie würde sich entspannt hinsetzen und eine Weile nicht Agentin O'Dell sein. Während des Essens war sie unruhig gewesen, und nun ging sie hin und her. Sie schien vor Energie zu platzen und wirkte zugleich erschöpft. Die Rötung der Augen wurde durch das Make-up nur ungenügend verborgen.

„Kommen Sie, setzen Sie sich", sagte Christine schließlich und klopfte auf den Platz neben sich auf dem Sofa. „Ich dachte immer, ich könnte nicht stillsitzen, aber Sie schlagen mich um Längen."

„Tut mir Leid. Vielleicht habe ich zu viel Zeit mit Mördern und Leichen verbracht. Meine Manieren scheinen gelitten zu haben."

„Unfug. Sie haben nur zu viel Zeit mit Nicky verbracht."

Maggie lächelte. „Das Essen war köstlich. Es ist schon eine Weile her, dass ich Selbstgekochtes gegessen habe."

„Danke, aber ich habe jede Menge Übung. Ich war Hausfrau und Mutter, bis mein Mann entdeckte, dass er dreiundzwanzigjährige Empfangssekretärinnen mag." Christine merkte sofort, dass Maggie dieses private Geständnis unbehaglich war. Sie hatte jedoch nicht vorgehabt, eine Beichtstunde unter Mädels einzuläuten.

Maggie setzte sich und wählte den Liegesessel anstelle des Sofas, was keinem Mangel an Manieren, sondern dem Wunsch nach Distanz entsprang. Christine erkannte und respektierte das. Sie verhielt sich selbst nicht anders. Seit Bruce fort war, hielt sie sich ihre Mitmenschen auf Abstand, mit Ausnahme ihres Sohnes.

„Wie lange bleiben Sie in Platte City?"

„So lange wie nötig."

Kein Wunder, dass sie Eheprobleme hatte. Als könnte sie Gedanken lesen, fügte Maggie hinzu: „Ein Täterprofil zu erstellen, erfordert leider Zeit. Dabei hilft es einem, wenn man in der Umgebung des Täters ist."

„Ich habe mich ein wenig über Sie erkundigt. Das stört Sie hoffentlich nicht. Sie haben einen beeindruckenden Werdegang – ein Vordiplom in Kriminalpsychologie und Medizin, ein Diplom in Verhaltenspsychologie, eine Assistenzzeit in der Forensik in Quantico. Acht Jahre beim FBI, und Sie sind schon ein Top-Profiler für Serientäter. Wenn ich richtig gerechnet habe, sind Sie erst zweiunddreißig. Es muss ein schönes Gefühl sein, so früh so viel erreicht zu haben."

Sie hatte erwartet, dass das Lob Maggie vielleicht verlegen machte. Stattdessen blickte sie sorgenvoll ins Leere. Aus ihren Nachforschungen wusste Christine auch von den Psychopathen, die Maggie hinter Gitter gebracht hatte. Vielleicht war ihr Erfolg teuer bezahlt worden.

„Wahrscheinlich sollte es ein gutes Gefühl sein", erwiderte sie schließlich.

Christine wartete vergeblich auf weitere Erklärungen. „Nicky wird es nie zugeben, aber ich weiß, wie dankbar er ist, dass Sie hier sind. Das ist alles Neuland für ihn. Ich bin sicher, mit so etwas hat er nicht gerechnet, als mein Dad ihn überredete, sich als Sheriff zu bewerben."

„Ihr Vater hat ihn dazu überredet?"

„Dad wollte sich zurückziehen. Er war sehr lange Sheriff. Ich glaube, er wollte unbedingt wieder einen Morrelli auf dem Posten sehen."

„Und was war mit Nick?"

„Er unterrichtete Jura an der Uni. Ich glaube, das gefiel ihm." Christine verstummte. Da sie die Komplexität der Beziehung zwischen ihrem Vater und Nick selbst nicht verstand, war es fast unmöglich, sie einem Außenstehenden zu erklären.

„Ihr Vater muss ein bemerkenswerter Mann sein", stellte Maggie fest.

„Wie kommen Sie darauf?" Christine beobachtete sie und fragte sich, was Nick ihr erzählt hatte.

„Zum einen hat er Ronald Jeffreys praktisch allein gefangen."

„Ja, er war ein ziemlicher Held."

„Außerdem scheint er eine Menge Einfluss auf Nicks Entscheidungen zu haben."

Sie wusste offenbar einiges. Christine fühlte sich unbehaglich. Sie schenkte sich Kaffee ein und ließ sich Zeit, Milch nachzufüllen.

„Ich glaube, unser Dad wollte nur, dass Nick alle Chancen bekam, die er nie hatte. Er sollte tun können, was er nicht konnte."

„Was ist mit Ihnen?"

„Wie meinen Sie das?"

„Wünschte er sich dieselben Chancen denn nicht auch für Sie?"

Christine musste zugeben, dass die Frau gut war. Sie saß in ihrem Liegesessel, trank Kaffee und analysierte sie in aller Ruhe.

„Ich liebe meinen Dad, aber mir ist auch klar, dass er ein Chauvinist ist. Nein, was ich auch tat, war okay für ihn. Ich war ein Mädchen. Wenn ich etwas Außergewöhnliches leistete, beeindruckte es ihn. Nicky hingegen hatte es schwerer. Es ist ein wenig ... kompliziert. Nick musste sich ständig beweisen, ob er wollte oder nicht. Vermutlich ist das der Grund, warum er manchmal so sauer auf mich ist."

„Nein, gewöhnlich wegen deiner großen Klappe." Nicks Bemerkung von der Tür ließ sie hochfahren. Timmy stand lächelnd neben seinem Onkel, als dürfe er an etwas Verbotenem teilnehmen.

Das Telefon läutete und ersparte Christine, ihn zu tadeln. Sie sprang auf, stieß fast ihren Kaffee um und eilte durch den Raum zum Apparat.

„Hallo?"

„Christine? Hier ist Hal. Tut mir Leid, dich zu stören. Ist Nick noch da?" Die Verbindung knackte. Sie hörte ein Brummen, einen Motor. Er war in seinem Wagen.

„Ja. Genau genommen rettest du mich gerade." Sie sah zu Nick und streckte ihm die Zunge heraus. Timmy kicherte, und Nick ärgerte sich.

„Es ist immer schön, jemand zu retten." Das Knacken in der Leitung konnte nicht verbergen, wie angespannt er klang.

„Hal, alles in Ordnung? Was ist los?"

„Könnte ich bitte mit Nick sprechen?"

Ehe sie etwas sagen konnte, war Nick neben ihr und griff nach dem Hörer. Sie übergab ihn, blieb jedoch am Schreibtisch stehen, bis Nick ihr einen strafenden Blick zuwarf.

„Hal, was ist los?" Den Rücken zu den anderen, hörte er zu. „Niemand soll irgendetwas anrühren!" Seine eindringliche Anweisung verriet Panik.

Maggie reagierte sofort und sprang auf. Christine packte Timmy bei den Schultern.

„Timmy, geh und zieh dich aus, du musst ins Bett."

„Ach Mom! Es ist noch so früh!"

„Timmy, bitte!" Die Panik ihres Bruders war ansteckend. Timmy verzog sich murrend.

„Ich meine es ernst, Hal." Seine Verärgerung sollte nur seinen Schock überspielen. Christine ließ sich nicht narren, sie kannte Nick zu gut. „Sperr das Gebiet ab, und lass niemand etwas anrühren. Agentin O'Dell ist hier bei mir. Wir sind in fünfzehn, zwanzig Minuten dort." Sobald er auflegte und sich umdrehte, sah er Maggie an.

„Mein Gott. Sie haben Matthews Leiche gefunden, nicht wahr?" stellte Christine das Offenkundige fest.

„Christine, ich schwöre, wenn du nur ein Wort veröffentlichst ..." Sein Schock drohte in Wut umzuschlagen.

„Die Bevölkerung hat ein Recht, es zu erfahren!"

„Nicht vor seiner Mutter. Hättest du ihr zuliebe bitte den Anstand zu warten, bis sie informiert ist?"

„Unter einer Bedingung."

„Herrgott, Christine, du solltest dich selbst hören!" schimpfte er, dass sie unwillkürlich einen Schritt zurückwich.

„Versprich mir, dass du mich anrufst, wenn ich weitermachen kann. Ist das zu viel verlangt?" Da er angewidert den Kopf schüttelte, warf sie einen Seitenblick zu Maggie, die an der Tür wartete, um nicht zwischen die Fronten zu geraten. „Komm schon, Nicky. Du willst doch nicht, dass ich auf Michelle Tanners Veranda kampiere, oder?" Sie lächelte, um ihn wissen zu lassen, dass es ein Scherz war.

„Wage ja nicht, mit jemand darüber zu sprechen oder etwas zu veröffentlichen, ehe du von mir hörst! Und halte dich von Michelle Tanner fern!" Er wedelte ihr zornig mit dem Finger vor dem Gesicht herum und stürmte hinaus.

Christine wartete, bis die Rücklichter des Jeeps um die Straßenecke verschwanden. Dann schnappte sie sich das Telefon und drückte die Wahlwiederholung. Es läutete nur einmal.

„Deputy Langston."

„Hal, hallo, hier ist Christine." Bevor er etwas fragen konnte, fuhr sie rasch fort: „Nicky und Maggie sind gerade abgefahren. Nicky bat mich zu versuchen, George Tillie aufzuwecken. Du weißt, der alte George würde den dritten Weltkrieg verschlafen."

„Ja?" Das eine Wort war mit Argwohn gewürzt.

„Ich kann mich nicht mehr erinnern, wohin genau ich George schicken soll.

Schweigen. Verdammt, er traute ihr nicht!

Sie unternahm einen Vorstoß. „Es ist an der Old Church Road ..."

„Richtig." Er klang erleichtert. „Sag George, eine Meile nach dem Schild ‚State Park'. Er kann den Wagen auf Ron Woodsons

Weide oben auf dem Hügel abstellen. Dann sieht er die Scheinwerfer unten im Wald. Wir sind nah am Fluss."

„Danke, Hal. Ich weiß, es klingt gefühllos und es ist wohl unwahrscheinlich. Aber ich hoffe für Michelle, dass es irgendein Streuner ist und nicht Matthew."

„Ich weiß, was du meinst. Aber es gibt keinen Zweifel. Es ist Matthew. Ich muss los. Sag George, er soll vorsichtig gehen, wenn er hier runterkommt."

Sie wartete auf das Klicken und wählte Taylor Corbys Privatnummer.

32. KAPITEL

Leichter Schneefall glitzerte im Scheinwerferlicht des Jeeps. Sie parkten auf einer Anhöhe am Fluss. Grelle Scheinwerfer beleuchteten das Gehölz unter ihnen und schufen unheimliche Schatten, Geister mit dürren, im Wind schwankenden Armen.

Maggie fühlte sich an eine ähnliche Nacht vor Jahren erinnert, als sie in den dunklen Wäldern von Vermont einen Killer gejagt hatten. Sie dachte flüchtig, dass ihre Erinnerung hauptsächlich mit Horrorgeschichten gefüllt war, wo andere Weihnachts- oder Familienfeiern speicherten.

In den letzten Stunden war die Temperatur gefallen. Die beißende Kälte drang wie kleine Nadeln durch ihr Wolljackett. Sie hatte nicht daran gedacht, einen Mantel einzupacken. Auch Nick Morrelli fröstelte in seiner Jeansjacke. Schneeflocken ließen sich auf ihren Wimpern, dem Haar und der Kleidung nieder und fügten der beißenden Kälte noch Feuchtigkeit hinzu. Damit nicht genug, mussten sie auch noch ein gutes Stück zu Fuß gehen. Da die Spuren am letzten Fundort vom vielen Herumrennen unbrauchbar geworden waren, kompensierte Nick Morrelli es diesmal damit, dass

168

er seine Beamten das Gebiet zu großräumig absperren ließ und seine Leute wie Militärposten dort aufstellte.

Das Unterholz war dicht, als wateten sie durch knietiefes Wasser. Der Matsch gefror allmählich und war mit einem knisternden Film überzogen. Zwischen den Bäumen hindurch wand sich ein schmaler Pfad. Nick ging voran und brach Äste und Zweige ab. Was seinem Zugriff entwischte, schlug Maggie ins Gesicht. Doch irgendwann spürte sie das Pieksen nicht mehr, da ihre Haut taub wurde.

Baumwurzeln ragten aus der Erde und brachten sie ein Mal zum Straucheln. Der letzte Abstieg zum Flussufer war steil, so dass sie sich an Ästen, Baumwurzeln und Rankpflanzen festhalten mussten. Es war genügend Schnee gefallen, um das unebene Gelände mit einer glatten Decke zu überziehen. Nick glitt aus, verlor das Gleichgewicht und landete hart auf dem Hinterteil. Er rappelte sich hoch, mehr verlegen als verletzt, und winkte ihre helfende Hand fort.

Der Pfad endete am Flussufer, wo hohes Gras Gehölz vom Wasser trennte. Hal kam ihnen entgegen. Maggie bemerkte, dass seine gewöhnlich rosige Haut kränklich weiß geworden war. Seine Augen waren wässerig, die Haltung wirkte deprimiert. Sie hatte oft erlebt, wie die Ermordung eines Kindes Männer zu sprachlosen Hüllen machte. Er ging ihnen voran, während Nick ihn mit Fragen bombardierte und als Antwort nur ein Nicken erhielt.

„Bob Weston schickt ein forensisches Team vom FBI, das Beweismittel sammelt. Sonst kommt niemand durch die Absperrung. Niemand! Hast du das verstanden, Hal?"

Hal blieb plötzlich stehen und wies nach vorn. Zuerst sah Maggie nichts. Bis auf zwei Dutzend im Gehölz verteilte Beamte war es friedlich und still. Das Pfeifen eines Zuges in der Ferne durchschnitt die Nacht. Schneeflocken tanzten wie Motten im

169

grellen Licht der großen Scheinwerfer. Dann sah sie den kleinen weißen Körper mit einer Halskette aus Blut im schneebedeckten Gras. Seine Brust war sehr schmal, und ein zackiges X war vom Hals bis zur Taille eingeschnitten. Seine Arme lagen an den Seiten, die Hände waren geballt. Eine Fesselung war nicht nötig gewesen, der Junge war viel zu klein, um für den Täter eine Bedrohung zu sein.

Sie ließ die Männer stehen und näherte sich langsam und ehrfürchtig. Ja, der Körper war sauber gewaschen. Sie kniete sich neben ihn und wischte ihm sorgfältig den Schnee von der Stirn. Ohne sich vorzubeugen, sah sie Flecken einer öligen Substanz auf den blauen Lippen und zwischen dem X in Höhe seines Herzens.

Er wirkte so zart, so schutzlos. Sie wollte ihn bedecken und vor dem Schnee schützen, der auf seiner grauen Haut glitzerte und die hässlichen blutroten Schnitte und klaffenden Wunden bedeckte.

Er lag schon eine Weile hier draußen. Auch die plötzliche Kälte konnte den Geruch nicht überdecken. Sie bemerkte kleine punktuelle Wunden an der Innenseite seines linken Schenkels. Sie waren tief, ohne zu bluten. Offenbar waren sie dem Jungen nach dem Tod zugefügt worden. Vielleicht ein Tier, dachte sie und zog eine kleine Taschenlampe heraus. Die Abdrücke stammten eindeutig von Zähnen, aber von menschlichen Zähnen, wie sie jetzt erkannte. Sie überlappten sich, als hätte jemand im Wahnsinn mehrfach zugebissen oder auch ganz bewusst, um die Abdrücke zu verwischen. Sie waren nah an den Hoden, am Penis konnte sie jedoch keine Verletzungen feststellen.

Das war neu. Der Täter fügte seiner Vorgehensweise eine Variante hinzu. Er wurde sorglos und schlug in kürzeren Abständen zu. Er hatte den Jungen erst vor zwei Tagen entführt. Vielleicht machten ihn die Medienberichte nervös. Etwas war hier anders, etwas stimmte nicht.

Sie setzte sich auf die Hacken. Ihr war ein wenig schwindelig und übel. Eigentlich wurde ihr an Tatorten nicht mehr schlecht. Als sie vor Jahren aufgehört hatte, sich beim Anblick und beim Geruch von Leichen zu übergeben, hatte sie das als eine Art Reifeprüfung empfunden. Hatte Albert Stucky ihren inneren Abwehrpanzer durchdrungen? Hatte seine Brutalität sie wieder menschlich gemacht, sie gelehrt, wieder zu fühlen?

Sie wollte sich aufrichten, als sie es bemerkte. Zwischen den kleinen Fingern des Jungen steckte ein abgerissenes Stück Papier. Matthew Tanner hatte etwas sehr fest in seiner kleinen Faust gehalten. Sie blickte über die Schulter. Nick und Hal standen dort, wo sie sie zurückgelassen hatte. Den Rücken zu ihr, beobachteten sie fünf Leute in FBI-Windjacken den Abhang herunterkommen.

Vorsichtig bog sie die in Leichenstarre harten Finger auf und löste das Papierstück. Es war dicker als üblich und lediglich eine Ecke. Sie erkannte es sofort. Vor einer Stunde hatte sie Dutzende davon auf Timmy Hamiltons Bett ausgebreitet gesehen. In Matthew Tanners Faust steckte die Ecke einer Baseballkarte, und Maggie war ziemlich sicher, dass sie wusste, wem sie gehörte.

33. KAPITEL

Das forensische Team arbeitete schnell, da ein neuer Feind drohte. Der Schnee fiel heftig, in großen feuchten Flocken, bedeckte Blätter und Zweige, klebte am Gras und begrub wertvolle Spuren.

Maggie und Nick hatten sich in den Schatten der Bäume zurückgezogen, um etwas vor dem gnadenlosen Wind geschützt zu sein. Sie konnte nicht glauben, wie kalt es geworden war, und schob die Hände tief in die Jackentaschen, bemüht, das Foto nicht zu knicken, das sie von Timmy ausgeborgt hatte. Schweigend wartete sie mit Nick, dass Hal mit einer Decke, zusätzlichen Jacken oder sonst etwas Wärmendem zurückkam. Sie standen so nah beieinander, dass Nick sie mit der Schulter berührte. Sie spürte seinen Atem im Nacken, beruhigt, dass sie trotz der Betäubung noch etwas fühlte.

„Vielleicht sollten wir einfach zurückfahren." Es war so kalt, dass sein Atem beim Sprechen kondensierte. „Wir können hier nichts mehr tun." Nick rieb sich die Arme und verlagerte das Gewicht von einem Fuß auf den anderen.

„Möchten Sie, dass ich Sie zu Michelle Tanner begleite?" Sie schlug den Jackenkragen hoch. Es nützte nichts. Die Kälte hatte jeden Zentimeter ihres Körpers durchdrungen.

„Sagen Sie's mir, wenn Sie es für Drückebergerei halten ..." Er zögerte, um seine Gedanken zu ordnen. „Aber ich möchte sie erst morgen früh aufsuchen. Zum einen will ich sie nicht mitten in der Nacht wecken, sie hat wahrscheinlich seit Sonntag nicht geschlafen. Zum anderen dauert es vermutlich noch eine Weile, bis man den Leichnam in die Leichenhalle schafft. Und gleichgültig, wie schmerzlich es sein wird, sie wird ihn sehen wollen. Laura Alverez hat darauf bestanden, Danny zu identifizieren. Sie wollte mir nicht glauben, bis sie den Toten selbst sah." Seine Augen tränten vom kalten Wind und von der Erinnerung. Er wischte sich mit einem Ärmel das Gesicht.

„Es ist keine Drückebergerei, es ist vernünftig. Am Morgen hat sie vielleicht auch Menschen um sich, die sie trösten können. Sie haben Recht, ehe die hier fertig sind, ist es Morgen."

„Ich sage den Leuten, dass wir abfahren."

Er wollte auf das forensische Team zugehen, als Maggie etwas entdeckte und ihn am Arm festhielt. Etwa fünf Meter hinter Nick waren ein paar Fußabdrücke. Frische Abdrücke nackter Füße im Schnee.

„Nick, warten Sie!" flüsterte sie mit Herzklopfen. „Er ist hier!" Warum hatte sie nicht früher daran gedacht? Es ergab durchaus Sinn.

„Wovon reden Sie?"

„Der Killer. Er ist hier!" Sie hielt seinen Arm fest und grub die Nägel in den Jeansstoff, um ihn am Gehen zu hindern. Sie ließ den Blick über die Umgebung schweifen, ohne den Körper zu drehen, damit der Täter nicht merkte, dass er entdeckt worden war. Sie ahnte, dass er sie beobachtete.

„Sehen Sie ihn?"

„Nein, aber er ist hier." Sie sah sich sorgfältig um, achtsam, dass er nicht in Hörweite war. „Verhalten Sie sich ruhig und reden Sie gedämpft. Er könnte uns beobachten."

„Agentin O'Dell, ich fürchte, die Kälte hat Ihnen das Hirn erfroren." Er sah sie an, als hätte sie den Verstand verloren, fügte sich jedoch ihrer Anweisung. „Über zwei Dutzend Deputys und Polizisten sind hier versammelt."

„Gleich hinter Ihnen, neben dem knorrigen Baum sind Fußabdrücke. Nackte Füße im Schnee."

Sie ließ ihn los, damit er hinsehen konnte.

„Allmächtiger!" Nick sah sich kurz um. „Bei dem heftigen Schneefall müssen die Abdrücke ganz frisch sein. Wenige Minuten alt. Der Scheißkerl war vielleicht direkt hinter uns. Was sollen wir tun?"

„Sie bleiben hier. Warten Sie auf Hal. Ich gehe den Weg zurück, als wollte ich zum Auto. Er muss sich im Absperrgürtel Ihrer Leute befinden. Da kommt er nicht raus, ohne an ihnen vorbeizugehen. Von oben kann ich ihn vielleicht entdecken."

„Ich begleite Sie."

„Nein, das merkt er, wenn er uns beobachtet. Warten Sie auf Hal. Ich brauche Sie beide als Unterstützung. Bleiben Sie ruhig, und versuchen Sie sich nicht dauernd umzusehen."

„Woher sollen wir wissen, wo Sie sind?"

„Ich mache mich irgendwie bemerkbar." Sie sprach mit ruhiger Stimme, obwohl sie Adrenalin durch die Adern strömen spürte. „Ich schieße in die Luft. Lassen Sie nur Ihre Männer nicht auf mich feuern."

„Als ob ich das verhindern könnte."

„Ich mache keine Scherze, Morrelli."

„Ich auch nicht."

Sie sah ihn an, es war ihm ernst, und ihr kam es plötzlich äußerst dumm vor, in einem Wald voller bewaffneter Polizisten herumzulaufen. Aber wenn der Killer hier war, durfte sie nicht zögern. Und er war hier. Er beobachtete sie. Das gehörte zu seinem Ritual. Sie spürte es.

Sie ging den Weg hinauf. Ihre flachen Lederschuhe waren schneebedeckt, was den Anstieg noch schlüpfriger machte. Sie hielt sich an Zweigen, Baumwurzeln und Kletterpflanzen fest und war innerhalb von Minuten außer Atem. Doch das Adrenalin trieb ihren durchfrorenen Körper vorwärts.

Ein Zweig brach ihr in der Hand ab, und sie begann zu rutschen. Sie schwang zurück und kam ruckartig an einem Baum zum Halten, als sie mit der Hüfte dagegen prallte. Ihre Hände schmerzten vor Kälte, aber sie grub die Finger in die Baumrinde. Die Absperrung war nicht mehr weit, sie hörte das Flattern des gelben Bandes. Über ihr ertönten Stimmen.

Schließlich wurde der Boden so eben, dass sie ohne Hilfe stehen konnte. Sie bog vom Weg ab und verschwand im dichten Unterholz. Von oben erkannte sie Nick am Rand des Gehölzes. Hal gesellte sich gerade zu ihm. Zwischen Bäumen und Fluss arbeitete das forensische Team in aller Eile, beugte sich über die kleine Leiche und füllte Plastikbeutel mit Beweismitteln. Sie holten Spezialausrüstung aus ihren Rucksäcken, um mit dem Schnee fertig zu werden. Dahinter, hinter Gestrüpp und hohem Gras, sah sie den brodelnden, schäumenden Fluss.

Unten zwischen den Bäumen bewegte sich etwas. Maggie verharrte und lauschte, um mehr zu hören als den eigenen Pulsschlag in den Ohren und ihre rasche Atmung. Hatte sie sich die Bewegung eingebildet?

Kaum dreißig Meter unter ihr knackte ein Ast. Dann sah sie ihn. Er presste sich an einen Baum. Im Schatten sah er wie eine Ausbuchtung der Rinde aus. Er passte sich an, groß, schlank und von Kopf bis Fuß schwarz gekleidet. Sie hatte Recht gehabt. Er beobachtete sie, beugte sich vor und versuchte das forensische Team zu sehen. Jetzt bewegte er sich geduckt und geschmeidig von Baum zu Baum, wie ein Tier, das sich an seine Beute schleicht. Er schlitterte den Abhang hinunter und umging den Fundort. Er wollte weg!

Maggie kroch durch das Dickicht. In der Eile knirschten Schnee und Blätter unter ihr, und Äste knackten laut wie Explosionen. Doch niemand hörte es, auch der Schatten nicht, der sich rasch und leise zum Flussufer bewegte.

Das Herz hämmerte ihr gegen die Rippen, und ihre Hand zitterte, als sie die Waffe zog. Das ist nur die Kälte, sagte sie sich. Ich habe alles unter Kontrolle. Ich schaffe das.

Sie folgte ihm, ohne ihn aus den Augen zu lassen. Zweige zerkratzten ihr das Gesicht und zerrten an ihrem Haar. Äste stachen ihr in die Beine. Sie fiel und prellte sich den Schenkel an einem Fels. Sobald der Schatten stehen blieb, verharrte sie an einen Baum gepresst, um nicht gesehen zu werden.

Sie waren jetzt auf ebenem Boden am Rand des Gehölzes. Das

175

forensische Team war hinter ihnen. Sie hörte die Männer einander rufen. Der Schatten war auf dem Weg zur Absperrung und nutzte die Bäume als Deckung. Plötzlich blieb er wieder stehen und sah zurück in ihre Richtung. Sie floh hinter einen Stamm und presste sich an die kalte, raue Rinde. Hatte er sie gesehen? Sie hoffte, ihr Herzklopfen verriet sie nicht. Der Wind wirbelte geisterhaft heulend um sie herum. Der Fluss war nah genug, dass sie das Rauschen des Wassers hörte und den Verwesungsgeruch wahrnahm.

Sie spähte hinter dem Baum hervor – und sah den Schatten nicht mehr. Er war verschwunden. Sie lauschte, hörte Stimmen, aber nur hinter sich. Vor ihr nichts als Stille und Dunkelheit außerhalb der Reichweite der Scheinwerfer.

Es waren nur Sekunden vergangen, er konnte nicht fort sein. Sie glitt um den Baum herum und spähte angestrengt in die Dunkelheit. Da war Bewegung. Beide Arme ausgestreckt, zielte sie mit der Waffe. Es war nur ein Ast, der im Wind schwang. Aber verbarg sich dahinter nicht etwas? Trotz der Kälte waren ihre Hände schweißnass. Sie ging langsam und vorsichtig und hielt sich nah an den Bäumen. Der Fluss reichte bis zur Baumreihe. Im Gehen bemerkte sie, dass auch Gestrüpp und hohes Gras zurückgewichen waren. Nichts trennte den Wald hier vom steilen Ufer, das vom Wasser gegraben zwei Meter hoch aufragte. Der reißende Fluss war schwarz mit unheimlichen Formen und Schatten auf den Wellenkämmen.

Plötzlich hörte sie einen Ast knacken. Jemand lief, Beine wischten durch das Gras, ehe sie ihn sah. Sie schwang nach rechts, wo die Äste knackten. Sie drehte sich und gab einen Warnschuss in die Luft ab, als er aus dem Dickicht brach, ein großer schwarzer Schatten, der sich auf sie stürzte. Sie zielte, doch ehe sie abdrücken konnte, warf er sie um. Sie fiel nach hinten, wirbelte durch die Luft und landete mit ihm im Wasser.

Die eisige Kälte stach wie mit tausend Nadeln auf ihren Körper ein. Sie hielt die Waffe fest und hob den Arm, um auf die schwimmende schwarze Masse in der Nähe zu schießen. Ein Schmerz schoss ihr durch die Schulter. Sie drehte sich und versuchte es erneut. Diesmal spürte sie Metall in ihr Fleisch eindringen. Erst da merkte sie, dass sie in einen Haufen Gerümpel gefallen war, der sie so fest hielt, dass sie nicht von der Strömung weggetragen wurde. Etwas riss an ihrer Schulter. Sie versuchte sich zu befreien, doch es stach nur tiefer und zerrte an ihrem Fleisch. Dann spürte sie Blut aus dem Ärmel auf Hand und Waffe tropfen.

Sie hörte Rufen über sich und laufende Schritte, die plötzlich zum Stehen kamen. Die Strahlen von einem halben Dutzend Taschenlampen erschienen oben am Ufer und blendeten sie. Im Schein der Lichter drehte sie sich wieder trotz der Schmerzen, um den treibenden Schatten zu entdecken. Doch da war nichts mehr, so weit sie sehen konnte.

Er war entwischt.

34. KAPITEL

Das eisige Wasser lähmte seinen Körper. Die Haut brannte, die Muskeln schmerzten, und seine Lungen drohten zu platzen. Er hielt den Atem an und ließ sich dicht unter der Wasseroberfläche treiben. Der Fluss trug ihn wild wogend dahin. Er wehrte sich nicht gegen seine Kraft und Schnelligkeit, sondern ließ sich als Teil von sich aufnehmen.

Sie waren nah. So nah, dass er die Lichtkegel der Taschenlampen auf dem Wasser tanzen sah. Zur Rechten, zur Linken und genau über seinem Kopf. Rufe erschallten, Stimmen voller Panik und Konfusion.

Niemand war hinter ihm hergetaucht. Niemand wagte sich in

den schwarzen Fluss. Niemand außer Spezialagentin Maggie O'Dell, die nicht loskam. Sie hatte sich nett in dem kleinen Geschenk verfangen, das er für sie gefunden hatte. Geschah ihr recht, wenn sie sich einbildete, ihn überrumpeln zu können, sich anzuschleichen und ihn in eine Falle zu locken. Das Luder hatte bekommen, was es verdiente.

Ein Lichtkegel fand sie, und die Suche am Ufer hörte auf. Vorsichtig streckte er den Kopf über Wasser, um nach Luft zu schnappen. Die nasse Maske lag wie ein Spinnennetz an seinem Gesicht. Doch er wagte nicht, sie zu entfernen.

Der Fluss trug ihn weiter. Er sah Männer das Ufer hinabschlittern, alberne ausrutschende Schattengestalten, die im Licht tanzten. Er lächelte zufrieden. Es würde Spezialagentin O'Dell nicht gefallen, erst gefangen und hilflos zu sein und nun auch noch gerettet werden zu müssen. Würde sie schockiert feststellen, wie viel er über sie wusste, diesen weiblichen Teufel, der sich einbildete, seine Nemesis zu sein? Glaubte sie wirklich, in seine Gedankengänge eindringen zu können, ohne dass er dasselbe bei ihr versuchte? Endlich hatte er einen ebenbürtigen Gegner gefunden, der ihn auf Trab hielt, anders als diese Kleinstadttölpel.

Etwas schwamm neben ihm, klein und schwarz. Er ekelte sich, bis er merkte, dass es nichts Lebendiges war, sondern Plastik. Er griff danach und erschrak, als das Ding aufklappte und ein Licht anging. Ein Handy! Ein Jammer, es hier verrotten zu lassen. Er stopfte es tief in seine Hosentasche und manövrierte sich näher ans Ufer. Nach wenigen Sekunden hatte er seine Markierung gefunden und packte den gebogenen Ast, der über dem Wasser hing. Der ächzte unter der Last, brach jedoch nicht.

Die Strömung drückte seinen Körper mit Respekt einflößender Kraft. Er akzeptierte sie und nutzte sie zu seinem Vorteil. Mit schmerzenden Fingern krallte er sich an dem Ast fest und zog sich hoch.

Rinde splitterte ab, und er drohte abgetrieben zu werden. Nur noch knapp ein Meter. Seine Füße berührten Land, eiskaltes, schneebedecktes Land. Die Füße waren taub, doch mit den schwieligen Sohlen konnte er sich ausgezeichnet festhalten. Er rannte durch das eisbedeckte Meer aus Gras. Es knisterte und klirrte wie Glas, während kleine Eiszapfen brachen. Er rang keuchend nach Atem, verlangsamte sein Tempo jedoch nicht. Silbriger Schnee schwebte durch die rabenschwarze Nacht – kleine Engel, die tanzend neben ihm herliefen.

Er fand sein Versteck. Die schneebedeckten Äste der Bäume in dem kleinen Hain bogen sich unter der Last tief herab, was dem ohnehin dichten Baldachin einen Höhleneffekt verlieh. Er erschrak durch ein sonderbares Klingeln. Sofort erkannte er das Vibrieren des Telefons in seiner Hosentasche. Er zog es heraus, starrte es einige Sekunden an, klappte es auf und schaltete es ein. Das Klingeln hörte auf, und eine ärgerliche Stimme bellte: „Hallo!"

„Ja bitte?"

„Ist das das Telefon von Maggie O'Dell?" wollte die Stimme wissen. Der Mann klang so wütend, dass er einen Moment daran dachte, das Gespräch zu beenden.

„Ja, das ist es. Sie hat es fallen lassen."

„Kann ich mit ihr sprechen?"

„Sie ist anderweitig gebunden", erwiderte er und hätte fast laut gelacht.

„Na schön, dann sagen Sie ihr, dass ihr Mann Greg angerufen hat. Der Zustand ihrer Mutter ist ernst. Sie soll das Krankenhaus anrufen. Haben Sie das verstanden?"

„Sicher."

„Vergessen Sie es nicht!" raunzte der Mann ihn an und beendete das Gespräch.

Lächelnd hielt er das Telefon weiter ans Ohr und lauschte dem Wählton. Es war jedoch zu kalt, um sich über das neue Spielzeug zu freuen. Rasch zog er die schwarze Trainingshose, das Sweatshirt und die Maske aus und warf alles in einen mitgebrachten Müllbeutel, ohne es auszuwringen. An den nassen Haaren auf Armen und Beinen bildeten sich Eiskristalle, ehe er sich abrubbeln konnte und trockene Jeans und einen dicken Wollpullover anzog.

Er setzte sich auf das Trittbrett, um seine Tennisschuhe zuzubinden. Wenn es weiterhin so schneite, musste er Schuhe anziehen. Nein, mit Schuhen konnte man nicht schwimmen. Sie wirkten wie Anker. Außerdem verabscheute er es, sie schmutzig zu machen.

Wenn er doch jetzt in den schönen warmen Lexus kriechen könnte. Aber sein Fehlen heute Nacht hätte jemand auffallen können. Deshalb kletterte er in den alten Pickup, dessen Motor stotternd ansprang, und fuhr fröstelnd heim. Dabei starrte er angestrengt nach vorn, da nur ein Scheinwerfer die schwarze Nacht und weißen Schnee erhellte.

35. KAPITEL

Da sein Haus nur knapp eine Meile entfernt lag, war es Nick als das Beste erschienen, Maggie herzubringen. Sie war verletzt und nass bis auf die Knochen. Inzwischen bezweifelte er die Klugheit seiner Entscheidung. Während er im Waschraum ihre Sachen zum Trocknen aufhängte und die Spitze ihres BHs berührte, malte er sich unwillkürlich aus, wie er angezogen aussah. Nach den Ereignissen der letzten Stunden war das geradezu absurd, doch der schwache Duft ihres Parfums erregte ihn.

Er hatte Maggie oben im großen Schlafzimmer untergebracht.

Er selbst hatte unten geduscht und ein Feuer im Kamin angezündet. Am Rauschen der Wasserleitung erkannte er, dass sie immer noch in der Dusche stand. Er fragte sich, ob er nach ihr sehen sollte. Trotz ihrer äußerlichen Ruhe war sie erschüttert gewesen, auch wenn sie das nicht zugab. Und sie hatte Schmerzen. Der Bastard hatte es geschafft, sie in eine Ansammlung aus alten, gesplitterten Zaunpfosten und rostigem Stacheldraht zu werfen.

Oben wurde das Wasser abgedreht. Nick zog ein frisches Hemd aus dem Trockner an und knöpfte es zu. Im Moment kam er sich vor wie ein Teenager, der seine körperlichen Reaktionen nicht unter Kontrolle hatte. Das war doch verrückt. Schließlich war sie nicht die erste nackte Frau in seinem Haus – ganz im Gegenteil.

Dank seiner Mutter war das Medizinschränkchen gut gefüllt. Mit Wattebäuschen, Alkohol, Verbandgaze, Waschlappen, Wasserstoffperoxyd und einer Dose Salbe bewaffnet, richtete er neben dem Kamin eine Notfallstation ein und fügte Kissen und Decken hinzu. Die Heizung machte wieder dieses bollernde Geräusch, er hätte sie längst überprüfen lassen sollen. Er legte große Holzscheite auf das Feuer, das den Raum wärmte und mit gelblichem Licht erfüllte. Seine Hitze war jedoch nichts verglichen mit der, die in ihm brannte. Aber dieses eine Mal würde er seine Hormone ignorieren und das Richtige tun. So einfach war das.

Er drehte sich um und sah Maggie die lange offene Treppe herunterkommen. Sie trug seinen alten Frotteebademantel, der sich bei jedem Schritt ein wenig teilte und wohlgeformte Knöchel und manchmal ein Stück festen Schenkel zeigte.

Nein, einfach war es bestimmt nicht.

Ihr feuchtes Haar glänzte, und ihre Wangen waren rosig vom heißen Wasser. Sie ging langsam, fast zögerlich. Der Sturz ins Wasser hatte ihr einen Dämpfer aufgesetzt, und in den glänzenden braunen Augen lag deutlich ein Ausdruck von Verletzlichkeit.

Sobald sie sein Arsenal an Heilmitteln sah, winkte sie kopfschüttelnd ab. „Ich habe die Wunden ausgewaschen. Das ist alles nicht nötig."

„Entweder ich verarzte Sie, oder ich bringe Sie ins Krankenhaus."

Sie sah ihn nur stirnrunzelnd an.

„Okay, überzeugen Sie mich. Der Stacheldraht war verrostet, wann haben Sie Ihre letzte Tetanusimpfung bekommen?"

„Die ist sicher noch aktiv. Das Büro lässt uns alle drei Jahre impfen, ob wir es brauchen oder nicht. Morrelli, ich danke Ihnen für Ihr Bemühen, aber es geht mir wirklich gut."

Er schraubte die Fläschchen mit Alkohol und Wasserstoffperoxyd auf, legte die Wattebäusche aus und deutete auf die Ottomane vor sich. „Setzen Sie sich."

Er glaubte, sie würde sich weigern, aber vielleicht war sie einfach zu müde dazu. Sie setzte sich, löste den Gürtel, ließ den Mantel leicht von der Schulter gleiten und hielt ihn über der Brust zusammen.

Der Anblick von zarter Haut, Brustansatz und schlankem Nacken und der schwache Duft von Haut und Haar verfehlten nicht ihre Wirkung auf ihn. Leicht benommen fragte er sich, wie er sie berühren konnte, ohne sich nach mehr zu sehnen. Das war doch albern! Er musste sich auf seine Aufgabe konzentrieren und seine Gefühle ignorieren!

Ein halbes Dutzend dreieckiger, blutiger Wunden schändeten die glatte Haut auf Schulter, Schulterblatt und Arm. Einige waren tief und bluteten noch. An einer Stelle war die Haut so weit aufgerissen, dass sich ein Lappen gebildet hatte.

Er betupfte die erste Wunde mit einem alkoholgetränkten Wattebausch. Maggie zuckte zusammen, gab jedoch keinen Laut von sich.

„Alles okay?"

„Ja, ist okay. Bringen wir es hinter uns."

Er versuchte vorsichtig zu sein, tupfte und wischte, doch sie zuckte mehrfach zusammen und verzog vor Schmerzen das Gesicht. Er säuberte jede Wunde und hoffte, der Alkohol sterilisierte so gut, wie er brannte. Dann legte er Gaze auf die noch blutenden Stellen und klebte Pflaster darüber.

Als er fertig war, ließ er die flache Hand langsam über ihre Schulter, den Arm hinabgleiten und spürte Maggie erschauern. Sie richtete sich gerader auf, als erwarte sie mehr. Nick zog ihr vorsichtig den Bademantel über die geschundene Schulter, und Maggie schien überrascht, als habe sie damit nicht gerechnet. Sie zog den Mantel jedoch zurecht und zurrte den Gürtel fest.

„Danke", sagte sie, ohne Nick anzusehen.

„Es sind noch wenige Stunden bis zum Morgen. Ich dachte, wir könnten es uns hier beim Feuer gemütlich machen. Kann ich Ihnen etwas bringen? Heiße Schokolade, Brandy?"

„Ein Brandy wäre gut." Sie setzte sich auf den Läufer vor den Kamin, lehnte sich gegen einen Berg Kissen und zog den Bademantel um ihre wohlgeformten Beine.

„Möchten Sie etwas essen?"

„Nein, danke."

„Bestimmt nicht? Ich könnte Ihnen eine Suppe machen oder ein Sandwich."

Sie lächelte ihn an. „Warum versuchen Sie ständig, mich zu füttern, Morrelli?"

„Wahrscheinlich, weil ich nicht tun darf, was ich eigentlich tun möchte."

Sie wurde ernst, als er ihr in die Augen sah, und ihre Wangen wurden warm. Seine Antwort war fast eine Ungehörigkeit gewesen, doch sie schien diese erotische Spannung zwischen ihnen

183

ebenso zu spüren wie er. Schließlich wandte sie den Blick ab, und er zog sich in die Küche zurück, solange er sich noch problemlos bewegen konnte.

36. KAPITEL

Das Foto, das Maggie aus der Jackentasche geholt hatte, war verknittert und wellig, und die Ecken bogen sich beim Trocknen auf. Fussel aus der Jackentasche klebten auf der schimmernden Oberfläche. Sie schuldete Timmy Ersatz, wusste allerdings nicht, wie sie ihn beschaffen sollte. Wenigstens war das Foto nicht im dunklen Wasser verschwunden wie ihr Handy. Es schien ihr Schicksal zu sein, Dinge in Flüssen zu verlieren.

Nick brauchte lange in der Küche, und sie fragte sich, ob er ihr nun doch ein Sandwich machte. Seine letzte Bemerkung hatte Gefühle bei ihr ausgelöst, die man nur mit den gern zitierten Schmetterlingen im Bauch beschreiben konnte. Bisher war er der perfekte Gentleman gewesen. Sie machte sich keine Sorgen, dass er aufdringlich werden könnte, obwohl sie mit nichts als einem Bademantel bekleidet vor seinem Kamin saß und sich an Kissen lehnte, denen ein Hauch seines After Shave anhaftete.

Während er ihre Wunden verarztet hatte, war sie fast dankbar gewesen für die Schmerzen. So hatte sie seine Berührungen wenigstens nicht zu sehr genossen. Als er die Behandlung mit einem Streicheln über Schulter und Arm beendete, hatte sie zur eigenen Verblüffung darauf gewartet, dass er mit Zärtlichkeiten fortfuhr, und sich insgeheim vorgestellt, wie er mit der Hand über die Schulter hinab zu den Brüsten fuhr.

Als Nick zurückkehrte, befühlte sie ihre heißen Wangen, deren Wärme sie jedoch dem Kaminfeuer zuschrieb. Das allerdings nicht für ihr Herzklopfen verantwortlich sein konnte. Sie gab sich gelassen und vermied es, Nick anzusehen.

Er reichte ihr ein Glas Brandy und setzte sich neben sie. Als er die langen Beine unterschlug, beugte er sich so weit zu ihr hinüber, dass sich ihre Schultern berührten.

„Das ist also das Foto, von dem Sie mir erzählt haben." Er wies darauf, zog eine handgearbeitete Quiltdecke vom Sofa und legte sie ihnen über die Beine. Das geschah mit einer Selbstverständlichkeit, als sei es nur natürlich, dass sie sich zusammen unter die Decke kuschelten. Eine erregend intime Geste.

„Die Heizung arbeitet nicht richtig", erklärte Nick. „Ich hätte sie längst überprüfen lassen sollen. Aber ich habe nicht erwartet, dass es im Oktober schon so kalt wird."

Sie gab ihm das Foto. Beide Hände um das bauchige Brandyglas gelegt, schwenkte sie die braune Flüssigkeit, sog das kräftige, süßliche Aroma ein und nahm einen Schluck. Sie schloss die Augen, legte den Kopf gegen das Kissen und ließ die brennende Flüssigkeit genüsslich die Kehle hinabrinnen. Noch ein paar Schluck, und sie war die innere Unruhe los. In solchen Momenten verstand sie, warum ihre Mutter Zuflucht im Alkohol suchte. Das Teufelszeug löste Spannungen und vertrieb unerwünschte Gefühle. Kummer gab es nicht, solange man zu benebelt war, ihn zu erkennen.

„Ich stimme Ihnen zu", unterbrach Nick ihr angenehmes Abgleiten in die Betäubung, „der Zufall ist zu groß. Aber ich kann Ray Howard nicht einfach zum Verhör vorladen, oder?"

Sie setzte sich verblüfft auf. „Nicht Howard, Pater Keller!"

„Was? Sind Sie verrückt? Einen Priester kann ich noch viel weniger vorladen. Sie können doch nicht im Ernst annehmen, dass ein katholischer Priester kleine Jungen umbringt."

„Er passt ins Profil. Ich muss mehr über seine Vergangenheit herausfinden. Und ja, ich traue auch einem Priester Verbrechen zu."

„Ich nicht. Das ist verrückt." Er wich ihrem Blick aus und trank seinen Brandy. „Die Gemeinde hängt mich am Fensterkreuz auf, wenn ich den Priester zum Verhör hole. Besonders Pater Keller. Der ist doch wie Superman im Priestergewand. Mein Gott, O'Dell, da sind Sie völlig auf dem Holzweg."

„Hören Sie mir nur eine Minute zu. Sie haben selbst gesagt, es sah so aus, als hätte Danny Alverez sich nicht gewehrt. Pater Keller war ihm bekannt und vertraut. Pater Francis sagte uns, seit dem Zweiten Vatikanischen Konzil sei es unwahrscheinlich, dass ein Laie die Riten der Letzten Ölung beherrsche. Alle, die jünger sind als fünfunddreißig, müssen demnach eine Unterweisung erhalten haben, um sie zu kennen."

„Aber der Pater ist für die Kinder ein Held. Wie könnte er so etwas tun und nicht auffallen?"

„Wer Ted Bundy kannte, hat auch nichts geahnt. Ich habe das abgerissene Stück einer Baseballkarte in Matthews Hand gefunden. Timmy hat mir gestern Abend erzählt, dass Pater Keller Baseballkarten mit ihnen tauscht."

Nick wischte sich die feuchten Strähnen aus der Stirn, und sie roch das Shampoo, das auch sie benutzt hatte. Er lehnte sich in die Kissen zurück, stellte sich sein Glas auf die Brust und sah den letzten Schluck Brandy kreisen.

„Okay", entschied er. „Sie überprüfen ihn. Aber ich brauche mehr als ein Foto und ein Stück Baseballkarte, ehe ich ihn verhören kann. Zwischenzeitlich möchte ich Ray Howard überprüfen. Sie müssen zugeben, dass er ein merkwürdiger Typ ist. Wer putzt schon in Hemd und Krawatte die Kirche?"

„Es ist kein Verbrechen, sich für den Job anständig anzuziehen. Andernfalls wären Sie schon längst verhaftet worden."

Er warf ihr einen Seitenblick zu, und ein Lächeln spielte um seine Mundwinkel.

„Es ist spät, wir sind beide erledigt. Wie wär's, wenn wir noch ein bisschen zu schlafen versuchen?" Er leerte sein Glas und stellte es neben sich auf den Boden. Während er die langen Beine unter dem Quilt ausstreckte, nahm er eine Fernbedienung vom Kaffeetisch, drückte einige Knöpfe, und das Licht dimmte sich herunter. Maggie lächelte über sein kleines Spielzeug für romantische Stunden vor dem Kamin und bedauerte fast, dass ihr Beisammensein nicht auch in diese Kategorie fiel.

„Vielleicht sollte ich ins Hotel zurückgehen."

„Kommen Sie, O'Dell. Ihre Sachen sind noch nass. Da sie ausnahmslos nicht für den Trockner geeignet waren, konnte ich sie nicht einfach in die Maschine stopfen. Ich bin viel zu müde, um Annäherungsversuche zu machen, falls es das ist, was Sie befürchten." Er rückte sich den Kissenberg zurecht.

„Nein, das ist es nicht", erwiderte sie. Merkwürdigerweise reagierte ihr Körper kein bisschen müde, sondern nahm seine Nähe mit jeder Faser wahr. Sie bezweifelte sogar, dass sie sich gegen Annäherungsversuche wehren würde. Was war eigentlich los mit ihr? Hatte sie gar keine Gefühle mehr für Greg? Ihr Verhalten ärgerte sie. „Ich schlafe gewöhnlich nicht viel. Ich halte Sie vielleicht nur wach", versuchte sie sich herauszureden.

„Was soll das heißen, Sie schlafen nicht viel?"

Als er sich hinlegte, berührte sein Kopf fast ihren Arm. Er schloss die Augen, und ihr fiel auf, wie lang seine Wimpern waren.

„Ich habe seit über einem Monat nicht mehr richtig geschlafen. Wenn ich einschlafe, habe ich meist Albträume."

Er sah sie an, ohne den Kopf vom Kissen zu nehmen. „Ich vermute, bei dem, was Sie alles zu sehen bekommen, ist es schwer, keine Albträume zu haben. Ihnen ist wahrscheinlich aufgefallen, dass

187

ich mir Matthews Körper nicht allzu genau angesehen habe. Lassen sich Ihre Albträume auf etwas Bestimmtes zurückführen?"

Sie sah zu ihm hinunter. Er hatte sich unter dem Quilt zusammengerollt. Trotz der dunklen Bartstoppeln hatte das Gesicht etwas Jungenhaftes. Er richtete sich auf einen Ellbogen auf, wobei sein aufgeknöpftes Hemd auseinandergezogen wurde und den Blick auf eine muskulöse Brust und dunkles Haar freigab. Das war nun gar nicht mehr jungenhaft, und sie stellte sich vor, die Hand streichelnd unter das Hemd zu schieben.

Hör sofort auf damit, schalt sie sich und merkte, dass er auf eine Antwort wartete.

„Ist etwas Besonderes geschehen?" wiederholte er.

„Nichts, worüber ich gern reden würde."

Er sah sie forschend an und setzte sich hin. „Ich glaube, ich habe ein Mittel gegen Albträume. Jedenfalls wirkt es bei Timmy, wenn er bei mir schläft."

„Um mehr Brandy kann es sich demnach wohl nicht handeln."

„Nein", bestätigte er lächelnd. „Man hält sich beim Einschlafen einfach an jemand fest."

„Nick, ich halte das für keine gute Idee."

„Das ist kein billiger Trick, Ihnen näher zu kommen", versicherte er ernsthaft. „Ich will Ihnen nur helfen. Versuchen Sie's. Was haben Sie schon zu verlieren?"

Da sie nicht antwortete, rückte er näher und legte zögernd einen Arm um sie. Ermutigt, weil sie sich nicht wehrte, zog er mit der anderen Hand ihre Schulter heran, so dass ihr Kopf auf seiner Brust lag. Sie hörte seinen Herzschlag an ihrem Ohr. Ihr eigener war jedoch so laut, dass sie nur schwer zwischen beiden unterscheiden konnte. Ihre Wange streifte die Haut im offenen Hemd. Das Haar war angenehm rau. Sie wäre gern mit den Fingern hindurchgefahren. Nick legte ihr das Kinn auf den Kopf, und seine Stimme bebte, als er sprach.

„Entspannen Sie sich. Stellen Sie sich vor, dass mein Körper Sie vor allem Unangenehmen schützt. Schließen Sie die Augen und ruhen Sie sich wenigstens aus, wenn Sie nicht schlafen können."

Wie sollte sie schlafen, wenn ihr Körper in erhöhter Alarmbereitschaft war?

37. KAPITEL

Maggie erwachte groggy, Arme und Beine schwer wie Blei. Ihr war kalt. Das Feuer war ausgegangen, und Nick lag nicht mehr neben ihr. Sie sah sich im dunklen Zimmer um und entdeckte seinen Hinterkopf auf dem Sofa. Offenbar schlief Nick.

Ein Lichtblitz vor dem Fenster erregte ihre Aufmerksamkeit. Sie setzte sich hin. Da war er wieder. Ein dunkler Schatten ging mit einer Taschenlampe am Fenster vorbei. Ihr Herz schlug angstvoll. *Er* war ihnen vom Fluss hierher gefolgt!

„Nick!" flüsterte sie, doch er regte sich nicht. Ihre Gedanken rasten. Wo hatte sie ihre Waffe? „Nick!" versuchte sie es wieder. Keine Antwort.

Der Schatten verschwand. Sie kroch zum Fuß der Treppe, ohne das Fenster aus den Augen zu lassen. Das Zimmer wurde nur vom geisterhaften Licht des Mondes erhellt. Sie hatte die Waffe abgelegt, als sie hereingekommen und nach oben gegangen war. Sie lag auf einem Ständer neben der Treppe. Aber der war nicht mehr da! Sie sah sich um. Das Herz pochte schmerzhaft in der Brust. Ohne das Kaminfeuer war es so kalt, dass sie zu zittern begann.

Dann hörte sie das Drehen und Klicken des Türknaufs. Sie suchte nach einer Verteidigungswaffe, etwas, das scharf oder schwer war. Wieder ein Klicken. Die Tür war verschlossen und hielt. Sie schnappte sich eine kleine Lampe mit schwerem Metall-fuß, riss den Schirm herunter und lauschte heftig atmend. Sie hielt den Atem kurz an und lauschte wieder.

Die Lampe an sich gepresst, kroch sie zum Sofa.

„Nick", flüsterte sie und langte hinauf, um ihn zu rütteln. „Nick, wachen Sie auf!" Sie versetzte seiner Schulter einen Schubs. Sein Körper rollte auf sie zu und polterte zu Boden. Ihre Hand war blutverschmiert. Sie starrte darauf. O Gott! Um nicht entsetzt los-zuschreien, stopfte sie sich die blutige Hand in den Mund. Nicks Augen starrten sie kalt und leer an. Seine Hemdbrust war blutig, seine Kehle war durchschnitten, und aus der klaffenden Wunde rann das Blut.

Dann sah sie den Lichtblitz wieder. Der Schatten war am Fens-ter, schaute herein und beobachtete sie lächelnd. Sie erkannte das Gesicht. Albert Stucky!

Diesmal erwachte sie wirklich und schlug und trat wild um sich. Nick hielt ihr die Handgelenke fest, damit sie nicht gegen sei-ne Brust trommelte. Sie versuchte, ruhig zu atmen, konnte aber nur hektisch keuchen. Ihr Körper bebte und zuckte wild.

„Maggie, alles in Ordnung!" tröstete Nick ruhig, jedoch ein-dringlich. „Es geschieht Ihnen nichts!"

Sie verharrte zitternd und sah ihm in die Augen, die sie freund-lich besorgt und sehr lebendig betrachteten. Sie ließ den Blick durch den Raum schweifen. Im Kamin prasselte ein Feuer. Flam-men leckten an den riesigen Scheiten, die Nick vorhin aufgelegt hatte, und tauchten das Zimmer in einen warmen gelben Schein. Draußen vor dem Fenster glitzerte Schnee. Kein Aufflammen ei-ner Taschenlampe, kein Albert Stucky.

„Maggie, alles okay mit Ihnen?" Er legte sich ihre Fäuste an die Brust und streichelte ihr dabei die Handgelenke.

„Es hat nicht funktioniert", flüsterte sie müde und leicht vorwurfsvoll. „Sie haben mich angelogen."

„Tut mir Leid. Eine Weile haben Sie friedlich geschlafen. Vielleicht habe ich Sie nicht fest genug gehalten", erwiderte er lächelnd und fuhr mit den Händen in die Ärmel ihres Bademantels bis fast zu den Schultern und wieder zurück. Die zärtliche Geste wärmte sie, doch ihr Frösteln kam von tief drinnen, als hätte sie Eis in den Adern.

Sie lehnte sich an Nick und spürte dankbar seine Wärme. Ihre Wange streifte den weichen Hemdstoff, doch das genügte ihr nicht. Leicht aufgerichtet, knöpfte sie Nick, ohne ihn anzusehen, das Hemd auf. Er hielt still, und sie legte die Wange auf seine Brust, lauschte seinem Herzschlag und ließ sich wärmen. Sie konnte nur hoffen, er verstand es richtig.

Sie spürte ihn leicht zittern, obwohl ihm zweifellos nicht kalt war. Allmählich entspannte er sich jedoch, gestattete sich aber weder ein Streicheln noch eine andere zärtliche Geste. Die Arme um sie geschlungen, hielt er sie nur fest.

38. KAPITEL

Christine seufzte und machte einen Doppelklick auf „Senden". In Minuten würde der Artikel vom Drucker im Nachrichtenraum ausgespuckt werden und weiterbefördert werden zu den Druckmaschinen, die ihretwegen angehalten worden waren. In ihren kühnsten Träumen hätte sie sich nicht ausgemalt, einmal in einer solchen Position zu sein.

Trotz Erschöpfung war ihr Geist dank Adrenalinausstoß beflügelt gewesen. Die Finger waren nur so über die Computertasten geflogen. Ihre Handflächen waren noch feucht. Sie wischte sie an der Jeans ab, schaltete den Laptop aus, klappte ihn zu und zog den

Stecker aus der Telefonbuchse. Moderne Technologie – sie hatte keine Ahnung, wie sie funktionierte, war aber dankbar, dass es sie gab. Mit ihrer Hilfe hatte sie ihren fünften Leitartikel in Folge schreiben können, während ihr Sohn friedlich ein paar Türen weiter schlief. Sie fragte sich flüchtig, wie hoch der Leitartikelrekord beim *Omaha Journal* stand.

Sie sah auf die Uhr. Die Zeitung würde mit einer Stunde Verspätung an den Kiosken sein, aber Corby war zufrieden. Sie trank den letzten Schluck Kaffee und ließ einen Klumpen Zucker und Sahne am Boden zurück. Kaum zu fassen, dass sie das alles ohne Zigarette geschafft hatte.

Sie nahm den Laptop vom Tisch und stieß einen Stapel Briefe zu Boden. Als sie sie aufnahm, war ihre Zufriedenheit dahin. Der Stapel enthielt Mahnungen für unbezahlte Rechnungen. Ein Brief vom „State Department of Nebraska" war noch ungeöffnet. Er enthielt ein Formular in dreifacher Ausführung mit altmodischem blauen Durchschlagpapier zwischen den einzelnen Kopien. Wie sollte sie Vertrauen in einen Staat haben, der noch Blaupapier benutzte? So ein Staat wollte ihren Ex-Mann aufstöbern und dazu bringen, Unterhalt für sein Kind zu zahlen? Schlimm genug, dass Bruce fort war. Aber wie konnte er seinen Sohn so im Stich lassen? Sie bedauerte, dass Timmy seinen Vater nicht sehen konnte. Aber er hielt keinerlei Kontakt. Und alles nur, weil er ihr keinen Unterhalt zahlen wollte? Sie stopfte den Briefstapel hinter die Schreibtischlampe, da war er fürs Erste verborgen.

Ihr journalistischer Erfolg brachte ihr nur eine geringe Gehaltserhöhung. Bis sich das positiv auf dem Konto bemerkbar machte, vergingen Wochen und Monate.

Vielleicht sollte sie das Haus verkaufen? Sie sank aufs Sofa und sah sich im Zimmer um, das sie in vielen Stunden selbst tapeziert hatte. Sie hatte den muffigen Teppich herausgerissen und den

Holzboden poliert, bis sie sich darin spiegeln konnte. Draußen vor den Fenstern war ein hübscher Garten. Sie hatte alte sparrige Büsche durch rosa Rosen ersetzt und einen hübschen Backsteinweg gelegt. Der Garten war ein Refugium. Wie konnte sie auch nur daran denken, ihn aufzugeben? Abgesehen von Timmy war dieses Haus alles, was sie hatte.

Nick verstand nicht, dass es bei ihrem journalistischen Erfolg nicht darum ging, ihn zu verletzen, sondern sich selbst zu retten. Zum ersten Mal schaffte sie etwas ganz allein – nicht als Tony Morrellis Tochter oder als Bruce Hamiltons Frau oder Timmys Mutter, sondern als Christine Hamilton. Ein wunderbares Gefühl.

Sie bereute, viele Jahre für Familie und Freunde eine Show abgezogen zu haben. Sie hatte die Rolle der guten Ehefrau und Mutter gespielt, um Bruce glücklich zu machen. Von seiner Affäre hatte sie über ein Jahr gewusst. Kreditkartenrechnungen von Hotels, die sie nie betreten hatte, und für Blumen, die sie nie bekam, waren kaum zu übersehen gewesen. Doch anstatt gleich Konsequenzen zu ziehen, hatte sie sich noch mehr um ihn bemüht, von dem Wahn getrieben, dass es ihre Schuld war, wenn ihr Mann Affären hatte.

Wie viel Geld sie für teure Reizwäsche ausgegeben hatte, um ihn wieder zu locken, war ihr heute peinlich. Die körperliche Liebe, die nie berauschend gewesen war, war zu einem schnellen, einseitigen Akt verkommen. Er war in sie eingedrungen, als wolle er sie für seine Sünden strafen, hatte sich dann auf die Seite gerollt und geschlafen. Zu viele Nächte hatte sie sich aus dem Bett geschlichen, die manchmal zerrissenen und beschmutzten Dessous ausgezogen und in der Dusche geweint. Doch auch das pulsierende heiße Wasser hatte sie nicht mehr geheilt. Dass ihrer Beziehung die Liebe fehlte, auch daran hatte sie sich natürlich die Schuld gegeben.

Christine rollte sich fröstelnd auf dem Sofa zusammen und kroch unter eine Decke. Sie war nicht mehr die schwache, unterwürfige Ehefrau, sondern eine erfolgreiche Journalistin. Ab sofort stand für sie ihr Erfolg im Vordergrund – endlich nach so vielen Pleiten. Sie schloss die Augen.

39. KAPITEL

Mittwoch, 29. Oktober

Maggie hatte Nick angeboten, mit ihm zu Michelle Tanner zu fahren, doch er hatte abgelehnt. Trotz ihrer Intimität – oder vielleicht gerade wegen ihr – war sie froh, von Nick wegzukommen. Die nächtliche Vertrautheit war ein Fehler gewesen. Aus Verärgerung darüber, dass sie es so weit hatte kommen lassen, strafte sie Nick auf dem Weg in die Stadt mit Schweigen.

Sie musste sich auf ihre Arbeit konzentrieren und Distanz wahren. Ein Agent handelte unklug, wenn er sich bei einem Auftrag mit jemand privat einließ. Nur zu schnell verlor man dabei seine Objektivität. Sie hatte das bei Kollegen erlebt. Für sie als Frau war es ohnehin riskant, sich mit einem Mann einzulassen, der sein Haus mit romantischen Fallen für seine One-Night-Stands ausrüstete. Außerdem war sie verheiratet – wie glücklich oder unglücklich, spielte keine Rolle. Das alles sagte sie sich, um ihre plötzliche Distanziertheit zu rechtfertigen und ihre Schuldgefühle zu dämpfen.

Ihre feuchten Sachen rochen noch nach schlammigem Fluss und getrocknetem Blut, und durch den zerrissenen Jackenärmel sah man ihre verletzte Schulter. Als sie das Hotel betrat, wurde deshalb aus dem freundlichen Lächeln des jungen, pickeligen Portiers rasch ein entsetztes Starren. „Du meine Güte, Agentin O'Dell! Sind Sie okay?"

„Ja, danke. Sind Mitteilungen für mich gekommen?"

Er drehte sich mit der Schlaksigkeit des Teenagers um – nur

lange Arme und Beine – und verschüttete fast seinen Cappuccino. Dessen süßes Aroma stieg mit dem Dampf auf, und obwohl es nur die Instantvariante des Echten war, roch er wunderbar.

Der Schnee – jetzt fast zwanzig Zentimeter hoch und es schneite immer noch – klebte an ihren Hosenbeinen und tropfte ihr schmelzend in die Schuhe. Ihr war kalt, sie war müde, und ihr tat alles weh.

Er reichte ihr ein halbes Dutzend rosa Zettel und einen schmalen, versiegelten Umschlag mit der sorgfältigen Beschriftung in blauer Tinte: SPEZIALAGENTIN O'DELL.

„Was ist das?" Sie hielt den Umschlag hoch.

„Weiß nich'. Kam irgendwann in der Nacht durch den Briefschlitz. Ich habe ihn mit der Morgenpost auf dem Fußboden gefunden."

Sie tat, als sei das belanglos. „Kann ich hier irgendwo Stiefel und einen Mantel kaufen?"

„Eigentlich nicht. Es gibt einen John-Deere-Ausstattungsladen etwa eine Meile nördlich der Stadt. Aber die haben nur Männersachen."

„Würden Sie mir einen Gefallen tun?" Sie zupfte eine zusammengefaltete Fünf-Dollar-Note aus dem kleinen Fach hinter ihrer FBI-Marke. Der Junge schien mehr an der Marke als an dem Geld interessiert zu sein. „Würden Sie in dem Laden anrufen und sie bitten, eine Jacke herzuschicken? Aussehen ist egal, sie muss nur warm und in der kleinsten Größe sein."

„Was ist mit Stiefeln?" Er machte sich Notizen auf einem Block, der schon voller Gekritzel und Vermerken war.

„Irgendwas in einer Größe, die etwa der Damengröße sechs entspricht. Egal, wie es aussieht. Ich brauche nur etwas, um mich im Schnee zu bewegen."

„Verstanden. Die machen wahrscheinlich erst um acht oder neun auf.“

„Das reicht. Ich bin den ganzen Morgen in meinem Zimmer. Rufen Sie mich, wenn die Sachen kommen, ich kümmere mich dann um die Rechnung.“

„Sonst noch was?“ fragte er eilfertig, um seine fünf Dollar zu verdienen.

„Haben Sie Zimmerservice?“

„Nein, aber ich kann Ihnen so gut wie alles bei Wanda besorgen. Die liefern frei Haus, und ich kann es auf Ihre Hotelrechnung setzen.“

„Fein. Ich möchte ein richtiges Frühstück – Rührei, Wurst, Toast, Orangensaft. Ach ja, und fragen Sie, ob sie Cappuccino haben.“

„Bekommen Sie.“ Er übernahm die Aufgabe freudig und ernsthaft, als hätte sie ihm soeben einen offiziellen FBI-Auftrag erteilt.

Sie ging den Flur hinunter und blieb noch einmal stehen. „Wie heißen Sie eigentlich?“

Er sah überrascht auf. „Calvin. Calvin Tate.“

„Danke, Calvin.“

In ihrem Zimmer entledigte sie sich der schneebedeckten Schuhe und schälte sich aus der Hose. Sobald sie die Heizung höher gedreht hatte, zog sie Jacke und Bluse aus. Ihre Muskeln schmerzten vom Nacken bis zu den Waden. Sie rollte die verwundete Schulter, hielt inne, wartete bis der stechende Schmerz aufhörte, und versuchte es erneut.

Im Bad setzte sie sich auf den Wannenrand, drehte die Dusche auf und wartete, bis das Wasser warm war. Unterdessen blätterte sie ihre Nachrichten durch, die in zwei verschiedenen Handschriften notiert waren. Direktor Cunningham hatte sie um elf angeru-

196

fen. Keine Nachricht. Warum hatte er es nicht auf dem Handy probiert? Verdammt, daran hatte sie nicht gedacht! Sie musste es als verloren melden und Ersatz beantragen.

Drei Anrufe waren von Darcy McManus von Kanal Fünf gewesen. Das hatte den Mann vom Empfang offenbar beeindruckt, denn er hatte sie mit genauer Uhrzeit notiert. Sie hatte detailliert Anweisung gegeben, wann und wo sie angerufen werden wolle, und deshalb die Telefonnummer ihres Büros, ihres Handys und ihre Privatnummer hinterlassen, sowie eine E-Mail-Adresse. Zwei Anrufe gestern Abend stammten von Dr. Avery, dem Therapeuten ihrer Mutter, der um Rückruf bat.

Sie vermutete, dass der verschlossene Umschlag von der beharrlichen Miss McManus stammte. Hinter dem Duschvorhang quoll Wasserdampf hervor. Gewöhnlich war das Wasser in Hotels nur lauwarm. Sie stand auf, um die Temperatur einzustellen, hielt jedoch inne, als sie ihr Spiegelbild sah. Es verschwand rasch hinter einem Belag aus Kondenstropfen. Sie wischte ihn mit der flachen Hand fort und betrachtete ihre Schulter. Die dreieckigen roten Verletzungen traten auf der blassen Haut besonders lebhaft hervor. Sie löste Nicks Verband. Darunter kam eine große dreieckige Risswunde zum Vorschein, die noch blutete. Das würde eine Narbe geben. Na toll, passend zu der anderen.

Sie drehte sich und hob den unteren Teil ihres BHs an. Dort, unter der linken Brust begann die gerade erst verheilte andere Narbe. Sie verlief quer nach unten über den Bauch, ein Geschenk von Albert Stucky.

„Du hast Glück, dass ich dich nicht ganz aufschlitze", hörte sie ihn noch sagen, als die Messerschneide durch ihre Haut geglitten war, nur so tief, dass eine Narbe blieb. Sie hatte nichts gespürt, so betäubt und unter Schock war sie gewesen. Wahrscheinlich hatte sie schon mit dem Leben abgeschlossen gehabt.

197

„Du wirst noch leben", hatte er versprochen, „wenn ich anfange, deine Innereien zu essen."

Aber da hatte sie schon nichts mehr schockieren können. Sie hatte soeben zugesehen, wie er zwei Frauen bestialisch umbrachte und zerstückelte. Nein, er hätte nichts mehr tun können, um sie aus der Fassung zu bringen. Deshalb hatte er etwas hinterlassen, das sie dauerhaft an ihn erinnerte.

Ihr missfiel die Narbensammlung auf ihrem Körper, es reichte völlig, dass ihr Hirn bereits mit grausigen Bildern verseucht war.

Sie rieb sich das Gesicht, fuhr sich durch die Haare und betrachtete sich im Spiegel. Sie wirkte erschreckend schmal und zerbrechlich. Dabei hatte sich im Grunde nichts verändert. Sie war immer noch dieselbe entschlossene, mutige Frau, die vor acht Jahren in die Akademie eingetreten war. Vielleicht war sie ein wenig kampfmüde geworden, aber aus ihrem Blick sprach immer noch dieselbe Entschlossenheit wie damals. Daran hatte auch der durchlebte Horror nichts geändert. Albert Stucky hatte ihr zeitweilig einen Dämpfer verpasst, vergleichbar einer Straßenblockade, die man wegräumen oder umgehen musste, die einen aber nicht aufhielt.

Sie hakte den BH auf und ließ ihn zu Boden fallen. Als sie ihren Slip ausziehen wollte, erinnerte sie sich an den verschlossenen Umschlag auf den Notizzetteln am Waschbeckenrand. Sie riss ihn auf und zog eine Karteikarte heraus. Ein Blick auf die große Blockschrift, und ihr Puls beschleunigte sich. Schwankend wollte sie sich am Beckenrand festhalten, sank jedoch zu Boden. Nein, nicht schon wieder! Sie schlang die Arme um die angezogenen Knie und versuchte die beginnende Panikreaktion zu unterdrücken.

Dann las sie die Karte noch einmal.

BRAUCHT DEINE MUTTER AUCH BALD DIE LETZTE ÖLUNG?

40. KAPITEL

Es war noch früh und kaum Verkehr, deshalb ließ Nick den Jeep durch die Schneewehen schlittern und gleiten, wie er wollte. Die Straßenlaternen brannten noch, da Massen dicker Schneewolken die Sonne verbargen. Die Windschutzscheibe überfror bereits wieder. Er ließ heiße Luft dagegen blasen, obwohl er schon schwitzte. Er schaltete das Radio ein und drückte den Sendersuchlauf, bis er auf KRAP stehen blieb: „Nachrichten jeden Tag, den ganzen Tag".

Ihm graute davor, Michelle Tanner die Todesnachricht zu überbringen. Er sagte sich, dass er die Bilder der toten Jungen Matthew und Danny resolut verdrängen musste, sonst konnte er seine Arbeit nicht tun. Er dachte an Maggie. Noch nie in seinem an Liebeserfahrungen reichen Leben hatte er sich so angenehm unbehaglich gefühlt wie letzte Nacht. Maggie war dabei ihn umzukrempeln. Unglaublich, sie hatte sich ohne jede erotische Absicht an ihn gekuschelt, und das hatte ihn erst recht erregt.

Die Erinnerung daran, wie ihre Wange auf seiner Brust lag und ihr Atem über seine Haut strich, wurde er nicht mehr los. Er roch noch ihr Haar, spürte ihre Haut und hörte ihren Herzschlag. Welche Ironie, dass er ausgerechnet die Frau nicht haben konnte, die seine Gefühle wieder zum Leben erweckte.

Er schlingerte in Michelle Tanners Straße, als der Sprecher im Radio verkündete, Bürgermeister Rutledge sage wegen des starken, vermutlich noch den ganzen Tag andauernden Schneefalls die Halloween-Party ab.

„Glück gehabt, Bastard", raunte Nick schmunzelnd.

Er bog in die Zufahrt der Tanners und schlitterte fast auf einen Van auf. Erst als er vor der Tür stand, bemerkte er das Zeichen des KRAP-Nachrichtensenders auf dem Wagen, teilweise unter festgebackenem Schnee verborgen. Ihm wurde unbehaglich. Für ein einfaches Interview war es viel zu früh.

Am Haus klopfte er an die Fliegendrahttür. Als niemand antwortete, öffnete er sie und klopfte an die innere Tür.

Die wurde augenblicklich geöffnet. Eine kleine grauhaarige Frau machte eine Geste, er solle in den Wohnraum gehen. Dann eilte sie selbst hinein und setzte sich neben Michelle Tanner auf das Sofa. Ein großer Mann mit Halbglatze saß ihnen mit einem Kassettenrekorder gegenüber. Im Durchgang zur Küche hatte sich ein stämmiger Kerl mit Tonnenbrust, Bürstenhaarschnitt und dicken Unterarmen aufgebaut. Er wirkte vertraut. Und nach einem raschen Blick durch das Haus erkannte Nick, dass es der Ex-Mann, Matthews Vater, sein musste. Es standen immer noch Familienfotos mit den dreien aus glücklicheren Tagen herum.

Nick hörte Stimmen und das Klappern von Töpfen und Pfannen aus der Küche. Es roch nach frischem Kaffee und geschmolzenem Wachs. Auf dem Kaminsims brannten Kerzen neben einem großen Foto von Matthew und einem kleinen Kruzifix.

„Stimmt es?" Michelle Tanner sah Nick mit rotgeweinten Augen an. „Haben Sie gestern Nacht die Leiche gefunden?"

Alle Blicke waren abwartend auf ihn gerichtet. Herrgott, war das heiß hier drin! Er griff sich an den Krawattenknoten und lockerte ihn. „Woher wissen Sie das?"

„Ist das verdammt noch mal wichtig?" wollte Matthews Vater wissen.

„Douglas, bitte!" tadelte ihn die alte Dame. „Mr. Melzer hier vom Radiosender sagte, es hätte heute Morgen im *Omaha Journal* gestanden. Zweite Leiche gefunden, stand quer über der Frontseite."

Nick wusste, von wem der Artikel stammte, ohne ihn zu sehen, aber er hatte keine Zeit, sich zu ärgern. Vor Unbehagen war ihm die Kehle eng. Christine war ihm schon wieder zuvorgekommen! „Ja, es ist wahr", presste er hervor. „Tut mir Leid, dass ich nicht eher gekommen bin."

„Sie hinken immer ein paar Schritte hinterher, was, Sheriff?"

„Douglas!" tadelte die alte Dame.

„Ist er es?" fragte Michelle und sah Nick hoffend an.

Anscheinend brauchte sie seine offizielle Bestätigung, um es zu glauben. Er verabscheute das. Die Hände tief in den Jeanstaschen, sah er ihr in die Augen. „Ja, es ist Matthew."

Er hatte Trauer erwartet und war doch nicht vorbereitet. Michelle fiel der alten Frau weinend in die Arme, und sie wiegten sich vor und zurück. Aus der Küche kamen zwei Frauen, sahen Michelle und fielen einander ebenfalls weinend in die Arme. Melzer streifte Nick mit einem Seitenblick, nahm seine Ausrüstung und ging leise. Nick wollte ihm folgen, da er nicht wusste, was er sonst tun sollte. Douglas Tanner lehnte zornig mit geballten Händen an der Wand.

Plötzlich war er mit drei Schritten bei ihm. Nick sah den linken Haken nicht kommen, der ihn am Kinn traf und rückwärts gegen das Buchregal schleuderte. Die Bücher fielen heraus, purzelten auf ihn und dann zu Boden. Ehe Nick sein Gleichgewicht wieder fand, ging Douglas Tanner erneut auf ihn los und schlug ihm mit der Faust in den Magen. Nick rang nach Luft, strauchelte und sank auf die Knie. Die alte Frau schrie Douglas jetzt an. Das Getümmel ließ jedoch das kummervolle Weinen verstummen, da die Frauen es entsetzt verfolgten.

Kopfschüttelnd rappelte Nick sich wieder hoch. Als er verschwommen eine weitere Faust auf sich zukommen sah, packte er Tanner am Arm, aber anstatt zurückzuschlagen, stieß er ihn einfach weg. Wahrscheinlich verdiente er ja die Prügel.

Plötzlich sah er Metall aufblitzen, und Tanner griff wieder an. Er versuchte, auf ihn einzustechen, doch Nick sprang zur Seite und riss seine Waffe aus dem Holster. Tanner gefror, ein Jagdmesser geschickt in der Linken und einen Blick in den Augen, der verriet, dass er keine Skrupel kannte.

Die alte Frau stand vom Sofa auf, ging ruhig auf Tanner zu und nahm ihm das Messer aus der Faust. Dann überraschte sie alle, indem sie ihm ins Gesicht schlug.

„Verdammt, Mom, was soll das?" Douglas Tanner stand völlig perplex da, rot im Gesicht, die Hände an den Seiten herabhängend.

„Mir reicht's, dass du ständig schlägst. Ich habe lange genug tatenlos zugesehen. Du hast kein Recht, deine Familie oder Fremde so zu behandeln. Und jetzt entschuldige dich bei Sheriff Morrelli, Douglas!"

„Ich scheiß drauf! Wenn er seine Arbeit gemacht hätte, wäre Matthew vielleicht noch am Leben."

Nick rieb sich die Augen, sah jedoch weiterhin verschwommen. Er merkte, dass seine Lippe blutete, und wischte sie mit dem Handrücken. Während er seine Waffe einsteckte, lehnte er sich gegen das Buchregal und hoffte, das Klingeln im Kopf höre auf.

„Douglas, entschuldige dich! Möchtest du wegen Angriffs auf einen Polizeibeamten festgenommen werden?"

„Er muss sich nicht entschuldigen", sagte Nick und wartete, dass der Raum aufhörte sich zu drehen und seine Beine ihn wieder trugen. „Mrs. Tanner", fuhr er fort, stieß sich vom Buchregal ab und bemerkte dankbar, dass er sie trotz des Schwindels nicht doppelt sah. „Ich bedaure Ihren Verlust zutiefst. Und ich entschuldige mich, dass ich bis heute Morgen mit der Nachricht gewartet habe. Es geschah nicht aus mangelndem Respekt. Ich hielt es nur für besser, es Ihnen zu sagen, wenn Sie von Familie und Freunden umgeben sind, anstatt mitten in der Nacht an Ihre Tür zu klopfen. Ich verspreche Ihnen, wir finden den Mann, der Matthew das angetan hat."

„Da bin ich sicher, Sheriff", sagte Douglas Tanner. „Aber wie viele Jungen werden vorher noch ermordet?"

41. KAPITEL

Niemand musste es ihm sagen. Timmy wusste es einfach. Matthew war tot, so wie Danny Alverez. Deshalb waren Onkel Nick und Agentin O'Dell gestern Abend plötzlich gegangen. Deshalb hatte seine Mom ihn so früh zu Bett geschickt. Und deshalb war sie fast die ganze Nacht aufgeblieben und hatte auf ihrem neuen Laptop einen Artikel für die Zeitung geschrieben.

Er stieg früh aus dem Bett und hörte im Radio die Meldungen, welche Schulen geschlossen blieben. Es waren mindestens fünfzehn Zentimeter Schnee gefallen, und es schneite immer noch. Fantastischer Schnee, um mit Reifen zu rodeln, aber seine Mom hatte ihm verboten, etwas anderes als seinen alten langweiligen Plastikschlitten zu nehmen. Er war hell orange und fiel im Schnee auf wie ein Notarztwagen.

Er fand sie auf dem Sofa schlafend, eingerollt wie ein Ball und in Grandma Morrellis alte Decke gewickelt. Sie hatte die Fäuste unter das Kinn gestopft und wirkte völlig erledigt. Deshalb ließ er sie schlafen und schlich auf Zehenspitzen in die Küche.

Er stellte einen Nachrichtensender ein und nicht mehr diese sanfte Hintergrundmusik, die seine Mom liebte. Sie nannte das „Soft Rock". Manchmal benahm sie sich wirklich sehr alt. Der Sprecher las bereits die Liste der geschlossenen Schulen, und Timmy drehte die Lautstärke auf, um trotz der Frühstücksvorbereitungen etwas zu hören.

Anstatt sich einen Stuhl heranzuziehen, stellte er sich auf die unteren beiden Schrankschubladen, um an die Schüsseln zu gelangen. Er war es leid, so klein zu sein. Er war der kleinste Junge in der Klasse, sogar einige Mädchen überragten ihn. Onkel Nick hatte ihm gesagt, dass er wahrscheinlich einen Wachstumsschub machte und alle überholte. Doch für die nächste Zeit glaubte er nicht recht daran.

Überrascht entdeckte er eine noch geschlossene Packung „Cap'n Crunch" zwischen den „Cheerios" und Rosinen-Nüssen. Entweder war es ein Sonderangebot gewesen oder seine Mom hatte sich vergriffen. Sie kaufte ihm nie das gute Zeug. Er öffnete rasch die Packung, ehe sie ihren Irrtum bemerkte, und schüttete sich das Schälchen voll, bis es überquoll. Den Überschuss mampfte er trocken, um Platz für die Milch zu schaffen. Während er sie darübergoss, hörte er den Sprecher sagen: „In Platte City bleiben Grundschule und High School geschlossen."

„Ja!" stieß er leise aus und bremste seine Begeisterung, um keine Milch zu verschütten. Da morgen und übermorgen Lehrerversammlung war, hatten sie fünf Tage frei. Mensch, ganze fünf Tage! Der Campingausflug fiel ihm ein, und seine Freude bekam einen Dämpfer. Würde Pater Keller den Ausflug wegen des Schnees absagen? Er hoffte nicht.

„Timmy?" Seine Mutter kam in Großmutters Decke eingewickelt barfuß in die Küche. Sie sah lustig aus mit ihrem wirren Haar und den verschlafenen Augen. „Bleibt die Schule geschlossen?"

„Ja. Fünf Tage frei." Er setzte sich und nahm einen Löffel voll, ehe sie die Packung Cap'n Crunch bemerkte. „Glaubst du, dass wir trotzdem zum Camping fahren?" fragte er mit vollem Mund und nutzte den Umstand, dass sie zu müde war, seine Manieren zu korrigieren.

Sie ging hin und her, füllte die Kaffeemaschine und stolperte fast über die noch aufgezogenen Schubladen. Sie stieß sie mit dem Fuß zu, ohne zu schimpfen.

„Ich weiß nicht, Timmy. Immerhin haben wir erst Oktober.

Morgen könnte es schon wieder warm sein, und der Schnee ist weg. Was sagt denn der Wetterdienst im Radio?"

„Bisher haben sie nur gemeldet, welche Schulen geschlossen bleiben. Es wäre echt cool, im Schnee zu campen."

„Es wäre echt kalt und dumm, im Schnee zu campen."

„Ach Mom, hast du denn keine Abenteuerlust?"

„Nicht, wenn du anschließend mit Lungenentzündung flach liegst. Du bist auch so schon oft genug krank und lädiert."

Er wollte sie darauf hinweisen, dass er seit letztem Winter nicht mehr krank gewesen war, aber dann hätte sie vielleicht mit seinen Prellungen vom Fußballspielen gekontert.

„Ist es okay, wenn ich heute mit ein paar Jungs zum Rodeln gehe?"

„Du musst dich warm anziehen, und du benutzt nur deinen Schlitten. Keine Reifen."

Die Liste der geschlossenen Schulen war endlich verlesen, und die Nachrichten begannen. „Laut einem Artikel des *Omaha Journal* wurde gestern Abend am Platte River eine weitere Jungenleiche gefunden. Wie das Büro des Sheriffs soeben bestätigt, handelt es sich bei dem Toten um Matthew Tanner, der ..."

Seine Mom schaltete das Radio aus, und im Raum war es totenstill. Sie drehte ihm den Rücken zu und schien sich für etwas vor dem Fenster zu interessieren. Die Kaffeemaschine brummte und begann ihr rhythmisches Gurgeln. Timmys Löffel schlug gegen sein Schälchen. Der Kaffee roch gut. Ehe das Aroma nicht die Küche durchzog, schien gar nicht Morgen zu sein.

„Timmy." Seine Mom kam um den Tisch herum und setzte sich ihm gegenüber. „Der Mann im Radio hat Recht. Sie haben Matthew gestern Abend gefunden."

„Ich weiß", erwiderte er und aß weiter, obwohl es ihm plötzlich nicht mehr so gut schmeckte.

„Du weißt? Aber woher denn?"

„Ich habe es mir gedacht, weil Onkel Nick und Agentin O'Dell gestern Abend so eilig wegmussten. Und weil du die ganze Nacht durchgearbeitet hast."

Sie langte herüber und strich ihm das Haar aus der Stirn. „Mein Gott, du wirst so schnell groß."

Sie streichelte ihm die Wange. In der Öffentlichkeit hätte er ihr dafür auf die Finger geschlagen, aber hier war es okay. Es gefiel ihm sogar irgendwie.

„Woher hast du die Cap'n Crunch?"

„Die hast du gekauft. Sie standen bei den anderen Cornflakes." Er gab sich noch etwas davon in sein Schälchen, das noch nicht leer war, nur für den Fall, dass sie ihm die Packung wegnehmen sollte.

„Ich muss sie versehentlich gegriffen haben."

Der Kaffee war fertig. Sie stand auf, ließ die Decke über der Stuhllehne liegen und die Packung auf dem Tisch.

„Mom, wie fühlt es sich an, tot zu sein?"

Sie verschüttete Kaffee auf der Arbeitsplatte und schnappte sich ein Handtuch, um die Pfütze aufzutupfen, damit sie nicht auf den Boden floss.

„Entschuldige", sagte er, als er merkte, dass seine Frage ihre Ungeschicklichkeit ausgelöst hatte. Manche Sachen brachten Erwachsene ganz schön durcheinander.

„Ich weiß es wirklich nicht, Timmy. Das ist wahrscheinlich eine gute Frage für Pater Keller."

42. KAPITEL

Das Frühstück, das Maggie bei Wanda bestellt hatte, stand unangetastet auf dem kleinen Tisch. Es war in einer Isolierpackung geliefert worden, war auf Porzellan serviert und mit Edelstahlhauben abgedeckt. Dampf war vom Teller aufgestiegen, als der Portier stolz die Haube gehoben hatte, als hätte er es selbst zubereitet. Sie wurde zur Stammkundin in Wandas Küche, ohne je einen Fuß in ihr Lokal zu setzen.

Goldgelbe Eier, gebutterter Toast und Wurstscheiben dufteten lecker, doch sie hatte den Appetit verloren. Er war ihr wohl auf dem Badezimmerboden bei dem Versuch abhanden gekommen, ihre Angst zu unterdrücken. Lediglich ihren Cappuccino rührte sie an. Ein Schluck, und sie dankte Wanda für ihre Umsicht, in eine gute Cappuccinomaschine zu investieren.

Ihr Laptop nahm die andere Seite des Tisches, nah an der Wand ein. Dank eines kürzlich dort installierten Internetmodems konnte das Hotel Geschäftsreisende umwerben. Sie ging langsam im Zimmer hin und her, während ihr Laptop sie über die neue Leitung mit der allgemeinen Datenbank in Quantico verband. Zugang zu Geheiminformationen bekam sie so nicht. Das FBI misstraute zu Recht der Datensicherheit von Modems. Sie waren bevorzugtes Angriffsziel von Hackern.

Sie hatte bereits mehrere Telefonate mit Dr. Avery getätigt. Wegen des altmodischen Telefonapparates war sie dabei ans Bett gebunden gewesen und konnte nicht wie üblich hin und her gehen.

In Jeans und ihrem alten Packers-Trikot, das sie nach dem Duschen angezogen hatte, streckte sie sich erschöpft wieder auf der harten Matratze aus. Ihre letzten Kraftreserven hatte sie mobilisiert, um sich von der Botschaft des Täters nicht ins Bockshorn jagen zu lassen. Solche Botschaften bekam sie nicht zum ersten Mal. Meistens waren sie harmlos und gehörten zum Job. Wenn sie einen Täter auszuforschen versuchte, musste sie damit rechnen, dass er dasselbe bei ihr probierte.

Albert Stuckys Botschaften waren nicht harmlos gewesen.

Du musst das Trauma Stucky endlich überwinden! sagte sie

sich. Er sitzt hinter Gittern und bleibt dort bis zur Hinrichtung. Du bist in Sicherheit!

Wenigstens war diese Mitteilung nicht von abgeschnittenen Fingern oder Brustspitzen begleitet gewesen. Außerdem hatte sie den Brief bereits ordentlich verpackt per Express ins Labor von Quantico abgeschickt. Vielleicht hatte der Absender durch hinterlassene Fingerabdrücke oder Speichelspuren seinen eigenen Haftbefehl ausgestellt.

Heute Abend würde sie bereits im Flugzeug Richtung Heimat sitzen, und dieser kranke Bastard bekam keine Chance mehr, sein mieses Spiel mit ihr zu treiben. Ihre Aufgabe war erfüllt, sogar gründlicher als verlangt. Warum hatte sie dann das Gefühl, wegzulaufen? Weil es in Wahrheit eine Flucht war. Sie musste Platte City, Nebraska, verlassen, ehe der Killer ihrer bereits angeschlagenen Psyche den Rest gab. Auf dem Badezimmerboden kauernd war ihr das bewusst geworden.

Sie musste umgehend abreisen, heute noch – solange sie sich als Herrin der Lage betrachtete. Sie würde noch ein paar Spuren zusammenfügen und sich dann aus dem Staub machen, ehe sie zu zerbrechen begann.

Sie wollte noch rasch ein Telefonat erledigen, während sie wartete, dass der Computer sie mit der anderen Leitung verband. Sie fand die entsprechende Nummer, wählte und bald meldete sich eine tiefe Männerstimme: „Pastorat St. Margaret."

„Pater Francis bitte."

„Wen soll ich melden?"

Sie war nicht sicher, ob die Stimme Ray Howard gehörte. „Hier ist Spezialagentin Maggie O'Dell. Spreche ich mit Mr. Howard?"

Es entstand eine kurze Pause. Anstelle einer Antwort sagte er: „Einen Moment bitte."

Es dauerte einige Momente, und sie sah auf ihren Monitor. Die Verbindung war endlich hergestellt. Das königsblaue Logo von Quantico blinkte auf.

„Maggie O'Dell, was für eine Freude, mit Ihnen zu sprechen", meldete sich Pater Francis' mit seiner hohen Singsangstimme.

„Pater Francis, ich würde Ihnen gern noch einige Fragen stellen."

„Ja, natürlich." Es gab ein leises Klicken.

„Pater Francis?"

„Ich bin noch da."

Und außer ihm noch jemand. Sie stellte die Frage trotzdem. Sollte der Lauscher nur schwitzen. „Was können Sie mir über das Sommerlager der Kirche erzählen?"

„Das Sommerlager? Das ist eigentlich Pater Kellers Projekt. Sie sollten mit ihm darüber sprechen."

„Ja, natürlich. Das werde ich. War das Sommerlager seine Initiative, oder veranstaltete St. Margaret es schon immer?"

„Pater Keller begann damit, als er hier anfing. Ich glaube, das war im Sommer 1990. Es wurde sofort ein Erfolg. Natürlich hatte er Übung, er hatte schon in seiner vorherigen Gemeinde Sommerlager veranstaltet."

„Wirklich? Wo war das?"

„Oben in Maine. Warten Sie, gewöhnlich habe ich ein gutes Gedächtnis. Irgendwas mit Wood. Wood River. Ja, Wood River in Maine. Wir hatten Glück, Pater Keller zu bekommen."

„Ja, da bin ich mir sicher. Ich freue mich schon darauf, mit ihm zu sprechen. Danke für Ihre Hilfe, Pater."

„War das bereits alles, Agentin O'Dell?"

„Ja, Sie waren sehr hilfreich."

„Ich fragte mich gerade, ob Sie die Antworten auf Ihre Fragen zu Ronald Jeffreys gefunden haben."

Sie zögerte und wollte nicht unhöflich sein. Aber sie mochte darüber nicht sprechen, solange jemand lauschte. „Ja, ich denke, wir haben die Antworten gefunden. Danke noch mal für Ihre Hilfe."

„Agentin O'Dell." Er klang ernst und besorgt. „Ich habe vielleicht noch zusätzliche Informationen, obwohl ich nicht weiß, wie wichtig sie sind."

„Pater Francis, ich kann jetzt nicht sprechen. Ich erwarte einen dringenden Telefonanruf", unterbrach sie ihn, ehe er noch mehr preisgeben konnte. „Könnten wir uns vielleicht später treffen?"

„Ja, das wäre schön. Ich habe heute Morgen einige Beichten abzunehmen, und am Nachmittag mache ich meine Runde durch das Krankenhaus. Ich werde also erst nach vier Uhr Zeit haben."

„Zufällig bin ich heute Nachmittag auch im Krankenhaus. Vielleicht können wir uns um Viertel nach vier in der Cafeteria treffen?"

„Ich freue mich darauf. Auf Wiedersehen, Maggie O'Dell."

Sie wartete, dass er auflegte, und hörte ein zweites Klicken. Kein Zweifel, jemand hatte mitgehört.

43. KAPITEL

Nick stürmte ins Sheriff Department und knallte die Tür so heftig zu, dass der Glaseinsatz klirrte. Alle erstarrten in ihrer jeweiligen Tätigkeit und sahen ihn an, als hätte er den Verstand verloren. So fühlte er sich auch.

„Alle mal herhören!" rief er, um das Klingeln in seinen Ohren zu übertönen. Er wartete, bis auch die Mitarbeiter aus dem Konferenzraum mit Kaffeebechern und glasierten Doughnuts herüberschlenderten. „Dringt aus dieser Abteilung noch ein einziges Mal eine vertrauliche Information nach draußen, trete ich dem Verantwortlichen persönlich in den Hintern und sorge dafür, dass er nie mehr bei der Polizei arbeitet!"

Sein Kiefer schmerzte, besonders, wenn er die Zähne zusammenbiss. Mit der Zungenspitze ertastete er an einem Zahn eine scharfe Kante. Sein Mundwinkel blutete wieder, und er wischte ihn mit dem Hemdsärmel. „Lloyd, du überprüfst mit ein paar Männern jede verlassene Hütte im Umkreis von zehn Meilen um die Old Church Road. Er hält die Jungen ja irgendwo fest. Vielleicht nicht hier in der Stadt. Hal, du findest alles über einen Ray Howard heraus. Er ist Küster in der Kirche. Ich will alles über ihn wissen, Herkunft, Kindheit, Schuhgröße und ob er Baseballkarten sammelt. Eddie, du fährst zu Sophie Krichek."

„Nick, das kann nicht dein Ernst sein. Die Frau ist verrückt!"

„Ich bin todernst, Eddie."

Der zuckte nur die Achseln und lächelte unter seinem dünnen Oberlippenbart, dass es Nick wütend machte.

„Du erledigst das sofort, und beachte jedes Detail!" Ehe weitere Einwände kamen, fuhr er fort: „Adam, ruf George Tillie an und sag ihm, Agentin O'Dell assistiert ihm heute Nachmittag bei Matthews Autopsie. Dann rufst du Agent Weston an und lässt dir die Beweise geben, die sein forensisches Team gesammelt hat. Ich will Fotos und Berichte um ein Uhr auf meinem Tisch haben!"

„Lucy, finde alles über die Sommerlager heraus, die von St. Margaret veranstaltet werden. Nimm Max dazu und seht nach, ob ihr Aaron Harper und Eric Paltrow mit dem Lager in Verbindung bringen könnt."

„Was ist mit Bobby Wilson?" Sie sah von ihren Notizen auf.

Er machte eine Pause, blickte reihum in die Gesichter und fragte sich, wer der Judas war – falls er noch zum Department gehörte. Vor sechs Jahren hatte sich jemand die Mühe gemacht, es so aussehen zu lassen, als hätte Ronald Jeffreys alle drei Jungen umge-

211

bracht. Jemand hatte Eric Paltrows Unterhose aus dem Leichenschauhaus geholt und in Jeffreys Kofferraum gelegt, zusammen mit anderen belastenden Beweisen, die ihn mit den drei Morden in Verbindung brachten. Es konnte jemand aus dem Sheriff Department gewesen sein. Und wenn, sollte der Bastard zittern.

„Wenn ich etwas von dem, was ich jetzt sage, morgen in der Zeitung lese … ich schwöre, ich feuere euch alle! Ronald Jeffreys hat vermutlich nur Bobby Wilson ermordet. Sehr wahrscheinlich hat der Mörder von Danny und Matthew auch bereits Eric und Aaron umgebracht." Er beobachtete seine Mitarbeiter, während ihnen die Bedeutung klar wurde – besonders diejenigen, die mit seinem Vater gearbeitet und den Erfolg gefeiert hatten.

„Was sagst du da, Nick?" Lloyd Benjamin war einer von denen und sah ihn mit zornig gefurchter Stirn an. „Soll das heißen, wir haben den ersten Fall versaut?"

„Nein Lloyd, ihr habt ihn nicht versaut. Ihr habt Jeffreys gefasst, und er war ein Mörder. Aber es sieht so aus, als gingen nicht alle drei Jungen auf sein Konto."

„Sind das deine Gedanken, Nick, oder die von Agentin O'Dell?" fragte Eddie Gillick wieder mit einem verschlagenen Lächeln.

Nick beherrschte seine Wut. Er würde hier nicht seine Beziehung zu Maggie rechtfertigen. Außerdem war er nicht sicher, dass er das konnte, ohne sich in seinen Gefühlen zu verheddern. Zudem wollte er zum Fall Jeffreys nicht zu viel preisgeben, solange er die Loyalität seiner Mitarbeiter anzweifelte.

„Ich sagte, wahrscheinlich hat er auch Eric und Aaron umgebracht. Ob es nun stimmt oder nicht, sorgen wir dafür, dass der Täter kein zweites Mal davonkommt." Er schob sich an Eddie vorbei, stieß ihm gegen die Schulter und entließ seine Gruppe. Lloyd holte ihn im Flur vor seiner Bürotür ein.

„Nick, warte!" Mit seinen kurzen stämmigen Beinen musste Lloyd laufen, um mit ihm Schritt zu halten. Er atmete schwer und lockerte sich die Krawatte. „Ich habe das eben nicht böse gemeint und Eddie auch nicht. Aber diese Sache belastet uns alle sehr, so wie damals."

„Schon okay, Lloyd."

„Und was das Überprüfen der alten Hütten angeht ... da draußen gibt es nicht mehr viel, was wir noch überprüfen können. Auf Woodsons Grundstück gibt es eine alte Scheune, die fast zusammenfällt. Außer einem Anlehnschuppen oder einer alten Kornkammer ist da nichts mehr. Nur die alte Kirche natürlich, aber die ist mit Brettern vernagelt und verschlossener als eine Jungfrau am Sonntag."

Nick runzelte die Stirn über den Vergleich.

„Entschuldige", sagte Lloyd, obwohl er nicht so aussah, als täte es ihm Leid. „Du bist in letzter Zeit schrecklich empfindlich. O'Dell ist nicht mal hier."

„Überprüft die Kirche noch mal, Lloyd. Achtet auf zerbrochene Fenster, Fußabdrücke oder andere neuere Spuren."

„Zum Teufel, bei dem heftigen Schneefall werden wir keine Fußspuren finden."

„Überprüf es einfach, Lloyd."

Nick zog sich in sein Büro zurück. Er war bereits erledigt, und der Morgen hatte erst angefangen. Nach wenigen Sekunden klopfte es an die Tür. Er ließ sich in seinen Sessel fallen und rief „Herein!"

Lucy steckte den Kopf zur Tür herein und prüfte seine Stimmung. Er winkte sie heran, und sie brachte einen Eisbeutel und eine Tasse Kaffee.

„Was ist bloß mit dir passiert, Nick?"

„Frag nicht."

Sie kam um den Schreibtisch herum, setzte sich schräg auf die Kante, und ihr Rock schob sich den Schenkel hinauf. Sie sah, dass er es bemerkte, und traf keine Anstalten, den Rock herunterzuziehen. Stattdessen umfasste sie sein Kinn und legte ihm den Eisbeutel auf den geschwollenen Kiefer. Nick zuckte zurück und nahm den Schmerz als Vorwand, sich ihr zu entziehen.

„Oh, du armer Nick. Ich weiß, es tut weh", tröstete sie, als spräche sie mit einem Baby.

Heute trug sie einen rosa Pullover, der über den Brüsten so sehr spannte, dass darunter ein schwarzer BH sichtbar wurde. Sie beugte sich zu ihm vor, und Nick sprang auf.

„Ich brauche keinen Eisbeutel, es geht mir gut. Aber danke für die Mühe."

Sie schien enttäuscht. „Ich lasse ihn in deinem kleinen Kühlschrank, falls du ihn später haben möchtest." Sie durchquerte den Raum, bückte sich zu dem kleinen Gerät am Boden und verschaffte Nick einen guten Ausblick auf ihre Reize. Nachdem sie den Eisbeutel in das Gefrierfach gelegt hatte, drehte sie sich um, als wolle sie prüfen, ob er seine Meinung geändert habe, lächelte und ging hüftschwingend zur Tür hinaus.

„Großer Gott!" murrte Nick und ließ sich wieder in den Sessel fallen. Was für eine Abteilung hatte er sich hier geschaffen? Michelle Tanners wütender Ex-Mann hatte Recht. Kein Wunder, dass er dem Mörder noch keinen Schritt näher war.

44. KAPITEL

Pater Francis sammelte die Zeitungsausschnitte ein und schob sie in seine Ledermappe. Er hielt inne, hob die Hände und betrachtete die braunen Flecken, die hervortretenden blauen Adern und das Zittern, das so selbstverständlich geworden war.

Seit Ronald Jeffreys' Hinrichtung waren drei Monate vergangen. Drei Monate, seit er dem Geständnis des wahren Mörders gelauscht hatte. Er konnte nicht mehr schweigen. Bei einem Mordgeständnis konnte er das Beichtgeheimnis nicht länger wahren. Vielleicht half seine Information nicht weiter, aber er tat wenigstens das Richtige.

Er schlurfte den Korridor hinunter zur Kirche, und der Widerhall seiner Schritte von den majestätischen Wänden war das einzige Geräusch. Am Beichtstuhl wartete niemand. Es würde ein ruhiger Morgen werden. Trotzdem nahm er im Beichtstuhl Platz.

Nach wenigen Minuten öffnete sich die Tür zu der kleinen Kammer nebenan. Pater Francis richtete sich auf und stützte den Ellbogen auf das Sims, damit er sich näher zum Gitterfenster lehnen konnte, das die Kammern trennte.

„Segne mich, Vater, denn ich habe wieder getötet."

O mein Gott! Vor Entsetzen presste es dem alten Mann die Brust zusammen. Er konnte kaum atmen. Plötzlich war in der Kammer nur heiße, abgestandene Luft, und die Ohren dröhnten ihm. Pater Francis versuchte durch das dichte Gitterwerk zu sehen, erkannte jedoch nur eine dunkle, zusammengekauerte Gestalt.

„Ich habe Danny Alverez und Matthew Tanner getötet. Ich bereue diese Sünden aufrichtig und bitte um Vergebung."

Die Stimme war verstellt, kaum hörbar, als spräche der Mann durch eine Maske. Pater Francis versuchte sie zuzuordnen.

„Wie lautet meine Strafe?" wollte die Stimme wissen.

Wie sollte er sprechen, wo er doch kaum atmen konnte?

„Wie kann ..." Es war schwer, die Brust tat ihm weh. „Wie könnte ich dir die Absolution von diesen schrecklichen Sünden erteilen, wenn du doch nur vorhast, sie wieder zu begehen?"

„Nein, n-nein, Sie verstehen nicht. Ich bringe Ihnen doch nur Frieden!" stammelte er.

Auf eine Konfrontation war er nicht gefasst gewesen, wie Pater Francis mit Genugtuung feststellte. Er war gekommen, sich Absolution und Strafe abzuholen. „Ich kann dir keine Absolution erteilen, wenn du vorhast, die Sünden zu wiederholen."

Die entschlossene Weigerung des Paters überraschte ihn. „Sie müssen. Es ist Ihre Pflicht!"

„Ich habe dir schon einmal die Absolution erteilt, und du hast das Sakrament verhöhnt, indem du dieselbe Sünde nicht nur einmal, sondern gleich zweimal wiederholt hast."

„Ich bereue meine Sünden aufrichtig und erbitte Vergebung von Gott", versuchte er es erneut und betete die Phrase mechanisch herunter wie ein Kind, das ein Gedicht auswendig lernt.

„Du musst deine Reue beweisen", erwiderte Pater Francis und fühlte sich plötzlich mächtig. Vielleicht konnte er diesen dunklen Schatten so beeinflussen, dass er sich seinen Untaten stellte und damit aufhörte. „Du musst deine Reue zeigen."

„Ja, ja, das werde ich. Sagen Sie mir nur, wie meine Strafe lautet."

„Geh, beweise deine Reue, und komm in einem Monat wieder."

Schweigen.

„Sie erteilen mir nicht die Absolution?"

„Wenn du bewiesen hast, dass du die Absolution wert bist, weil du nicht mehr tötest, werde ich mir überlegen, sie dir zu erteilen. Komm in einem Monat wieder."

Stille, doch der Schatten traf keine Anstalten zu gehen. Pater Francis drängte sich näher an das Gitter, um in die dunkle Kammer zu sehen. Ein Schmatzlaut, dann ein Zischen, als eine Speichelfontäne durch das Gitter flog, ihm mitten ins Gesicht.

„Wir sehen uns in der Hölle, Pater!"

Die tiefe drohende Stimme ließ Pater Francis schaudern. Er hielt sich an dem kleinen Sims fest und umklammerte die Bibel. Obwohl ihm der klebrige Speichel vom Kinn tropfte, konnte er sich nicht überwinden, ihn abzuwischen. Als er hörte, wie nebenan die Tür aufging und der Schatten verschwand, war er noch so gelähmt, dass er nicht versuchte, ihm zu folgen oder ihm nachzusehen.

Er saß nur da … stundenlang, wie ihm schien. Glücklicherweise kam niemand mehr. Der Schneefall hielt weitere Sünder fern. Das hieß aber auch, niemand hatte die Schattengestalt den Beichtstuhl betreten oder verlassen sehen.

Allmählich wurde sein Herzschlag normal, und er konnte freier atmen. Er fingerte ein Taschentuch heraus und wischte sich das Gesicht, wobei seine Hände heftiger zitterten als sonst. Sich an den Wänden der kleinen Kammer abstützend, hievte er sich aus dem harten Stuhl hoch und stand auf wackeligen Knien. Er nahm Ledermappe und Bibel und trat vorsichtig aus dem Beichtstuhl. Draußen vor der Kirche lachten Kinder. Vermutlich überquerten sie den Parkplatz, um Cuttys Hügel hinunterzurodeln. Wenigstens waren sie in Gruppen unterwegs.

Schlurfend ging er den Mittelgang hinunter zum Kirchenportal und stützte sich dabei an jeder Bankreihe ab. Angst und Entsetzen hatten ihm die Energie geraubt. Er würde Maggie O'Dell von diesem morgendlichen Besuch erzählen. Der Entschluss gab ihm Kraft. Sein Schuldgefühl wurde bereits geringer, ja es war die richtige Entscheidung. Im Gang von der Kirche zum Pastorat fühlten sich seine Schritte sogar leichter an. Der Schmerz in der Brust wandelte sich in schiere Verärgerung.

Auf dem Weg zum Büro bemerkte er, dass jemand die Tür zum Weinkeller offen gelassen hatte. Er blieb an der Tür stehen, spähte die dunklen Stufen hinab und roch die dumpfe Feuchtigkeit. Ein kühler Luftzug ließ ihn frösteln. War dort ein Schatten? Kauerte da jemand in der Ecke?

Er betrat die erste Stufe und hielt sich mit zitternden Händen am Geländer fest. Bildete er sich das ein, oder hockte da jemand zwischen gestapelten Weinkisten und Betonwand?

Er beugte sich vor trotz schwacher Knie. Die Gestalt hinter ihm sah er nicht. Er spürte nur den heftigen Stoß, der ihn kopfüber die Stufen hinabsandte. Sein gebrechlicher Körper krachte gegen die Wand, dann rollte er hinab. Er war noch bei Bewusstsein, als er die Stufen eine nach der anderen knarren hörte. Schmerzgeplagt nahm er entsetzt wahr, wie jemand langsam die Treppe herunterkam. Er öffnete den Mund, um zu schreien, und brachte nur ein Stöhnen heraus. Er konnte sich nicht bewegen und nicht weglaufen. Sein rechtes Bein brannte wie Feuer und war in einem unnatürlichen Winkel unter ihm abgeknickt. Die letzte Stufe knarrte gleich über ihm. Er hob den Kopf und sah noch, wie weiße Leinwand auf sein Gesicht niederkam. Dann wurde es dunkel.

45. KAPITEL

Christine ließ sich Wandas hausgemachte Hühnernudelsuppe und dazu knusprige Butterbrötchen schmecken. Corby hatte ihr den Morgen freigegeben, aber sie hatte ihr Notizbuch mitgebracht und sich einige Ideen für den morgigen Artikel aufgeschrieben. Es war noch früh, und die Mittagsgäste trudelten erst langsam ein. Deshalb hatte sie in der hinteren Ecke des Lokals eine Nische für sich. Sie saß am Fenster und beobachtete die wenigen Passanten durch den Schnee stapfen.

Timmy hatte angerufen und gefragt, ob er mit seinen Freunden am Mittag mit Pater Keller im Pastorat essen dürfe. Der Priester hatte sich beim Rodeln an Cuttys Hügel zu ihnen gesellt. Und als Trostpflaster für das unvermeidliche Absagen des Campingausfluges hatte er die Jungs zu gerösteten Hot Dogs und Marschmallows am riesigen Kamin des Pastorats eingeladen.

„Großartige Artikelserie, Christine", lobte Angie Clark, während sie ihr frischen Kaffee nachschenkte.

Überrascht schluckte Christine einen Bissen warmes Brot hinunter. „Danke." Sie lächelte und wischte sich mit der Serviette den Mund. „Die Brötchen deiner Mutter sind die Besten weit und breit."

„Ich sage ihr immer wieder, wir sollten ihre Backwaren verpackt außer Haus verkaufen. Sie fürchtet allerdings, dass die Leute dann nicht mehr zum Essen ins Lokal kommen."

Angie war der kreative Kopf im Geschäft der Mutter. Da sie das kleine Lokal nicht ausbauen konnten, hatte Angie vorgeschlagen, sie sollten ihren Lieferservice ausdehnen. Nach nur sechs Monaten mussten sie einen zweiten Koch einstellen und unterhielten zwei Vans und zwei Fahrer, ohne Einbußen für das üblicherweise hektische Frühstücks-, Mittags- und Abendgeschäft im Lokal.

Manchmal fragte Christine sich, warum Angie in Platte City geblieben war. Sie hatte offenbar einen klugen Kopf, Geschäftssinn und einen Aufsehen erregenden Körper. Aber nach nur zwei Jahren an der Uni und nach einer angeblichen Affäre mit einem verheirateten Senator war sie zu ihrer verwitweten Mutter zurückgekehrt.

„Wie geht es Nick?" erkundigte sie sich, während sie vorgab, das Silberbesteck am Nachbartisch zu arrangieren.

„Im Moment ist er vermutlich wieder sauer auf mich. Er war nicht begeistert von meinen Artikeln." Das war zweifellos nicht die Antwort, die Angie hören wollte, doch sie hielt sich schon lange aus dem Liebesleben ihres Bruders heraus.

219

„Wenn du ihn siehst, grüß ihn von mir."

Arme Angie. Nick hatte sich vermutlich seit Beginn der Mordserie nicht mehr bei ihr gemeldet. Obwohl er es leugnete, galten seine Gedanken eindeutig der schönen, unerreichbaren Maggie O'Dell. Vielleicht wurde diesmal ihm das Herz gebrochen, und er bekam zu spüren, was er anderen antat.

Sie beobachtete, wie Angie zwei stämmige Bauarbeiter begrüßte, die hereinkamen und ihre Jacken, Hüte und Overalls ablegten. Warum war Nick ein solcher Frauenschwarm? Sie hatte das nie verstanden und staunend beobachtet, wie er ohne Erklärung und ohne Zögern von einer zur anderen wanderte. Er war ein gut aussehender, charmanter Filou. Sie war sicher, dass Angie ihn mit offenen Armen aufnehmen würde, auch wenn er sich monatelang nicht bei ihr meldete.

Sie trank ihren dampfenden Kaffee und notierte: „Bericht des Gerichtsmediziners". George Tillie war ein alter Freund der Familie. Er war jahrelang zusammen mit ihrem Dad auf die Jagd gegangen. Vielleicht konnte George ihr neue Informationen geben. Soweit sie es mitbekam, traten die Ermittlungen auf der Stelle.

Plötzlich wurde die Lautstärke am Fernseher in der Ecke aufgedreht. Sie sah auf, und Wanda winkte ihr zu. „Christine, hör dir das an."

Bernard Shaw von CNN hatte soeben Platte City, Nebraska, erwähnt. Eine Grafik hinter ihm zeigte die genaue Lage, während Shaw von einer Reihe bizarrer Morde berichtete. Eingeblendet wurde ihre Schlagzeile vom Sonntag: TOTER SERIENKILLER HÄLT GEMEINDE MIT JUNGENMORD IN ATEM, während Bernard die Morde und Jeffreys Mordserie vor sechs Jahren beschrieb.

„Laut einer dem Büro des Sheriffs nahestehenden Quelle gibt

es keine heißen Spuren. Der einzige Verdächtige sei ein vor drei Monaten bereits hingerichteter Mörder."

Christine wand sich innerlich bei Shaws sarkastischer Bemerkung und hatte Mitgefühl mit Nick. Die übrigen Gäste applaudierten ihr und machten das Siegeszeichen mit dem Daumen nach oben. Ihnen genügte es, dass ihre Stadt in den nationalen Nachrichten erwähnt wurde. Sarkasmus und Hohn über das einfältige Landvolk entgingen ihnen.

Der Fernseher wurde leiser, und sie widmete sich wieder ihren Notizen. Ihr Handy klingelte. Während sie in ihrer Handtasche danach wühlte, verteilte sie Brieftasche, Haarbürste und Lippenstift auf dem Tisch. Als sie aufblickte, waren alle Augen auf sie gerichtet. Schließlich riss sie das Gerät förmlich aus der Tasche und hielt es dem Publikum triumphierend hin, das sich lächelnd wieder dem Essen zuwandte. Das Handy klingelte noch zweimal, ehe sie den Einschaltknopf fand.

„Christine Hamilton."

„Miss Hamilton, hallo. Hier ist William Ramsey von KLTV, Kanal Fünf. Ich hoffe, ich störe Sie nicht. Ihr Büro gab mir diese Nummer."

„Ich bin gerade beim Lunch, Mr. Ramsey. Wie kann ich Ihnen helfen?"

Der Sender hatte in den letzten Tagen die Informationen für seine Nachrichten ihren Artikeln entnommen. Abgesehen von ein paar flauen Beiträgen mit Interviews von Verwandten und Nachbarn hatte den Sendungen der Pep gefehlt, den sie für Einschaltquoten brauchten.

„Könnten wir uns morgen zum Frühstück oder Lunch treffen?"

„Mein Terminplan ist sehr voll, Mr. Ramsey."

„Ja, natürlich. Dann komme ich wohl besser auf den Punkt."

„Das wäre schön."

„Ich möchte Ihnen eine Position als Reporterin und Wochen-end-Co-Moderatorin bei Kanal Fünf anbieten."

„Wie bitte?" Sie verschluckte sich fast an ihrem Brötchen.

„Ihre beherzten Reportagen über die Morde sind genau das, was wir hier bei Kanal Fünf brauchen."

„Mr. Ramsey, ich bin Zeitungsreporterin. Ich kann nicht ...'

„Ihr Schreibstil passt sehr gut zu unseren Nachrichtensendungen. Für die Moderatorentätigkeit werden wir Sie trainieren. Und ich weiß zufällig, dass Sie nicht übel anzusehen sind."

Sie war über Schmeicheleien nicht erhaben, im Gegenteil, sie genoss sie in vollen Zügen nach dem erlittenen Mangel an Zuwendung. Andererseits hatten Corby und das *Omaha Journal* ihr eine große Chance gegeben. Nein, sie durfte über das Angebot nicht einmal nachdenken.

„Ich fühle mich geschmeichelt, Mr. Ramsey, aber es geht einfach nicht."

„Ich bin bereit, Ihnen sechzigtausend Dollar jährlich zu zahlen, wenn Sie sofort anfangen können."

Christine fiel der Löffel aus der Hand. Er platschte in die Suppentasse und spritzte ihr Suppe auf den Schoß. Sie wischte sie nicht ab.

„Wie bitte?"

Er missdeutete ihre Verblüffung als Absage und fügte eilig hinzu: „Okay, ich kann auf fünfundsechzigtausend hinaufgehen. Und ich zahle Ihnen zweitausend Dollar Bonus, falls Sie noch diese Woche anfangen."

Fünfundsechzigtausend Dollar war mehr als das Doppelte ihres jetzigen Gehaltes. Sie könnte ihre Rechnungen begleichen und müsste Bruce nicht wegen Unterhaltszahlungen belangen.

„Kann ich zurückrufen, Mr. Ramsey? Ich muss mir die Sache überlegen."

„Natürlich. Selbstverständlich müssen Sie sich das Angebot überlegen. Überschlafen Sie das Ganze, und rufen Sie mich morgen an."

„Danke, das werde ich." Sie klappte ihr Handy zu und war immer noch wie benommen, als Eddie Gillick sich zu ihr auf die Bank setzte und sie gegen das Fenster schob. „He, was tun Sie da?"

„Schlimm genug, dass du mich überlistet hast, dir Informationen für deine Artikel zu geben. Jetzt straft mich dein kleiner Bruder auch noch mit Scheißaufträgen ab. Offenbar weiß er von dir, dass ich deine anonyme Quelle bin."

„Schauen Sie, Deputy Gillick ..."

„He, der Name ist Eddie, weißt du noch?"

Er nahm ihren heißen Kaffee, gab einen Haufen Zucker hinein und stürzte alles hinunter, ohne sich zu verbrennen. Der Geruch seines After Shave war überwältigend.

„Ich habe Nick nichts gesagt. Er ..."

„Schon okay, denn wie ich das sehe, schuldest du mir was."

Sie spürte seine Hand auf ihrem Knie, und seine verächtliche Miene ließ sie für einen Moment erstarren. Die Hand schob sich ihren Schenkel hinauf, unter ihren Rock, ehe sie sie wegschieben konnte. Die Ecken seines Bärtchens zuckten, als er verschlagen lächelte, während ihre Wangen rot anliefen.

„Kann ich dir etwas bringen, Eddie?" Angie Clark beugte sich über den Tisch. Ihr war offenbar bewusst, was da vorging, und sie störte absichtlich.

„Nein, Angie, mein Engel", erwiderte Eddie und lächelte Christine weiter an. „Leider kann ich nicht bleiben. Wir müssen uns später sehen, Christine."

Er glitt aus der Nische, strich sich mit einer Hand über das glatt zurückgekämmte schwarze Haar und setzte seinen Hut wieder auf. Dann schlenderte er den Mittelgang hinunter und zur Tür hinaus.

„Alles okay, Christine?"

„Natürlich", erwiderte sie und verbarg ihre zitternden Hände unter dem Tisch.

46. KAPITEL

Die Tür wurde aufgerissen, und Nick sah Maggie wieder zurück in den Raum laufen. „Kommen Sie herein!" rief sie und drückte eine Taste am Computer. „Ich hole mir gerade Informationen aus der Datenbank von Quantico. Es ist sehr interessant."

Er kam zögernd in das kleine Hotelzimmer, ging am Bad vorbei und nahm den Geruch ihres Shampoos und Parfums wahr. Sie trug Jeans und das sexy Packers-Trikot von neulich. Die Farbe war verblichen und der Halsausschnitt so weit, dass eine nackte Schulter hervorsah. Zu wissen, dass sie nichts darunter trug, war erregend. Er musste sich ablenken.

Sie streifte ihn mit einem Seitenblick und sah ihn dann genauer an. „Was ist mit Ihrem Gesicht passiert?"

„Christine hat nicht gewartet. Ihr Artikel stand bereits in der Morgenzeitung."

„Und Michelle Tanner hat ihn gelesen, ehe Sie bei ihr waren?"

„So ungefähr. Jemand hat ihr davon erzählt."

„Michelle hat Sie geschlagen?"

„Nein!" schnauzte er und merkte sofort, dass es unsinnig war, heftig zu werden. „Ihr Ex-Mann, Matthews Dad, hat es mir gegeben."

„Mein Gott, Morrelli, können Sie sich denn nicht ducken?"

Die Verärgerung war ihm wohl vom Gesicht abzulesen, denn sie fügte hinzu: „Tut mir Leid. Sie sollten Eis darauf legen."

Im Gegensatz zu Lucy widmete Maggie sich jedoch weiter ihrem Computer und nicht seinem lädierten Gesicht.

„Wie geht's der Schulter?"

Sie blickte wieder auf. Als sie sich ansahen, schien ihre Miene bei der Erinnerung an gestern Nacht einen Moment sanfter zu werden. „Ist okay", versicherte sie, senkte den Blick und rollte zur Überprüfung die Schulter. „Fühlt sich noch wund an."

Das Trikot rutschte weiter die Schulter hinab und entblößte mehr zarte Haut. Nervös dachte Nick, dass er sie zu gern berühren würde. Ihr ungemachtes Bett, nur wenige Schritte entfernt, wirkte auch sehr verlockend.

„Sie sind also ein Packers-Fan", bemerkte er, während sie sich durch die Informationen auf dem Monitor klickte.

„Mein Dad ist in Green Bay aufgewachsen", erklärte sie, ohne ihn anzusehen. Die Bilder auf dem Monitor wechselten rasch, während sie den Inhalt überflog. „Mein Mann versucht mich immer zu überreden, das alte Ding wegzuwerfen. Aber es ist eines der wenigen Erinnerungsstücke an meinen Dad. Es gehörte ihm. Er trug es immer, wenn wir uns die Spiele zusammen ansahen."

„Ansahen?"

Sie zögerte, was nichts mit den Informationen auf dem Bildschirm zu tun hatte. Er sah, wie sie sich die Haare hinters Ohr strich, und erkannte es als Geste der Nervosität.

„Er kam ums Leben, als ich zwölf war."

„Das tut mir Leid. War er auch FBI-Agent?"

Sie richtete sich auf, als wolle sie sich strecken. Doch sie versuchte nur Zeit zu schinden. Offensichtlich rief dieses Thema schmerzliche Erinnerungen wach.

„Nein, er war Feuerwehrmann. Er starb als Held. Wir haben

beide heldenhafte Väter, mit der Ausnahme, dass Ihrer am Leben blieb."

„Vergessen Sie nicht, dass meiner eine Menge Hilfe hatte."

Sie sah ihm in die Augen, und er senkte den Blick, ehe sie zu viel darin lesen konnte.

„Sie glauben nicht, dass er daran beteiligt war, die Beweise gegen Jeffreys zu türken, oder?"

Er spürte, wie sie ihn beobachtete, und stellte sich neben sie, um den Monitor zu betrachten und ihrem Blick auszuweichen. „Er hatte den größten Vorteil von Jeffreys' Verhaftung. Ich weiß nicht genau, was ich glaube."

„Da ist es", sagte sie, als sich der Monitor mit Zeitungsartikeln füllte.

„Was ist das?" Er beugte sich vor. „Die *Wood River Gazette*, November 1989? Wo liegt Wood River?"

„In Maine." Sie ließ das Bild laufen und überflog die Schlagzeilen. Dann hielt sie das Bild an und deutete auf eine Zeile.

„,Verstümmelte Jungenleiche in Flussnähe gefunden.' Klingt vertraut." Er begann den Artikel zu lesen, der sich über drei Spalten erstreckte.

„Raten Sie mal, wer der junge Kaplan an der katholischen Kirche St. Mary in Wood River war?"

Er sah sie an und rieb sich das Kinn. „Trotzdem, das ist kein Beweis, höchstens ein Indiz. Warum wurde dieser Fall während Jeffreys' Prozess nicht erwähnt?"

„Es gab keinen Anlass. Soweit ich es feststellen konnte, hat sich ein Landstreicher, der in St. Mary arbeitete, schuldig bekannt."

„Vielleicht hat er es ja auch getan." Ihm gefiel nicht, wohin das alles führte. „Wie haben Sie das überhaupt herausgefunden?"

„Es war so eine Ahnung. Als ich heute Morgen mit Pater

226

Francis sprach, erzählte er mir, dass Pater Keller solche Zeltlager auch in seiner vorherigen Gemeinde in Wood River, Maine, veranstaltet hat."

„Also haben Sie während seiner dortigen Amtszeit nach Verbrechen an kleinen Jungen gesucht."

„Es war nicht besonders schwer. Der Mord passt bis hin zum eingeritzten X. Zufall oder nicht, wir müssen Pater Keller als Verdächtigen ansehen." Sie schloss das Programm und schaltete den Computer aus. „Ich treffe mich in etwa einer Stunde mit George, anschließend mit Pater Francis." Sie begann Kleidung aus dem Schrank zu nehmen und legte sie aufs Bett. „Ich muss heute Abend nach Richmond zurück. Meine Mutter liegt im Krankenhaus." Sie vermied es, ihn anzusehen, während sie weitere Sachen herausholte.

„Mein Gott, ist Ihre Mutter okay?"

„Halbwegs ... ich denke, es wird alles gut. Ich habe einige Informationen für Sie auf der Diskette. Haben Sie Zugang zu Microsoft Word?"

„Ja ... natürlich." Ihre beiläufige Art irritierte ihn. Stimmte etwas nicht, oder machte sie sich nur Sorgen um die Mutter?

„Meine Notizen von der Autopsie heute Nachmittag lasse ich bei George. Falls ich etwas Wichtiges von Pater Francis erfahre, rufe ich Sie an."

„Sie kommen nicht zurück, oder?" Die Erkenntnis traf ihn wie ein weiterer Schlag ins Gesicht. Maggie hielt inne und wandte sich ihm zu, doch ihr Blick glitt unruhig durch den Raum. Seit wann hatte sie Schwierigkeiten, ihm in die Augen zu sehen?

„Technisch gesehen, habe ich meine Aufgabe bereits erfüllt. Sie haben ein Profil und vielleicht sogar einen Verdächtigen. Ich bin nicht mal sicher, ob ich an dieser zweiten Autopsie teilnehmen müsste."

„Dann war's das also." Er schob die Hand in die Hosentaschen. Der Gedanke, sie nie wieder zu sehen, schlug ihm auf den Magen.

„Sicher schickt das Büro jemand anders, um Ihnen zu helfen."

„Aber nicht Sie." Er entdeckte etwas wie Bedauern oder Traurigkeit in ihrem Mienenspiel. Was immer es war, sie wollte es verbergen, und packte weiter ihren Koffer. „Hat das etwas damit zu tun, was heute Morgen passiert ist?"

„Heute Morgen ist nichts passiert!" gab sie scharf zurück und hörte auf zu packen. Den Rücken zu ihm gewandt, fügte sie hinzu: „Tut mir Leid, falls ich Ihnen einen falschen Eindruck vermittelt habe." Sie sah ihn über die Schulter hinweg an. „Nick, ich möchte nicht undankbar klingen." Sie packte weiter.

Natürlich hatte sie ihm nicht den falschen Eindruck vermittelt, das hatte er ganz allein geschafft. Aber was war mit der erotischen Spannung zwischen ihnen? Die hatte er sich nicht eingebildet. „Sie werden mir fehlen." Die Bemerkung überraschte ihn selbst. Er hatte nicht vorgehabt, es laut zu sagen.

Sie richtete sich auf, drehte sich langsam um und sah ihn an. Beim Blick in diese braunen Augen kam er sich vor wie ein Schüler, der seiner ersten Flamme gesteht, dass er sie mag. Was war nur los mit ihm?

„Sie waren eine Nervensäge, O'Dell, aber es wird mir fehlen, wie Sie mich geärgert haben." Gut. Damit hatte er seinen Ausrutscher korrigiert.

Lächelnd strich sie sich wieder eine Strähne hinters Ohr. Wenigstens war sie auch nervös.

„Brauchen Sie jemand, der Sie zum Flughafen fährt?"

„Nein, ich muss meinen Mietwagen zurückbringen."

„Nun, dann wünsche ich Ihnen einen guten Flug." Das klang bedauerlich kalt, wo er sie doch eigentlich in die Arme schließen und zum Bleiben überreden wollte. Er durchquerte den Raum mit wenigen Schritten und hoffte, seine Knie gaben nicht nach.

„Nick!"

Die Hand auf dem Türgriff, blieb er stehen und drehte sich zu ihr um. Sie zögerte, überlegte es sich offenbar anders und sagte nicht mehr das, was sie eigentlich wollte.

„Viel Glück, Nick."

Er nickte und ging, die Beine bleischwer und einen dumpfen Schmerz in der Brust.

47. KAPITEL

Maggie sah, wie sich die Tür schloss, und knüllte die Seidenbluse in den Händen.

Warum hatte sie Nick nichts von der Botschaft erzählt und von Albert Stucky? Nick hatte Verständnis gehabt für ihre Albträume. Vielleicht hätte er sie auch diesmal verstanden. Sie konnte nicht wieder einem Verrückten gestatten, sie psychisch fertig zu machen. Sie litt noch so sehr unter dem Stucky-Trauma, dass sie manchmal fürchtete, in tausend Stücke zu zerspringen wie vorhin im Bad. Sie konnte nicht riskieren, ihre Urteilsfähigkeit einzubüßen.

Das war vielleicht längst geschehen. Gestern Abend im Gehölz hatte sie den Mörder erst kommen sehen, als es schon zu spät gewesen war. Er hätte sie mit Leichtigkeit umbringen können. Aber genau wie Albert Stucky wollte dieser Täter sie lebend, und das ängstigte sie. Sobald sie diese Angst jemand anvertraute, würde sie sich jedoch noch angreifbarer fühlen, das wusste sie. Nein, so war es besser. Sollten Nick und die anderen denken, ihre Abreise habe mit ihrer Mutter zu tun.

Sie packte weiter und zerknüllte ihre Sachen. Direktor Cunningham hatte Recht gehabt. Sie musste sich eine Weile frei nehmen. Vielleicht konnte sie mit Greg verreisen. Irgendwohin, wo es warm und sonnig war, wo es nicht um fünf am Nachmittag dunkel wurde.

Das Klingeln des Telefons ließ sie zusammenzucken, als wäre es ein Schuss. Mit Dr. Avery hatte sie bereits gesprochen. Ihre Mutter hatte die zweiundsiebzigstündige Beobachtung nach einem Selbstmordversuch überstanden und war auf dem Weg der Besserung. Aber darin war ihre Mutter Spitze: den Lieblingspatienten spielen und dabei alle Aufmerksamkeit verschlingen.

Maggie schnappte sich den Hörer. „Spezialagentin O'Dell."

„Maggie, warum bist du immer noch da? Ich dachte, du kämst nach Hause?"

Erschöpft sank sie aufs Bett. „Hallo, Greg." Sie wartete auf eine echte Begrüßung, hörte das Rascheln von Papier und wusste, dass er ihr wieder nur halb zuhörte. „Ich nehme die Abendmaschine."

„Gut, dann hat dir dieser Heini gestern meine Nachricht übermittelt?"

„Welcher Heini?"

„Der, mit dem ich gestern Abend gesprochen habe, der dein Handy hatte. Er sagte, du hättest es wohl fallen lassen und könntest nicht ans Telefon kommen."

Angespannt hielt sie den Hörer fester. „Um welche Zeit war das?"

„Ich weiß nicht. Spät. Gegen Mitternacht vielleicht. Warum?"

„Was hast du ihm erzählt?"

„Ach verdammt, dann hat dir das Arschloch doch nichts gesagt, was?"

„Greg, was hast du ihm erzählt?" Ihr Herz pochte schmerzhaft gegen die Rippen.

„Mit was für inkompetenten Knilchen arbeitest du eigentlich?"

„Greg!" Sie versuchte, ruhig zu bleiben und ihn nicht anzubrüllen. „Ich habe mein Handy gestern Nacht bei der Verfolgung eines Killers verloren. Vermutlich hast du mit ihm gesprochen!"

Stille. Sogar das Papier knisterte nicht mehr.

„Um Gottes willen, Maggie! Woher hätte ich das wissen sollen?" Er klang betroffen.

„Du konntest es nicht wissen. Ich werfe dir auch nichts vor, Greg. Bitte versuch dich nur zu erinnern, was du ihm gesagt hast."

„Eigentlich nichts ... du solltest mich anrufen, und deiner Mutter ginge es nicht allzu gut."

Sie lehnte sich ins Kissen zurück und schloss die Augen.

„Maggie, wenn du nach Hause kommst, müssen wir miteinander reden."

Ja, sie würden irgendwo am Strand miteinander reden und fruchtige Drinks schlürfen, die mit kleinen Schirmchen serviert wurden. Sie würden darüber reden, was wirklich wichtig war im Leben. Sie würden ihre Liebe wieder beleben und den gegenseitigen Respekt und die Ziele neu entdecken, die sie zusammengeführt hatten.

„Ich möchte, dass du die Arbeit für das FBI aufgibst", sagte er, und da wusste sie, dass es keinen sonnigen Strand für sie geben würde.

48. KAPITEL

Der Schnee stob auseinander wie weißer Puder, während er mit schweren Schritten durch die Verwehungen stapfte. Schnee klebte an seinen Hosenbeinen, sickerte ihm in die Schuhe und verwandelte die Füße zu Eisklumpen. Sein Körper schien nicht mehr ihm zu gehören, als er sich in einer Geschwindigkeit den Hügel hinab durchs Geäst stürzte, dass er jeden Moment kopfüber fallen konnte.

Dann hörte er sie kreischen und kichern. Schlitternd kam er zum Stehen und warf sich krachend ins Gebüsch auf schneebedecktes Präriegras, um nicht in die Rodelbahn zu rollen. Dort lag er in den Schnee gepresst, und der weiße Tod zog ihm die Wärme aus dem Körper. Er versteckte sich, versuchte seine heftige Atmung durch das Öffnen des Mundes zu kontrollieren und stieß dabei kleine weiße Wolken aus.

Sie hätten heimgehen sollen, ehe das Pochen in seinem Kopf wieder einsetzte. Warum waren sie nicht heimgegangen? Es wurde schon dunkel. Würden sie zu Hause einen gedeckten Tisch vorfinden oder nur eine Notiz und ein Essen in der Mikrowelle? Würden die Eltern sie in Empfang nehmen und dafür sorgen, dass sie ihre feuchten Sachen auszogen? Würde jemand da sein und sie zu Bett bringen?

Er wurde die Erinnerungen nicht los und versuchte es gar nicht mehr. Das Gesicht in den Schnee gelegt, hoffte er, das Pochen höre auf. Er sah sich als Zwölfjährigen in einer dünnen Armeejacke, die nicht gegen Kälte schützte. Auch die geflickte Jeans ließ Kälte an seinen Körper. Stiefel besaß er nicht. Der Schnee hatte über dreißig Zentimeter hoch gelegen und die Stadt so lahm gelegt, dass sein Stiefvater nirgendwo hingehen konnte außer ins Schlafzimmer seiner Mutter. Man hatte ihn weggeschickt, um im Schnee mit seinen Freunden zu spielen. Aber er hatte keine Freunde. Wenn die Kinder ihn beachteten, dann nur, um ihn wegen seiner schäbigen Kleidung und seiner dürren Gestalt zu hänseln.

Nachdem er den Kindern stundenlang in der Kälte beim Rodeln zugesehen hatte, war er zum Haus zurückgegangen, doch es war verschlossen gewesen. Durch dünnes Holz und brüchiges Glas hatte er das Schreien und Stöhnen seiner Mutter gehört –

Schmerz und Lust untrennbar verbunden. Musste Sex wehtun? Er konnte sich nicht vorstellen, daran Gefallen zu finden. Und er erinnerte sich seiner Scham, weil er erleichtert gewesen war. Solange sein Vater in seine Mutter eindrang, stieß er wenigstens nicht in seinen kleinen Körper.

An jenem Tag in der bitteren Kälte hatte er einen simplen Plan geschmiedet. Wenn sich sein Vater am nächsten Morgen in die Werkstatt im Keller zurückzog, würde er auf einer Bahre wieder heraufkommen. Seine Mutter und er würden sich nie mehr schämen und nie mehr Angst haben müssen. Wie hätte er ahnen können, dass seine Mutter an jenem Morgen als Erste in den Keller ging? An dem Morgen, als sein Leben endete. Als ein schrecklicher, boshafter kleiner Junge das Leben seiner Mutter beendete.

Plötzlich spürte er etwas über sich, das atmete und schnüffelte. Er sah vorsichtig auf und entdeckte einen schwarzen Hund nah vor seinem Gesicht. Das Tier fletschte knurrend die Zähne. Blitzschnell packte er zu und umklammerte die Hundekehle. Aus dem Knurren wurde ein leises Wimmern, ein ersticktes Röcheln, dann Stille.

Er beobachtete die Jungen in den dicken Parkas, wie sie mit steifen Armen und Beinen rannten und sprangen. Schießlich sammelten sie ihre Utensilien ein und verabschiedeten sich. Ein Junge rief einige Male den Hund, gab jedoch bald auf und folgte seinen Freunden. Sie trennten sich und gingen in verschiedene Richtungen auseinander, eine Dreiergruppe in die eine, eine Zweiergruppe in die andere Richtung, und ein Junge überquerte allein den Parkplatz der Kirche.

Der Himmel wechselte von hell- nach dunkelgrau. Straßenlaternen flammten eine nach der anderen auf. Ein Jet donnerte über sie hinweg, das Geräusch verstärkt durch die Stille der schneebedeckten Stadt. Weit und breit war kein Auto oder Fußgänger zu sehen, als er in seinen Wagen stieg. Er zog die Skimaske über, ungeachtet der Schweißperlen auf Stirn und Oberlippe. Vorsichtig legte er ein Taschentuch auf den Beifahrersitz, als gehöre das bereits zur Zeremonie. Dann nahm er eine kleine Ampulle aus der Manteltasche, brach sie auf und tränkte das Taschentuch. Ohne die Scheinwerfer einzuschalten, folgte er mit leise surrendem Motor dem Jungen, der den hell orangeroten Plastikschlitten hinter sich her zog.

49. KAPITEL

Das Sheriff Department konnte sich nur fünf voll ausgerüstete Einsatzwagen leisten. Vier davon standen vor dem Gerichtsgebäude, wie Nick bei seiner Rückkehr zornig feststellte. Wie konnte er seine Leute nur dazu bringen, endlich seinen Anweisungen zu folgen? Doch er wusste, ihre Laxheit war seine eigene Schuld.

Er hatte sein Amt als Sheriff mit derselben Sorglosigkeit gehandhabt wie sein übriges Leben ... bis er in das Blut von Danny Alverez gefallen war. Nun fragte er sich ständig, ob ein richtiger Sheriff Matthew Tanner hätte retten können. Der Sheriff von Platte City war jedoch nichts weiter als ein Schürzen jagender Ex-Quarterback mit Juradiplom, ohne jegliche Erfahrung, der nur dank seines Vaters einen Sheriffstern und eine Waffe tragen durfte. Eine Waffe, die er zudem seit den Schießübungen vor zwei Jahren, die für den Job erforderlich waren, nicht mehr benutzt hatte.

Michelle Tanners Ex-Mann hatte mehr getan, als ihn gegen das Kinn zu schlagen. Schade, dass eine Faust nötig gewesen war, ihm ein Gefühl für Verantwortung einzubläuen. Da Maggie abreiste, war es an ihm, die Ermittlungen zu leiten. Er wünschte nur, er wüsste, wie.

Er betrat das Gerichtsgebäude und wollte sofort in die andere

Richtung fliehen. Durch die riesige Marmorhalle dröhnte das Stimmengewirr zahlloser Reporter. Kabel schlängelten sich über den Boden, grelle Scheinwerfer blendeten ihn, und Dutzende Mikrofone wurden ihm ins Gesicht gehalten, während die Fragen auf ihn einstürmten.

Darcy McManus – Ex-Schönheitskönigin und nun Moderatorin – blockierte mit ihrem großen schlanken Körper die Treppe. Es war schwer, bei ihrem kurzen Kostümrock ihre langen Beine zu übersehen. Sie bot ihm einen Platz neben sich an, vor der Kamera von Kanal Fünf. Er schob sich zur Treppe durch, hielt aber bewusst Distanz. Früher hätte er mit ihr geflirtet und ihre Aufmerksamkeit für sich genutzt. Vielleicht hätte er ihr sogar die Telefonnummer abgeluchst. Jetzt wollte er nur an ihr vorbei, in sein Büro flüchten.

„Sheriff, haben Sie schon einen Verdächtigen?" Sie wirkte älter als im Fernsehen. Aus der Nähe sah er das dick aufgetragene Make-up, das die Linien um Mund und Augen übertünchte.

„Kein Kommentar."

„Dann stimmt es also?"

„Nein. Absolut nicht."

Andere fielen ein, drängten sich gegen ihn. Er versuchte sich mit dem Ellbogen den Weg zu bahnen.

„Sheriff, was ist mit dem Gerücht, dass Sie die Exhumierung von Ronald Jeffreys' Leiche befohlen haben? Bezweifeln Sie, dass Jeffreys hingerichtet wurde?"

„Wurde der Junge sexuell missbraucht?"

„Haben Sie den blauen Pickup schon gefunden?"

„Sheriff Morrelli, können Sie uns wenigstens sagen, ob dieser Junge auf dieselbe Weise umgebracht wurde wie die anderen? Haben wir es mit einem Serienmörder zu tun?"

„In welchem Zustand war Matthews Körper?"

„Stopp! Schluss jetzt!" schrie Nick und hob beide Hände, um weitere Fragen abzuwehren. Das Scharren der Füße und das Geschiebe hörten auf. Es war still, während die Hyänen warteten. Die plötzliche Stille machte ihn nervös. Er zog sich auf die erste Stufe der Treppe zurück, schweißnass im Rücken, und fuhr sich mit zitternder Hand durchs Haar. Er war an Wohlwollen gewöhnt, nicht an Kritik und Skepsis.

Was zum Teufel sollte er ihnen sagen? Beim letzten Mal hatte Maggie ihn gerettet. Ohne ihren Beistand fühlte er sich bloßgestellt und angreifbar, und das war ihm zuwider. Er zog sich am Geländer hoch und stellte sich neben Darcy McManus. Sie wirkte erfreut, strich Haare und Kleidung glatt und machte sich für die Kamera bereit. Alle Blicke waren auf sie gerichtet, Kulis, Kameras und Rekorder waren gezückt. Sein Instinkt riet ihm, sich umzudrehen und sie stehen zu lassen. Er wäre mit wenigen Schritten in seinem Büro, ehe sie ihm folgen konnten. Schließlich schuldete er ihnen keine Rechtfertigung. Der Reporterauflauf half ihm nicht, den Mörder zu fassen, oder?

„Sie wissen, dass ich keine Details über den Zustand der Leiche preisgeben darf. Aber nun gut, auch Mrs. Tanner zuliebe: Matthews Körper war nicht – ich wiederhole – nicht verstümmelt. Trotzdem ist der Täter zweifellos zutiefst gestört."

„Ist es ein Serientäter, Sheriff? Die Bevölkerung muss wissen, ob sie ihre Kinder einschließen soll."

„Es gibt Hinweise, dass Matthew und Danny Alverez vom selben Täter getötet wurden."

„Irgendwelche Verdächtigen?"

„Stimmt es, dass Sie keinerlei Spuren haben?"

Nick ging noch eine Stufe hinauf. Er hatte nichts, um sie zu beruhigen. Die Menge und das grelle Licht ließen ihn schwitzen. Er zog den Reißverschluss seiner Jacke auf und lockerte den Krawattenknoten. „Wir haben einige Verdächtige, aber darüber darf ich nicht reden. Noch nicht." Er wandte sich ab, stieg die Treppe hinauf, und eine Flut von Fragen prallte an seinem Rücken ab.

„Wann werden Sie es uns sagen?"

„Stammen die Verdächtigen von hier?"

„Haben Sie den blauen Pickup gefunden?"

„Wird Ihr Vater die Ermittlungen jetzt übernehmen?"

Nick fuhr herum und verlor fast die Balance. „Was ist mit meinem Vater?"

Alle starrten auf einen Mann im Westenanzug. Nick fiel das schimmernde schwarze Haar auf, es wirkte gefärbt. Der Spitzbart war perfekt gestutzt mit nur einem Hauch von Grau darin. Seine teuren Schuhe verrieten ihn als Städter. Das und seine Haltung, wie er ungeduldig den Kopf zur Seite neigte, als hätte er Besseres zu tun, als sich einem Kleinstadtsheriff zu erklären. Nick hätte ihn liebend gern am Kragen seines monogrammbestickten Hemdes gepackt. Stattdessen wartete er und balancierte auf schneebedeckten Cowboystiefeln, die Pfützen hinterließen und auf den glatten Marmorstufen auszurutschen drohten.

„Warum in aller Welt sollte mein Vater diese Ermittlung übernehmen?"

„Immerhin hat er Ronald Jeffreys geschnappt", sagte Darcy McManus in die Kamera ihres Senders.

Erst da merkte Nick, dass sie das ganze Fiasko filmten. Er vermied es, in die Kamera zu sehen, und wartete auf eine weitere Erklärung des gelangweilt blickenden Mannes.

„Als Ihr Vater vorhin mit uns sprach, klang es ..."

„Er ist hier?" platzte Nick heraus und bedauerte die gezeigten Emotionen, die seine Inkompetenz zu unterstreichen schienen.

„Ja, und es klang, als sei er zurückgekommen, um bei den Ermittlungen zu helfen. Ich glaube, seine genauen Worte waren ..."

Der Mann blätterte langsam und genüsslich seine Notizen durch. „Ich habe es schon einmal geschafft. Ich weiß, wonach man suchen muss. Sie können darauf wetten, dass der Täter diesem alten Bluthund nicht entkommt.' Ich kenne mich mit Bluthunden nicht aus, aber es sollte wohl heißen, dass er wegen seiner beruflichen Fähigkeiten hier ist."

Andere Reporter nickten zustimmend. Nick blickte von einem zum anderen und kochte innerlich. Sein Kragen war ihm zu eng, und er schwitzte so sehr unter der Jacke, dass ihm der Schweiß den Rücken hinabrann. Sie warteten. Jedes Wort würde gewogen, jede Geste bewertet werden. Er stellte sich vor, wie heute Abend jemand die Videoaufzeichnung zurückspulte, nur um ihn rückwärts die Treppe herunterlaufen zu sehen. Es war ihm gleich. Er wandte sich ab und lief, zwei bis drei Stufen auf einmal nehmend, die Treppe hinauf. Dabei hoffte er, nicht zu stolpern und wieder unten zu landen.

Er stürmte durch die Glastür des Sheriff Department, die gegen einen Abfalleimer aus Metall und die Wand schlug. Sofort bildeten sich spinnennetzartige Risse, die jedoch niemand zu bemerken schien. Alle Gesichter wandten sich ihm zu, man starrte ihn regelrecht an, kurzzeitig von dem grauhaarigen Mann in ihrer Mitte abgelenkt.

Dieselbe Gruppe, die er nicht ohne Widerspruch dazu bringen konnte, eine Spur zu verfolgen, scharte sich um diesen distinguiert wirkenden Gentleman, wie um einen alternden Propheten mit Bauchansatz über dem Gürtel und buschigen Brauen, die jetzt empört hochgezogen waren.

„Immer langsam, mein Sohn. Du hast soeben Regierungseigentum demoliert", sagte Antonio Morrelli und deutete auf die Sprünge im Glas.

Nick schob wütend und frustriert die Hände in die Taschen,

blickte auf seine Stiefel und fragte sich unwillkürlich, wie viel es kostete, die Tür zu ersetzen.

50. KAPITEL

Maggie nippte an ihrem Scotch und versuchte an ihrem Ecktisch in der Flughafenlounge zu entscheiden, wer Geschäftsreisender und wer Urlauber war. Der Schneesturm hatte die Flüge verzögert, auch ihren. Deshalb war die kleine Bar in der Lounge mit ihrer L-förmigen Theke und den wenigen Tischen und Stühlen überfüllt. Ein Dutzend Modellflugzeuge hing von der Decke, und in der alten Musikbox fanden sich Titel wie „Leaving on a Jet Plane" oder „Outbound Plane".

Sie hatte ihre grün-schwarze John-Deere-Jacke über den Stuhl gegenüber gelegt, um keine unliebsame Gesellschaft zu bekommen. Ihr Gepäck hatte sie schon aufgegeben, außer ihrem Laptop, der sicher unter ihrer Jacke lag. Sie erwog, noch mal in St. Margaret anzurufen, weil sie fürchtete, es könnte etwas passiert sein. Warum sonst hätte Pater Francis sie im Krankenhaus versetzen sollen? Und warum nahm im Pastorat niemand ab?

Sie hatte Nick anrufen wollen, hatte sogar schon die Nummer gewählt, doch dann aufgelegt. Er hatte genug um die Ohren, ohne sich auch noch um ihre Ahnungen zu kümmern. Außerdem ging ihr langsam das Kleingeld aus. Ihre letzten Zehn-Dollar-Noten hatte sie für die drei Scotch ausgegeben. Kein tolles Abendessen. Aber nachdem sie den Nachmittag damit verbracht hatte, Matthew Tanners kleinen Körper aufzuschneiden, Stücke von ihm zu wiegen und in seine kleinen Organe einzudringen, hatte sie sich ein Dinner aus Scotch verdient.

Die Abdrücke auf Matthews Innenschenkeln waren tatsächlich menschliche Zahnabdrücke gewesen. Der arme George Tillie hatte mehrere andere Theorien gebastelt, ehe er zugeben musste, dass der Killer Matthew immer wieder in dieselbe Stelle gebissen hatte, so dass es unmöglich war, ein Zahnschema zu erkennen. Was die Sache noch schlimmer und bizarrer machte: Die Bisse waren ihm Stunden nach Eintritt des Todes zugefügt worden.

Der Täter kehrte nicht nur an den Tatort zurück, um die Polizei zu beobachten. Er bediente damit auch eine absurde Faszination von der Leiche seines Opfers. Er wich von seinem sorgfältig geplanten Ritual ab. Irgendetwas ließ ihn degenerieren, er verlor die Kontrolle über sich. In seiner Sorglosigkeit würde er vermutlich bald belastende Beweise hinterlassen.

Sie hatte George Tillie gebeten, nach Flecken von Samenflüssigkeit zu suchen. Möglicherweise habe der Täter masturbiert, während er den toten Jungen biss. Dabei könnte etwas auf die Leiche gespritzt sein. Das Gesicht des alten Gerichtsmediziners war rot angelaufen, und er hatte gemurmelt, er arbeite lieber allein.

Sie konnte es ihm nicht verdenken. Ihre Gegenwart war ihm sichtbar unangenehm gewesen. Er arbeitete sorgfältig, aber vorsichtig und zurückhaltend und sprach dabei so leise wie ein ehrfürchtiger Priester, als wolle er die Seele des Jungen nicht stören.

Sie hingegen führte die Schnitte mit klinischer Präzision aus und sprach laut, um ihren durch Stimme zu aktivierenden Rekorder einzuschalten. Vor ihr lag ein toter Körper ohne Leben und Wärme. Was immer in dieser Hülle aus Knochen und Fleisch gewirkt hatte, war seit Stunden fort. Dennoch musste sie zugeben, dass es etwas Unnatürliches hatte, ja fast ein Sakrileg war, den Körper eines Kindes zu sezieren. Die weiche, unbehaarte Haut hatte noch nicht genügend Schürfungen erlitten, um wirklich gelebt zu haben. Es war eine solche Verschwendung von Leben, eine solche Ungerechtigkeit!

Deshalb trank sie Scotch. Sie musste dem Ganzen einen Sinn

geben, oder wenigstens so weit kommen, dass ihr die Sinnlosigkeit nichts mehr ausmachte – zumindest vorübergehend.

„Verzeihen Sie, Ma'am." Der junge Barmann stand an ihrem Tisch. „Der Gentleman am Ende der Bar hat Ihnen einen weiteren Scotch spendiert." Er stellte das Glas vor sie hin. „Und er bat mich, Ihnen das zu geben."

Maggie erkannte den Umschlag und die große Handschrift, ehe sie ihn anfasste. Sie sprang mit Herzklopfen so heftig auf, dass ihr Stuhl fast umgekippt wäre.

„Welcher Mann?" Sie reckte sich, um über die Menge zu sehen.

Der Barmann sah sich um und zuckte die Achseln. „Er muss gegangen sein."

„Wie sah er aus?" Sie betastete die Seite ihres Blazers und spürte beruhigt die Wölbung der Waffe.

„Ich weiß nicht ... groß, dunkelhaarig, um die dreißig. Ich habe ihn nicht so sehr beachtet. Gibt es ein Problem?"

Sie schob sich an ihm vorbei durch die Menge und lief in den Gang. Dabei schweifte ihr suchender Blick über die ankommenden und abreisenden Passagiere. Ihr Puls schlug schnell, sie hatte Kopfschmerzen und einen vom Alkohol vernebelten Blick.

Der Gang erstreckte sich zu beiden Seiten. Sie sah eine Familie mit drei Kindern, mehrere Geschäftsleute mit Laptops und Aktentaschen, einen Flughafenmitarbeiter mit einem Handwagen, zwei grauhaarige Damen und eine Gruppe schwarzer Männer und Frauen mit buntem Kopfputz, aber keinen großen, dunkelhaarigen Mann ohne Koffer.

Er konnte unmöglich schon über den Korridor hinaus sein. Sie lief zur Rolltreppe, stieß mit Passagieren zusammen und stolperte fast über einen Kofferkuli. Sie fuhr hinauf und lehnte sich über das Geländer, um hinab zu sehen. Wieder konnte sie unter den vielen

241

Menschen keinen dunkelhaarigen Mann ohne Gepäck erkennen. Er war fort, erneut entwischt.

Sie ging in die Lounge zurück und merkte, dass sie Jacke, Laptop und Umschlag zurückgelassen hatte. Obwohl es in der Bar sehr voll war, hatte niemand versucht, sich an den leeren Tisch zu setzen. Sogar der Umschlag lehnte noch an dem Glas, das der Barmann ihr hingestellt hatte.

Sie ließ sich auf den harten Stuhl nieder und sah den Umschlag an. Schließlich legte sie ihn beiseite und trank ihr Glas leer, ehe sie trotz leichter Benommenheit das neue in Angriff nahm. Sie wollte sich betäuben.

Vorsichtig nahm sie den Umschlag an einer Ecke auf. Das Siegel brach leicht. Sie schüttelte die Karte heraus, ohne sie anzufassen. Nicht mal der konsumierte Scotch verhinderte ihr Entsetzen. In den üblichen großen Blockbuchstaben stand dort zu lesen:

WIE SCHADE, DASS DU SCHON ABREIST. VIELLEICHT KANN ICH DICH ZU HAUSE BESUCHEN, WENN ICH DAS NÄCHSTE MAL IN DER GEGEND VON CREST RIDGE BIN. GRÜSS GREG VON MIR.

51. KAPITEL

Vom Rand des Korridors sah er Maggie die Rolltreppe hinaufhasten. Er musste zugeben, dass sie sich elegant bewegte – zweifellos eine Joggerin. Die langen athletischen Beine sahen in knappen Shorts bestimmt gut aus, doch das interessierte ihn nicht sonderlich.

Er schob den Karren beiseite und legte Kappe und Jacke ab, die er von einem schlafenden Flughafenmitarbeiter geborgt hatte, und stopfte sie zusammengerollt in den Abfalleimer.

Seinen Lexus hatte er mit laufendem Radio in der Ladezone stehen lassen. Bei dem Lärm von Radio und Flugzeugen würde man Timmy nicht hören, sollte er früher als erwartet aufwachen. Außerdem war der enge Kofferraum fast schalldicht, was auch bedeutete, fast luftdicht.

Er stieg in den Wagen, als ein Sicherheitsbeamter mit Strafzetteln in seine Richtung kam. Mit durchdrehenden Reifen fuhr er los und im Slalom um die zur Entladung abgestellten Wagen. Bis er Timmy zu Bett gebracht hatte, würde es pechschwarze Nacht sein. Doch der Umweg hatte sich gelohnt, um Spezialagentin O'Dells Gesicht zu sehen.

Der Wind hatte aufgefrischt, verwirbelte den Schnee und würde bis zum Morgen Schneeverwehungen auftürmen. Der Kerosinofen, die Laterne und der Schlafsack, eigentlich für das Zeltlager gedacht, kamen nun doch ganz gelegen. Vielleicht fuhr er auf dem Weg noch bei McDonald's vorbei. Timmy liebte Big Macs, und er selbst wurde auch langsam hungrig.

Er fädelte sich in den Verkehr ein und dankte winkend der rothaarigen Lady in einem Mazda, die ihn vorließ. Der Tag hatte sich gelohnt. Er trat aufs Gas, ungeachtet des Schlitterns und Durchdrehens der Reifen auf eisigem Grund. Er war wieder Herr der Lage.

52. KAPITEL

„Der Typ führt dich doch verdammt noch mal vor!" belehrte Antonio Morrelli Nick, saß bequem in dessen Schreibtischsessel und wippte vor und zurück. Der Ledersessel war das einzige Möbelstück, das Nick bei Amtsantritt von seinem Vater übernommen hatte.

„Du musst mehr mit diesen Fernsehleuten sprechen", fuhr Antonio fort. „Mach ihnen klar, dass du weißt, was du tust. Peter Jennings hat dich aussehen lassen wie ein dämliches Landei, das den eigenen Hintern nicht findet. Verdammt, Nick, ausgerechnet dieser Mistkerl Peter Jennings!"

Nick blickte aus dem Fenster über die schneebedeckten Straßen zum dunklen Horizont jenseits der Laternen. Blasses Mondlicht schimmerte hinter einem Wolkenschleier hervor.

„Ist Mom mit dir gekommen?" fragte er vom Fenster aus, ohne seinen Vater anzusehen oder auf seine Vorwürfe zu reagieren. Sie spielten dasselbe alte Spiel. Sein Vater versuchte ihn zu belehren, und er schwieg dazu und tat, als höre er zu. Zu oft hatte er aus Bequemlichkeit dann doch seine Anweisungen befolgt.

„Sie ist bei deiner Tante Minnie unten in Houston", erklärte Tony Morrelli, doch seine Miene verriet, dass er sich nicht vom eigentlichen Thema ablenken lassen wollte. „Du musst anfangen, Verdächtige von der Straße zu holen. Lass die üblichen Halunken zum Verhör bringen. Tu so, als hättest du alles im Griff."

„Ich habe einige Verdächtige", erklärte Nick wahrheitsgemäß.

„Großartig, laden wir sie vor. Richter Murphy könnte vermutlich in der Nacht noch einen Durchsuchungsbeschluss ausstellen. Wer sind sie?"

Nick fragte sich, ob es bei Jeffreys auch so einfach gegangen war. Ein Durchsuchungsbeschluss spät in der Nacht, nachdem man sorgfältig die falschen Beweismittel ausgelegt hatte.

„Wer sind deine Verdächtigen, Sohn?" wiederholte Antonio.

Vielleicht wollte er seinen Vater nur schockieren. Die Vernunft riet ihm, den Mund zu halten. Stattdessen wandte er sich vom Fenster ab und erklärte: „Einer von ihnen ist Pater Michael Keller."

Er sah, wie sein Vater aufhörte mit dem Stuhl zu wippen. Überrascht legte Antonio kopfschüttelnd die wettergegerbte Stirn in Falten. „Was versuchst du da abzuziehen, Nick? Ein verdammter Priester – die Medien werden dich kreuzigen! War das deine Idee oder die der hübschen kleinen FBI-Agentin, von der die Jungs mir erzählt haben?"

Die Jungs. Seine Jungs. Sein Department! Nick konnte sich

vorstellen, wie sie hinter seinem Rücken über ihn und Maggie herzogen und lachten.

„Pater Keller entspricht Agentin O'Dells Profil."

„Nick, wie oft muss ich es dir noch sagen? Du darfst deine Entscheidungen nicht von deinem Schwanz beeinflussen lassen."

„Das tue ich nicht." Nick lief rot an. Er wandte sich wieder dem Fenster zu und widmete seine Aufmerksamkeit der Straße. Doch sein Blick verschwamm vor Wut.

„O'Dell kann sich durchsetzen. Und vermutlich macht sie dir nach einer durchvögelten Nacht ein gutes Frühstück. Aber das heißt nicht, dass du auf sie hören sollst."

Nick rieb sich über Kinn und Mund, um sich an einer wütenden Erwiderung zu hindern. Er schluckte trocken, wartete einen Moment und wandte sich seinem Vater zu.

„Es ist meine Ermittlung, und es sind meine Entscheidungen. Ich werde Pater Keller zur Befragung vorladen."

„Gut." Antonio gab sich mit erhobenen Händen geschlagen. „Mach dich nur zum Arsch." Er stand auf und ging zur Tür. „In der Zwischenzeit werde ich mal sehen, ob Gillick und Benjamin nicht ein paar echte Verdächtige auftreiben."

Nick wartete, bis sein Vater den Flur hinuntergegangen war. Dann drehte er sich um und schlug mit der Faust gegen die Wand. An der rauen Oberfläche schürfte er sich die Knöchel ab, und Schmerz schoss ihm den Arm hinauf. Er atmete tief durch, um ruhiger zu werden, und hoffte, der Schmerz überlagerte das Gefühl, gedemütigt worden zu sein. Gedankenlos wischte er mit dem weißen Hemdsärmel das Blut von der Wand. Er musste bereits eine zerbrochene Glastür bezahlen, er wollte nicht auch noch das Büro streichen lassen.

53. KAPITEL

Als Christine in die Einfahrt bog, war das Haus dunkel. Sie legte den Karton mit der warmen Pizza auf den Laptop und stieg aus. Vielleicht musste sie die Pizza allein essen, falls Timmy noch bei Freunden war. Vermutlich kam er mit schwärmerischen Berichten über Schnitzel mit Kartoffelbrei heim – oder anderen Gerichten, die weder aus Dosen noch Kartons stammten. Sie erinnerte sich gut daran, täglich gekocht und Essen auf den Tisch gebracht zu haben. Ob Timmy das konservative Familienleben vermisste? Was kostete ihn ihr Streben nach Selbstverwirklichung?

Sie ertastete den Lichtschalter im dunklen Flur. Die Stille ließ sie leicht frösteln, aber vielleicht auch nur die Kälte. Sie stieß die Haustür zu, ging in die Küche und sah im Vorbeigehen auf den Anrufbeantworter. Kein rotes Blinklicht, keine Nachricht. Wie oft musste sie Timmy noch sagen, er solle anrufen und sagen, wo er ist? Da sie jetzt ein Handy bei sich hatte, gab es für ihn keine Ausrede mehr, obwohl sie sich die Nummer auch noch nicht merken konnte.

Sie warf den Mantel über den Küchenstuhl und legte Computer und Handtasche auf den Sitz. Der Pizzaduft verstärkte ihren Hunger. Nach Eddie Gillicks Besuch bei Wanda war ihr der Appetit vergangen, und sie hatte das meiste von ihrem Lunch stehen lassen. Sie schenkte sich ein Glas Wein ein, stopfte die gefaltete Zeitung unter den Arm und nahm sich ein Stück Pizza, mit lediglich einer Serviette als Teller. Sie schüttelte die Schuhe ab, ging barfuß in den Wohnraum und suchte Zuflucht auf dem Sofa. Im Wohnzimmer war essen verboten, insbesondere auf dem Sofa. Sie erwartete, dass Timmy jeden Moment hereinkam und sie in flagranti ertappte.

Sie legte ihr Abendessen auf den gläsernen Kaffeetisch und entfaltete die Zeitung. Die Abendzeitung machte mit derselben

246

Schlagzeile auf wie die Morgenausgabe: Zweite Leiche gefunden. Nur hatten sie jetzt bestätigt, dass der tote Junge Matthew Tanner war. Ihr Abendartikel enthielt auch ein Zitat von George Tillie. Sie fand den Absatz und las ihn. George bestätigte, dass es sich um die Taten eines Serienkillers handelte, was Nick nicht zugeben wollte.

Der Artikel schloss mit einem Zitat von Michelle Tanner vom Montag, einer melodramatischen Bitte, ihren Sohn zurückzugeben. Mit Bezug auf das Zitat hatte sie formuliert: „Wieder einmal ist die Bitte einer Mutter auf taube Ohren gestoßen." Wenn sie das jetzt las, kam es ihr nicht mehr so toll vor, aber Corby hatte es gefallen.

Sie überflog den Rest der Zeitung, fand die Leserbriefe und sah nach, ob ihr Name erwähnt wurde. Nach einem Blick auf die Uhr schaltete sie rasch mit der Fernbedienung Kanal Fünf ein.

Wie immer sah Darcy McManus im dunkelblauen Kostüm mit roter Bluse tadellos aus. Christine bewunderte das glänzende schwarze Haar und die großen braunen Augen, die durch Eyeliner und Lidschatten noch betont wurden. Sie konnte sich nicht vorstellen, an Darcys Stelle zu sein. Sie würde eine völlig neue Garderobe brauchen, aber bei dem Gehalt, das Ramsey ihr bot, konnte sie sich die leisten.

Sie musste zugeben, dass die Vorstellung, im Fernsehen aufzutreten, etwas hatte. Der Lokalsender von Omaha erreichte im östlichen Nebraska ein Publikum von fast einer Million. Sie würde eine Berühmtheit werden und vielleicht sogar über nationale Ereignisse berichten. Obwohl sie Ramsey um Bedenkzeit gebeten hatte, stand ihr Entschluss eigentlich schon fest. Es gab keine Rechtfertigung dafür, das Gehalt auszuschlagen. Nicht bei ihren Schulden und der vagen Gefahr, das Haus zu verlieren. Nein, da blieb kein Raum für Prinzipien. Sie würde das Angebot am Morgen annehmen, sobald sie mit Corby gesprochen hatte.

Sie trank ihr Glas leer. Ein zweites Stück Pizza wäre nicht

schlecht, doch ihre Glieder waren bleischwer vor Erschöpfung. Sie legte sich kurz hin und schloss für ein paar Minuten die Augen. Sie dachte noch, wofür sie und Timmy ihr neues Gehalt ausgeben würden, und war schon eingeschlafen.

54. KAPITEL

„Warum isst du nichts von deinem Big Mac?" fragte der Mann in der Maske eines toten Präsidenten.

Timmy kauerte sich in eine Ecke. Die Bettfedern quietschten, sobald er sich bewegte. Er ließ den Blick durch den kleinen Raum schweifen, der nur von einer Laterne auf einer alten Kiste erhellt wurde. Das Licht schuf unheimliche Schatten auf der Wand, die spinnennetzartige Risse zeigte. Er konnte sein Zittern nicht unterdrücken wie letzten Winter, als er so krank gewesen war, dass seine Mom ihn in die Notaufnahme gebracht hatte. Ihm war auch übel. Aber diesmal war es was anderes. Er zitterte vor Angst, weil er nicht wusste, wo er war und bei wem.

Der große Mann in der Maske war bisher nett gewesen. Er hatte sich nichts dabei gedacht, als der Mann ihn an der Kirche anhielt, um nach dem Weg zu fragen. Zwar hatte er eine schwarze Skimaske getragen wie Räuber aus Filmen, aber es war ja auch kalt gewesen. Der Mann hatte nicht beängstigend gewirkt. Sogar als er ausgestiegen war, um ihm eine Karte zu zeigen, hatte Timmy sich keine Sorgen gemacht. Irgendwie war er ihm sogar bekannt vorgekommen. Aber plötzlich hatte er ihn gepackt und ihm ein weißes Tuch aufs Gesicht gedrückt. An mehr konnte er sich nicht erinnern, bis er hier aufgewacht war.

Der Wind heulte durch die verrotteten Bretter vor den Fenstern, aber im Raum war es warm. Timmy bemerkte einen Kerosinofen in der Ecke, so einen wie sein Dad gehabt hatte, wenn sie Zelten gegangen waren. Aber das war vor Jahren gewesen, als sein Dad sich noch was aus ihm gemacht hatte.

„Du solltest wirklich essen. Ich weiß, dass du seit mittags nichts mehr gehabt hast."

Timmy sah den Mann an, der in Pullover, Jeans und neu aussehenden Nike-Turnschuhen mit einem geknoteten Schnürsenkel eher lächerlich als beängstigend wirkte. Neben dem Eingang standen auf einer Papiertüte nasse schwarze Gummistiefel. Es kam Timmy komisch vor, dass neue Nikes bereits ein gerissenes Schuhband hatten. Wenn er neue Nikes hätte, würde er schonender damit umgehen.

Die gedämpfte Stimme war ihm irgendwie vertraut vor, doch er konnte sie nicht einordnen. Er versuchte sich an den Namen des Präsidenten zu erinnern, den die Maske zeigte. Es war der mit der langen Nase, der zurücktreten musste. Warum konnte er sich nicht an den Namen erinnern? Sie hatten erst letztes Jahr die Präsidenten durchgenommen.

Er hätte gern sein Zittern unterdrückt, doch es ging nicht, also ließ er die Zähne klappern.

„Ist dir kalt? Kann ich dir noch etwas holen?" fragte der Mann, und Timmy schüttelte den Kopf. „Morgen bringe ich dir Baseballkarten und ein paar Comics mit." Der Mann stand auf, nahm die Lampe von der Kiste und wandte sich zum Gehen.

„Kann ich die Lampe behalten?" Timmy war erstaunt, wie ruhig und klar die eigene Stimme klang, obwohl er am ganzen Körper bebte.

Der Mann sah zurück, und Timmy bemerkte seine Augen in den Sehschlitzen der Maske. Sie strahlten, als lächle er.

„Sicher, Timmy. Ich lasse dir die Lampe da."

Er konnte sich nicht erinnern, dem Mann seinen Namen genannt zu haben. Kannten sie sich?

Der Mann stellte die Lampe auf die Kiste zurück, zog die Gummistiefel an und ging. Mit mehreren Klicks und Klacks verschloss er die Tür von außen. Timmy wartete mit Herzklopfen und lauschte. Er zählte hundertzwanzig Sekunden ab, und als er sicher war, dass der Mann nicht zurückkam, sah er sich genauer um. Die verrotteten Bretter vor den Fenstern waren seine größte Fluchtchance.

Er krabbelte vom Bett und fiel fast über seinen Schlitten am Boden. Er wollte zum Fenster, doch etwas hielt ihn am Bein fest. Er blickte hinab und entdeckte eine silbrige Handschelle am Fußgelenk, die mit einer Metallkette am Bettpfosten verankert war. Er riss an der Kette, doch das Metallbett bewegte sich nicht. Er fiel auf die Knie und zerrte, drückte und zog an der Handschelle, bis die Finger rot und der Knöchel wund waren, und gab auf.

Er sah sich im Raum um und wusste es plötzlich: Hierhin hatte man auch Danny und Matthew gebracht. Er kroch in seinen Plastikschlitten und rollte sich zusammen.

„O Gott!" betete er laut, und das Zittern seiner Stimme machte ihm noch mehr Angst. „Bitte lass mich nicht sterben wie Danny und Matthew."

Dann versuchte er sich abzulenken, indem er an etwas anderes dachte, und begann die Namen vergangener Präsidenten aufzusagen. „Washington, Adams, Jefferson ..."

55. KAPITEL

Nach mehreren vergeblichen Versuchen, im Pastorat anzurufen, fuhr Nick hin. Nach Hause konnte er ohnehin nicht, dort war sein Vater. Das war der Nachteil, wenn man im Elternhaus lebte, die Familie zog wieder ein, wann es ihr passte. Obwohl das Farmhaus zweifellos groß genug war für alle, wollte Nick seinen Vater für den Rest des Abends weder sehen noch sprechen.

Das Pastorat war im Ranchstil erbaut und durch einen überdachten Gang mit der Kirche verbunden. Hinter den bunten Kirchenfenstern nahm er nur schwachen Kerzenschimmer wahr. Das Pastorat jedoch war innen und außen erleuchtet wie für eine Party. Trotzdem musste Nick einige Zeit warten, ehe jemand öffnete.

Pater Keller stand in einem langen schwarzen Bademantel vor ihm. „Sheriff Morrelli, verzeihen Sie die Verzögerung. Ich habe gerade geduscht", sagte er und zeigte keine Überraschung, als habe er ihn erwartet.

„Ich hatte versucht anzurufen."

„Wirklich? Ich war den ganzen Abend hier. Aber im Bad höre ich das Telefon leider nicht. Kommen Sie herein."

Im großen Kamin, der sofort den Blick anzog, prasselte ein frisches Feuer. Neben einem der Stühle waren Bücher gestapelt, Kunstbände – Degas, Monet, Malerei der Renaissance. Nick kam sich lächerlich vor, dass er philosophische oder religiöse Themen erwartet hatte. Schließlich waren Priester normale Menschen, die auch andere Interessen hegten, Hobbys hatten und sogar Obsessionen.

„Bitte setzen Sie sich." Pater Keller deutete auf einen Stuhl.

Obwohl er Pater Keller nur aus wenigen Sonntagsmessen kannte, mochte er ihn sofort. Nicht nur, dass er groß und athletisch war und auf jungenhafte Art gut aussah, er strahlte auch eine Ruhe und Gelassenheit aus, dass man sich gleich wohl fühlte. Nick sah auf die Hände des jungen Priesters. Die Finger waren lang und glatt mit kurzen gepflegten Nägeln. Zweifellos nicht die Hände eines Mannes, der kleine Jungen erdrosselte. Maggie lag da völlig schief. Ausgeschlossen, dass dieser Mann ein Mörder war. Sie sollten besser Ray Howard befragen.

251

„Kann ich Ihnen einen Kaffee bringen?" fragte Pater Keller, bemüht, seinem Gast etwas Gutes zu tun.

„Nein, danke, es dauert nicht lange." Nick zog den Reißverschluss seiner Jacke auf und holte Notizblock und Stift heraus. Seine Hand schmerzte. Die Knöchel bluteten durch den selbst angelegten Verband. Er versteckte sie im Jackenärmel, um keine Aufmerksamkeit darauf zu lenken.

„Ich fürchte, ich kann Ihnen nicht viel erzählen, Sheriff. Ich glaube, er hatte schlicht einen Herzanfall."

„Wie bitte?"

„Pater Francis. Deshalb sind Sie doch hier, oder?"

„Was ist mit Pater Francis?"

„Ach du liebe Zeit. Tut mir Leid, ich dachte, deshalb wären Sie gekommen. Wir glauben, dass er eine Herzattacke hatte und irgendwann heute Morgen die Kellertreppe hinabstürzte."

„Ist er okay?"

„Leider nein, er ist tot. Gott gebe seiner Seele Frieden." Pater Keller nahm einen Fussel vom Bademantel und wich so Nicks Blick aus.

„Mein Gott, das tut mir Leid. Das wusste ich nicht."

„Ja, es war für uns alle ein Schock. Sie waren Messdiener bei Pater Francis in der alten St. Margaret Kirche, nicht wahr?"

„Das scheint mir Ewigkeiten her zu sein." Nick starrte in die Flammen und erinnerte sich, wie gebrechlich der alte Priester gewesen war, als er ihn mit Maggie befragt hatte.

„Verzeihen Sie, Sheriff, aber wenn Sie nicht wegen Pater Francis gekommen sind, womit kann ich Ihnen dann helfen?"

Einen Moment lang wusste er es selbst nicht. Schließlich erinnerte er sich an Maggies Profil. Pater Keller schien den körperlichen Charakteristika zu entsprechen. Seine nackten Füße hatten etwa Schuhgröße zwölf. Aber sowohl Füße wie Hände wirkten zu glatt, als dass er in der Kälte durch den Wald und über Felsen geflüchtet sein könnte.

„Sheriff Morrelli, alles okay mit Ihnen?"

„Ja, danke. Ich hatte eigentlich nur ein paar Fragen an Sie wegen des ... wegen des Zeltlagers, das Sie leiten."

Drückte sein Blick Verwirrung oder Besorgnis aus? Nick konnte es nicht entscheiden.

„Beide, Danny Alverez und Matthew Tanner waren letzten Sommer in Ihrem Zeltlager."

„Wirklich?"

„Sie wussten das nicht?"

„Wir hatten letzten Sommer über zweihundert Jungen im Zeltlager. Ich wünschte, ich könnte sie alle kennen lernen, aber das geht leider nicht."

„Haben Sie Fotos mit allen machen lassen?"

„Wie bitte?"

„Mein Neffe, Timmy Hamilton, hat ein Foto, auf dem etwa fünfzehn bis zwanzig Jungen sind, zusammen mit Ihnen und Mr. Howard."

„Oh ja." Pater Keller fuhr sich mit der Hand durch das dichte Haar, und Nick fiel auf, dass es nicht feucht war. „Das Kanufoto. Nicht alle Jungen haben sich für das Rennen qualifiziert, aber ja, dann haben wir mit den qualifizierten ein Foto gemacht. Mr. Howard ist freiwilliger Begleiter. Seit Ray vor einem Jahr das Seminar verließ, um bei uns zu arbeiten, versuche ich ihn in so viele Aktivitäten wie möglich einzubeziehen."

Howard war also im Seminar gewesen. Nick wartete auf mehr.

„Timmy Hamilton ist also Ihr Neffe. Ein großartiger Junge."

„Ja, das ist er." Sollte er mehr Fragen nach Howard stellen, hatte Pater Keller absichtlich abgelenkt? Es hatte keinen Grund gegeben, zu erwähnen, dass Howard das Seminar verlassen hatte.

„Ein ähnliches Zeltlager haben Sie auch in Ihrer vorherigen Gemeinde abgehalten, nicht wahr, Pater Keller? In Maine." Nick tat so, als lese er es von seinem Block ab, der jedoch leer war. „Das war, glaube ich, in Wood River." Er achtete auf ungewöhnliche Reaktionen, die ausblieben.

„Das ist richtig."

„Warum haben Sie Wood River verlassen?"

„Man bot mir hier die Stelle als rechte Hand von Pater Francis an. Man könnte sagen, es war eine Beförderung."

„Haben Sie gehört, dass kurz bevor Sie Wood River verließen, in der Gegend ein kleiner Junge ermordet wurde?"

„Vage. Ich weiß nicht genau, worauf Ihre Fragen abzielen, Sheriff. Wollen Sie mir unterstellen, dass ich etwas über diese Morde weiß?" Er sprach weder ängstlich noch abwehrend, nur leicht besorgt.

„Ich überprüfe so viele Spuren wie möglich." Nick kam sich plötzlich lächerlich vor. Wie hatte Maggie ihn bloß überzeugen können, ein katholischer Priester sei eines Mordes fähig? Dann fiel ihm etwas auf. „Pater Keller, woher wissen Sie, dass ich Messdiener bei Pater Francis in der alten St. Margaret Kirche war?"

„Ich weiß nicht genau. Pater Francis muss es erwähnt haben." Wieder wich er Nicks Blick aus. Ein plötzliches Klopfen an der Tür unterbrach sie. Pater Keller stand auf, fast hastig, als könne er nicht schnell genug entkommen. „Ich bin wirklich nicht gesellschaftsfähig angezogen." Lächelnd zog er die Revers voreinander und band den Gürtel fest.

Nick nutzte seine Abwesenheit, sich der Hitze des Feuers zu entziehen. Er stand auf und ging in dem großen Raum umher. Riesige Bücherregale nahmen eine ganze Wand ein. Gegenüber lag ein Erkerfenster mit einer Fensterbank voller Grünpflanzen. Es gab nur wenig Dekoratives: ein auf Hochglanz poliertes dunkles Holzkruzifix mit einem ungewöhnlich spitzen, dolchähnlichen Ende, ein paar Originalgemälde eines unbekannten Künstlers. Recht nett, wenn Nick auch zugab, dass er sich mit Kunst nicht auskannte. Der grelle Farbauftrag wirkte hypnotisch, wirbelndes Gelb und Rot auf einem Feld aus strahlendem Purpur.

Dann entdeckte er sie. Neben der vorspringenden Backsteineinfassung des Kamins stand auf einer alten Fussmatte ein Paar schneebedeckte schwarze Gummistiefel. Hatte Pater Keller gelogen? War er nicht den ganzen Abend hier gewesen? Oder gehörten die Stiefel Ray Howard?

Aus dem Foyer drangen erhobene Stimme. Pater Kellers klang frustriert, die Frauenstimme vorwurfsvoll. Nick eilte zur Haustür, wo Pater Keller ruhig und gelassen zu bleiben versuchte, während Maggie O'Dell ihn mit Fragen attackierte.

56. KAPITEL

Zunächst erkannte Nick ihre Stimme kaum. Maggie O'Dell, die personifizierte Selbstbeherrschung, gab sich laut, schrill und kampflustig.

„Ich will zu Pater Francis! Sofort!" verlangte sie und drängte sich an Pater Keller vorbei, ehe der etwas erklären konnte. Sie stieß fast mit Nick zusammen und wich erschrocken zurück. Ihre Blicke begegneten sich. In ihrem lag etwas Wildes, Unbeherrschtes, passend zur Stimme.

„Nick, was tun Sie denn hier?"

„Dasselbe könnte ich Sie fragen. Müssen Sie nicht Ihr Flugzeug erreichen?"

Sie wirkte zierlich in der zu großen grünen Jacke und den Jeans. Ungeschminkt und mit zerzaustem Haar, wäre sie als Collegestudentin durchgegangen.

255

„Die Flüge haben Verspätung."

„Verzeihen Sie", unterbrach Pater Keller sie.

„Maggie, Sie haben Pater Michael Keller noch nicht kennen gelernt. Pater Keller, das ist Spezialagentin Maggie O'Dell."

„Sie sind also Keller", sagte sie vorwurfsvoll. „Was haben Sie mit Pater Francis gemacht?"

Wieder diese Kampflust. Nick konnte sich auf ihr Verhalten keinen Reim machen. Was war nur mit der kühlen, ruhigen Frau passiert, neben der er gewöhnlich wie ein Hitzkopf aussah?

„Ich habe versucht zu erklären ..." begann Pater Keller erneut.

„Ja, erklären müssen Sie allerdings einiges! Pater Francis wollte mich heute Nachmittag im Krankenhaus treffen. Er ist nicht gekommen." Sie sah Nick an. „Ich habe den ganzen Nachmittag und Abend versucht, hier anzurufen."

„Maggie, warum kommen Sie nicht herein und beruhigen sich?"

„Ich will mich nicht beruhigen! Ich will eine Erklärung. Ich will zum Kuckuck noch mal wissen, was hier los ist!"

„Es gab heute Morgen einen Unfall", erklärte Nick, da sie Pater Keller nicht zu Wort kommen ließ. „Pater Francis ist die Kellertreppe hinuntergestürzt. Er ist tot."

Sie wurde sehr still. „Ein Unfall?" Sie streifte Pater Keller mit einem Blick. „Nick, sind Sie sicher, dass es ein Unfall war?"

„Maggie!"

„Woher wollen Sie wissen, dass er nicht gestoßen wurde? Hat jemand die Leiche untersucht? Wenn nötig, mache ich die Autopsie selbst."

„Eine Autopsie?" wiederholte Pater Keller.

„Maggie, er war alt und gebrechlich."

„Genau. Weshalb sollte er also die Kellertreppe hinuntergehen?"

„Weil es unser Weinkeller ist", erläuterte Pater Keller.

Maggie sah ihn scharf an, und Nick bemerkte ihre geballten Hände. Es hätte ihn nicht überrascht, wenn sie dem Pater einen Schwinger verpasst hätte. Er verstand sie nicht mehr. Wenn sie guter Polizist, böser Polizist spielen wollten, müsste sie ihm einen entsprechenden Wink geben.

„Was genau wollen Sie unterstellen, Pater Keller?" fragte sie schließlich.

„Unterstellen? Ich unterstelle gar nichts!"

„Maggie, wir sollten vielleicht gehen." Nick nahm sie sacht am Arm. Sofort riss sie sich los und maß ihn mit einem Blick, dass er einen Schritt zurückwich. Sie starrte Pater Keller noch einmal wütend an und drängte sich dann an beiden vorbei zur Tür.

Nick sah den Priester an, der genau so verlegen und verwirrt war wie er selbst. Wortlos folgte er Maggie zur Tür hinaus. Auf dem Gehsteig holte er sie ein, wollte sie am Arm festhalten, überlegte es sich jedoch und erhöhte sein Tempo, um neben ihr herzugehen.

„Was zum Teufel sollte das eben?" fragte er.

„Er lügt! Ich bezweifle, dass es ein Unfall war.

„Pater Francis war ein alter Mann, Maggie."

„Er wollte mir etwas Wichtiges mitteilen. Als wir heute Morgen miteinander telefoniert haben, hat jemand mitgehört, vermutlich Pater Keller. Begreifen Sie denn nicht?" Sie blieb stehen und drehte sich zu ihm um. „Wer uns belauscht hat, beschloss, Pater Francis auszuschalten, ehe er mir die wichtige Information geben konnte. Eine Autopsie könnte belegen, ob er gestoßen wurde oder nicht. Ich mache sie selbst, wenn ..."

„Maggie, hören Sie auf! Es wird keine Autopsie geben. Pater Keller hat ihn nicht gestoßen, und ich glaube nicht, dass er etwas

257

mit den Morden zu tun hat. Das ist doch absurd. Wir sollten uns nach echten Verdächtigen umsehen. Wir müssen ...“

Sie sah ihn an, ihr schien schlecht zu werden. Ihr Gesicht war weiß, die Schultern sanken, und ihre Augen glänzten feucht.

„Maggie?“

Sie wandte sich ab und lief vom Gehweg in den Schnee hinter das Pastorat, weg vom hellen Laternenschein. Vom Wind geschützt, lehnte sie sich an einen Baum, beugte sich vor und übergab sich. Nick verzog das Gesicht und hielt Abstand. Jetzt verstand er die lauten Vorwürfe und die uncharakteristische Kampflust – Maggie O’Dell war betrunken.

Er wartete, bis sie fertig war, und drehte ihr den Rücken zu, für den Fall, dass sie nüchtern genug wurde, sich zu schämen.

„Nick.“

Als er sich umdrehte, ging sie bereits auf einen kleinen Hain hinter dem Pastorat zu, der die Kirche von Cuttys Hügel trennte.

„Nick, schauen Sie.“ Sie blieb stehen und wies nach vorn.

Halluzinierte sie etwa? Doch dann sah er es auch voller Unbehagen. Zwischen den Bäumen verborgen stand ein alter blauer Pickup mit hölzernen Seitenaufbauten.

57. KAPITEL

„Ich lasse mir von Richter Murphy gleich morgen früh einen Durchsuchungsbeschluss geben“, erklärte Nick, als sie wieder in Maggies Hotelzimmer waren. Sie wünschte, er würde einfach den Mund halten. Kopf und Magen taten ihr weh. Warum in aller Welt hatte sie bloß so viel Scotch getrunken, ohne zu essen?

Sie warf Laptop und Jacke aufs Bett und streckte sich daneben aus. Bei den vielen gestrandeten Autofahrern konnte sie von Glück sagen, dass sie ihr Zimmer wieder bekommen hatte.

Nick blieb nervös im Türrahmen stehen, traf jedoch keine Anstalten zu gehen. „Ich konnte nicht glauben, wie Sie auf Keller losgegangen sind. Ich dachte schon, Sie würden ihn verprügeln."

Sie sah ihn an. „Ich weiß, Sie glauben mir nicht, aber Keller hat mit der Sache zu tun. Kommen Sie rein oder gehen Sie, aber bleiben Sie nicht in der offenen Tür stehen. Schließlich habe ich einen Ruf zu verlieren."

Er kam lächelnd herein und schloss die Tür. Als er umherging, merkte er, dass sie ihn beobachtete. Schließlich zog er sich einen Stuhl ans Bett, damit sie ihn sehen konnte, ohne sich bewegen zu müssen.

„Also, was haben Sie angestellt? Eine kleine Abschiedsparty gefeiert?"

„Das schien mir angemessen."

„Verpassen Sie nicht Ihren Flug?"

„Habe ich vermutlich schon."

„Was ist mit Ihrer Mutter?"

„Ich rufe sie morgen an."

„Sie sind also den ganzen Weg zurückgekommen, nur um auf Keller loszugehen?"

Sie stemmte sich auf einen Ellbogen hoch und durchsuchte ihre Jackentaschen. Schließlich reichte sie ihm den kleinen Umschlag und legte sich wieder hin.

„Was ist das?"

„Ich war in der Flughafenlounge, als mir der Barmann das da gab. Ein Mann an der Bar hatte ihn darum gebeten. Als ich die Mitteilung bekam, war der Typ allerdings schon weg."

Sie beobachtete Nick beim Lesen. Er schien verwirrt, und ihr fiel ein, dass sie ihm die erste Mitteilung des Täters verschwiegen hatte.

„Das stammt vom Mörder."

„Woher weiß er, wo Sie leben? Woher kennt er den Namen Ihres Mannes?"

„Er forscht mich aus, überprüft mich und beleuchtet mein Privatleben, genau wie ich es bei ihm mache."

„Großer Gott, Maggie."

„Berufsbedingtes Risiko. Das ist nicht ungewöhnlich." Sie schloss die Augen und massierte ihre pochenden Schläfen. „Stundenlang ist im Pfarrhaus niemand ans Telefon gegangen. Genügend Zeit, zum Flughafen zu fahren und zurück."

Als sie die Augen öffnete, betrachtete Nick sie. Sie setzte sich und fühlte sich unwohl unter seinem besorgten Blick. Ihre Knie berührten sich fast. Der Raum begann sich zu drehen, kippte nach rechts und brachte alles aus der Balance. Sie wartete nur, dass das Mobiliar zu rutschen begann.

„Maggie, alles okay mit Ihnen?"

Sie sahen sich in die Augen. Noch ehe er ihr Gesicht berührte und ihr die Wange streichelte, war diese elektrisierende erotische Spannung zwischen ihnen wieder da. Maggie schmiegte sich mit geschlossenen Augen an die Hand und überließ sich einen Moment ihren Gefühlen. Plötzlich entzog sie sich ihm, stand auf und entfernte sich vom Bett. Heftig atmend stützte sie sich mit beiden Händen auf die Kommode. Als sie aufschaute, sah sie Nick im Spiegel hinter sich stehen und hielt seinem Blick stand.

Sie beobachtete, wie er sich hinabbeugte, und spürte seinen Atem, ehe er ihren Nacken küsste. Der weite Halsausschnitt ihres Shirts war verrutscht, und Nick ließ die Lippen vom Nacken zur Schulter und über den Rücken zurückstreichen.

„Nick, was tust du?" fragte sie atemlos, überrascht von der eigenen körperlichen Reaktion.

„Das wollte ich schon lange."

Er knabberte an ihrem Ohrläppchen. Ihr wurden die Knie weich, und sie lehnte sich an ihn, um nicht zu fallen.

„Das ist keine gute Idee", flüsterte sie mit wenig Überzeugungskraft. Er umarmte sie von hinten, schob eine Hand flach auf ihren Bauch, und prickelnde Wärme durchrann sie bis zwischen die Schenkel.

„Nick." Sie konnte kaum sprechen, während er mit Lippen und Händen die Erkundung fortsetzte. Sie spürte eine Bandage an seinen Knöcheln und wollte fragen, was passiert sei, konnte sich jedoch nicht darauf konzentrieren. Sie sah im Spiegel seine Hände zu ihren Brüsten fahren und sie umfassen. Fast willenlos vor Verlangen, spürte sie eine Hand zwischen ihre Schenkel gleiten und sie streicheln. Sie war bereits feucht, fand jedoch die Kraft, sich umzudrehen. Anstatt ihn wegzuschieben, knöpfte sie ihm jedoch eifrig das Hemd auf, um seine Haut zu spüren.

Nick presste den Mund auf ihren. Sie zögerte, doch er knabberte lockend an ihren Lippen, bis sie leidenschaftlich auf den Kuss einging. Nach einer Weile löste er die Lippen von ihren, ließ sie ihren Hals hinab zu den Brüsten streichen, küsste sie durch den Baumwollstoff und sog. Heißes Verlangen durchzuckte sie blitzartig, so dass sie Halt suchend nach der Kommode griff.

„O Gott, Nick!" japste sie. Sie müsste dem ein Ende bereiten, doch es ging nicht. Der Raum begann sich wieder zu drehen. Ihr Herz klopfte wild, und sie hörte ein Klingeln in den Ohren. Dieses ständige Klingeln. Nein, das kam nicht aus den Ohren. Das Telefon klingelte! „Nick ... das Telefon!" stammelte sie, schlagartig ernüchtert.

Er kniete vor ihr, die Hände um ihre Taille gelegt, und sah zu ihr auf. Wie hatte sie es nur so weit kommen lassen können? Der Scotch war schuld und die Benommenheit im Kopf – und nicht zuletzt Nicks Zärtlichkeit und seine sanft streichelnden Hände. Verdammt, wo blieb ihre Selbstbeherrschung?

Sie entzog sich ihm, stolperte zum Nachttisch, stieß das Telefon herunter und fing den Hörer auf, ehe der Apparat zu Boden fiel. Den Rücken zu Nick, versuchte sie sich zu beruhigen.

„Ja", meldete sie sich hörbar außer Atem. „Hier ist Maggie O'Dell."

„Maggie, Gott sei Dank erwische ich Sie. Hier ist Christine Hamilton. Ich weiß nicht, was ich tun soll. Verzeihen Sie die späte Störung. Ich habe versucht, Nick zu erreichen, aber niemand weiß, wo er ist."

„Beruhigen Sie sich, Christine." Sie sah zu Nick.

Der merkte beim Namen seiner Schwester auf und nestelte sich die Hemdknöpfe zu, als hätte Christine sie in flagranti ertappt. Maggie fuhr sich mit einem Arm über die Brust, um das immer noch spürbare Prickeln zu dämpfen. Sie kehrte Nick wieder den Rücken zu, um sich nicht ablenken zu lassen, und strich sich die Haare hinter die Ohren. „Was ist los, Christine?"

„Es geht um Timmy. Er war nicht da, als ich nach Hause kam. Ich dachte, er wäre zu einem Freund gegangen. Aber ich habe herumtelefoniert. Seit dem Nachmittag hat ihn niemand gesehen. Sie waren rodeln auf Cuttys Hügel. Die anderen Kinder sahen ihn nach Hause gehen, aber er ist nicht angekommen. O Gott, Maggie, er ist nicht da! Er ist seit fünf Stunden überfällig. Ich habe solche Angst, ich weiß nicht, was ich tun soll!"

Maggie bedeckte die Sprechmuschel und setzte sich auf die Bettkante, ehe ihre Knie nachgeben konnten.

„Timmy ist verschwunden", sagte sie ruhig, spürte jedoch wie Angst von ihr und Nick Besitz ergriff.

„Großer Gott, nein!" stöhnte er, nun ebenfalls ernüchtert.

58. KAPITEL

Christine kaute an den Nägeln, eine schlechte Angewohnheit aus der Kindheit, die sie gedankenverloren wieder aufnahm, während sie ihren Vater im Raum umhergehen sah. Als sie auf der Suche nach Nick ihren Vater am Telefon gehabt hatte, war sie verblüfft, aber auch erleichtert gewesen. Inzwischen ärgerte es sie, ihn durch das Haus stapfen zu sehen und die Deputys in Haus und Garten herumkommandieren zu hören. In seiner Gegenwart kam sie sich noch hilfloser vor. Plötzlich war sie wieder das unsichtbare kleine Mädchen, unfähig, etwas Vernünftiges zu tun.

„Warum legst du dich nicht hin, Liebes? Ruh dich aus", sagte er im Vorübergehen.

Sie schüttelte nur stumm den Kopf.

Da er offenbar nicht wusste, was er sonst tun sollte, ignorierte er sie.

Als Nick und Maggie in den überfüllten Wohnraum kamen, sprang Christine auf und wäre fast zu ihrem Bruder gelaufen. Sie beherrschte sich jedoch und blieb auf wackeligen Knien neben dem Sofa stehen. Sogar in ihrer Panik wäre es ihr peinlich gewesen, die Arme um ihren Bruder zu werfen. Als spüre er das, kam Nick auf sie zu und zog sie wortlos an sich. Bis jetzt hatte sie sich zusammengenommen – der starke kleine Soldat ihres Vaters. Plötzlich strömten jedoch die Tränen, und Schluchzer schüttelten ihren Körper. An Nick geklammert, weinte sie in den steifen Stoff seiner Jacke, und ihr Körper schmerzte von dem vergeblichen Versuch, sich zu beherrschen.

Nick drückte sie aufs Sofa und legte einen Arm um sie. Als Christine aufblickte, stand Maggie vor ihnen und reichte ihr ein Glas Wasser. Sie konnte kaum trinken, ohne das Wasser zu verschütten. Suchend sah sie sich nach ihrem Vater um und wunderte sich nicht, dass er fort war. Natürlich wollte er nicht Zeuge einer so schniefenden Zurschaustellung von Schwäche sein.

„Hast du wirklich überall gesucht?" fragte Nick.

„Ich habe alle angerufen." Die verstopfte Nase veränderte ihre Stimme, und sie bekam kaum Luft. Maggie reichte ihr Papiertaschentücher. „Alle sagten dasselbe – nach dem Rodeln sei er heimgegangen."

„Könnte er unterwegs irgendwo angehalten haben?" fragte Maggie.

„Ich weiß nicht. Abgesehen von der Kirche gibt es von Cuttys Hügel bis hier nur Wohnhäuser. Ich habe versucht, im Pastorat anzurufen, aber dort nahm niemand ab." Sie sah die beiden einen Blick tauschen. „Was ist los?"

„Nichts", erwiderte Nick, doch sie wusste, das war gelogen. „Ich war bloß vorhin mit Maggie im Pastorat. Ich prüfe mal, was Dad meinen Männern befiehlt. Bin gleich zurück."

Christine sah Maggie die Jacke ausziehen, ehe sie sich neben sie setzte. Die propere Agentin O'Dell trug ein verwaschenes, ausgeleiertes Footballtrikot und Jeans. Ihr Haar war wirr und die Haut gerötet.

„Habe ich Sie aus dem Bett geholt?" fragte Christine und bemerkte, dass Maggie die Frage peinlich war.

„Nein, keineswegs." Sie fuhr sich mit den Fingern durchs Haar und sah kritisch an sich hinab. „Ich war eigentlich auf der Heimreise ... zurück nach Virginia. Der Flug hatte Verspätung. Ich habe mein Gepäck schon aufgegeben." Sie sah flüchtig auf die Uhr. „Wahrscheinlich ist es jetzt gerade über Chicago."

„Wenn Sie möchten, können Sie sich etwas von mir ausborgen."

Maggie zögerte, und Christine war sicher, sie würde ablehnen, doch dann sagte sie: „Macht es Ihnen wirklich nichts aus?"

„Kein bisschen. Kommen Sie."

Sie führte Maggie in ihr Schlafzimmer. Etwas tun zu können, gab ihr wieder Energie. Sie schloss die Schlafzimmertür, doch Stimmen und Schritte draußen blieben hörbar. Sie öffnete Schranktüren und Schubladen. Obwohl sie etwas größer war als Maggie, hatten sie, abgesehen von Maggies vollerem Busen, etwa dieselbe Größe.

„Bitte, bedienen Sie sich." Christine setzte sich auf die Bettkante, während Maggie zögerlich einen roten Rollkragenpulli aus der Schublade holte.

„Sie haben nicht zufälligerweise einen BH, den ich mir leihen kann?"

„Obere linke Schublade. Meiner könnte zu klein sein. Versuchen Sie es mit den Sport-BHs, die strecken sich mehr."

Sie spürte Maggies Unbehagen. Auch sie war lange nicht mehr so eng mit einer Freundin zusammen gewesen, dass sie sich einen Ankleideraum geteilt hätten. Sie wollte schon gehen, doch ehe sie aufstand, schälte Maggie sich aus ihrem Trikot und zwängte sich in den BH. Er spannte über ihren Brüsten, und sie zupfte ihn zurecht. Christine bemerkte die Narbe auf Maggies Bauch, und Maggie sah es im Spiegel.

„Entschuldigung", sagte Christine, ohne den Blick abzuwenden. „Verzeihen Sie, wenn ich frage, aber das sieht nicht nach einer Operationsnarbe aus."

„Ist es auch nicht", bestätigte sie und fuhr mit dem Finger die rote Narbe entlang. Auf der Schulter bemerkte Christine eine zweite rote Wunde. „Das war ein Geschenk", fuhr Maggie fort. „Eine Erinnerung an einen Mörder, den ich fangen half."

„Ich mag mir die schrecklichen Dinge, die Sie schon erlebt haben, nicht mal vorstellen."

„Das gehört zum Job. Haben Sie ein Unterhemd oder T-Shirt, das ich anziehen könnte?"

„Unten links. Wie schaffen Sie es, sich von alledem nicht beeindrucken zu lassen?"

„Wer sagt, dass es mich nicht beeindruckt?" Maggie wand sich aus dem BH und zog das straffe cremefarbene Hemd über. Zufrieden mit dem Sitz, stopfte sie es in den Bund ihrer Jeans. „Ich versuche, nicht darüber nachzudenken."

Der rote Pulli saß ebenfalls eng, durch das Hemd wurden die Konturen jedoch gemildert. Sie trug ihn über der Jeans.

„Danke", sagte sie und drehte sich zu Christine um.

„Die Leichen von Danny und Matthew waren übel zerschnitten, nicht wahr?" Christine hatte für ihren Artikel bereits alle grausigen Details recherchiert und wollte es nur bestätigt haben. Sie merkte Maggies Unbehagen bei der Frage.

„Wir finden Timmy", versicherte sie nur. „Nick hat schon Richter Murphy eingeschaltet. Wir bekommen einen Durchsuchungsbeschluss, wir haben einen Verdächtigen."

Der Reporter in ihr hätte fragen müssen, für was der Durchsuchungsbeschluss war. Wer war der Verdächtige? Doch die Mutter in ihr plagte das Bild eines kleinen zarten Jungen, der verängstigt irgendwo in einer dunklen Ecke hockte. Konnten sie ihn wirklich finden, ehe auch seine zarte, helle Haut voller roter Schnitte war? „Er bekommt so leicht blaue Flecke", sagte sie mit Tränen in den Augen.

Maggie sah es vom anderen Ende des Raumes, respektierte ihre Gefühle und hielt Abstand.

Christine war ihr dankbar dafür. Sie wollte nicht wieder zusammenbrechen, nicht vor Maggie O'Dell, die schon traumatische Erlebnisse überwunden hatte und offenbar alle Emotionen durch

Stärke ersetzte. Genau das musste sie auch tun. Weinen half Timmy nicht weiter.

Sie wischte die Tränen fort, die ihr über die Wangen gerollt waren, und stand trotz ihrer Angst mit neuem Elan auf.

„Sagen Sie mir, womit ich helfen kann, Maggie." Ihre Stimme zitterte ein wenig.

59. KAPITEL

Donnerstag, 30. Oktober

Sonnenlicht fiel zwischen den verrotteten Brettern hindurch und weckte Timmy. Zunächst erinnerte er sich nicht, wo er war, dann roch er das Kerosin und die muffigen Wände. Die Metallkette rasselte, als er sich aufrichtete. Ihm tat alles weh, weil er zusammengerollt im Schlitten gelegen hatte. Er bekam erneut Angst, war aber entschlossen, sie zu überwinden. Er wollte nicht wieder zittern. „Denk an was Schönes", sagte er laut.

Im Sonnenlicht bemerkte er die Poster an den rissigen, abblätternden Wänden. Es waren dieselben wie bei ihm zu Hause: ein paar von den Nebraska Cornhuskers, eins von *Batman* und zwei von *Krieg der Sterne*. Er lauschte auf Verkehrslärm, hörte aber nichts. Nur der Wind pfiff durch die Ritzen und rüttelte am zerbrochenen Glas.

Wenn er doch nur das Fenster erreichen könnte. Er konnte die Bretter sicher herunterreißen. Das Fenster war klein, aber er würde sich durchzwängen und nach Hilfe rufen. Er versuchte, das Bett zu schieben, doch der schwere Metallrahmen bewegte sich nicht. Außerdem fühlte er sich schwach und schwindelig, weil er nicht gegessen hatte.

Er stopfte ein paar Fritten in den Mund. Sie waren kalt, aber salzig. In der Kiste fand er zwei Snickers, einen Beutel Cheetos und eine Orange. Ihm war ein wenig übel, trotzdem verschlang er die Orange, die Schokoriegel und begann mit den Cheetos, während er die Kette prüfte, die ihn mit dem Bettpfosten verband. Die Glieder waren aus Metall mit hauchdünnen Schlitzen. Leider war es unmöglich, die Schlitze aufzubiegen, um Kettenglieder auseinander zu haken. Er hatte nicht genügend Kraft und ärgerte sich mal wieder, wie klein und hilflos er war.

Er hörte Schritte vor der Tür. Hastig krabbelte er ins Bett und war unter der Decke, als das Schloss knarrte und die Tür quietschend aufging.

Der Mann trat langsam ein. Er war in eine dicke Skijacke eingewickelt, trug schwarze Gummistiefel und eine Strumpfmaske über der Gummimaske, was seinen ganzen Kopf verbarg.

„Guten Morgen", murmelte er. Er stellte eine braune Papiertüte ab, zog diesmal jedoch weder Mantel noch Stiefel aus.

„Ich habe dir ein paar Sachen gebracht." Seine Stimme war freundlich und sanft.

Timmy kam zur Bettkante, zeigte Interesse und tat unerschrocken.

Der Mann gab ihm mehrere Comics, alte zwar, aber in gutem Zustand. Timmy hatte sie zunächst für neu gehalten, bis er die veralteten Preisschilder las. Er reichte ihm auch einen Packen Baseballkarten, die von einem Gummiband zusammengehalten wurden. Dann begann er Lebensmittel auszupacken und füllte die Kiste, in der Timmy die Schokoriegel gefunden hatte. Er sah den Mann eine Packung Cap'n Crunch Cereals herausholen, weitere Snickers, Maischips und einige Dosen SpaghettiOs.

„Ich habe versucht, dein Lieblingsessen zu besorgen." Er sah Timmy an, als wolle er ihm eine Freude bereiten.

„Danke", sagte Timmy aus Gewohnheit. Der Mann nickte,

und seine Augen strahlten wieder, als lächle er. „Woher wissen Sie, dass ich Cap'n Crunch mag?"

„So was merke ich mir", erwiderte er leise. „Ich kann nicht bleiben. Kann ich dir sonst noch etwas besorgen?"

Timmy sah, dass er die Kerosinlampe löschte, und bekam Angst. „Kommen Sie vor Einbruch der Dunkelheit zurück? Ich bin nicht gern im Dunkeln."

„Ich versuche zu kommen." Er ging zur Tür, sah noch einmal zurück, langte seufzend in die Tasche und zog etwas Glänzendes heraus.

„Ich lasse dir mein Feuerzeug da, falls ich nicht zurückkommen kann. Aber sei vorsichtig, Timmy, dass du keinen Brand entfachst."

Timmy wurde wieder ein wenig übel vor Angst. Aber vielleicht lag es auch bloß an den Sachen, die er gegessen hatte. Er hasste es, eingesperrt zu sein. Aber wenn der Mann nicht zurückkam, konnte er ihm auch nicht wehtun. Ihm blieb der ganze Tag, seine Flucht zu planen. Er nahm das Feuerzeug und ließ die Finger über die glatte Oberfläche gleiten. Er erkannte das Logo, das auf die Innenseite gestempelt war. Er hatte es viele Male an den Jacketts und Uniformen von Großvater und Onkel Nick gesehen. Es war das Abzeichen des Sheriff Department.

60. KAPITEL

Das Kaffeearoma ekelte Maggie, obwohl Kaffee das einzige Mittel gegen die Folgen des Scotch zu sein schien. Sie aß einen Bissen Rührei und Toast und beobachtete die Tür des Lokals. Nick hatte gesagt, es würde nur zehn, fünfzehn Minuten dauern. Das war vor einer Stunde gewesen. Der kleine Diner begann sich mit Frühstücksgästen zu füllen. Farmer mit Kappen saßen neben Geschäftsfrauen und -männern in Kostümen und Anzügen.

Sie hatte Christine heute Morgen nur ungern verlassen, obwohl sie wusste, dass sie ihr nicht helfen konnte. Sie war nie besonders gut im Trösten oder Händchenhalten gewesen. Ihre prägende Erfahrung als schlaksige Zwölfjährige war wohl die, eine betrunkene Mutter die Treppe zum schäbigen Apartment hinaufzerren zu müssen, und für eine fast Bewusstlose brauchte man keine tröstenden Worte. Auch als FBI-Agentin musste sie nicht unbedingt firm in Etikette sein. Sie hatte in erster Linie mit Leichen oder Psychopathen zu tun. Um Angehörige von Opfern zu befragen, musste sie lediglich höfliche Anteilnahme zeigen. Jedenfalls hatte sie sich das vor langer Zeit eingeredet.

Doch letzte Nacht war sie fast gelähmt gewesen vor Schreck. Sie kannte Christine kaum, ein gemeinsames Abendessen schuf noch keine Freundschaft. Doch Timmys kleines, sommersprossiges Gesicht hatte sich ihr eingeprägt. In den acht Jahren ihrer Mörderjagd hatte sie nie ein Opfer persönlich gekannt. Allerdings erinnerte sie sich an jede Leiche. Sie war sozusagen in ihrem geistigen Notizbuch eingetragen. Sie konnte und wollte sich nicht vorstellen, auch Timmy zu dieser Sammlung quälender Bilder hinzuzufügen.

Schließlich kam Nick zurück, entdeckte sie, winkte und kam auf ihre Nische zu. Unterwegs blieb er jedoch immer wieder stehen und sprach kurz mit Gästen. Er war in seiner üblichen Uniform aus Jeans und Cowboystiefeln. Nur trug er diesmal unter seiner offenen Jacke ein Sweatshirt der Nebraska Cornhuskers. Sein Kiefer war nicht mehr geschwollen, nur noch bläulich verfärbt. Nick wirkte erschöpft und hatte nach dem Duschen weder die Haare gekämmt noch sich rasiert, was ihn allerdings noch attraktiver machte.

Er setzte sich ihr gegenüber und nahm die Speisekarte hinter dem Serviettenhalter hervor. „Richter Murphy zögert mit dem Durchsuchungsbeschluss für das Pastorat", erklärte er ruhig und studierte die Speisekarte. „Er hat kein Problem mit dem Pickup, aber er glaubt ..."

„Hallo, Nick, was kann ich dir bringen?"

„O hallo, Angie."

Maggie beobachtete den Wortwechsel und wusste sofort, dass die hübsche Blondine für ihn mehr war als nur die Dame, die gelegentlich seine Bestellungen aufnahm.

„Wie geht's denn so?" fragte sie wie beiläufig, doch Maggie bemerkte, dass sie Nick nicht aus den Augen ließ.

„Es ging ziemlich verrückt zu in letzter Zeit. Könnte ich bitte nur Kaffee und Toast haben?" Er wich ihrem Blick aus und redete vor Nervosität schneller.

„Weizentoast, richtig? Und viel Sahne in den Kaffee?"

„Ja, danke." Er schien es kaum erwarten zu können, sie loszuwerden.

Sie verließ lächelnd den Tisch, ohne Maggie eines Blickes zu würdigen, obwohl sie ihr vor Nicks Ankunft dreimal die Tasse aufgefüllt hatte.

„Eine alte Freundin?" fragte Maggie, obwohl sie kein Recht hatte, neugierig zu sein. Doch sie genoss seine Verlegenheit.

„Wer? Angie? Ja, ich glaube, so könnte man das nennen." Er holte Christines Handy aus der Tasche, legte es auf den Tisch und zog seine Jacke aus. „Ich hasse diese Dinger", sagte er mit Blick auf das Telefon, verzweifelt bemüht, das Thema zu wechseln.

„Sie scheint sehr nett zu sein." Maggie wollte ihn noch nicht vom Haken lassen.

Diesmal sah er ihr tief in die Augen, und sie musste sofort an letzte Nacht denken.

„Sie ist nett. Aber bei ihr bekomme ich keine feuchten Hände und die Knie werden mir nicht weich wie bei dir", erwiderte er leise, aber eindringlich.

Wieder dieses Kribbeln im Bauch. Sie senkte den Blick und strich Butter auf ihren Toast, als sei sie plötzlich hungrig. „Weißt du, wegen gestern Nacht ..."

„Du denkst doch hoffentlich nicht, dass ich deinen Zustand ausnutzen wollte. Ich meine, du hattest wirklich viel getrunken ..."

Sie sah ihn nur kurz an. Er beugte sich besorgt zu ihr vor. Sollte ihm die Sache etwas bedeutet haben und nicht nur seine übliche Schürzenjägermasche gewesen sein? Sie wünschte es sich, sagte jedoch: „Ich denke, es ist besser, wenn wir das Ganze vergessen."

Gekränkt verzog er leicht das Gesicht. „Und wenn ich es nicht vergessen will? Maggie, ich habe noch nie so viel für jemand empfunden. Ich kann nicht ..."

„Bitte Nick, ich bin nicht irgendeine naive Kellnerin. Du musst mich nicht mit einer Phrase abspeisen oder so tun ..."

„Das ist keine Phrase! Als ich gestern davon ausgehen musste, dass du abreist und ich dich nicht wieder sehe, hätte ich heulen können. Maggie, du kehrst mein Innerstes nach außen. Bei dir bekomme ich weiche Knie und weiß kaum noch, was ich rede. Glaub mir, das passiert mir sonst nicht."

„Wir haben viel Zeit miteinander verbracht, und wir waren beide erschöpft."

„*So* erschöpft war ich nicht, und du auch nicht."

Sie sah ihn an und fragte sich, ob ihre Gefühle so offenkundig gewesen waren, oder ob es nur seinem Ego gut tat, anzunehmen, sie sei an ihm interessiert.

„Was hast du erwartet, Nick? Bist du enttäuscht, weil du deiner Liste von Eroberungen keinen weiteren Namen hinzufügen konntest?" Sie sah sich um, doch niemand schien ihr ärgerliches Flüstern zu beachten.

„Du weißt genau, dass es darum nicht geht."

„Dann ist es vielleicht nur der Reiz des Verbotenen. Ich bin *verheiratet*, Nick. Es ist vielleicht nicht die beste Ehe der Welt, aber sie bedeutet etwas. Also lass uns bitte die letzte Nacht vergessen." Sie starrte in ihren Kaffee und spürte, dass Nick sie beobachtete.

„Hier sind Toast und Kaffee für dich", unterbrach Angie sie. Doch Maggie war nicht erleichtert, das Thema damit zu beenden. Vielleicht wollte auch sie diese Nacht nicht so gern vergessen, wie sie vorgab.

Angie stellte Teller und Tasse vor Nick hin und zwang ihn, sich zurückzulehnen, obwohl er den Blick nicht von Maggie wandte. Die fragte sich, ob die hübsche Kellnerin die Spannung zwischen ihnen bemerkte.

„Kann ich dir sonst noch etwas bringen?" fragte Angie.

„Maggie, brauchst du noch etwas?" lenkte er die Aufmerksamkeit bewusst auf sie, und Angie wurde verlegen.

„Nein, danke."

„Okay", erwiderte Angie und ging eilig.

„Du sagst, Richter Murphy zögert mit dem Durchsuchungsbeschluss für das Pastorat? Warum?" Maggie versuchte sich zu konzentrieren, wich seinem Blick aus und gab Zucker in ihren Kaffee. Sie wartete, er schwieg, und schließlich hörte sie ihn resigniert seufzen.

„Murphy und mein Vater stammen noch aus einer Generation, für die katholische Priester unantastbar sind." Er bestrich mit raschen, ärgerlichen Bewegungen seinen Toast.

„Bekommen wir dann überhaupt einen Beschluss?"

„Ich habe ihn zu überzeugen versucht, dass wir eigentlich hinter Ray Howard her sind."

„Du glaubst immer noch, es ist Howard."

„Ich weiß nicht." Er schob den Toast unangetastet beiseite und rieb sich das stoppelige Kinn.

Wieder fiel ihr die Bandage auf. „Was hast du mit deiner Hand gemacht?"

Er betrachtete sie, als könne er sich nicht erinnern. „Keine große Sache. Schau ..." Er beugte sich wieder vor, und ein Hauch seines After Shave wehte zu ihr herüber, obwohl er sich nicht rasiert hatte. Sie spürte seine wachsende Ungeduld, da er offenbar wartete, dass sie ihm ihre Aufmerksamkeit schenkte.

„Entschuldige." Sie legte den Löffel beiseite, verschränkte die Arme und sah ihn gespannt an.

„Pater Keller hat mir gestern Abend erzählt, dass Ray Howard im letzten Jahr das Seminar verließ. Während ich auf Murphys Entscheidung gewartet habe, habe ich einiges überprüft. Ray Howard war auf dem Seminar in Silver Lake, New Hampshire. Es liegt an der Grenze zu Maine und weniger als fünfhundert Meilen von Wood River entfernt."

Jetzt hatte er ihre ungeteilte Aufmerksamkeit. Sie richtete sich auf. „Wie lange war er dort?"

„Die letzten drei Jahre."

„Dann hat er mit dem Mord in Wood River nichts zu tun."

„Vielleicht. Aber ist es nicht trotzdem ein sonderbarer Zufall? Nach drei Jahren auf dem Priesterseminar sollte er wissen, wie man die Letzte Ölung gibt."

„War er bei den ersten Morden bereits hier?"

„Ich lasse das von Hal überprüfen. Aber ich habe mit dem Leiter des Seminars gesprochen. Pater Vincent wollte mir keine Einzelheiten nennen, sagte jedoch, Howard sei wegen ungebührlichen

Betragens aufgefordert worden, das Seminar zu verlassen." Er sagte das so, als sei das ein Beweis.

„Ungebührliches Betragen im Seminar kann alles bedeuten, Nick, vom Brechen des Schweigegelübdes bis zum Spucken auf den Bürgersteig. Howard ist mir nicht schlau genug, diese Verbrechen durchzuziehen."

„Vielleicht möchte er, dass man genau das glaubt."

Maggie beobachtete, wie Nick immer wieder seine Papierserviette faltete und so seine innere Unruhe verriet. Sie hörte ihn unter dem Tisch nervös mit dem Fuß klopfen.

„Sowohl Howard wie Keller hätten die Möglichkeit gehabt, Pater Francis zu beseitigen."

„Mein Gott, Maggie, ich dachte, den Verdacht hättest du gestern nur gehabt, weil du betrunken warst. Du glaubst wirklich an ein Verbrechen?"

„Pater Francis sagte mir gestern Morgen, dass er mir etwas sehr Wichtiges mitteilen müsse. Ich weiß, dass unser Telefonat belauscht wurde. Ich konnte es in der Leitung klicken hören."

„Das ist vielleicht ein Zufall."

„Ich habe vor langer Zeit gelernt, dass es nur wenige echte Zufälle gibt. Eine Autopsie könnte beweisen, ob er gestoßen wurde oder einfach gefallen ist."

„Ohne hinreichende Verdachtsmomente können wir nicht einfach eine Autopsie veranlassen." Nick hantierte rastlos mit seinem Handy.

„Vielleicht könnte ich mit Pater Francis' Familie sprechen – oder mit der Erzdiözese."

„Maggie, wir haben einfach keine Zeit, um auf eine Autopsieerlaubnis oder einen Durchsuchungsbeschluss zu warten. Ich möchte Howard unter Druck setzen."

Sie konnte nicht glauben, dass er immer noch Howard verdächtigte. Oder suchte er in seiner Verzweiflung nur nach einfachen Lösungen? Anstatt zu widersprechen, erwiderte sie: „Ob es nun Howard ist oder Keller, wenn er richtig unter Druck gerät ...“ Sie verstummte, da sie über Timmy sprachen, nicht über ein unbekanntes Opfer. Sie hatte Nick noch nicht gesagt, dass die Taten in immer kürzeren Abständen geschahen, doch er schien es irgendwie zu wissen.

„Wir haben nicht viel Zeit“, sagte er, als lese er ihre Gedanken. Er wurde langsam gut darin. „Er schlägt in kürzeren Abständen zu, nicht wahr?“

Sie nickte.

„Lass uns gehen.“ Er warf ein Bündel Geldscheine auf den Tisch, ohne sie nachzuzählen, und schlängelte sich in seine Jacke.

„Wohin gehen wir?“

„Ich muss einen Pickup beschlagnahmen. Und du musst dich wegen deines Auftritts gestern bei Pater Keller entschuldigen.“

61. KAPITEL

Pater Keller sah sehr offiziell aus, als er diesmal die Tür des Pastorats öffnete. Er trug einen schwarzen Talar. Nick bemerkte jedoch sofort die weißen Nikes unter dem schwarzen, bodenlangen Gewand.

„Sheriff Morrelli, Agentin O'Dell. Verzeihen Sie, aber ich bin etwas überrascht.“

„Dürfen wir für ein paar Minuten hereinkommen, Pater?“ Nick rieb sich die kalten Hände. Obwohl zum ersten Mal seit Tagen die Sonne schien, sorgten der viele Schnee und der eisige Wind für Temperaturen unter dem Gefrierpunkt. Selbst für Nebraska war das ungewöhnliches Halloween-Wetter.

Pater Keller zögerte. Nick glaubte schon, er wolle es ablehnen, denn er sah Maggie an, als bezweifle er, dass es gefahrlos war, sie einzulassen. Dann trat er lächelnd beiseite und führte sie in den großen Wohnraum, wo im Kamin ein Feuer prasselte. Allerdings lag heute Morgen ein Geruch nach Verbranntem in der Luft – als sei etwas verbrannt worden, das nicht brennen sollte. Nick fragte sich sofort, ob Pater Keller etwas zu verbergen hatte.

„Ich bin nicht sicher, wie ich Ihnen beiden helfen kann. Gestern Abend ...“

„Pater Keller“, unterbrach Maggie ihn und war wieder ganz die Ruhe. „Eigentlich bin ich gekommen, um mich für gestern zu entschuldigen.“ Sie sah flüchtig zu Nick, der ihren Unwillen bemerkte. „Ich hatte ein wenig zu viel getrunken und wurde wohl etwas feindselig. Es war nichts Persönliches. Ich hoffe, Sie verstehen und akzeptieren meine Entschuldigung.“

„Natürlich verstehe ich das. Und ich bin erleichtert, dass Sie mir nicht ernsthaft etwas vorwerfen. Schließlich kennen wir uns gar nicht.“

Nick beobachtete den Priester. Maggies Entschuldigung entspannte ihn, sogar seine Hände hingen jetzt locker an den Seiten und waren nicht mehr hinter dem Rücken verschränkt.

„Ich wollte mir gerade einen heißen Tee holen. Kann ich Ihnen auch einen mitbringen?“

„Wir sind in offizieller Angelegenheit hier, Pater Keller“, erklärte Nick.

„Offizieller Angelegenheit?“

Nick beobachtete, wie der junge Priester die Hände tief in den Taschen seines Talars verbarg. Die Stimme blieb jedoch erstaunlich ruhig. Er fragte sich unwillkürlich, ob der Pater auch Beherrschung im Seminar gelernt hatte. Er zog den Beschluss aus der Jackentasche und entfaltete ihn, während er erklärte: „Wir haben gestern Abend den alten Pickup hinter Ihrem Haus bemerkt.“

277

„Pickup?" Pater Keller klang erstaunt. War es möglich, dass er nichts davon wusste, oder war das Theater?

„Der, der zwischen den Bäumen steht. Er entspricht der Beschreibung des Wagens, in den laut einer Zeugenaussage Danny Alverez stieg, ehe er verschwand." Nick wartete gespannt. Maggie stand still neben ihm, doch er wusste, dass sie jede Regung und jedes Zucken in Pater Kellers Gesicht bemerkte.

„Ich weiß nicht, ob das alte Ding überhaupt noch läuft. Ich glaube, Ray benutzt ihn, wenn er am Fluss Holz hacken geht."

Nick übergab Pater Keller den Durchsuchungsbeschluss. Der hielt ihn an einer Ecke hoch und betrachtete ihn, als sei es ein fremdartiges, schleimiges Etwas.

„Wie ich gestern Abend schon sagte", fuhr Nick fort, „versuche ich, so vielen Spuren wie möglich zu folgen. Sie wissen wahrscheinlich, dass das Sheriff Department beträchtlich unter Druck steht. Ich will nur vermeiden, dass jemand uns vorwirft, wir hätten nicht alles überprüft. Haben Sie die Schlüssel, Pater?"

„Die Schlüssel?"

„Zum Pickup."

„Ich kann mir nicht vorstellen, dass er verschlossen ist. Lassen Sie mich Mantel und Stiefel anziehen, dann begleite ich Sie."

„Danke, Pater, das wäre nett." Nick sah den Priester neben den Kamin gehen und die schwarzen Gummistiefel anziehen, die er gestern bemerkt hatte. Dann waren es also Kellers Stiefel. Gestern Abend hatte er behauptet, er habe das Rektorat nicht verlassen. Aber schneebedeckte Stiefel konnten auch bedeuten, dass er hinausgegangen war, um Feuerholz zu holen.

Auf dem Weg zur Tür hielt Maggie sich plötzlich an einem Tisch fest und beugte sich vornüber.

„O Gott, ich fürchte, mir wird wieder übel!" stöhnte sie.

„Maggie, bist du okay?" Dann raunte er Pater Keller zu: „Das geht schon den ganzen Morgen so." An Maggie gewandt, fuhr er fort: „Was hast du bloß gestern getrunken?"

„Dürfte ich mal ins Bad?"

„Aber natürlich." Pater Kellers Blick schweifte zum Flur in offensichtlicher Sorge um den perlweißen Teppich. „Den Flur entlang, zweite Tür rechts", sagte er rasch, wie um sie anzutreiben.

„Danke. Ich komme gleich nach." Sie verschwand um die Ecke und hielt sich die Seite.

„Kommt sie klar?" fragte Pater Keller besorgt.

„Mit Sicherheit. Glauben Sie mir, es ist besser, nicht in ihrer Nähe zu sein. Sie hat mir schon die Stiefel ruiniert."

Der Priester verzog das Gesicht, warf einen Blick auf Nicks Stiefel und folgte ihm hinaus hinter das Haus.

Schneeverwehungen um den Pickup zwangen sie, sich einen Weg zu schaufeln und den alten Metallhaufen auszugraben. Die Tür klemmte und quietschte. Metall knirschte auf Metall, als Nick sie mit einem Ruck aufriss. Ein muffiger penetranter Gestank schlug ihm entgegen. Die Kabine sah aus, als sei sie seit Jahren geschlossen und unbenutzt gewesen. Nick war enttäuscht. Er war es leid, dass jede Spur im Nichts endete. Trotzdem kletterte er mit der Taschenlampe in die Kabine, ohne recht zu wissen, wonach er suchte. Vielleicht sollte er die Suche den Experten überlassen, aber die Zeit wurde knapp.

Er lag auf den geplatzten Vinylsitzen, streckte und verdrehte den Arm und tastete blindlings unter den Sitzen herum. In der Enge war es schwierig, den Körper zu bewegen. Das Lenkrad drückte ihm in die Seite, und der Schaltknüppel stach ihm in die Brust. Es war wie damals, als er mit sechzehn im alten Chevy seines Vaters mit seinen Freundinnen geknutscht hatte. Aber heute war es beschwerlich, denn er war auch nicht mehr so biegsam wie damals.

„Ich kann mir nicht vorstellen, dass in dem Schrotthaufen etwas anderes als Ratten sind", sagte Pater Keller draußen an der Tür.

„Ratten?" Er hasste Ratten.

Nick riss die Hand zurück und schlug sich die wunden Knöchel an einer hervorspringenden Feder. Die Augen zusammengepresst vor Schmerz, beherrschte er sich, um nicht einen Fluch auszustoßen. Nachdem er das Handschuhfach aufgedrückt hatte, leuchtete er mit der Taschenlampe in das schwarze Innere.

Vorsichtig durchwühlte er den mageren Inhalt: ein vergilbtes Bedienungshandbuch, eine verrostete Dose WD-40, mehrere McDonald's-Servietten, ein Streichholzbriefchen von einem Lokal namens Pink Lady, ein gefalteter Zeitplan mit Adressen und Codenummern, die er nicht kannte, und ein kleiner Schraubenzieher. Er nahm das Streichholzbriefchen und merkte, dass Pater Keller ihn beobachtete. Ehe er das Fach wieder schloss, tastete er mit den Fingern die Spalte am Ende ab. Er entdeckte etwas Kleines, Glattes, Rundes, angelte es heraus und behielt es ebenfalls in der Handfläche.

Sobald er sicher war, dass Pater Keller es nicht sah, steckte er beides in die Tasche. Als er das Fach schließen wollte, bemerkte er unleserliche handgeschriebene Notizen auf dem gefalteten Plan und stopfte ihn sich in den Ärmel. Dann klappte er das Handschuhfach zu.

„Nichts", sagte er, stemmte sich hoch und schob sich auch den Plan in die Tasche. Er glitt vom Sitz und sah sich noch ein letztes Mal um. Ihm fiel auf, dass die Kabine zwar muffig und unbenutzt roch, dass Armaturenbrett, Sitze und Teppich aber erstaunlich sauber waren.

„Tut mir Leid, dass Sie Ihre Zeit vergeudet haben", sagte Pater Keller und wandte sich dem Weg zum Pastorat zu.

„Ich muss die Ladefläche noch überprüfen."

Der Priester blieb stehen, zögerte und drehte sich um. Der Wind erfasste den Talar, dass er flatterte wie eine Fahne. Nick glaubte, eine Spur Frustration an Pater Keller zu entdecken. Frustration oder Ungeduld. Wenn der Mann nicht Priester gewesen wäre, hätte Nick gesagt, Pater Keller sah stinksauer aus. Wie auch immer, etwas schien ihm nicht zu gefallen. Und Nick fragte sich besorgt, was er auf der Ladefläche finden würde.

62. KAPITEL

Maggie sah erneut aus dem Fenster. Nick und Pater Keller waren noch beim Pickup. Sie setzte die Suche an dem langen Flur fort, blieb vor jeder geschlossenen Tür stehen, lauschte und warf vorsichtig einen Blick in jeden unverschlossenen Raum. Einige Büros, ein Lagerraum und schließlich entdeckte sie ein Schlafzimmer.

Es war schlicht und klein mit Holzboden und weißen Wänden. Über dem Doppelbett hing ein einfaches Kruzifix. In einer Ecke standen ein kleiner Tisch mit zwei Stühlen. In der gegenüberliegenden war ein Servierwagen mit einem alten Toaster und einer Teekanne. Die verzierte Lampe auf dem Nachttisch wirkte fehl am Platze. Außer der Lampe gab es nichts, das Aufmerksamkeit erregte. Keine Unordnung, keine Kommoden oder Kisten.

Sie wollte schon gehen, als ihr Blick auf drei gerahmte Drucke neben der Tür fiel. Sie hingen nebeneinander und waren Kopien von Renaissancebildern. Obwohl Maggie keines der Bilder kannte, erkannte sie den Stil an den perfekt dargestellten Körpern, an Bewegung und Farbe. In jedem Bild wurde das blutige Martyrium eines Mannes dargestellt. Bei genauerem Hinsehen konnte sie die kleinen Bildunterschriften lesen.

Das Martyrium des Heiligen Sebastian, 1475, von Antonio Del

Pollaivolo zeigte den an einen Säulenfuß gefesselten Heiligen Sebastian, dessen Körper von Pfeilen durchbohrt wurde. *Das Martyrium des Heiligen Erasmus*, 1629, von Nicolas Poussin schloss noch zwei geflügelte Cherubine ein, die über einer Menge schwebten, die sich um einen gefesselten, gestreckten Mann scharten, während seine Eingeweide herausgerissen wurden.

Maggie fragte sich, wie jemand solche Werke an seiner Schlafzimmerwand haben konnte. Sie blickte auf das letzte Bild, *Das Martyrium des Heiligen Hermione*, 1512, von Matthias Anatello zeigte einen an einen Baum gefesselten Mann, dessen Ankläger ihn mit Messern und Macheten traktierten. Sie ging schon aus der Tür, als ihr Blick noch einmal auf den letzten Druck gelenkt wurde. Auf der Brust des Gepeinigten befanden sich mehrere blutige Schnitte. Zwei perfekt diagonal ausgeführte ergaben ein eckiges Kreuz oder aus ihrem Blickwinkel ein schiefes X. Ja, natürlich! Plötzlich verstand sie es. Die Einschnitte auf der Brust der Jungen waren kein X, sondern ein Kreuz, und sie gehörten zum Ritual des Täters, waren ein Symbol. Glaubte er, diese Jungen zu Märtyrern zu machen?

Sie hörte Schritte, die näher kamen, und eilte in den Flur zurück, als Ray Howard um die Ecke bog. Er erschrak, bemerkte jedoch ihre Hand auf dem Türknauf.

„Sie sind die FBI-Agentin!" stellte er vorwurfsvoll fest.

„Ja, ich bin mit Sheriff Morrelli gekommen."

„Was hatten Sie in Pater Kellers Schlafzimmer zu suchen?"

„Ach, ist das Pater Kellers Zimmer? Ich muss unbedingt ins Bad und kann es nicht finden."

„Weil es genau am anderen Ende des Flures liegt", schimpfte er, wies in die Richtung und sah sie voller Misstrauen an.

„Wirklich? Danke." Sie schob sich an ihm vorbei, ging den

Flur hinunter, blieb vor der richtigen Tür stehen und sah fragend zu ihm zurück. „Hier?"

„Ja."

„Nochmals danke." Sie ging hinein und lauschte einige Minuten an der Tür. Als sie vorsichtig hinausspähte, sah sie Ray Howard in Pater Kellers Zimmer verschwinden.

63. KAPITEL

Die Ladefläche des Pickup war voller Schnee, doch Nick kletterte über die Ladeklappe hinauf.

„Könnten Sie mir die Schaufel reichen, Pater?"

Der Priester stand wie in Trance da und blickte auf Nicks Beine, die im hohen Schnee versanken. Er hatte die Hände wie zum Gebet mit verschränkten Fingern an die Brust gelegt. Der Wind zerrte an seinem dunklen, welligen Haar. Seine Wangen waren gerötet und die blauen Augen wässerig.

„Pater Keller, die Schaufel bitte!" bat Nick erneut und deutete darauf, als der Pater schließlich den Blick hob.

„Ja, sicher." Er holte sie von dem Baumstamm, an den sie sie gelehnt hatten. „Ich kann mir nicht vorstellen, dass da etwas ist, das Ihnen nützen kann."

„Wir werden sehen."

Nick musste sich hinabbeugen, um die Schaufel zu greifen, da Pater Keller sie ihm nicht hochreichte. Das Verhalten des Priesters erhöhte seine Anspannung. Hier stimmte etwas nicht, das spürte er. Er stieß die Schaufel heftig in den Schnee und ermahnte sich, es langsamer angehen zu lassen, wenn er etwas finden wollte. Vorsichtig hob er den Schnee in kleinen Portionen über die Seite der Ladefläche, um keine Beweise wegzuwerfen.

Die selbstgemachten hölzernen Aufbauten quietschten und

knarrten im Wind. Die Kälte durchdrang Nicks Jacke, reizte seine Augen, stach ihm ins Gesicht und ließ seine Ohren rot anlaufen. Trotzdem rann ihm Schweiß über den Rücken. Seine Handflächen schwitzten in den dicken Lederhandschuhen, die er bei der Schaufel im Lagerschuppen gefunden hatte.

Plötzlich stieß er auf etwas Hartes, Schneeverkrustetes. Das dumpfe Geräusch machte auch Pater Keller aufmerksam, der an die Ladeklappe kam und in das Loch blickte, das Nick gegraben hatte.

Vorsichtig legte Nick das Objekt mit der Schaufel grob frei, warf sie dann beiseite, fiel auf die Knie und wischte mit den Handschuhen, bis er die Konturen des Objektes ertastete, ohne zu erkennen, was es war. Es war von einer Schnee- und Eiskruste umhüllt. Demnach war es warm gewesen, als es in den Schnee geworfen wurde.

Schließlich entdeckte Nick etwas, das nach Haut aussah. Hektisch versuchte er das Eis wegzukratzen, brach schließlich einen großen Brocken ab und wich erschrocken zurück.

„Großer Gott!" sagte er, und sein Magen rebellierte.

Aus den Augenwinkeln bemerkte er, dass Pater Keller angewidert zurücktrat.

In den Schnee eingebettet lag ein toter Hund, das schwarze Fell abgezogen, die Haut zerschnitten und zerfetzt, die Kehle durchtrennt.

64. KAPITEL

Nick und Pater Keller stapften die Stufen zum Pfarrhaus hinauf, als Maggie aus der Tür trat. Nick sah sie an und suchte in ihrer Mimik nach einem Hinweis, ob sie etwas entdeckt hatte. Ihr rasches Lächeln für Pater Keller gab ihm jedoch keinen Aufschluss.

„Fühlen Sie sich besser?" Pater Keller klang aufrichtig besorgt.

„Viel besser, danke."

„Gut, dass du nicht mit uns gekommen bist", sagte Nick. Ihm war immer noch übel. Wer konnte einem wehrlosen Hund so etwas antun? Eine dumme Frage. Es war offensichtlich, wer so etwas tat.

„Warum? Was hast du gefunden?" wollte Maggie wissen.

„Das erzähle ich dir später."

„Möchten Sie beide jetzt vielleicht einen Tee?" bot Pater Keller ihnen an.

„Nein, danke. Wir müssen ..."

„Ja, doch gern", fiel Maggie Nick ins Wort. „Vielleicht beruhigt Tee meinen Magen. Das heißt, wenn es keine Umstände macht."

„Natürlich nicht. Kommen Sie herein. Ich sehe mal nach, ob wir ein paar süße Brötchen oder Doughnuts haben.

Sie folgten dem Priester hinein, und Nick versuchte Maggies Miene zu deuten. Ihre plötzliche Bereitschaft, mehr Zeit mit dem Priester zu verbringen, den sie verabscheute, war ihm nicht geheuer.

„Schön zu sehen, dass Sie die örtlichen Kaufleute unterstützen", scherzte Pater Keller lächelnd, als er ihre Jacke nahm.

Sie erwiderte das Lächeln kommentarlos und ging in den Wohnraum. Nick wischte sich auf der „Willkommen"-Matte im Foyer die Stiefel ab. Als er aufblickte, sah er Pater Keller Maggie in ihren engen Jeans mustern, nicht mit einem flüchtigen, sondern einem langen genießerischen Blick. Plötzlich sah er zu ihm, und Nick beugte den Kopf über den Reißverschluss seiner Jacke, als klemme der. Zwar ärgerte er sich über den Pater, musste jedoch einräumen, dass auch ein Priester nur ein Mann war. Maggie sah in

Jeans und dem engen roten Pullover wirklich gut aus. Ein Mann, dem das nicht auffiel, musste hirntot sein.

„Was ist los?" flüsterte er Maggie zu, nachdem er seine Jacke aufgehängt hatte.

„Hast du Christines Handy?"

„Ich glaube, es ist noch in meiner Jackentasche."

„Könntest du es bitte holen?"

Er sah sie an und wartete auf eine Erklärung, doch sie hockte sich vor den Kamin und wärmte sich die Hände. Als er mit dem Handy zurückkam, stocherte sie mit dem Schürhaken in der Kaminasche herum. Er wandte ihr den Rücken zu, als hielte er Wache.

„Was machst du da?" Es war nicht leicht, mit zusammengepressten Zähnen zu flüstern.

„Ich habe vorhin etwas wie verbranntes Gummi gerochen."

„Er kommt jeden Moment zurück."

„Was es auch war, ist jetzt Asche."

„Sahne, Zitrone, Zucker?" Pater Keller kam mit einem vollen Tablett um die Ecke. Als er es auf der Bank am Fenster absetzte, stand Maggie bereits neben Nick.

„Zitrone bitte", erwiderte sie beiläufig.

„Sahne und Zucker für mich", bat Nick und merkte erst jetzt, dass er nervös mit dem Fuß klopfte.

„Wenn Sie mich bitte kurz entschuldigen würden, ich muss einen Anruf machen", sagte Maggie plötzlich.

„Im Büro am Ende des Flures ist ein Telefon", erwiderte Pater Keller.

„Vielen Dank, aber ich benutze Nicks Handy. Darf ich?"

Nick gab ihr das Gerät und fragte sich immer noch, was sie vorhatte. Sie ging ins Foyer, um ungestört zu sein, während Pater Keller Nick eine Tasse Tee brachte.

„Möchten Sie ein Brötchen?" Der Priester deutete auf ein Tablett mit süßem Frühstücksgebäck.

„Nein, danke." Nick versuchte Maggie im Auge zu behalten, sie war jedoch nicht mehr zu sehen.

Ein Telefon begann zu läuten, gedämpft, jedoch beharrlich. Pater Keller eilte überrascht in den Flur.

„Was tun Sie da, Agentin O'Dell?"

Nick setzte so hastig die Tasse ab, dass er heißen Tee über seine Hand und den Tisch verschüttete. Sobald er aus dem Zimmer trat, sah er Maggie, das Handy am Ohr, den Flur hinuntergehen und an jeder Tür lauschen. Pater Keller folgte ihr dichtauf, befragte sie und bekam keine Antwort.

„Was genau tun Sie da, Agentin O'Dell?" Er versuchte sich vor sie zu stellen, doch sie drängte sich an ihm vorbei.

Nick joggte den Flur hinunter, die Nerven in höchster Anspannung. „Was ist los, Maggie?"

Das gedämpfte Klingeln hielt an, doch sie kamen ihm näher. Schließlich drückte Maggie die letzte Tür zur Linken auf, und das Geräusch ertönte laut und deutlich.

„Wem gehört dieses Zimmer?" fragte sie, im Türrahmen stehend.

Wieder wirkte Pater Keller wie gelähmt. Er sah verwirrt aus, aber auch pikiert.

„Pater Keller, würden Sie bitte das Handy holen?" bat sie höflich, lehnte sich gegen den Türrahmen und vermied es, einzutreten. „Es klingt, als läge es in einer Schublade dort."

Der Priester bewegte sich immer noch nicht und starrte nur ins Zimmer. Der ständige Signalton ging Nick auf die Nerven. Dann erkannte er, dass Maggie die Nummer des anderen Telefons gewählt hatte, denn Christines Handy blinkte im Rhythmus des Klingelzeichens.

„Pater Keller, bitte holen Sie das Telefon", bat sie erneut.

„Das ist Rays Zimmer. Ich halte es nicht für angemessen, seine Sachen zu durchwühlen."

„Bitte, holen Sie einfach das Telefon. Es ist ein kleines schwarzes zum Aufklappen."

Er sah sie verwundert an, ging jedoch langsam und zögerlich ins Zimmer. Innerhalb von Sekunden hörte das Klingeln auf. Er kehrte zurück und übergab ihr das kleine schwarze Gerät. Sie warf es Nick zu.

„Wo ist Mr. Howard, Pater Keller? Er muss uns ins Sheriff Department begleiten und einige Fragen beantworten."

„Er säubert vermutlich die Kirche. Ich hole ihn."

Nick wartete, bis Pater Keller außer Sichtweite war.

„Was ist hier los, Maggie? Warum willst du plötzlich unbedingt Ray Howard befragen? Und warum hast du dieses Handy angerufen. Woher kanntest du überhaupt Rays Nummer?"

„Ich habe nicht seine Nummer gewählt, Nick. Ich habe mein Handy angewählt. Das ist nicht sein Handy, sondern meins. Es ist das, das ich im Fluss verloren habe."

65. KAPITEL

Christine wand sich in dem Drehstuhl, um bequem zu sitzen, was der Rothaarigen mit der Make-up-Palette einen Unmutslaut entlockte. Wie zur Strafe gab sie noch mehr Rouge auf Christines Wangen.

„Wir gehen in zehn Minuten auf Sendung", sagte der große Mann mit dem Kopfhörer auf dem kahlen Schädel.

Christine fühlte sich angesprochen und nickte. Dann merkte sie, dass er ins Mundstück seines Kopfhörers sprach. Er beugte sich hinunter und befestigte ein kleines Mikrofon an ihrem Kragen, dabei waren die Lichtreflexe auf seinem kahlen Schädel nicht zu übersehen. Das grelle Licht blendete sie, die Hitze war unangenehm und verstärkte ihre Nervosität. Ihre Handflächen waren feucht. Sicher war es nur eine Frage der Zeit, bevor ihr Make-up wegzufließen begann – blauer Lidschatten, beige Grundierung und schwarze Maskara, alles ineinander.

Im Sessel gegenüber saß eine Frau. Sie ignorierte Christine, während sie die Seiten durchblätterte, die man ihr soeben gereicht hatte. Als der Kahlkopf auch bei ihr ein Mikro anbringen wollte, schlug sie ihm auf die Hand, nahm es ihm ab und befestigte es selbst.

„Ich hoffe, ihr habt den verdammten Teleprompter eingeschaltet, denn das hier benutze ich nicht!" Sie warf eine Hand voll Blätter ins Studio, und eine eilfertige Gehilfin krabbelte über den Boden und sammelte alles wieder auf.

„Er ist eingeschaltet", versicherte der Mann geduldig.

„Ich brauche Wasser! Da steht kein Wasser auf dem Beistelltisch!"

Dieselbe Gehilfin stellte rasch einen Einwegbecher hin.

„Ein richtiges Glas!" Sie schlug ihr den Becher fast aus der Hand. „Ich brauche ein richtiges Glas und einen Wasserkrug. Um Himmels willen, wie oft muss ich denn das noch sagen?"

Plötzlich erkannte Christine sie, es war Darcy McManus, die Abendmoderatorin des Senders. Vielleicht war sie es nicht gewöhnt, die Morgennachrichten zu moderieren. Im grellen Licht sah Darcys Gesicht wettergegerbt aus mit harten Linien um Augen und Mund. Ihr sonst schimmerndes schwarzes Haar wirkte spröde und unnatürlich.

Der grellrote Lippenstift wirkte im Kontrast zur hellen Haut aufdringlich, bis die rothaarige Maskenbildnerin eine dicke Lage Make-up auftrug, das Sonnenbräune vortäuschte.

„Eine Minute, Leute!" rief der Mann mit dem Kopfhörer.

Darcy McManus entließ die Maskenbildnerin mit einer scheuchenden Handbewegung. Dann stand sie auf, glättete ihren zu kurzen Rock, richtete sich die Jacke, prüfte ihr Aussehen in einem Taschenspiegel und setzte sich wieder. Christine wurde sich bewusst, dass sie Darcy die ganze Zeit wie hypnotisiert angestarrt hatte. Der Countdown brachte sie in die Realität zurück, und sie fragte sich plötzlich, warum sie sich auf dieses Interview eingelassen hatte.

„Drei, zwei, eins ..."

„Guten Morgen", sagte Darcy McManus in die Kamera, und ihr Gesicht erstrahlte in einem freundlichen Lächeln. „Wir haben heute bei *Guten Morgen Omaha* einen besonderen Gast. Christine Hamilton ist die Reporterin des *Omaha Journal*, die über die Serienmorde in Sarpy County berichtet hat. Guten Morgen, Christine." Darcy schenkte ihr zum ersten Mal Beachtung.

„Guten Morgen." Plötzlich waren Scheinwerfer und Kameras auf sie gerichtet, und Christine versuchte nicht daran zu denken. Ramsey hatte ihr vorhin erzählt, dass sogar ABC die Nachrichtensendung live übernahm. Zweifellos hatte man den üblichen Moderator deshalb durch Darcy ersetzt.

„Sie sind heute Morgen jedoch nicht als Reporterin bei uns, sondern als besorgte Mutter. Können Sie uns etwas darüber erzählen, Christine?"

Sie war verblüfft, wie Darcy im richtigen Moment überzeugende Besorgnis spielen konnte. Christine erinnerte sich, dass McManus' Karriere als Miss Amerika begonnen hatte. Sie übersprang die Reporterausbildung, wurde gleich in eine Nachrichtensendung gehievt und endete als Top-Moderatorin in einem mittelgroßen Sendegebiet wie Omaha. Christine musste zugeben, dass die Frau gut war. Obwohl es so aussah, als schenke sie ihr einen mitfühlenden Blick, war er in Wahrheit auf den Teleprompter hinter ihrer Schulter gerichtet. Christine merkte plötzlich, dass Darcy auf ihre Antwort wartete und ungeduldig die Lippen verzog.

„Wir glauben, dass mein Sohn Timmy gestern Nachmittag entführt wurde." Sie merkte, dass ihr die Lippen bebten, und hätte fast darauf gebissen, es zu unterbinden.

„Wie schrecklich." Darcy beugte sich vor, tätschelte ihr die gefalteten Hände, verfehlte beim dritten Mal jedoch das Ziel und traf ihr Knie. Sie riss die Hand zurück. Christine hätte sich gern am Teleprompter vergewissert, ob dort auch Regieanweisungen für Gesten standen. „Und die Behörden glauben, es ist derselbe Täter, der Danny Alverez und Matthew Tanner brutal ermordet hat?"

„Wir wissen es nicht genau, aber ja, es besteht die Möglichkeit."

„Sie sind geschieden und ziehen Timmy allein auf, nicht wahr, Christine?"

Die Frage überraschte sie. „Ja, das ist richtig."

„Sowohl Laura Alverez als auch Michelle Tanner waren allein erziehende Mütter. Ist das nicht seltsam?"

„Ja, das ist es wohl."

„Glauben Sie, dass der Täter etwas mitteilen will, indem er Jungen auswählt, die von ihren Müttern aufgezogen werden?"

Christine zögerte. „Ich weiß es nicht."

„Beteiligt sich Ihr Mann an der Erziehung des Jungen?"

„Nicht sehr, nein." Ihre Ungeduld zeigte sich nur am Ringen der Hände im Schoß.

„Ist es nicht so, dass Sie und Timmy Ihren Mann nicht mehr gesehen haben, seit er sie wegen einer anderen Frau verließ?"

„Er hat mich nicht verlassen. Wir wurden geschieden." Ihre Ungeduld grenzte an Verärgerung. Wie sollten solche Fragen helfen, Timmy zu finden?

„Ist es möglich, dass Ihr Mann Timmy mitgenommen hat?"

„Das glaube ich nicht."

„Sie glauben es nicht, aber es besteht die Möglichkeit, nicht wahr?"

„Es ist unwahrscheinlich." Die Scheinwerfer waren grell und so brennend heiß, dass ihr Rücken schweißnass wurde.

„Hat das Sheriff Department Kontakt zu Ihrem Ex-Mann aufgenommen?"

„Natürlich würden wir Kontakt zu ihm aufnehmen, wenn wir könnten ... Schauen Sie, glauben Sie nicht auch, ich würde viel lieber annehmen, Timmy sei bei seinem Vater als bei einem Wahnsinnigen, der kleine Jungen aufschlitzt?"

„Sie sind aufgebracht. Vielleicht sollten wir uns eine Minute Pause gönnen." McManus beugte sich wieder vor, die Stirn voller Sorgenfalten, doch diesmal schenkte sie ein Glas Wasser ein. „Wir verstehen alle, wie schwierig Ihre Lage sein muss, Christine." Sie reichte ihr das Glas.

„Nein, Sie verstehen nichts!" Christine ignorierte das Wasser, und McManus wurde unsicher.

„Verzeihen Sie?"

„Sie können es gar nicht verstehen. Ich habe es auch nicht verstanden. Ich wollte nur eine Story, genau wie Sie."

Darcy McManus sah sich nach der Regie um und versuchte Gelassenheit zu demonstrieren, obwohl ihr deutliche Frustration anzumerken war. Die rot angemalten schmalen Lippen waren über gleichmäßigen weißen Zähnen leicht zurückgezogen.

„Zweifellos stehen Sie unter großer Anspannung, Christine, und das hier ist zusätzlicher Stress. Machen wir eine Werbeeinblendung, dann haben Sie Gelegenheit, sich wieder zu fangen."

Darcy behielt ihr Lächeln bei, bis die Scheinwerfer heruntergedimmt wurden und der Regisseur ihr ein Zeichen gab. Dann brach ihr Zorn hervor, und ihre Miene war so finster, dass sich neue Linien in ihr Make-up gruben. Doch der Zorn richtete sich nicht gegen Christine, sondern gegen den großen, kahlköpfigen Mann. Christine schien Luft zu sein.

„Wohin zum Teufel führt das? Ich brauche etwas, womit ich arbeiten kann!"

„Habe ich Zeit, zur Toilette zu gehen?" fragte Christine den Regisseur, und der nickte. Sie klippste das Mikrofon ab und legte es neben das abgelehnte Glas Wasser.

Darcy blickte zu ihr auf und warf ihr ein kurzes, künstliches Lächeln zu. „Machen Sie nicht zu lange. Hier läuft es nicht wie bei der Zeitung. Wir können nicht einfach die Maschinen anhalten. Wir senden live." Sie nahm das Glas und trank in kleinen Schlucken, um ihren Lippenstift nicht zu verschmieren.

Christine fragte sich, ob Darcy McManus ohne den Teleprompter überhaupt Timmys Namen kennen würde. Die hochbezahlte Moderatorin scherte sich weder um Timmy noch um Danny oder Matthew. Großer Gott, wie nah war sie daran gewesen, auch so zu werden?

Christine ging hinter die Bühne und wich sorgsam allen Kabeln und Leinen aus. Sobald sie aus dem Scheinwerferlicht heraus war, spürte sie einen kühlen Luftzug am Körper. Sie schritt den langen schmalen Flur hinunter, wich Bühnengehilfen aus, ging an den Garderoben vorbei, an den Toiletten und floh durch eine graue Metalltür mit der Aufschrift Ausgang.

66. KAPITEL

„Bin ich verhaftet?" wollte Ray Howard wissen, während er sich auf dem harten Stuhl zurechtrückte.

Maggie musterte ihn. Seine blasse Haut ließ die Augen hervortreten – trübe Augen, wässerig-grau mit roten Adern, die Erschöpfung verrieten.

Die verhärteten Muskeln zwischen ihren Schultern schmerzten. Sie versuchte sich zu erinnern, wann sie das letzte Mal geschlafen hatte.

In dem kleinen Verhörzimmer blubberte die Kaffeemaschine, und das Aroma von frischem Kaffee durchzog den Raum. Durch die staubigen Jalousien fiel ein orangeroter Strahl der untergehenden Sonne. Sie war seit Stunden mit Nick hier, stellte dieselben Fragen und bekam dieselben Antworten. Obwohl sie darauf bestanden hatte, Howard zum Verhör mitzunehmen, glaubte sie nicht, dass er der Mörder war. Sie glaubte lediglich, dass er etwas wusste und unter dem Druck der Verhörsituation auspackte. Nick jedoch war überzeugt, Howard sei ihr Mann.

„Nein, Ray, Sie sind nicht verhaftet", erwiderte Nick schließlich.

„Sie dürfen mich nur eine bestimmte Anzahl von Stunden hier festhalten."

„Und woher wissen Sie das, Ray?"

„He, ich sehe mir *Homicide* und *NYPD Blue* an. Ich kenne meine Rechte. Und ich habe einen Freund, der Cop ist."

„Wirklich? Sie haben einen Freund?"

„Nick!" ermahnte Maggie ihn.

Er verdrehte die Augen und schob sich den Hemdsärmel hoch. Sie bemerkte seine geballten Hände, offenbar konnte er sich kaum noch beherrschen.

„Ray, möchten Sie etwas von dem frischen Kaffee?" fragte sie höflich. Der gut gekleidete Küster nickte zögernd.

„Ich nehme Sahne und zwei Teelöffel Zucker. Echte Sahne. Falls Sie die haben. Und wenn möglich keinen Würfelzucker."

„Wie wäre es mit etwas zu essen? Wir haben Sie über die Mittagszeit hier behalten, und es ist fast Zeit fürs Dinner. Nick, vielleicht könntest du uns allen etwas bei Wanda bestellen."

Nick sah sie vom anderen Ende des Raumes finster an, doch Ray Howard richtete sich erfreut auf.

„Ich liebe Wandas Geflügelsteaks."

„Prima. Nick, würdest du Mr. Howard bitte Geflügelsteaks bestellen?"

„Mit Kartoffelbrei und brauner Sauce, nicht mit weißer. Und ich möchte die cremige italienische Sauce zum Salat."

„Sonst noch was?" Nick machte sich nicht die Mühe, seine Ungeduld zu verbergen.

Howard sank wieder auf dem Stuhl zusammen. „Nein, sonst nichts."

„Und für Sie, Agentin O'Dell?" fragte er sarkastisch.

„Ein Sandwich mit Käse und Schinken. Ich glaube, du weißt, wie ich es mag." Sie lächelte ihn an und sah erfreut, wie sich sein unrasiertes Gesicht entspannte.

„Ja, ich weiß." Offensichtlich verscheuchte die gemeinsame Erinnerung Frustration und Sarkasmus. „Ich bin gleich zurück."

Sie stellte einen Becher mit frischem Kaffee vor Ray Howard, ging durch den Raum und wartete, dass Ray ruhiger wurde. Sie schaltete die Deckenbeleuchtung ein. Das grelle Licht ließ ihn blinzeln. Der langsame bewusste Lidschlag, während er mit langer, spitzer Zunge die Temperatur des Kaffees prüfte, erinnerte sie an eine Echse. Er lauschte auf die Geräusche im Sheriff Department. Obwohl durch Wände gedämpft, hörte man eilige Schritte, klingelnde Telefone und gelegentlich eine erhobene Stimme.

Sobald sie merkte, dass er ihre Gegenwart vergessen hatte, stand sie hinter ihm und sagte: „Sie wissen, wo Timmy Hamilton ist, nicht wahr, Ray?"

Er hörte auf zu schlürfen und straffte verteidigungsbereit den

295

Rücken. „Nein, das weiß ich nicht. Und ich weiß nicht, wie dieses Telefon in meine Schublade gekommen ist. Ich habe es noch nie gesehen."

Sie kam um den Tisch und setzte sich ihm gegenüber. Die blinzelnden Echsenaugen wichen ihrem Blick aus und starrten schließlich auf ihr Kinn. Ein kurzer Blick zu ihren Brüsten, doch er hob ihn rasch wieder, und Röte stieg ihm den sonst hellen Hals hinauf.

„Sheriff Morrelli glaubt, Sie haben Danny Alverez und Matthew Tanner umgebracht.

„Ich habe niemand umgebracht!" platzte er heraus.

„Ich glaube Ihnen ja, Ray."

Überrascht sah er ihr in die Augen, um zu prüfen, ob das ein Trick war. „Wirklich?"

„Ich glaube nicht, dass Sie diese Jungen umgebracht haben."

„Gut, denn das habe ich nicht."

„Aber ich glaube, Sie wissen mehr, als Sie uns sagen. Ich glaube, Sie wissen, wo Timmy ist."

Er widersprach nicht, doch sein Blick schweifte durch den Raum. Die Echse auf der Suche nach einem Fluchtweg. Er hielt den heißen Becher mit beiden Händen, und Maggie fielen die gedrungenen Finger mit den abgekauten Nägeln auf. Das waren nicht die Hände eines von Sauberkeit Besessenen.

„Wenn Sie reden, können wir Ihnen helfen, Ray. Aber wenn wir herausfinden, dass Sie etwas wussten und es nicht gesagt haben, werden Sie für lange Zeit hinter Gittern verschwinden, auch wenn Sie die Jungen nicht umgebracht haben."

Er neigte den Kopf zur Seite und lauschte wieder auf die Geräusche jenseits der Tür. Vielleicht wartete er auf Nicks Rückkehr oder auf jemand, der ihn rettete.

„Ray, wo ist Timmy?"

Er hob eine Hand vors Gesicht, betrachtete sie und begann die Reste seiner Fingernägel abzukauen.

„Ray?"

„Ich weiß nicht, wo irgendein Kind ist!" schrie er los, biss aber die gelblichen Zähne zusammen, um seinen Ärger zu beherrschen. „Dass ich manchmal den Pickup benutze, wenn ich Holz schlage, bedeutet gar nichts."

Maggie fuhr sich mit den Fingern durchs Haar. Ihr war leicht schwindelig vom wenigen Schlafen und Essen. Hatten Sie einen ganzen Nachmittag vergeudet? Pater Keller konnte das Handy leicht in Ray Howards Zimmer versteckt haben. Es fiel ihr jedoch schwer zu glauben, dass im Pastorat irgendetwas geschah, von dem Howard nichts wusste.

„Wo schlagen Sie das Holz, Ray?"

Er sah sie an und beknabberte seine Fingerspitzen, als überlege er, warum sie das fragte.

„Ich habe den Kamin im Pastorat gesehen", fuhr sie fort. „Der sieht aus, als würde er über Winter eine Tonne Holz verschlingen, besonders, wenn der Winter so früh kommt."

„Ja, das stimmt. Und Pater Francis mag ..." Er verstummte und sah zu Boden. „Gott gebe seiner Seele Frieden", murmelte er und hob den Blick wieder. „Er mochte es richtig warm im Zimmer."

„Also, wohin gehen Sie zum Holz holen?"

„Runter zum Fluss. Der Pfarrei gehört da noch ein Stück Land. Draußen bei der alten St. Margaret. Es war eine schöne kleine Kirche. Jetzt verfällt sie. Ich hole viel trockene Ulme und Walnuss. Auch ein paar Eichen. Es gibt viel Flussahorn. Walnuss brennt am besten." Er verstummte und sah aus dem Fenster.

Maggie folgte der Richtung seines leeren Blickes. Die Sonne sank hinter dem schneebedeckten Horizont, blutrot gegen weiß.

Das Holzschlagen hatte ihn offenbar an etwas erinnert. Aber an was?

Ray Howard wusste eindeutig mehr, als er zugab, doch weder die Drohung mit Gefängnis noch die Lockung mit Wandas Geflügelsteak würden ihn zum Reden bringen. Sie mussten ihn gehen lassen.

67. KAPITEL

Nick legte den Hörer auf, lehnte sich in seinem Bürosessel zurück und rieb sich verärgert die Augen. Maggie hatte offenbar bemerkt, dass er auf etwas einschlagen wollte, vorzugsweise auf Ray Howard. Wie hatte sie nur so ruhig und gelassen bleiben können?

Er musste dauernd an Timmy denken. Es kam ihm vor, als sei eine Zeitbombe an seinen Rippen befestigt, die immer schneller tickte. Der Schmerz in seiner Brust war unerträglich. Hinzu kam, dass er den Anblick des toten Danny Alverez nicht los wurde. Ein kleiner Körper im Gras, leere Augen, die zum Himmel starrten. Er hatte so friedlich ausgesehen trotz der roten Schnitte an Hals und Brust.

Die Zeit wurde knapp.

Aaron Harper und Eric Paltrow waren im Abstand von weniger als zwei Wochen getötet worden. Matthew Tanner wurde genau eine Woche nach Danny Alverez umgebracht. Seit Matthew waren nur wenige Tage vergangen und jetzt Timmy. Der Abstand zwischen den Taten wurde immer kürzer. Irgendetwas setzte dem Täter zu und ließ ihn ausrasten.

Und wenn sie ihn nun nicht fingen, verschwand er dann einfach erneut für sechs Jahre? Schlimmer noch, würde er sich unauffällig wieder in die Gemeinde einfügen wie zuvor? Angenommen, es war weder Keller noch Howard, wer dann?

Nick nahm das zerknüllte Stück Papier vom Schreibtisch. Der merkwürdige Zeitplan aus dem Handschuhfach des Pickup trug eine sonderbare Einkaufsliste auf der Rückseite. Er überflog die einzelnen Posten und versuchte zu verstehen, was sie bedeuteten: Wolldecke, Kerosinlampe, Streichhölzer, Orangen, Snickers, SpaghettiOs, Rattengift. Vielleicht war es schlicht eine Liste für einen Campingausflug, doch eine Ahnung sagte ihm, es hatte eine andere Bedeutung.

Es klopfte. Hal trat ein, ohne eine Aufforderung abzuwarten, die breiten Schultern hängend vor Erschöpfung. Das sonst gut frisierte Haar klebte ihm am Kopf. Der Hemdkragen stand offen, und die Krawatte voller Kaffeeflecken hing lose und schief.

„Was gibt's, Hal?"

Er sank in den Sessel vor Nicks Schreibtisch. „Die leere Glasampulle, die du im Pickup gefunden hast, enthielt Äther."

„Äther? Woher stammt der?"

„Sehr wahrscheinlich aus dem Krankenhaus. Ich habe den Direktor befragt, und der sagte, ähnliche Ampullen haben Sie auch in der Pathologie. Sie benutzen es als eine Art Lösungsmittel, aber das Zeug könnte jemand außer Gefecht setzen. Ein paar Atemzüge reichen da."

„Und wer hat Zugang zur Pathologie?"

„Eigentlich jeder. Die Türen werden nicht verschlossen."

„Du machst Witze."

„Überleg doch mal. Die Leichenhalle wird kaum benutzt. Und wenn doch, wer sollte da unten Blödsinn anstellen?"

„Während einer polizeilichen Ermittlung sollte sie abgeschlossen werden. Zutritt nur für Befugte." Nick nahm seinen Stift und klopfte damit ärgerlich auf den Tisch. Er hatte immer noch das Gefühl, auf etwas einschlagen zu müssen.

Hal antwortete nicht, und als Nick aufblickte, fragte er sich, ob

Hal ihn für verrückt hielt. „Habt ihr Fingerabdrücke von der Ampulle nehmen können?"

„Nur deine."

„Was ist mit dem Streichholzbrief?"

„Es ist jedenfalls kein Striplokal. Die Pink Lady ist eine kleine Bar mit Grill in Omaha, etwa einen Block von der Polizeistation entfernt. Offenbar hängen da eine Menge Polizisten rum. Eddie sagt, da gibt es die besten Burger der Stadt."

„Eddie?"

„Ja, Gillick war bei der Polizei von Omaha, ehe er herkam. Ich dachte, das wüsstest du. Es ist schon eine Weile her, sechs oder sieben Jahre."

„Ich traue ihm nicht", platzte Nick heraus und bedauerte es, als er Hals Reaktion sah.

„Eddie? Warum in aller Welt solltest du Eddie misstrauen?"

„Ich weiß nicht. Vergiss es einfach."

Hal schüttelte den Kopf und stemmte sich aus dem Sessel hoch. Er ging zur Tür, drehte sich aber noch einmal um, als hätte er etwas vergessen. „Weißt du, Nick, ich möchte nicht, dass du das falsch verstehst, aber es gibt eine Menge Leute in diesem Department, die dasselbe von dir sagen."

„Und was sagen sie?" Nick richtete sich gespannt auf.

„Du musst zugeben, du hast diesen Job nur wegen deines Vaters bekommen. Welche Erfahrung hast du schon in Polizeiarbeit? Schau, Nick, ich bin dein Freund, und ich halte zu dir. Aber ich muss dir sagen, dass einige Jungs verunsichert sind. Sie glauben, du lässt O'Dell die Show leiten."

Da war er, der K.-o.-Schlag, den er seit Tagen erwartete. Er rieb sich das Kinn, als müsse er den Schmerz wegwischen.

„Das hatte ich schon vermutet, zumal Dad wohl seine eigene Ermittlung führt."

„Das ist auch so eine Sache. Wusstest du, dass er Eddie und Lloyd diesen Rydell suchen lässt?"

„Rydell? Wer zum Teufel ist Rydell?"

„Ich glaube, er war ein Freund oder Partner von Jeffreys."

„Mein Gott, begreift das denn keiner? Jeffreys hat nicht alle drei Jungen umgebracht ..." Er hielt inne, als er Christine in der Tür stehen sah.

„Nur die Ruhe, Nick, ich bin nicht als Reporterin da." Sie kam zögernd herein, das Haar wirr, die Augen gerötet, das Gesicht tränenverschmiert und der Mantel schief geknöpft. Sie sah fürchterlich aus.

„Ich muss etwas tun. Du musst mich helfen lassen."

„Kann ich dir einen Kaffee holen, Christine?" fragte Hal.

„Ja, danke, das wäre nett."

Hal blickte kurz zu Nick, als warte er, dass er ihn entschuldigte und ging.

„Komm, setz dich", forderte Nick sie auf und widerstand dem Drang, sie zu stützen. Es verunsicherte ihn, sie so aufgelöst zu sehen. Sie war die große Schwester, auf deren Hilfe er bauen konnte. Sie war die Starke gewesen, sogar als Bruce gegangen war. Jetzt erinnerte sie ihn mit ihrer beunruhigenden Stille an Laura Alverez.

„Corby hat mir bezahlten Urlaub von der Zeitung gegeben. Natürlich erst, nachdem ich ihm versichert habe, dass die Zeitung exklusiv alles erfährt."

Sie wand sich aus ihrem Mantel, warf ihn achtlos auf einen Stuhl in der Ecke und beobachtete, wie er zu Boden glitt. Obwohl sie offenbar kaum noch stehen konnte vor Erschöpfung, ging sie vor seinem Schreibtisch hin und her. „Habt ihr Bruce aufstöbern können?" fragte sie, ohne ihn anzusehen.

Er wusste, wie sehr es sie bedrückte, nicht zu wissen, wo ihr

Ex-Mann war. „Noch nicht. Aber vielleicht hört er in den Nachrichten von Timmy und setzt sich mit uns in Verbindung."

Sie verzog das Gesicht. „Ich muss etwas tun, Nick. Ich kann nicht einfach zu Hause sitzen und warten. Wozu brauchst du das?" Sie deutete auf den Zettel mit den seltsamen Codes.

„Du weißt, was das ist?"

„Klar, ein Bündeletikett."

„Ein was?"

„Ein Bündeletikett. Die Auslieferer erhalten jeden Tag eines mit ihren Zeitungen. Siehst du, da stehen die Routennummer, die Codenummer des Auslieferers, Anzahl der Zeitungen, welche Einlagen es gibt und die Start- und Haltepunkte."

Nick sprang auf und kam um den Schreibtisch. „Kannst du mir sagen, für wen dieses Etikett war und an welchem Tag?"

„Sieht aus, als wäre es für Sonntag, den 19. Oktober, gewesen. Die Codenummer des Auslieferers ist ALV0436. Nach der Adressenliste, den Start- und Haltepunkten würde ich sagen ..." Als sie es erkannte, sah sie Nick mit großen Augen an. „Das ist die Route von Danny Alverez. An dem Sonntag, als er verschwand. Wo hast du das gefunden, Nick?"

68. KAPITEL

Wenn die Dunkelheit anbrach, kam sie rasch. Obwohl Timmy sich bemühte, gelassen zu bleiben, war die Aussicht auf eine lange, dunkle Nacht beängstigend.

Den ganzen Tag hatte er versucht, einen Fluchtplan zu entwickeln oder mindestens ein Notsignal zu geben. Das war nicht so einfach, wie es in Filmen immer aussah. Doch er konzentrierte sich und dachte an Batman, Luke Skywalker und an Han Solo, seinen Liebling.

Der fremde Mann hatte ihm Comics von Flash Gordon und Superman gebracht. Doch auch das Wissen dieser Superhelden brachte ihn nicht weiter. Schließlich war er nur ein kleiner Junge. Auf dem Fußballfeld hatte er immerhin gelernt, dass es Vorteile hatte, klein zu sein, da flitzte er einfach um die anderen herum. Vielleicht waren Kraft und Größe ja gar nicht das Entscheidende.

Es war schwierig nachzudenken, wenn die Ecken des Raumes allmählich dunkler wurden. Da in der Laterne nur noch wenig Kerosin war, musste er so lange wie möglich mit dem Anzünden warten. Doch ihm liefen vor Angst bereits kalte Schauer über den Rücken.

Vielleicht konnte er aus dem Kerosinofen etwas Brennstoff für die Lampe abzweigen. Windböen rappelten an den verbretterten Fenstern und pfiffen durch die Ritzen. Ohne den Heizofen war er vielleicht schon vor dem Morgen erfroren. Nein, so ungern er es auch zugab: Er brauchte den Heizofen dringender als das Licht.

In Gedanken spielte er Szenen aus *Krieg der Sterne* durch und wiederholte laut Dialoge, um sich zu beschäftigen. Mehrmals drückte er das Feuerzeug, um sich zu bestätigen, dass er die Dunkelheit beherrschte, und ließ es kurz aufflammen. Die Dunkelheit war jedoch nicht sein einziger Feind. Die Stille war genauso beklemmend.

Den ganzen Tag hatte er auf Stimmen, Hundegebell, Motorengeräusche, Kirchenglocken oder Sirenen eines Einsatzwagens gehorcht. Außer dem entfernten Pfeifen eines Zuges und einem Jet am Himmel hatte er nichts gehört. Wo in aller Welt war er bloß?

Er hatte gerufen, bis ihm der Hals wehtat. Geantwortet hatten nur heftige Windböen, als schimpften sie ihn aus. Es war viel zu ruhig ringsum. Er fürchtete, hilflos weitab von jeder Zivilisation zu sein.

Etwas huschte über den Boden, ein Klick-Klick winziger Krallen auf Holz. Sein Puls beschleunigte sich, und Timmy begann wieder zu zittern. Er ließ das Feuerzeug aufflammen, sah jedoch nichts. Schließlich langte er vom Bett zu der Kiste hinüber und zündete die Laterne an. Sofort erfüllte ihr gelbliches Licht den Raum. Er hätte erleichtert sein müssen, doch er rollte sich zu einem Ball zusammen, zog die Decke bis unters Kinn und weinte zum ersten Mal, seit sein Dad die Stadt verlassen hatte.

69. KAPITEL

Sie war trotz ihrer Kurven schlau und entschieden ein würdiger Gegner. Er fragte sich, wie viel Spezialagentin Maggie O'Dell wirklich wusste, und was sie ihm nur vorspielte. Im Grunde war das gleichgültig. Er liebte Spiele, sie lenkten ihn von dem Pochen im Kopf ab.

Niemand beachtete ihn, während er den sterilen Flur entlangging. Wer ihn erkannte, nickte und eilte vorbei. Seine Anwesenheit wurde hier wie überall in der Gemeinde ganz selbstverständlich akzeptiert. Er fügte sich ein, da er in der Öffentlichkeit eine andere Art Maske trug, eine, die er nicht einfach abnehmen konnte.

Er nahm die Treppe. Heute roch sogar das sauber geputzte Treppenhaus nach Antiseptikum. Das erinnerte ihn an seine Mutter, die auf Händen und Knien ruhig den Küchenboden geschrubbt hatte, oft morgens um zwei oder drei, wenn sein Stiefvater schlief. Ihre zarten Hände waren von der scharfen Lauge rot und wund gewesen. Wie oft hatte er sie dabei heimlich schluchzen hören? Als könnte sie durch das morgendliche Reinigungsritual ungeschehen machen, wie sehr sie sich ihr Leben ruiniert hatte.

Und heute, viele Jahre später, versuchte er durch ein Reinigungsritual seine Vergangenheit loszuwerden. Wie viele Tötungen waren noch nötig, um das Bild des heulenden, hilflosen Jungen seiner Kindheit auszulöschen?

Die Tür schlug hinter ihm zu. Er war schon früher hier gewesen und hatte Trost in der vertrauten Umgebung gefunden. Irgendwo über seinem Kopf surrte ein Ventilator. Ansonsten war es still, angemessen still für diese vorläufige Ruhestatt.

Er zog sich Latexhandschuhe an. Welche würde es sein? Schublade eins, zwei oder drei? Vielleicht vier oder fünf? Er wählte Nummer drei, zog und zuckte beim Knirschen des Metalls zusammen. Erfreut sah er, die richtige gewählt zu haben.

Der schwarze Leichensack wirkte klein auf dem langen silbrigen Tisch. Er zog ihn vorsichtig auf und schlug die Enden behutsam zu beiden Seiten des Jungen zurück. Die präzisen chirurgischen Schnitte des Gerichtsmediziners widerten ihn an, genau wie die Stichwunden, die sein Werk waren. Matthews armer kleiner Körper ähnelte einer Landkarte. Doch der Junge war jetzt an einem schöneren Ort, an dem es weder Schmerzen noch Demütigungen, weder Einsamkeit noch Verlassensein gab. Er hatte dafür gesorgt, dass Matthew friedlich die ewige Ruhe fand und für immer ein unschuldiges Kind bleiben durfte.

Er wickelte das Filetiermesser aus und legte es beiseite. Er musste das einzige Beweisstück zerstören, das ihn mit den Morden in Verbindung bringen konnte. Wie sorglos er gewesen war, wie unglaublich dumm. Vielleicht war es sogar schon zu spät, doch wenn Maggie O'Dell etwas gemerkt hätte, würde sie ihm bereits seine Rechte vorlesen.

Er zog den Leichensack weiter auf, bis er Matthews kleine Beine sah. Dort am Schenkel war der rote Zahnabdruck, Beweis der Wut des Dämons, den er in sich trug. Scham durchströmte ihn heiß. Er bewegte das Bein des Jungen und nahm das Messer auf.

Irgendwo draußen am Flur schlug eine Tür zu. Er verharrte,

hielt den Atem an und lauschte. Mehrere Personen kamen mit knirschenden Gummisohlen näher und blieben vor der Tür stehen. Sie zögerten, er wartete, das Messer fest in der behandschuhten Hand. Wie sollte er das hier erklären? Es könnte schwierig werden, unmöglich war es nicht.

Als er fürchtete, die Lungen könnten ihm platzen, setzten die knirschenden Schritte ihren Weg fort. Er wartete, bis sie das Ende des Flures erreicht hatten und die Tür zuschlug, dann atmete er aus und tief durch. Ammoniakgeruch stach ihm in die Nase. Der Puder in den Gummihandschuhen verband sich mit dem Schweiß seiner Hände, dass es zu jucken begann. Ein Schweißtropfen rann ihm den Rücken hinab. Er wartete gespannt, dass er ihm in die Unterhose fiel, und war enttäuscht, als der Reiz ausblieb.

Ja, er wurde achtlos. Es fiel ihm immer schwerer, hinter sich aufzuräumen und diesen bösartigen Dämon zu bezwingen, der sich seiner Mission in den Weg stellte. Selbst jetzt mit dem Messer in der Hand konnte er sich nicht überwinden zu schneiden. Seine Hand zitterte, Schweiß tropfte ihm von der Stirn in die Augen. Bald würde es vorbei sein.

Bald hatte Sheriff Nick Morrelli seinen Hauptverdächtigen. Dafür hatte er gesorgt. Er hatte die Basis dafür geschaffen und genügend Beweise und Indizien platziert. Er wurde langsam gut darin. Und es war leicht gewesen, genauso leicht wie damals bei Ronald Jeffreys. Einige Beweisstücke in Jeffreys Kofferraum und ein anonymer Anruf bei Supersheriff Antonio Morrelli, mehr war nicht nötig gewesen. Aber auch damals war er zu sorglos vorgegangen, vor allem mit Eric Paltrows Unterhose in Jeffreys Schatztruhe an Beweisstücken.

Er hatte sich immer die Unterhosen der Jungen als Souvenir mitgenommen. Bei Eric hatte er es vergessen und sie einfach später aus der Leichenhalle geholt. Sein Fehler war es gewesen, Erics und nicht Aarons Unterhose zu den Beweisstücken in den Kofferraum zu legen. Seltsamerweise hatte er nie erfahren, ob der Fehler bemerkt worden war oder ob der große und mächtige Antonio Morrelli ihn schlicht ignoriert hatte. Diesmal wollte er kein Risiko eingehen. Bald würde auch das Pochen in seinem Kopf aufhören, vielleicht für immer. Es waren noch ein paar Dinge zu erledigen, und ein einsamer Junge musste gerettet werden. Dann durfte sein Dämon ruhen.

Ja, den armen Timmy musste er endlich retten. Seine vielen Prellungen ließen nur erahnen, was er von denen erdulden musste, die ihn angeblich liebten. Und er mochte den Jungen. Er hatte sie alle gemocht, sie sorgfältig ausgewählt und vor Unheil bewahrt.

70. KAPITEL

Christine drückte auf Kopieren und sah das Bild des strahlend lächelnden Timmy auf die Ablage gleiten. Es würde ihm nicht gefallen, dass sie das Schulfoto vom letzten Jahr genommen hatte. Das mit dem verdrehten Kragen und dem hochstehenden Wirbel. Es war eines ihrer Lieblingsfotos. Plötzlich kam er ihr darauf viel jünger vor. Würde man ihn überhaupt erkennen? Er hatte sich in dem einen Jahr sehr verändert.

Sie betätigte das Zählwerk und drückte wieder. Ein lächelnder Timmy nach dem anderen fiel auf die Ablage. Im Sheriff Department hinter ihr rumorte es von Stimmen, eiligen Schritten und klickenden Maschinen. Obwohl sie mithalf, fühlte sie sich isoliert, geradezu unsichtbar. Hatte man ihr diese Arbeit nur aufgetragen, damit sie nicht im Weg stand? Nick glaubte, je mehr Fotos sie in die Medien und unter die Leute brachten, desto größer sei die Chance, dass sich jemand erinnerte. Diesmal ging er den Fall anders an als noch bei Danny Alverez. Sie hatten gelernt, teure Lektionen.

Ihre Flucht heute Morgen aus dem Fernsehstudio würde sie den gut dotierten Fernsehjob kosten. Aber darauf kam es nicht an. Im Moment zählte nur Timmy.

Sie spürte seine Nähe an einer beunruhigenden Kälte, als liefen ihr Eiswürfel den Rücken hinab. Sie drehte sich langsam um. Eddie Gillick drängte sich an sie und zwängte sie zwischen Kopierer und seinem Körper ein. Über seinem schmalen Schnauzbart zeigten sich Schweißperlen. Er atmete heftig, als wäre er gelaufen. Der Geruch seines After Shave schlug ihr entgegen, während er sie mit einem abschätzigen Blick maß.

„Entschuldige, Christine, ich muss ein paar Kopien von diesen Fotos machen." Er zeigte sie ihr. Da sie nur einen flüchtigen Blick darauf warf, hielt er ihr ein Foto nach dem anderen vor das Gesicht. Hochglanzaufnahmen, auf denen die blutigen Schnitte besonders plastisch hervortraten. Nahaufnahmen von abgeschälter Haut, einer durchschnittenen Kehle und Matthew Tanners blassem Gesicht, dessen glasige Augen sie anstarrten.

Christine zwängte sich an ihm vorbei und nahm sogar eine Verletzung am Kopierer in Kauf, nur um Eddie zu entkommen. Er verfolgte lächelnd, wie sie mit einem Polizisten zusammenstieß, sich das Knie an einem Schreibtisch anschlug und es endlich quer durch den Raum in die sichere Ecke am Wasserkühler schaffte. Dort lehnte sie an der Wand und blickte auf das Chaos ringsum.

Bewegten sich plötzlich alle in Zeitlupe, oder war das nur Einbildung? Die Leute sprachen so langsam, dass die Geräuschkulisse zu einem einzigen tiefen Baritonton verschmolz. Und dann dieses Klingeln, dieser hohe Dauerton! War das ein Telefon oder eine Sirene? Ein Feueralarm? Sollten die nicht besorgt sein? Konnte das keiner abschalten, hörte das denn niemand?

„Christine?"

Sie vernahm ihren Namen aus weiter Ferne, presste sich gegen die Wand, hielt sich an der glatten Fläche fest, und der Raum drehte sich. Eine leichte Neigung zu einer Seite, die niemand zu bemerken schien, dann die Neigung zur anderen.

„Christine, alles in Ordnung mit Ihnen?"

Lucy Burtons herzförmiges Gesicht erschien vor ihr, die Augen groß und hervortretend wie in einem Zerrspiegel. Aber hier war gar kein Spiegel. Lucy sagte wieder etwas, die grell geschminkten Lippen bewegten sich, doch es kam kein Laut heraus. Wo war die Fernbedienung? Sie musste Lucys Lautstärke aufdrehen.

Aus dem Nichts streckten sich ihr Hände entgegen. Sie schlug danach, doch sie kehrten zurück. Sie konnte nicht atmen, sie brauchte Wasser. Der Wasserkühler war links von ihr, etliche Meilen weit weg. Wieder schlug sie nach den Händen.

„Nein, ich kann dich nicht hören, Lucy", sagte sie und merkte dann, dass sie nur in Gedanken sprach.

Sie spürte ihren Körper die Wand hinabgleiten. Sie konnte ihn nicht abfangen. Sie hatte die Gewalt über ihn verloren, als er in Zeitlupe zu rutschen begann. Viele Füße, eilige Schritte, rote Fußnägel, ein Paar Cowboystiefel. Dann schaltete jemand das Licht aus.

71. KAPITEL

Nick kam aus seinem Büro und sah eine Menschentraube am Wasserkühler. Er entdeckte Christine, die am Boden zusammengesackt war. Hal versuchte sie an den Schultern hochzuziehen, während Lucy ihr mit einem Aktenordner Luft zufächelte. Sein Vater sah wie die anderen nur zu, die Hände tief in den Hosentaschen. Die strenge Miene und die starre Haltung waren ihm nur zu vertraut.

Er wusste genau, was er dachte: Wie konnte Christine vor seinen Kollegen nur eine solche Schwäche zeigen?

„Was ist passiert?" fragte Nick Eddie Gillick am Kopierer.

„Weiß nicht, hab's nicht mitgekriegt." Eddie drückte den Kopierknopf, den Rücken zum Raum.

Nick fiel auf, dass Eddie als Einziger auf dieser Seite des Raumes war. Er blickte auf die Ablage mit den bereits fertigen Kopien und sah, dass Fotos von Matthew Tanner Timmys lächelndes Gesicht überlagerten. Vielleicht war es zu viel für Christine gewesen, Kopien vom Foto ihres Sohnes zu machen.

„Du hast die Autopsiefotos", stellte Nick fest, den Blick auf Christine gerichtet.

„Ja. Hab sie gerade aus der Pathologie geholt. Ich wusste, dass du Kopien haben wolltest."

„Gut. Leg die Originale auf meinen Tisch, wenn du fertig bist."

Christine schien wieder zu Bewusstsein zu kommen. Adam Preston reichte ihr einen Becher Wasser, und sie trank, als hätte man sie aus der Wüste geholt. Nick beobachtete sie hilflos von der anderen Seite des Raumes. Sein Herz schlug so laut, dass er fürchtete, Eddie könnte es hören.

„Okay, Leute", erklärte sein Vater. „Die Show ist vorüber, gehen wir wieder an die Arbeit."

Ohne Zögern folgten alle seiner Aufforderung. Als er Nick sah, winkte er ihn heran. Nick blieb, wo er war, ein letztes Aufbäumen, um einen Rest seiner Autorität zu wahren. Sein Vater zeichnete Lloyd etwas ab und schlenderte dann zu ihm herüber, die Trotzreaktion des Sohnes ignorierend.

„Lloyd hat Rydell gefunden. Wir bringen ihn zum Verhör hierher."

„Du hast kein Recht dazu." Nick gab sich Mühe, ruhig und beherrscht zu bleiben.

„Wie bitte?" Antonio Morrelli sah ihn mit hochgezogenen Brauen an.

Nick wusste, dass er ihn genau verstanden hatte. Doch das gehörte zu seiner Einschüchterungsmasche. Früher hatte das funktioniert.

„Du hast nicht mehr die Autorität, jemand zur Vernehmung vorzuladen." Er sah die Verärgerung seines Vaters.

„Ich versuche dir zu helfen, Junge, damit du nicht vor der ganzen Stadt wie ein Vollidiot dastehst!"

„Mark Rydell hatte mit alledem nichts zu tun."

„Richtig, du setzt dein Geld ja auf einen albernen Kirchenküster."

„Ich habe Beweise, die auf Ray Howard deuten. Was hast du gegen Rydell?"

Ringsum wurde es ruhig. Es wagte niemand, sich um sie zu scharen, doch wurden sie von Türen und Schreibtischen beobachtet, während alle so taten, als gingen sie ihrer Arbeit nach.

„Rydell ist ein bekannter Stricher. Er hat ein ellenlanges Strafregister, weil er andere Stricher verprügelt hat. Er war eine Zeit lang Jeffreys' Stricher. Ich war mir nie sicher, ob er nicht mit Jeffreys gemeinsame Sache gemacht hat. Ich verwette meine Farm, dass er dein Nachahmungstäter ist. Du willst es bloß nicht wahrhaben, weil du nur Agentin Maggies süßen kleinen Hintern siehst."

Nick spürte, wie ihm vor Zorn der Nacken rot anlief. Sein Vater wandte sich ab und ließ ihn wie üblich stehen. Nick ließ den Blick über alle schweifen, die zu arbeiten vorgaben, und entdeckte Maggie in der Tür zum Konferenzraum. Er wusste sofort, dass sie alles gehört hatte.

„Hier geht es nicht um einen Nachahmungstäter!" sagte er zum Rücken seines Vaters.

„Was redest du denn da schon wieder?" Antonio Morrelli

schenkte seinem Sohn lediglich einen flüchtigen Blick über die Schulter und nahm Eddie die Autopsiefotos ab, die der ihm willig überließ.

„Jeffreys hat nur Bobby Wilson umgebracht." Sein Vater sah nicht von den Fotos auf. „Die zwei anderen Jungen gehen nicht auf sein Konto." Nick wartete, dass die Worte einsanken und er den Vorwurf begriff.

Schließlich sah sein Vater ihn so vernichtend an, dass es ihn normalerweise verunsichert hätte. Doch diesmal blieb er mit verschränkten Armen ruhig und abwartend stehen.

„Was zum Teufel unterstellst du da?"

„Ich habe die Akten über Jeffreys' Verhaftung und alle Autopsieberichte gelesen. Es ist vollkommen ausgeschlossen, dass Jeffreys alle drei Morde begangen hat. Jeffreys hat dir das auch immer wieder gesagt."

„Na toll, dann glaubst du einem mordenden Stricher mehr als deinem Vater?"

„Deine eigenen Berichte beweisen, dass Jeffreys die anderen beiden Jungen nicht getötet hat. Aber du warst zu blind, das zu sehen. Du wolltest den Helden spielen. Deshalb hast du die Wahrheit ignoriert und einen Mörder entkommen lassen. Vielleicht hast du sogar geholfen, die Beweise zu türken. Und jetzt zahlt dein Enkel den Preis für deine Fehler und deine verdammte Eitelkeit."

Die Faust traf Nick völlig unvorbereitet. Sie traf ihn am Kinn, und er torkelte gegen den Kopierer. Er rappelte sich hoch, doch sein Blick war noch verschwommen, als ihn der zweite Hieb traf. Er sah verblüfft auf und entdeckte seinen Vater noch an derselben Stelle stehen, die Fotos in der Hand. Erst als Hal Eddie Gillick zurückhielt, merkte Nick, dass nicht sein Vater ihn geschlagen hatte.

72. KAPITEL

Maggie wartete, war jedoch nicht überrascht, als Nick nicht in den provisorischen Verhörraum zurückkehrte. Als Adam Preston das Dinner von Wanda lieferte, sagte sie Ray Howard, er dürfe gern erst essen, dann könne er gehen. Er betrachtete sie argwöhnisch, bis Adam den Teller vor ihn hinstellte. Danach schien alles vergessen.

Sie wollte aus dem Raum gehen, während Adam das restliche Dinner auspackte.

„Agentin O'Dell, das ist für Sie."

„Ich bin nicht hungrig." Sie drehte sich zu ihm um, doch es war kein Sandwich, das er ihr reichte. Von der anderen Seite des Tisches blickte sie auf einen kleinen weißen Umschlag. „Woher haben Sie den?"

„Er steckte in der Bestellung von Wanda. Ihr Name steht darauf." Er reichte ihn ihr mit ausgestrecktem Arm, doch sie nahm ihn nicht. Sogar Howard sah verwundert von seinem Festmahl auf.

„Agentin O'Dell, was ist los? Soll ich ihn für Sie öffnen?" Adams jungenhaftes Gesicht wirkte besorgt.

„Nein, ich mache das schon." Sie fasste ihn an einer Ecke an und öffnete ihn gleich, wie um zu zeigen, dass es nichts Bedeutendes war. Ihre Finger waren trotz ihres Unbehagens erstaunlich ruhig. Sie las die Mitteilung. Sie war schlicht und bestand aus einer Zeile: „ICH WEISS VON STUCKY."

Sie hob den Blick und sah Adam an. „Ist Nick da?" Sie musste sich zur Ruhe zwingen.

„Es hat ihn keiner gesehen, seit ..."

„Seit Eddie ihm eine geknallt hat", beendete Ray Howard den Satz für Adam und hielt eine Gabel voll Kartoffelbrei hoch. „Eddie ist mein Mann." Damit stopfte er sich den Brei in den Mund.

„Was meinen Sie damit?" fuhr Maggie ihn an, und Rays Blick

sagte ihr, dass sie zu laut und zu schrill sprach. Sie musste sich beherrschen, doch es war zu spät. Sie hatte ihn wieder verschreckt.

„Nichts. Er ist nur ein Freund."

„Deputy Gillick ist ein Freund von Ihnen?" Sie sah Adam an, der nur die Schultern zuckte.

„Ja, er ist ein Freund. Ist doch nicht strafbar, oder? Wir machen Sachen zusammen. Nix Dolles."

„Was für Sachen?"

Ray sah leicht trotzig von ihr zu Adam. Für den Moment hörte er auf zu schneiden und zu schaufeln und straffte den Rücken. „Manchmal kommt er ins Pastorat und spielt Karten mit Pater Keller und mir. Manchmal gehe ich mit ihm Burger essen."

„Sie und Deputy Gillick?"

„Haben Sie nicht gesagt, ich könnte gehen?"

Sie starrte ihn unverwandt an. Dieser Mann mit den schlauen Reptilienaugen wusste sehr viel mehr, als er zugab. Er hatte zwar das Pech gehabt, im Besitz ihres Handys zu sein, doch er war nicht der Täter. Bei seinem Hinken hätte er sich niemals so behände über die Steilufer am Fluss bewegen können, geschweige denn einen sechzig bis siebzig Pfund schweren Jungen tragen. Und trotz seiner klugen Bemerkungen war er einfach nicht klug genug, eine Serie von Morden auszuführen.

„Ja, ich habe gesagt, Sie können gehen", bestätigte sie schließlich, ohne den Blick abzuwenden. Sie wollte ihn ihr Misstrauen spüren lassen. Er sollte sich verraten und ein bisschen schwitzen. Stattdessen ignorierte er sie, häufte mit dem Messer wieder Essen auf die Gabel, schob sie in den Mund und kaute.

Sie gab Adam ein Zeichen, und er folgte ihr hinaus. Nach einigen Schritten den Flur hinunter blieb sie stehen und lehnte sich gegen die Wand. Adam wartete geduldig und vergewisserte sich mit Blicken in beide Richtungen, dass man sie nicht zusammen sah. Er war noch so jung, dass er nicht zu Antonio Morrellis alter Mannschaft gehört haben konnte. Er wollte jedoch gern von den anderen akzeptiert werden und sich in die Gruppe einfügen. Sein Respekt vor der Obrigkeit schloss Maggie jedoch ein, und so beugte er sich aufmerksam zu ihr vor.

„Sie sind in Platte City aufgewachsen, richtig?"

Die Frage verblüffte ihn, doch er nickte.

„Was können Sie mir über die alte Kirche erzählen, die draußen auf dem Land?"

„Wir haben sie überprüft, falls Sie das meinen. Ich bin vor dem Schneefall mit Lloyd da gewesen und nachher noch einmal. Das Gebäude ist mit Brettern vernagelt. Es sah nicht so aus, als hätte sich in den letzten Jahren da jemand herumgetrieben. Keine Fußabdrücke, keine Reifenspuren."

„Liegt sie nah am Fluss?"

„Ja, gleich neben der Old Church Road, die wohl nach ihr benannt ist. Die Kirche ist als historisches Denkmal eingetragen, deshalb wurde sie noch nicht abgerissen."

„Woher wissen Sie das alles?" Sie gab sich interessiert, obwohl sie eigentlich nur etwas über die Lage der Kirche erfahren wollte. Wenn Ray Howard dort Holz geschlagen hatte, hatte er in der Nähe vielleicht etwas gesehen. Sie rieb sich den verspannten Nacken. Erschöpfung benebelte ihre Gedanken, vielleicht wollte sie auch einfach nicht mehr denken.

„Meinem Dad gehört ein Stück Land ganz in der Nähe", fuhr Adam fort. „Er wollte das Kirchengelände kaufen und das Gebäude abreißen. Es ist bestes Farmland. Pater Keller sagte ihm, er könne die Kirche nicht abreißen, weil sie unter Denkmalschutz stehe. Ich glaube, sie wurde von John Browns Untergrundnetz in den 1860er Jahren genutzt. Angeblich gibt es einen Tunnel von der Kirche zum Friedhof."

Maggie merkte interessiert auf.

Adam wirkte erfreut. „Die haben in der Kirche entlaufene Sklaven versteckt. Nachts führten sie sie durch den Tunnel zum Fluss, wo sie mit Booten zum nächsten Versteck gebracht wurden. Bei Nebraska City wurde auch eine alte Kirche so genutzt. Aus der hat man eine Touristenattraktion gemacht, unsere ist zu verfallen. Angeblich ist der Tunnel eingestürzt – liegt zu nah am Wasser. Deshalb wird auch der Friedhof nicht mehr benutzt. Als der Fluss vor einigen Jahren Hochwasser hatte, wurden einige Gräber aufgespült. Es trieben sogar Särge den Fluss runter, das war ein unheimlicher Anblick."

Maggie stellte sich den verlassenen Friedhof vor und den reißenden Fluss, der Leichen aus den Gräbern sog. Plötzlich schien ihr das der ideale Ort für einen Täter zu sein, der von der Vorstellung besessen war, seine Opfer zu retten.

73. KAPITEL

Maggie wollte Nick eine Nachricht hinterlassen, wusste aber nicht recht, was sie schreiben sollte.

„Lieber Nick, bin losgefahren, um den Killer auf dem Friedhof zu suchen." Das klang zwar bizarr, informierte ihn aber wenigstens. Jemanden zu informieren, hatte sie bei der Suche nach Stucky damals versäumt. Allerdings hatte sie in jener Nacht nicht geglaubt, ihn zu finden. Sie war lediglich einer Spur gefolgt, um sein Versteck zu enttarnen. Dass er auf sie wartete und sie in eine Falle lockte, war ihr erst aufgegangen, als es zu spät war. Würde sich dieser Täter genauso verhalten? Eine Falle stellen und warten, dass sie hineintappte?

„Ich glaube, Nick ist gegangen!" rief Lucy über den Flur, als sie sah, wie Maggie nach dem Knauf seiner Bürotür griff.

„Ich weiß, ich hinterlasse ihm nur eine Nachricht."

Lucy schien das nicht zu genügen. Die Hände auf die Hüften gestemmt, wartete sie auf weitere Erklärungen. Da Maggie nichts sagte, fügte sie hinzu: „Da war ein Anruf für Sie, aus dem Büro der Erzdiözese."

„Irgendwelche Mitteilungen?" Maggie hatte mit einem Bruder Jonathon gesprochen, der ihr versicherte, die Kirche glaube nicht, Pater Francis' Tod sei ein Verbrechen oder mehr als ein bedauerlicher Unfall.

„Moment." Seufzend blätterte Lucy einen Stapel Notizen durch. „Hier ist es. Bruder Jonathon sagte, Pater Francis habe keine Angehörigen. Die Kirche wird alle Beerdigungsvorbereitungen übernehmen."

„Keine Erwähnung, dass uns eine Autopsie erlaubt wird?"

Lucy sah sie erstaunt an. „Ich habe die Mitteilung selbst entgegengenommen", sagte sie fast mitfühlend. Sie verstand, was der Wunsch nach einer Autopsie andeutete. „Mehr hat er nicht gesagt."

„Okay, danke." Maggie umfasste den Türknauf.

„Wenn Sie möchten, kann ich die Nachricht für Nick an mich nehmen." Ihr Mitgefühl war schon in Neugier umgeschlagen.

„Danke, aber ich lege sie ihm auf den Schreibtisch."

Maggie ging hinein, ohne Licht einzuschalten, und ließ sich nur vom Schein der Straßenlaternen leiten. Prompt stieß sie sich das Schienbein an einem Stuhl.

„Verdammt", murmelte sie und griff hinab, um sich das schmerzende Bein zu reiben. So vorgebeugt, sah sie plötzlich Nick in einer Ecke am Boden hocken. Die Arme um die angezogenen Knie gelegt, blickte er aus dem Fenster und schien ihre Gegenwart nicht zu bemerken.

Es wäre leicht, ihn zu ignorieren. Sie konnte die Nachricht hinterlassen und gehen. Stattdessen setzte sie sich neben ihn auf den Boden und folgte seiner Blickrichtung. Aus dieser Position sah man nur den finsteren Himmel. Sie bemerkte seine geplatzte, blutverkrustete Lippe. Am Kinn klebte getrocknetes Blut. Nick regte sich nicht und nahm sie nicht zur Kenntnis.

„Weißt du, Morrelli, für einen Ex-Footballspieler kämpfst du wie ein Mädchen."

Sie wollte ihn provozieren, um ihn aus seiner Lethargie zu reißen. Sie kannte diese Taubheit, diese Leere, die einen für lange Zeit lähmen konnte, wenn man ihr nicht begegnete. Keine Antwort. Sekunden verstrichen. Sie wollte schon aufstehen und gehen. Sie konnte es sich nicht leisten, seinen Schmerz zu teilen und mit ihm zu fühlen. Die eigenen seelischen Wunden waren Last genug, sie konnte sich nicht auch noch seine aufbürden.

Als sie die Beine streckte, um aufzustehen, sagte er: „Mein Dad hatte Unrecht mit seiner Bemerkung über dich."

Sie lehnte sich zurück. „Soll das heißen, ich habe keinen süßen Hintern?"

Endlich die Andeutung eines Lächelns. „Okay, er hat nur halb Unrecht."

„Mach dir darüber keine Gedanken, Morrelli. Ich habe schon Schlimmeres gehört." Obwohl solche Sticheleien sie immer wieder erstaunten.

„Weißt du, zu Beginn meiner Arbeit als Sheriff war mir das Ansehen der Leute wichtig, ob man mich für kompetent hielt." Er sah weiterhin aus dem Fenster.

Ihre Augen hatten sich inzwischen an die Dunkelheit gewöhnt, und sie betrachtete ihn. Trotz seines ramponierten Äußeren war er ein bemerkenswert attraktiver Mann mit klassischen Gesichtszügen – kräftiges, kantiges Kinn, dunkle Haare, gebräunte Haut, sinnliche Lippen. Sogar seine Ohrläppchen waren perfekt geformt.

Doch die Äußerlichkeiten machten nicht seine Anziehung aus. Seine Stimme war warm und sanft, der Blick freundlich und manchmal so intensiv, als versuche er ihr in die Seele zu schauen. Unter diesem Blick kam sie sich entblößt vor, aber lebendig. Wenn Nick sie nicht ansah, fühlte sie sich von der Intimität abgeschnitten, die sich zwischen ihnen entwickelte.

Zugleich wusste sie, dass es falsch war, sich einem Mann so nahe zu fühlen, den sie erst eine knappe Woche kannte. Sie schwieg abwartend, fürchtete fast, er würde ihr ein Geheimnis anvertrauen, das sie noch enger aneinander schmiedete, und hoffte zugleich, er täte es.

„Ich bin inkompetent. Ich habe nicht den Schimmer einer Ahnung, wie man eine Mordermittlung leitet. Wenn ich das von Anfang an zugegeben hätte ... würde Timmy vielleicht nicht vermisst."

Dieses Geständnis verblüffte sie. Das war nicht mehr der kesse, arrogante Sheriff, der ihr vor einigen Tagen begegnet war. Und doch schwangen da weder Selbstmitleid noch Reue mit. Maggie spürte, dass es ihn lediglich erleichtert hatte, es einmal auszusprechen.

„Du hast getan, was du konntest, Nick. Glaube mir, wenn du etwas anders hättest machen sollen, hätte ich es dir bestimmt gesagt. Falls du es noch nicht bemerkt hast, ich kenne in dieser Hinsicht wenig Scheu."

Wieder ein Lächeln. Er lehnte sich gegen die Wand und streckte die langen Beine aus. Einen Moment glaubte sie, seine Meditation sei vorüber.

„Maggie, ich ... ich stelle mir immer vor, ich finde Timmy und sehe ihn da im Gras liegen mit diesem leeren Blick. Ich habe mich nie so ..." Seine ruhige, kräftige Stimme schwankte, und er musste gegen seine Rührung ankämpfen. „Ich habe mich nie so verdammt hilflos gefühlt." Er zog die Knie wieder an.

Sie hob automatisch die Hand, verharrte dann in Höhe seines Nackens. Sie wollte ihn tröstend streicheln, unterließ es jedoch, rückte von ihm ab und lehnte sich an die Wand, um ihn nicht doch noch zu berühren.

Sie betrachtete ihn im Mondlicht, das jetzt von der Ecke des Fensters hereinfiel und sein Profil beschien. Was hatte Nick Morrelli nur an sich, dass sie sich wünschte, wieder ein seelisch intakter, sorgloser Mensch zu sein, und ihr bewusst wurde, dass sie es längst nicht mehr war?

„Weißt du, mein Leben lang habe ich getan, was Dad mir sagte ... oder besser mir vorschlug." Er legte das Kinn auf die Knie. „Nicht, um ihm zu gefallen, sondern weil es einfach war. Seine Ansprüche an mich waren immer geringer als meine eigenen. Ein Sheriff von Platte City schrieb ein paar Strafzettel, fand entlaufene Hunde wieder und schlichtete dann und wann eine Wirtshausprügelei. Vielleicht wurde er auch mal zu einem Verkehrsunfall gerufen. Aber Mord? Auf Mord war ich nicht vorbereitet."

„Ich weiß nicht, ob man sich auf die Ermordung eines Kindes vorbereiten kann, gleichgültig, wie viele Leichen man schon gesehen hat."

„Timmy darf nicht wie Danny und Matthew enden. Er darf einfach nicht ... und doch kann ich es wohl nicht verhindern." Seine Stimme schwankte wieder. Als sie ihn ansah, drehte er das Gesicht zur Seite. „Ich kann verdammt noch mal nichts tun!"

Sie hörte seiner Stimme die Tränen an, obwohl er sich bemühte, sie hinter Zorn zu verstecken. Zögernd streckte sie eine Hand aus und berührte ihn an der Schulter. Sie erwartete, dass er zurückzucken würde, doch er blieb ruhig sitzen. Sie strich ihm über Schulter und Rücken, fürchtete, die Berührung könne zu intim werden, und zog die Hand fort. Aber Nick hielt sie fest und legte sie sich an den geschwollenen Kiefer.

„Ich bin froh, dass du da bist." Er sah ihr in die Augen. „Maggie ... ich glaube, ich ..."

Sie riss die Hand zurück, erschrocken durch das begonnene Geständnis. Er flirtete nicht. Sie sah, wie er überlegte und mit Gefühlen rang, von denen sie nichts hören wollte.

„Was immer geschieht, es ist nicht deine Schuld, Nick." Sie lenkte das Thema in eine andere Richtung. „Du tust alles, was möglich ist. An einem gewissen Punkt musst du dich selbst vom Haken lösen."

Er sah sie lange schweigend an „Und deine Albträume, Maggie? Hast du dich denn vom Haken gelöst? Worum geht es, Maggie? Um Stucky?"

74. KAPITEL

„Woher weißt du von Stucky?" Maggie richtete sich auf und versuchte die Angst abzublocken, die sie bei der bloßen Erwähnung des Namens befiel.

„In der Nacht in meinem Haus hast du mehrmals seinen Namen gerufen. Ich dachte, du würdest mir von ihm erzählen. Als du nichts gesagt hast, dachte ich, es ginge mich wohl nichts an. Vielleicht geht es mich ja wirklich nichts an."

„Über den Fall gibt es einen offiziellen Bericht."

„Einen Bericht?"

„Albert Stucky ist ein Serienkiller, den ich vor etwas über einem Monat fangen half. Wir gaben ihm den Spitznamen „der Sammler". Er entführte zwei, drei, manchmal vier Frauen gleichzeitig und hielt sie in irgendeinem verlassenen Gebäude gefangen. Wenn er ihrer überdrüssig wurde, brachte er sie um, zerstückelte sie, schlug ihnen die Schädel ein und biss Stücke aus ihnen heraus."

„Großer Gott, ich dachte, unser Täter sei schon wahnsinnig."

„Stucky ist vermutlich einzigartig. Dank meines Profils konnten wir ihn identifizieren. Zwei Jahre haben wir ihn verfolgt. Sobald wir ihm zu nahe kamen, verschwand er in einen anderen Teil des Landes. Irgendwann entdeckte Stucky, dass ich die Profilerin war. Da begann sein Spiel."

Im Mondlicht, das jetzt das Büro erfüllte, sah sie Nick kurz an. Unter seinem aufmerksamen Blick, der Sorge und Interesse verriet, fühlte sie sich leicht befangen. Er musste sich auf die Lippe gebissen haben, denn sie blutete wieder. Sie holte ein Papiertaschentuch heraus und reichte es ihm. „Du blutest."

Er ignorierte das Taschentuch und wischte sich mit dem Ärmel über den Mund. „Ist ja nichts Neues. Ich kämpfe wie ein Mädchen." Ernster fügte er hinzu: „Erzähl weiter, was war das für ein Spiel?"

„Stucky forschte mich aus und fand alles über meine Familie heraus, über den Tod meines Vaters, den Alkoholismus meiner Mutter, er schien alles zu wissen. Vor über einem Jahr begann ich dann Botschaften von ihm zu bekommen. Eigentlich ist das nicht ungewöhnlich, doch Stuckys Botschaften waren ungewöhnlich. Er legte immer ein Stück seiner Opfer bei, einen Finger, manchmal ein Stück Haut mit einem Muttermal oder einer Tätowierung, einmal eine Brustspitze."

Nick schüttelte fassungslos den Kopf.

„Er begann eine Art Schnitzeljagd mit mir. Er schickte mir Hinweise, wo er die Frauen gefangen hielt. Wenn ich richtig riet, belohnte er mich mit einem neuen Hinweis. Wenn ich falsch lag, strafte er mich mit einer Leiche. Ich habe mich oft geirrt. Bei jeder Leiche, die wir in einem Abfallcontainer fanden, fühlte ich mich schuldiger."

Sie schloss die Augen und sah die Gesichter der Toten mit den leeren Augen. Sie erinnerte sich an alle Namen, Daten und Charakteristika ... Sie öffnete die Augen, wich Nicks Blick aus und fuhr fort: „Er hörte eine Weile auf, aber nur um in einem anderen Landesteil weiterzumachen. Wir stellten ihn schließlich in Miami. Nach den Hinweisen war ich mir fast sicher, dass er ein leer stehendes Lagerhaus am Fluss benutzte. Um keinen Fehler zu machen und nicht noch eine Tote auf dem Gewissen zu haben, behielt ich meine Vermutung für mich und überprüfte es selbst. Bei einem Irrtum hätte es niemanden das Leben gekostet. Doch ich lag richtig, und Stucky erwartete mich. Er lockte mich in einen Hinterhalt, ehe ich begriff, was los war."

Ihre Atmung wurde hektisch, ihr Herz raste, und die Handflächen wurden ihr feucht. Es war längst vorüber, warum hatte sie immer noch solche Reaktionen?

„Er fesselte mich an einen Stahlträger, und dann musste ich zusehen, wie er zwei Frauen quälte und zerstückelte. Die Tötung der zweiten war eine Strafe für mich, weil ich die Augen geschlossen hatte, als er der ersten den Schädel einschlug. Er hatte mich gewarnt, dass er weiter töten würde, falls ich die Augen zumachte. Er war vollkommen gefühllos gegenüber ihren Schmerzen und Schreien."

O Gott, sie bekam kaum noch Luft. Wann würde die Erinnerung an das Flehen und die unerträglichen Schreie endlich verblassen? „Ich sah ihn zwei Frauen hinmetzeln und war absolut hilflos." Sie starrte hinaus zu Mond und Sternen. „Ich war so nah ..." Sie verstummte und rieb sich die Schultern, weil sie es wieder spürte. „Ich war so nah, dass ich Blut, Gewebe- und Knochenteile auf mich spritzen spürte."

„Aber du hast ihn gekriegt."

„Ja. Wir haben ihn gekriegt. Aber nicht dank meiner Überlegenheit, sondern weil ein alter Fischer die Schreie hörte und die 911 wählte. Stuckys Verhaftung geht nicht auf mein Konto."

„Maggie, du bist für den Tod dieser Frauen nicht verantwortlich."

„Ja, das weiß ich." Doch dieses Wissen tilgte ihre Schuldgefühle nicht. Sie wischte sich die Augen und die bereits nassen Wangen. Mit ihrem plötzlichen Aufstehen signalisierte sie die Beendigung des Themas. „Da fällt mir ein", fügte sie nüchtern hinzu, „ich habe wieder eine Botschaft bekommen." Sie holte den zerknüllten Briefumschlag hervor und gab ihn Nick.

Er zog die Karte heraus, las und lehnte sich wieder gegen die Wand. „Mein Gott, Maggie, was hat das zu bedeuten?"

„Ich weiß nicht. Vielleicht nichts. Vielleicht macht er sich einfach einen Spaß."

Nick stand auf, ohne sich an Wand oder Schreibtisch abzustützen. „Und was machen wir jetzt?"

„Wie wäre es mit einem Besuch auf dem Friedhof?"

75. KAPITEL

Timmy beobachtete das Züngeln der Laternenflamme. Erstaunlich, wie so ein kleines Feuer einen ganzen Raum erhellen konnte. Und es gab sogar noch Wärme ab. Nicht so viel wie der Kerosinofen, aber ein wenig. Er musste wieder an die Campingausflüge mit seinem Dad denken. Das war alles schon so lange her.

Sein Dad war kein erfahrener Camper gewesen. Sie hatten fast zwei Stunden gebraucht, um das Zelt aufzustellen. Geangelt hatten sie nur Winzlinge, die sie wieder ins Wasser warfen, bis sie schließlich doch ein paar behielten, weil sie zu hungrig wurden, um auf einen großen Fang zu warten. Zu allem Überfluss hatte Dad noch Moms Lieblingskanne geschmolzen, weil sie zu lange im Feuer stand. Aber er hatte ihm die Pannen verziehen, es war ein Abenteuer gewesen, das er mit seinem Dad geteilt hatte.

Er wusste, dass Mom und Dad wütend aufeinander waren. Allerdings verstand er nicht, warum sein Dad wütend auf ihn war. Mom hatte ihm gesagt, Dad liebe ihn, wolle jedoch nicht gefunden werden, um kein Geld bezahlen zu müssen. Das erklärte aber nicht, warum Dad ihn nicht sehen wollte.

Timmy starrte in die Flamme und versuchte sich zu erinnern, wie sein Dad aussah. Mom hatte alle Bilder weggenommen und angeblich verbrannt. Aber vor einigen Wochen hatte er gesehen, wie sie sich ein paar anschaute. Es war spätabends gewesen, als sie dachte, er würde schlafen. Sie hatte Wein getrunken, alte Fotos von ihnen dreien betrachtet und geweint. Wenn sie ihn so sehr vermisste, warum bat sie ihn dann nicht, wieder nach Hause zu kommen? Manchmal verstand er die Erwachsenen wirklich nicht.

Er hielt die Hände um das Glas der Laterne und spürte die Wärme. Die Kette um seinen Knöchel klirrte am Bettpfosten. Er sah darauf und dachte plötzlich an die Metallkanne, die sein Dad im Feuer ruiniert hatte. Die Kette war nicht dick. Wie heiß musste Metall werden, bis es weich wurde? Er musste ein Kettenglied nur ein winziges Stück auseinander biegen können.

Mit Herzklopfen griff er nach dem Laternenglas und riss die Hand zurück wegen der Hitze. Er zog den Kissenbezug ab, wickelte ihn um die Hände und entfernte vorsichtig den Glaszylinder von der Laterne. Dann zog er den Bezug wieder über das Kissen. Die offene Laterne vor sich auf dem Boden, nahm er die Kette in der Nähe seines Knöchels und ließ mehrere Glieder in die Flamme hängen. Nach einigen Minuten begann er zu ziehen. Nichts. Es brauchte seine Zeit, er musste Geduld haben und sich zwischenzeitlich ablenken. Er ließ die Kettenglieder im Feuer. Wie ging noch der Song, den seine Mom neulich morgens im Bad gesungen hatte? Oh ja, er war aus dem Film *Die kleine Meerjungfrau*.

„Unter dem Meer", begann er zu singen. Seine Stimme bebte

vor Hoffnung. Ja, es war Hoffnung, nicht etwa Angst. An Angst wollte er gar nicht denken. „Unter dem Meer ..." Er zog an der Kette. Nichts rührte sich. Er sang weiter und war erstaunt, an wie viele Strophen er sich erinnerte. Er probierte es im Jamaika-Akzent.

Ein neuer Versuch. Sie bewegte sich. Das Metall gab nach! Oder war das bloß Einbildung? Er strengte sich an und zog so fest er konnte. Ja, der Schlitz zwischen den Kettengliedern wurde langsam größer. Noch ein bisschen, und er konnte sie auseinander haken.

Die Schritte draußen nahmen ihm allen Mut. Nein, nur noch ein paar Sekunden! Er riss mit aller Kraft, während das Schloss knarrte und quietschend aufging.

76. KAPITEL

Christine versuchte sich zu erinnern, wann sie das letzte Mal gegessen hatte. Wie lange war Timmy schon fort? Zu lange. Sie erhob sich von der ausrangierten Couch im Hinterzimmer zwischen alten Akten, auf die Lucy sie gebracht hatte.

Die Couch sah sauber aus, roch jedoch nach kaltem Zigarettenrauch. Zumindest entdeckte Christine keine verräterischen Flecke. Der raue Bezug hatte ein Muster auf ihrer Wange hinterlassen.

Die Augen brannten ihr, und ihr Haar war völlig durcheinander. Sie konnte sich nicht erinnern, wann sie sich das letzte Mal gekämmt oder die Zähne geputzt hatte, obwohl das sicher vor dem Morgeninterview gewesen war. Doch das schien Tage her zu sein.

Die Tür ging quietschend auf, und das Geräusch erschreckte sie. Ihr Vater brachte ihr ein Glas Wasser. Wenn sie noch mehr trank, würde sie sich übergeben. Trotzdem nahm sie es ihm ab und nippte daran.

„Fühlst du dich besser?"

„Ja, danke. Ich glaube, ich habe heute noch nichts gegessen. Deshalb wurde mir wohl so schwindelig."

„Ja, das kann sein."

Ohne das Glas schien er nicht zu wissen, was er mit seinen Händen anstellen sollte, und schob sie in die Taschen. Eine Angewohnheit, die sie von Nick kannte.

„Ich sollte dir eine Suppe bestellen", sagte er. „Vielleicht auch ein Sandwich."

„Nein, danke, ich kann nichts essen."

„Ich habe deine Mutter angerufen. Sie versucht, heute Abend noch einen Flug zu bekommen. Hoffentlich ist sie am Morgen da."

„Danke. Es wäre schön, sie hier zu haben", log Christine. Ihre Mutter geriet schon bei der Andeutung einer Krise in Panik. Wie sollte sie mit alledem hier fertig werden? Sie fragte sich, was ihr Vater ihr erzählt und wie viel er verschwiegen hatte.

„Jetzt reg dich bitte nicht auf, Kleines, aber ich habe auch Bruce angerufen."

„Bruce?"

„Er hat ein Recht, es zu erfahren. Timmy ist sein Sohn."

„Ja, natürlich. Nick und ich haben versucht, ihn ausfindig zu machen. Du weißt, wo er ist?"

„Nein, aber ich habe eine Telefonnummer für Notfälle."

„Du hast die ganze Zeit gewusst, wie man ihn erreichen kann?" fauchte sie.

Ihr Vater wirkte verblüfft. Wie konnte sie es wagen, ihren Ärger an ihm auszulassen?

„Du weißt, dass ich seit Monaten versuche, ihn zu erreichen, damit er Unterhalt für den Jungen zahlt. Und du hattest die ganze Zeit diese Telefonnummer?"

„Für Notfälle, Christine."

327

„Dafür zu sorgen, dass sein Sohn genügend Essen auf dem Tisch hat, ist kein Notfall? Wie konntest du nur?"

„Du übertreibst. Deine Mom und ich hätten dich und Timmy nie Not leiden lassen. Außerdem sagte Bruce, er hätte dir reichlich Ersparnisse hinterlassen."

„Das hat er gesagt?" Sie lachte, und es war ihr gleichgültig, dass es hysterisch klang.

„Er hat uns genau 164,21 Dollar Sparguthaben hinterlassen und über fünftausend Dollar an Kreditkartenrechnungen!"

Sie wusste, ihr Vater verabscheute Konfrontationen. Ihr Leben lang war sie auf Zehenspitzen um den großen Antonio Morrelli herumgeschlichen, hatte seine Ansichten akzeptiert und seine Gefühle für wichtiger gehalten als die eigenen. Ihre Mutter nannte das Respekt. Sie erkannte nun, was es war – eine Riesentorheit.

Die Hände in den Hosentaschen, ging er hin und her, und das Wechselgeld klimperte laut. „Dieser Mistkerl! Das hat er mir nicht gesagt. Aber du hast ihn aus seinem eigenen Haus geworfen, Christine."

„Er hat seine Sekretärin gevögelt!"

Sein Gesicht lief vor Missfallen puterrot an. Eine Lady benutzte solche Ausdrücke nicht.

„Ein Mann kann auf Abwege geraten, Christine. Eine kleine Verfehlung. Ich sage nicht, dass es richtig war, aber es war kein Grund, ihn aus seinem Haus zu werfen."

Endlich war die Katze aus dem Sack. Sie hatte vermutet, dass ihre Eltern mit Bruce sympathisierten, aber bisher hatten sie es nicht zugegeben. Die Welt ihres Vaters war gespickt mit doppelter Moral. Das hatte sie immer gewusst, aber es schweigend hingenommen. Jetzt ging es allerdings um *ihr* Leben!

„Ich frage mich, ob du auch so nachsichtig wärst, wenn ich die Affäre gehabt hätte."

„Was? Sei nicht albern."

„Nein, das will ich jetzt wissen. Hättest du es als geringe Verfehlung bezeichnet, wenn ich den Paketboten gevögelt hätte?"

Er zuckte wieder zusammen, und sie fragte sich, ob lediglich ihre Ausdrucksweise oder die ganze Vorstellung ihn anwiderte. Schließlich vögelte Antonio Morrellis Tochter nicht.

„Schau, du bist aufgebracht, Christine. Ich sollte dich von einem der Jungs heimfahren lassen."

Sie konnte und wollte nicht antworten, so sehr kochte sie innerlich. Deshalb nickte sie nur, und er floh aus den Zimmer.

Nach wenigen Minuten ging die Tür wieder auf, und Eddie Gillick kam herein.

„Dein Dad hat mich gebeten, dich nach Hause zu fahren."

77. KAPITEL

Was war ich für ein Idiot, dachte Nick, rammte den Gang ein, trat aufs Gas und ließ Platte City hinter sich. Er streifte die ruhig neben ihm sitzende Maggie mit einem Seitenblick. Er hätte ihr keine Schwäche zeigen dürfen, schon gar nicht die Panik, die ihn ergriffen hatte. Obwohl sie ihr traumatisches Erlebnis mit Stucky gebeichtet hatte, blieb sie beherrscht, bewahrte Haltung und blickte ruhig in die dunkle Landschaft. Wie schaffte sie das? Wie verdrängte sie die Erinnerung an Stucky und das erlebte Entsetzen? Wie hielt sie sich davon ab, mit der Faust gegen die Wand zu schlagen oder Glastüren zu zerbrechen?

Er konnte nicht mehr klar denken und sich kaum auf die dunkle Straße konzentrieren. Das Ticken der Zeitbombe in seiner Brust dauerte an, und jede Sekunde konnte Timmys letzte sein.

In seiner Verzweiflung hätte er fast eine unsichtbare Grenze überschritten und Maggie seine Liebe gestanden. Was für ein kompletter Idiot er doch war! Vielleicht verlor er nicht nur seine Männlichkeit und seinen Charme, sondern auch noch den Verstand.

Doch wie er so im Dunkeln neben ihr saß, gab sie ihm neue Kraft. Er musste stark sein für Timmy, und er konnte es, solange er nicht allein war. Zum ersten Mal merkte er, dass er einen anderen Menschen brauchte.

Er konnte seine Verzweiflung und die Erinnerung an Danny Alverez verdrängen. Timmy musste gerettet werden. Es durfte nicht zu spät sein! Er trat aufs Gas, und der Jeep schlingerte über den Highway. Hier und da lagen noch Schneewehen, doch der Wind hatte sich gelegt.

„Vielleicht solltest du mich aufklären", bat er ruhig. „Warum fahren wir mitten in der Nacht zu einem Friedhof?"

„Ich weiß, deine Männer haben die alte Kirche überprüft. Aber was ist mit dem Tunnel?"

„Der Tunnel? Ich denke, der ist schon vor Jahren eingestürzt."

„Bist du sicher?"

„Nein. Eigentlich habe ich ihn nie gesehen. Als Kind hielt ich ihn für eine Erfindung, um uns abzuschrecken, damit wir nicht im Dunkeln bei der alten Kirche herumlungerten. Es gab Geschichten, dass sich die Toten aus den Gräbern erheben und durch den Tunnel kriechen. Sie finden angeblich den Weg zur Kirche, um ihre verdammten Seelen zu läutern."

„Klingt nach einem idealen Ort für einen Mörder, der an Läuterung glaubt."

„Du denkst, er hält Timmy dort gefangen? In einem Loch im Boden?" Er dachte an Maggies Geschichte von dem Vater, der seinen Sohn im Hinterhof eingegraben hatte. Wieder trat er aufs Gas, was ihm einen besorgten Blick von Maggie eintrug.

„Es ist nur eine Ahnung", sagte sie, doch ihr Ton verriet, es war mehr als das. „Ich glaube, wir haben nichts zu verlieren, wenn wir es überprüfen. Ray Howard sagte, er schlage dort Holz. Er weiß etwas. Vielleicht hat er etwas gesehen?"

„Ich kann nicht fassen, dass du ihn hast gehen lassen."

„Er ist nicht unser Täter, Nick. Aber ich denke, er kennt ihn."

„Du bist überzeugt, es ist Keller, nicht wahr?" Er warf ihr einen Seitenblick zu, doch sie hatte das Gesicht abgewandt und blickte wieder in die dunkle Landschaft.

„Keller hätte leicht mein Handy in Ray Howards Zimmer legen können. Er hatte Zugang zum Pickup. Und er hat diese sonderbaren Gemälde von gequälten Märtyrern an der Wand, denen ein Kreuz in die Brust geschnitten wurde."

„Der Typ hat einen schlechten Kunstgeschmack, das macht ihn noch nicht zum Mörder. Außerdem könnten die Bilder jemand anders zu den Taten inspiriert haben."

„Keller kannte alle drei Jungen."

„Alle fünf sogar", räumte Nick ein. „Lucy und Max haben alte Teilnehmerlisten und Anmeldungen ausgegraben. Eric Paltrow und Aaron Harper waren im Sommer vor ihrer Ermordung im Zeltlager der Kirche. Das bedeutet allerdings, dass Ray Howard auch alle fünf Jungen kannte."

„Es geht um mehr, Nick. Ich glaube, unser Täter will die Jungen vor etwas bewahren und macht sie zu Märtyrern. Die meisten Serienmörder töten aus Vergnügen, zur sexuellen Befriedigung oder aus einem egozentrischen Drang heraus. Etwas macht Klick in diesen Typen und schickt sie auf ihre Mission. Pater Keller passt in dieses Profil. Wer sonst würde seinen Opfern die Letzte Ölung geben, wenn nicht ein Priester? Und wer sonst hätte die ideale Gelegenheit gehabt, Pater Francis die Kellertreppe hinabzustoßen und ihn so aus dem Weg zu räumen?"

„Mein Gott, Maggie, du lässt die Sache nicht ruhen?"

„Das muss ich wohl. Da er keine Verwandten hat, kann die Erzdiözese über seinen Leichnam bestimmen, und die sehen keinen Anlass für eine Autopsie."

Sie schwiegen eine Weile. Falls Pater Francis die Kellertreppe hinuntergestoßen worden war, konnte Nick sich durchaus vorstellen, dass Ray Howard dazu fähig gewesen wäre. Er fragte sich, was Pater Francis Maggie Wichtiges hatte mitteilen wollen.

„Vielleicht verstehen wir das alles ganz falsch", spann er seinen Gedanken weiter. „Vielleicht ist Pater Keller in die Sache verwickelt, indem er jemanden schützt."

„Wie meinst du das?"

„Pater Francis konnte uns nichts über Jeffreys Beichte erzählen. Stell dir vor, unser Täter beichtete bei Pater Keller?"

Maggie saß still da und erwog die Möglichkeit. Vielleicht war das gar nicht so weit hergeholt.

Plötzlich sagte sie aus dem Dunkeln: „Wusstest du, dass Ray Howard und Eddie Gillick Freunde sind?"

78. KAPITEL

Christine ahnte, dass ihr Zorn sie vorübergehend unzurechnungsfähig gemacht hatte. Andernfalls wäre sie kaum in Eddies verrosteten alten Chevy gestiegen. Sogar seine Entschuldigung über den Zustand des Autos klang halbherzig. Immer wieder stieß sie mit dem Fuß gegen alte Hamburger-Verpackungen, eine Feder stach ihr in den Rücken, und neben ihr aus dem Sitz quoll Füllmaterial voller Krümel. Es roch nach Fritten, Zigaretten und diesem ekligen After Shave. Und irgendetwas roch wie die Rückseite ihres Kühlschranks.

Eddie glitt auf den Fahrersitz, warf seinen Hut nach hinten und betrachtete sich lange im Rückspiegel. Er drehte den Schlüssel im Zündschloss, und der lockere Auspuff ließ den Wagen vibrieren.

Christine bedauerte, sich nach dem Interview nicht umgezogen zu haben. Trotz des langen Mantels hatte sie das Gefühl, etwas krieche ihr die Beine hinauf. Sie öffnete den Mantel und vergewisserte sich, dass kein schwarzes Ungeziefer an ihr hochkrabbelte. Als sie mit einer Hand über ihr Bein strich, sah sie Eddie lächeln. Sofort schloss sie den Mantel, Ungeziefer war Eddies Blicken vorzuziehen.

Er trat das Gaspedal durch, dass sie gegen die Rückenlehne gepresst wurde. Sie langte nach dem Sicherheitsgurt und sah, dass er abgeschnitten war. Eddie preschte an der Abzweigung zu ihrer Straße vorbei, und sie langte in Panik nach dem Türgriff. Der brach ab, und Eddie sah sie stirnrunzelnd an.

„Entspann dich, Christine, dein Dad sagte, ich sollte dir etwas zu essen besorgen."

„Ich bin nicht hungrig", beteuerte sie und wollte sich ihre Angst nicht anmerken lassen. „Wirklich, ich bin nur müde." Das klang schon besser. Es sollte nicht so aussehen, als misstraue sie ihm.

„Ich kann dir ein Steak grillen, dass dir das Wasser im Munde zusammenläuft. Ich habe zufällig noch zwei im Kühlschrank."

Allmächtiger, bloß nicht in seine Wohnung!

„Vielleicht ein andermal, Eddie." Trotz ihres Ekels blieb sie betont freundlich. „Ich bin todmüde. Könnten Sie mich einfach heimfahren?"

Sie beobachtete ihn aus den Augenwinkeln. Sein Schnauzbart zuckte, als er schief lächelte. Wieder betrachtete er sich im Rückspiegel. „Du hast dich ganz schön an mich rangemacht neulich am Fluss."

Was offenbar ein großer Fehler war. Wie hatte sie nur so dumm sein können? Aber andere Reporter erschlichen sich doch auch das Vertrauen der Leute, oder?

„Das tut mir Leid, Eddie." Gib dich aufrichtig. Lass ihn deine Angst nicht sehen. „Das war mein erster großer Auftrag. Ich glaube, ich war einfach nervös."

„Ist schon okay, Christine. Ich weiß, es ist über ein Jahr her, seit dein Mann weg ist. Zum Teufel, bei mir musst du dich doch nicht verstellen. Ich weiß, dass Frauen genau so scharf werden wie Männer."

Ach du liebes bisschen, das nahm keine gute Wendung. Ihr wurde übel. Sie sah die vorbeiziehenden Häuser, noch ein paar Blocks, und die Straßenbeleuchtung hörte auf. Sie fuhren aus der Stadt! Ihr Herz hämmerte geradezu. Sie konnte nicht mehr die Gelassene mimen und schob sich mit aller Kraft gegen die Tür, doch die bewegte sich nicht. Ihre Schulter pochte schmerzhaft. Eddie sah sie vorwurfsvoll an und lächelte hinterhältig, was besagte, dass es keine Rolle spielte, ob sie einverstanden war oder nicht.

Seine Augen waren so schwarz wie sein glatt zurückgekämmtes Haar. Er hatte etwa ihre Größe, war jedoch muskulös. Schließlich hatte er Nick mit zwei lausigen Schlägen zu Boden geschickt. Nick war allerdings überrumpelt worden. Vermutlich war das Eddies Vorgehensweise: angreifen, wenn man es am wenigsten erwartete. Wie eine Spinne.

„Eddie, bitte!" Sie scheute sich nicht zu flehen. „Mein Sohn wird vermisst, ich bin in fürchterlicher Verfassung. Bitte, bringen Sie mich einfach nach Haus."

„Ich weiß, was du brauchst, Christine. Du musst dich eine Weile ablenken. Entspann dich einfach."

Sie sah sich im Auto um. Gab es da irgendetwas, das sie als Waffe nutzen konnte? Wie als Antwort auf ihre Gedanken sah sie im Schein der Armaturenbeleuchtung eine Bierflasche unter dem Sitz hervorrollen.

Eddie fuhr schrecklich schnell. Sie musste mit einem Befreiungsversuch warten, bis sie anhielten, oder sie würden mitten im Nirgendwo in einem schneegefüllten Graben landen. Sie fragte sich, ob sie ihre Angst und den Drang zu schreien, so lange beherrschen konnte.

„Es schadet nicht, wenn du nett zu mir bist, Christine", sagte er gedehnt. „Wenn du nett bist, erzähle ich dir vielleicht, wo Timmy ist."

79. KAPITEL

Timmy versteckte die Füße unter der Bettdecke und zog sich in eine Ecke zurück, während der Fremde vor dem Bett auf und ab ging. Etwas stimmte nicht, der Mann wirkte aufgebracht. Seit er ins Zimmer gekommen war, hatte er nichts gesagt. Er hatte die Skijacke aufs Bett geworfen und ging seitdem hin und her.

Timmy beobachtete ihn wortlos. Unter der Bettdecke zog und zerrte er an der Kette. Der Mann hatte beim Hereinkommen die Tür weit offen gelassen. Ein modriger Erdgeruch kam mit dem Luftzug herein. Jenseits der Tür war es dunkel.

„Was ist mit der Laterne passiert?" wollte der Mann plötzlich wissen. Der Glaszylinder lag noch auf der Kiste.

„Ich ... ich hatte Schwierigkeiten beim Anzünden, deshalb musste ich das Glas abnehmen. Tut mir Leid, ich habe vergessen, es wieder aufzusetzen."

Der Mann nahm das Glas und setzte es auf, ohne Timmy eines Blickes zu würdigen. Als er sich vorbeugte, sah Timmy schwarzes, welliges Haar unter der Maske hervorschauen. Richard Nixon, das war der tote Präsident, dem die Maske ähnelte. Timmy hatte drei

335

Versuche gebraucht, die toten Präsidenten aufzuzählen, ehe er sich erinnert hatte. Doch irgendetwas an Richard Nixons blauen Augen war ihm sehr vertraut. Etwas an der Art, wie sie ihn ansahen, besonders heute Abend. Als wollten sie sich entschuldigen.

Plötzlich schnappte sich der Fremde seine Jacke und zog sie über. „Zeit zu gehen."

„Wohin?" Timmy versuchte, seine Freude zu beherrschen. War es möglich, dass der Mann ihn nach Hause brachte? Vielleicht hatte er seinen Fehler erkannt. Timmy krabbelte aus dem Bett und behielt die Kette hinter seinem Fuß.

„Zieh dich aus, bis auf die Unterhose."

Timmy begrub seine Hoffnung. „Was?" fragte er den Tränen nahe. „Es ist schrecklich kalt draußen."

„Stell keine Fragen."

„Aber ich verstehe nicht ..."

„Mach es einfach, du kleiner Mistkerl!"

Der unerwartete zornige Ausbruch war wie ein Schlag ins Gesicht. Timmy spürte Tränen in den Augen brennen, und sein Blick verschwamm allmählich. Er sollte nicht weinen, er war kein Baby mehr. Aber er hatte Angst, und seine Finger zitterten, als er sich die Schuhe aufband. Als er einen Tennisschuh abschüttelte, sah er die gebrochene Sohle. Beim Rodeln war da Schnee eingesickert und hatte seinen Fuß kalt und nass gemacht. Er konnte sich nicht vorstellen, wie kalt es erst ohne Schuhe sein würde.

„Ich verstehe das nicht", murmelte er wieder. Der Kloß im Hals behinderte ihn beim Sprechen.

„Das musst du auch nicht. Beeil dich!" Der Fremde ging hin und her, und seine großen schnee- und schlammbedeckten Gummistiefel machten bei jedem Schritt ein klatschendes Geräusch.

„Ich habe nichts dagegen, hier zu bleiben", versuchte Timmy es erneut.

„Halt verdammt noch mal den Schnabel, und beeil dich, du kleiner Bastard!"

Tränen rannen Timmy über die Wangen, doch er wischte sie nicht ab. Seine Finger zitterten schrecklich, als er den Gürtel löste. Er dachte an die Kette am Fuß und knöpfte langsam sein Hemd auf. Der Mann würde seine Fesselung lösen müssen. Ob er dann das verbogene Kettenglied bemerkte? Würde er vielleicht noch wütender werden? Er spürte schon die Kälte am Körper. Der Magen tat ihm weh. Er wollte sich übergeben. Sogar seine Knie zitterten, und seine Augen schwammen in Tränen.

Plötzlich blieb der Fremde mitten im Raum stehen und neigte den Kopf leicht zur Seite. Zuerst glaubte Timmy, der Mann starre ihn an, doch er lauschte. Timmy bemühte sich, trotz seines wild pochenden Herzens etwas zu hören. Schniefend hielt er die Tränen zurück und wischte sich mit dem Ärmel das Gesicht. Dann hörte er es – das Geräusch eines Automotors in der Ferne, das näher kam und stehen blieb.

„Scheiße!" spie der Mann aus, schnappte sich die Laterne und eilte zur Tür.

„Nein bitte, nehmen Sie die nicht mit!"

„Halt verdammt noch mal den Schnabel, du Jammerlappen!" Er fuhr herum und schlug Timmy mit dem Handrücken ins Gesicht. Timmy krabbelte ins Bett und flüchtete in eine Ecke. Er umarmte das Kissen, wich jedoch zurück, als er den roten Fleck darauf sah.

„Du solltest lieber fertig sein, wenn ich zurückkomme!" zischte der Mann. „Und blute hier nicht alles voll."

Damit rannte er hinaus, schlug die Tür zu, dass sie ins Schloss fiel, und ließ Timmy in völliger Finsternis zurück. Er hatte es so eilig, wegzukommen, dass er nicht bemerkte, wie Timmys geborstene Kette von der Bettkante baumelte.

80. KAPITEL

Christine musste nicht fragen, was Eddie vorhatte. Sie erkannte die gewundene Schotterstraße, die sich am Fluss entlang zwischen hohen Ahorn- und Walnussbäumen hindurchschlängelte. Hierhin, abseits der Old Church Road, fuhren alle Jugendlichen zum Knutschen. Man blickte über den Fluss, es war einsam, ruhig und finster. Hierhin hatten Jason Ashford und Amy Stykes wahrscheinlich in jener Nacht gewollt, als sie über Danny Alverez' Leiche stolperten.

Konnte Eddie wirklich wissen, wo Timmy war? Christine erinnerte sich, dass der Kirchenküster zum Verhör vorgeladen worden war. Hatte Eddie etwas mitgehört? Aber hätte Nick es ihr nicht gesagt, wenn es neue Erkenntnisse gäbe? Nein, natürlich nicht. Er wollte sie aus dem Weg haben und ließ sie Fotos ihres Sohnes kopieren.

Eddie widerte sie an, aber wichtiger noch, er machte ihr Angst. Er war rücksichtslos und ein bisschen verrückt. Wahrscheinlich gehörte er zu jenen Cops, die einen aus purer Machtdemonstration anhielten, wenn man in einer Dreißig-Meilen-Zone einunddreißig fuhr. Aber wenn er wusste, wo Timmy war ... o Gott, was würde sie dafür geben, Timmy heil und gesund zurückzubekommen! Welchen Preis würde eine Mutter für ihr Kind zahlen? Sie hatte ihre Prinzipien für einen lausigen Lohnscheck über Bord werfen wollen. Was würde sie erst tun, um ihren Sohn zu retten?

Trotzdem, als der Wagen vom Weg auf die Lichtung über dem Fluss abbog, war sie so in Panik, dass ihr kalte Schauer über den Rücken liefen. Ihr leerer Magen rebellierte, und ihr wurde wieder schwindelig. Jetzt bloß nicht ohnmächtig werden! Wenn Eddie sich von einer widerspenstigen Frau nicht aufhalten ließ, dann von einer bewusstlosen erst recht nicht.

Eddie schaltete Motor und Scheinwerfer aus. Die Dunkelheit verschluckte sie geradezu. Der Blick glitt über dunkle unebene Baumwipfel zum glitzernden Fluss. Nur die Mondsichel spendete ein wenig tröstendes Licht.

„Nun, da wären wir", sagte er und drehte sich ihr erwartungsvoll zu, blieb jedoch hinter dem Lenkrad sitzen.

Mit dem Fuß hielt sie die Bierflasche fest, damit sie nicht unter den Sitz zurückrollte. Ohne die Armaturenbeleuchtung war es zu dunkel, um sein Gesicht zu erkennen. Sie hörte Zellophan knistern, dann ein kurzes Schlagen. Ein Streichholz zischte, und beißender Schwefelgeruch reizte ihre Nase.

„Stört es dich, wenn ich rauche?"

Sie sah sein schiefes Lächeln im Licht der Zigarette. Er bot ihr auch eine an, riss ein zweites Streichholz an und wartete. Während er ihre Zigarette anzündete, brannte das Streichholz herunter, und er verbrannte sich die Fingerkuppen.

„Verdammt!" schimpfte er und schüttelte die Hand. „Ich hasse Streichhölzer, aber ich habe mein Feuerzeug irgendwo verloren."

„Ich wusste nicht, dass du rauchst." Sie inhalierte und hoffte, das Nikotin beruhige ihre Nerven.

„Ich versuche es mir abzugewöhnen."

„Ich auch." Sie lächelte ihn an, um die Gemeinsamkeit zu betonen. Sie schaffte das, oder? Inzwischen hatten sich ihre Augen an die Dunkelheit gewöhnt, und sie konnte ihn sehen. Vielleicht war das kein Vorteil. Ruhig und gelassen hatte er einen Arm über den geborstenen Sitz ausgestreckt. Sie musste ebenfalls ruhig und gelassen wirken. Vielleicht konnte sie die Situation so weit entschärfen, dass er nicht gewalttätig wurde. „Weißt du wirklich, wo Timmy ist?"

„Vielleicht", erwiderte er, eine Rauchwolke ausstoßend. „Was bist du bereit, dafür zu tun?" Er streckte den Arm über den Sitz hinaus, bis seine plumpen Finger ihr Haar berührten, zur Wange glitten und weiter in ihren Nacken.

„Woher soll ich wissen, dass es nicht einfach ein Trick ist?"

„Das weißt du nicht."

Seine Hand fuhr unter ihren Mantelkragen. Er knöpfte den Mantel auf und schlug ihn auseinander, bis er ihre Bluse und ihren Rock sah. Sie erschauderte bei seiner Berührung, und es fiel ihr schwer, nicht angewidert das Gesicht zu verziehen. Sogar das Nikotin half nicht.

„Das ist nicht wirklich fair, Eddie. Es muss mir doch auch was bringen."

Er gab sich gekränkt. „Ich dachte, ein unglaublicher Orgasmus ist Belohnung genug."

Er berührte ihre Brüste. Mühsam beherrschte sie den Drang, sich heftig zurückzuziehen, damit er sie nicht erreichen konnte. Doch sie blieb still sitzen. Denk nicht, beschwor sie sich, schalte innerlich ab! Sie hätte jedoch schreien mögen, als er ihre Brüste streichelte, die Spitzen knetete und lächelnd sah, wie sie hart wurden.

Er drückte die Zigarette aus und rückte näher, um mit der anderen Hand ihren Schenkel hinaufzufahren. Sie sah die dicken Finger unter ihrem Rock verschwinden und presste die Beine zusammen. Er lachte, und sein saurer Atem schlug ihr ins Gesicht.

„Komm schon, Christine, entspann dich."

„Ich bin nur nervös." Ihre Stimme bebte, was ihn zu freuen schien. „Hast du was dabei, um dich zu schützen?"

„Benutzt du denn nicht irgendwas?" Er quetschte die Hand zwischen ihre Schenkel.

„Ich war nicht ..." Sein grobes Gefummel behinderte sie beim Denken. Am liebsten hätte sie sich übergeben. „Seit Bruce war ich mit niemandem mehr zusammen."

„Wirklich?" Seine Finger stocherten und zerrten an ihrer Unterwäsche herum, um sich Zugang zu verschaffen. „Nun ja, ich benutze keine Kondome."

Sie fürchtete, vor Ekel zu ersticken. „Dann können wir es nicht tun."

Er missdeutete ihre Kurzatmigkeit als Erregung. „Ist schon okay." Mit den Fingern der anderen Hand fuhr er ihr über die Lippen und steckte ihr den Daumen in den Mund. „Dann machen wir es anders."

Ihr drehte sich der Magen um, sie fürchtete, sich zu übergeben. Doch sie konnte es sich nicht leisten, ihn zornig zu machen. Er langte hinab, öffnete die Hose und zog sein steifes Glied heraus. Er nahm ihre Hand, sie riss sie zurück. Lächelnd nahm er sie wieder, legte sie um seine Erektion und drückte, bis sie das Pulsieren unter ihren Fingern spürte. Aufstöhnend lehnte er sich zurück.

Sie konnte das nicht! Ausgeschlossen, dass sie mit dem Mund weitermachte!

„Weißt du wirklich, wo Timmy ist?" fragte sie noch einmal, um sich an ihre Mission zu erinnern.

Er schloss die Augen, sein Atem ging heftig. „O Baby, massier mich, blas mir einen, und ich sage dir alles, was du hören willst."

Wenigstens hatte er sie losgelassen. Sie erinnerte sich an die Zigarette in ihrer anderen Hand, an deren Ende sich ein langes Stück Asche gebildet hatte. Sie machte noch einen Zug, dass die Glut rot aufflammte, massierte ihn und bohrte die Nägel in sein hartes Fleisch.

„Verdammt!"

Er riss die Augen auf und schnappte nach ihrer Hand, doch sie drückte ihm die brennende Zigarette ins Gesicht. Aufheulend warf er sich gegen die Tür und wischte über seine versengte Wange. Sie langte um ihn herum nach dem Türgriff. Sofort packte er ihre

Handgelenke, ließ jedoch augenblicklich los, als sie ihm das Knie in den Unterleib rammte. Keuchend rang er nach Luft. Sie hob die Bierflasche auf. Als Eddie sie packen wollte, schmetterte sie ihm die Flasche auf den Kopf. Wieder ein Heulen, ein hohes unmenschliches Kreischen. Sie wich auf ihren Teil des Sitzes zurück, stemmte sich mit dem Rücken gegen die unnachgiebige Tür und trat Eddie kraftvoll mit ihren hochhackigen Pumps gegen die Brust. Er flog zur Fahrertür hinaus.

Lang ausgestreckt in Schnee und Schlamm, rappelte er sich jedoch schnell wieder hoch. Christine riss die Fahrertür zu und betätigte die Rundumverriegelung. Eddie trommelte gegen die Scheibe, während sie mit dem Zündschlüssel hantierte und startete. Der Chevy erwachte stotternd zum Leben.

Eddie kletterte auf die Kühlerhaube, schrie sie an und trommelte gegen die Windschutzscheibe. Ein schmaler Riss entstand und bildete sich zu einem Spinnennetz aus. Sie legte den Rückwärtsgang ein und trat aufs Gas. Der Wagen schleuderte zurück, fast in einen Graben. Eddie flog von der Kühlerhaube und rappelte sich auf, als sie den Vorwärtsgang einlegte und das Gaspedal durchtrat. Heftig schlingernd, Kies und Schmutz aufspritzend schoss sie davon.

Der Wagen preschte die gewundene Straße hinunter ins Schwarze. Die Scheinwerfer! Sie drückte wahllos Knöpfe und schaltete Scheibenwischer und Radio ein. Ein kurzer Blick hinunter, sie fand den richtigen Knopf und erhellte den Weg gerade rechtzeitig vor einer scharfen Kurve. Sofort packte sie mit beiden Händen das Steuer und trat auf die Bremse. Es reichte nicht. Der Wagen kreischte, als er über den schneegefüllten Graben, durch einen Stacheldrahtzaun und gegen einen Baum flog.

81. KAPITEL

Nick beobachtete die dunkle Kirche im Rückspiegel, während der Jeep durch die tiefen Furchen holperte, die die verlassene Straße kennzeichneten.

„Bist du sicher, dass du kein Licht gesehen hast?"

Maggie blickte über die Sitzlehne zurück. „Vielleicht eine Reflexion. Der Mond scheint heute Nacht."

Die Fachwerk-Kirche verschwand finster und grau im Rückspiegel, als Nick scharf zum Friedhof einbog. Er blickte noch einmal nach links zur Kirche inmitten des schneebedeckten Feldes, aus dem hier und da braunes Gras stach. Ihr Putz war schon vor Jahren abgeblättert, so dass das rohe verrottende Holz zum Vorschein kam. Die Buntglasfenster waren entfernt oder zerstört worden und die Höhlungen mit Brettern vernagelt. Sogar die große Eingangstür verfiel hinter dicken Brettern, die wie zufällig kreuz und quer davor genagelt waren.

„Es sah aus wie ein Licht", sagte Nick. „In einem der Kellerfenster."

„Warum überprüfst du es nicht? Ich kann hier eine Weile allein herumwandern."

„Ich habe nur eine Taschenlampe." Er beugte sich hinüber, vermied es Maggie zu berühren, und ließ das Handschuhfach aufschnappen.

„Kein Problem, ich habe das hier." Sie leuchtete ihm mit einer winzigen Stablampe in die Augen.

„Na klar, damit kannst du bestimmt viel sehen."

Sie lächelte, und er merkte plötzlich, wie nah seine Hand an ihrem Schenkel war. Er nahm die Taschenlampe und zog sich eilig zurück.

„Ich kann die Scheinwerfer eingeschaltet lassen." So schräg, wie sie standen, würde ihr Licht allerdings nur in die Baumwipfel hinter den Grabsteinen leuchten.

„Nein, ist schon okay, ich komme klar."

„Ich verstehe nicht, warum man Friedhöfe immer auf einer Anhöhe anlegt", sagte er und schaltete das Licht aus. Sie blieben noch sitzen, als hätten sie es verabredet. Maggie war in Gedanken offenbar weit weg. Bei Albert Stucky? Erinnerte dieser dunkle Ort sie an ihn? „Alles in Ordnung mit dir?"

„Ja, natürlich", beteuerte sie zu eilig und blickte weiterhin geradeaus. „Ich warte nur, dass sich meine Augen an die Dunkelheit gewöhnen."

Ein Zaun umgab den Friedhof, verbogener Draht an schiefen Metallpfosten. Das Tor hing nur noch an einer Angel und schwang trotz Windstille vor und zurück. Nick schauderte. Er verabscheute diesen Ort, seit er als Kind von Jimmy Montgomery herausgefordert worden war, die Anhöhe hinaufzulaufen und den schwarzen Engel zu berühren.

Sogar in tiefer Nacht war es unmöglich, die dunkle Steinstatue zu übersehen. Wenn man von hier hinaufsah, erhob sie sich über alle anderen Grabsteine. Die abgestoßenen Flügel ließen sie noch bedrohlicher wirken. Nick dachte an Halloween vor fünfundzwanzig Jahren, und plötzlich fiel ihm ein, dass morgen Halloween war. Obwohl es lächerlich war, hätte er schwören mögen, dass wieder das geisterhafte Klagen, dieses schmerzliche, hohle Stöhnen aus dem Grab vor dem Engel drang.

„Hast du das gehört?" Sein Blick schweifte über die Grabreihen. Er schaltete die Taschenlampe ein, merkte, wie absurd das war, und schaltete sie wieder aus. „Tut mir Leid", raunte er und wich Maggies Blick aus, als er spürte, dass sie ihn aufmerksam betrachtete. Noch so etwas Unbedachtes, und sie hielt ihn endgültig für durchgeknallt. Zum Glück sagte sie nichts.

Wie auf Kommando langten beide nach ihren Türgriffen, Maggies klickte nur.

„Verdammt, ich muss ihn reparieren lassen! Warte."

Er sprang aus dem Wagen, kam auf ihre Seite und öffnete ihr die Tür. Sie stieg aus. Schweigend stand er einen Moment neben ihr, gebannt vom Mondschein auf dem Gesicht des Engels, als strahle er von innen heraus.

„Nick, alles in Ordnung?"

„Ja, alles okay." Es wunderte ihn, dass sie den erleuchteten Engel nicht sah. „Ich gehe rasch hinüber zur Kirche."

„Du machst mir langsam Angst."

„Tut mir Leid, der Engel beeindruckt mich." Er machte eine Geste in die Richtung und ließ den Schein der Taschenlampe über das Gesicht gleiten.

„Er erwacht doch nicht um Mitternacht zum Leben, oder?" scherzte sie, aber ihr Gesicht blieb ernst, was ihren Sarkasmus unterstrich.

Nick begann den Weg zur Kirche zu gehen. Ohne zurückzublicken, sagte er: „Denk dran, morgen ist Halloween."

„Ich dachte, die Party wäre abgesagt", rief sie ihm nach.

Er schmunzelte vor sich hin und ging weiter, dem Lichtstrahl der Taschenlampe folgend. Ohne den Wind war es unerträglich still. Dann rief irgendwo in der Ferne eine Eule und erhielt keine Antwort.

Er versuchte, die bedrückende Finsternis ringsum zu ignorieren, doch mit jedem Schritt schien sie ihn mehr zu verschlucken. Wie absurd, sich von den alten Kindheitsängsten beeindrucken zu lassen. Schließlich hatte er damals in der Dunkelheit den Friedhof überquert und den Engel berührt, während seine Freunde zusahen, ohne ihm zu folgen. Schon damals war er sorglos und dumm gewesen, und die Konsequenzen seines Handelns hatten ihn weit weniger interessiert als sein Ansehen bei den anderen. Immerhin hatte die Erde sich ja nicht aufgetan und ihn verschlungen. Aber da war ein geisterhaftes Stöhnen gewesen, und nicht nur er hatte es gehört.

An der Kirchenseite, die dem alten Weideweg zugewandt war, fand er keine Spuren, was bedeutete, dass Adam und Lloyd nicht mal aus ihrem Auto gestiegen waren. Sie waren einfach vorbeigefahren, so dass sie ehrlicherweise behaupten konnten, sie hätten die Kirche überprüft. Vielleicht hatten sie nicht mal angehalten. Adam gab er keine Schuld. Er war jung, wollte beeindrucken und dazugehören. Aber Lloyd, verdammt, Lloyd war nur faul.

Nick trat gegen den Schnee und stapfte weiter durch die unberührten Verwehungen. Vor einem Kellerfenster ging er in die Hocke und versuchte durch die verrottenden Bretter zu leuchten. Drinnen erkannte er gestapelte Kisten. Er bemerkte eine Bewegung in der Ecke und beleuchtete eine riesige Ratte, die in einem Loch in der Wand verschwand. Ratten! Großer Gott, er hasste die Viecher.

Er ging zum nächsten Fenster und hörte das Splittern von Holz. Es hallte laut durch die stille Nacht. Sofort ließ er den Lichtstrahl zu den nächsten vernagelten Fenstern schießen und erwartete, etwas oder jemanden durch das verrottende Holz brechen zu sehen.

Wieder ein Knacken und Splittern, dann das Klirren von Glas. Das musste um die Ecke sein! Er versuchte zu laufen, doch der hohe Schnee bremste ihn. Er schaltete die Taschenlampe aus und griff nach seiner Waffe. Er zog einmal, zweimal, dreimal, ehe sich die Halterung öffnete. Die Geräusche dauerten an. Sein Herz trommelte geradezu gegen die Rippen. Er konnte nichts sehen. Langsam näherte er sich der Kirchenecke. Sollte er rufen? Er hielt den Atem an, sprang um die Ecke und zielte mit der Waffe ins

Dunkel. Nichts. Er schaltete die Taschenlampe ein. Holzsplitter und Glasscherben lagen auf dem Schnee. Die Fensteröffnung war nur knapp einen halben Meter hoch und breit.

Dann hörte er Schnee knirschen. Im Lichtschein sah er noch etwas zwischen den Bäumen verschwinden – eine kleine dunkle Gestalt und ein Aufblitzen von Orange.

82. KAPITEL

Maggie blickte konzentriert zu Boden und suchte nach Spuren und frisch gegrabenen Löchern. Timmy war nach dem Schneefall verschwunden. Falls er hier war, musste die Schneedecke beschädigt sein. Und falls es einen Tunnel gab, wo war dann der Eingang?

Sie blickte zu dem schwarzen Engel empor, der sich über einer Art Sarkophag erhob. Wind und Wetter hatten an seiner Fassade geknabbert und weiße Wunden hinterlassen. Er reckte sich fast zwei Meter über alles andere hinaus. Mit gespreizten Flügeln bewachte er das Grab unter sich, eine unheimliche Gestalt, deren bloße Anwesenheit Wirkung zeigte.

Mit dem Stablicht beleuchtete sie die Gravur: „Im Gedenken an unseren geliebten Sohn Nathan, 1906–1916". Ein Kind. Natürlich, das erklärte den Schutzengel. Sie griff tief in ihre Jeanstasche, bis sie die Kette mit dem Anhänger spürte. Ihr eigener Schutzengel, den sie jedoch versteckte. Zeigte er auch bei Skeptikern Wirkung? Aber wie skeptisch war sie eigentlich, wenn sie ihn immer noch bei sich trug?

Von den Bäumen hinter dem Friedhof wehte eine Brise herüber. Die großen Ahornbäume standen vor dem dichten Gehölz, das bis hinab zum Fluss reichte. Sie versuchte sich vorzustellen, wie ängstliche entsprungene Sklaven ohne die Hilfe von Laternen versuchten, den steilen Abhang hinunterzukommen. Sogar bei

347

Mondlicht und funkelnden Sternen war die Dunkelheit dort undurchdringlich.

Ein Flattern hinter ihr, und Maggie fuhr herum. Da bewegte sich etwas. Das Licht ihrer Stableuchte traf auf einen schwarzen, am Boden ausgestreckten Schatten. War das ein Körper? Sie ging langsam näher, eine Hand in der Jackentasche am Revolver. Schließlich erkannte sie eine schwarze Plane, mit der man frische Gräber abdeckte. Sie seufzte erleichtert, erinnerte sich jedoch im selben Moment, dass der Friedhof seit Jahren nicht mehr benutzt wurde, wie Adam ihr gesagt hatte. Sie spürte Adrenalin ins Blut schießen.

Die Plane lag am Fuß der Anhöhe, nah an der Baumlinie. Auf dieser Seite gab es nur wenige Grabsteine. Von hier waren weder Jeep noch Straße, lediglich ein Stück des Kirchendaches in der Ferne zu erkennen.

Die Plane sah neu aus. Keine Risse oder Verschleißspuren. Die Ecken waren mit Felsbrocken und Schnee bedeckt, bis auf eine, die frei flatterte. Hier war der Felsbrocken beiseite gelegt. Gelegt, nicht etwa geweht, bei der schwachen Luftbewegung heute Nacht.

Sie spürte ihre Hände trotz der Kälte schwitzen. Der eigene schnelle Pulsschlag dröhnte ihr in den Ohren. Sie sollte zum Jeep zurücklaufen und auf Nick warten. Stattdessen fasste sie die lose Ecke und schlug sie beiseite. Sie brauchte kein zusätzliches Licht, um zu sehen. Vor ihr war eine lange schmale Tür. Dickes Holz verrottete rings um die Angel.

Zögernd sah sie die Anhöhe hinauf. Sie sollte wirklich warten. Denk an Stucky, sagte sie sich. Dann erinnerte sie sich an die Botschaft: ICH WEISS VON STUCKY. War das hier eine weitere Falle? Nein, der Täter konnte unmöglich wissen, dass sie herkam.

Unschlüssig ging sie auf und ab und warf immer wieder einen Blick auf die Tür und die Anhöhe hinauf. Vor Herzklopfen konnte sie kaum denken. Sie musste sich beruhigen. Sie schaffte das auch allein.

Entschlossen packte sie eine Ecke der Tür, die keinen Griff hatte, und ruckte und zerrte, bis sie nachgab. Aber sie war schwer. Maggie strengte die Muskeln an, und Splitter bedrohten ihre Finger. Sie ließ die Tür los, suchte sich einen besseren Halt und versuchte es wieder. Diesmal schwang sie auf. Ein widerlicher Gestank nach Verfall, feuchter Erde und Schimmel schlug ihr entgegen.

Sie spähte in das schwarze Loch, konnte mit ihrer Stablampe jedoch nicht weiter als bis zur dritten Stufe sehen. Es wäre verrückt, bei so schwacher Beleuchtung dort hinabzusteigen. Mit Herzklopfen zog sie ihren Revolver und ärgerte sich über das Zittern ihrer Hand. Sie sah noch einmal die Anhöhe hinauf – Stille, kein Zeichen von Nick – und stieg langsam in das schmale dunkle Loch.

83. KAPITEL

Timmy schlitterte durch die dornigen Büsche. Er hatte den fremden Mann nah hinter sich gehört und das Licht auf seinem Rücken gespürt, aber nicht gewagt, stehen zu bleiben und zurückzusehen. Er hielt seinen Schlitten fest, so schwierig es auch war, und atmete keuchend. Äste rissen an ihm, Zweige schlugen ihm ins Gesicht. Er stolperte, taumelte herum und fing sich wieder. Er versuchte leise zu sein, doch das unvermeidliche Krachen und Knacken klang in der Stille wie Explosionen. In der Dunkelheit konnte er seine Füße nicht sehen. Sogar der Himmel war verschwunden.

Er blieb stehen, um zu Atem zu kommen, lehnte sich gegen einen Baum und merkte, dass er in der Eile seinen Mantel nicht mitgenommen hatte. Er konnte kaum atmen, so sehr klapperten ihm die Zähne. Sein Herz hämmerte. Er wischte sich das Gesicht und bemerkte Blut und Tränen.

Heul nicht! schalt er sich. Han Solo hat auch nicht geheult.

Dann hörte er es. In der Stille knackten und brachen Äste, und Schnee knirschte. Die Geräusche kamen von hinten und näherten sich. Konnte er sich verstecken und hoffen, dass der Fremde vorbeiging? Nein, er würde bestimmt sein lautes Herzklopfen hören.

Er rannte kopflos weiter, fiel über Baumstümpfe und preschte durch das Unterholz. Ein Ast wischte ihm über die Wange und riss ihn am Ohr. Der Schmerz trieb ihm frische Tränen in die Augen. Plötzlich gab der Boden unter ihm nach. Ein steiler Abhang zwang ihn, sich an Ästen und Felsen festzuhalten, um nicht abzustürzen. Unter sich sah er Wasser glitzern. Er würde es nicht schaffen. Der Wald war zu dicht und der Abhang zu steil. Das Knacken der Äste war noch näher gekommen.

Da bemerkte er die Lichtung zu seiner Rechten. Er kletterte über Felsen, die ihm den Weg versperrten, hielt sich mit einer Hand an Baumwurzeln fest und presste mit einem Arm den Schlitten an sich.

Es war keine große Lichtung, eher ein alter Pferdeweg, der in den Wald geschlagen, aber jetzt mit dürren Ästen überwuchert war, fremdartige Arme mit langen dünnen Fingern, die ihm zu winken schienen. So weit er sehen konnte, führte der Weg in scharfen Windungen bis zum Fluss hinunter, schmal und gefährlich, mit Schneewehen versperrt. Der Schnee machte alles rutschig. Ihm kam eine Idee. Das war ideal, aber auch halsbrecherisch und verrückt. Seine Mom würde einen Anfall kriegen, wenn sie es erfuhr.

Ein Knacken nah hinter ihm ließ ihn zusammenfahren. Er duckte sich in Schnee und Gras. Trotz Dunkelheit sah er den Schatten hinabkriechen, sich am Hang festhalten, den Rücken zu ihm. Ein Rieseninsekt mit ausgestreckten Tentakeln, die Wurzeln und Felsvorsprünge ergriffen.

Timmy legte seinen orangefarbenen Schlitten in den Schnee.

Vorsichtig kroch er hinein. Es war steil, sehr steil sogar. Er gestattete sich einen hektischen Blick über die Schulter. Bald hatte der Fremde ihn erreicht. Timmy richtete den Schlitten auf den Weg aus und streckte den Körper, bis er fast lag. Ihm blieb keine Wahl. Das war sein Ausweg. Er gab sich einen Schubs, und der Schlitten schoss hinab.

84. KAPITEL

Nick stand am Rande des Gehölzes, jede Nervenfaser angespannt. Der Schein der Taschenlampe war nicht stark genug, um viel zu sehen. Äste schwangen im wieder auffrischenden Wind. Nachtaktive Vögel riefen sich etwas zu. Die schwarze Gestalt war jedoch verschwunden, oder sie versteckte sich.

Ihm fiel ein, dass sich nicht weit von hier ein alter Weg durchs Gehölz bis hinunter zum Fluss schlängelte. Mit dem Jeep hatte er eine gute Chance hinunterzukommen. Er lief zur Kirche zurück. Als er die Waffe ins Schulterholster steckte, bemerkte er eine Ausbuchtung in der Jackentasche. Christines Handy. Großartig. Wenn er damit Verstärkung anforderte anstatt über den Polizeifunk im Jeep, konnte er vielleicht einen Medienauflauf verhindern.

Lucy antwortete beim zweiten Klingeln.

„Lucy, hier ist Nick."

„Nick, wo in aller Welt bist du? Ich habe mir Sorgen gemacht."

„Ich habe keine Zeit für Erklärungen. Ich brauche ein paar Männer und Suchscheinwerfer. Ich glaube, ich habe den Täter gerade ins Gehölz hinter der alten Kirche gescheucht. Er will wahrscheinlich wieder zum Fluss."

„Wo sollen die Jungs dich treffen?"

„Unten am Fluss. Es gibt da einen alten Schotterweg durchs Gehölz, gleich neben der Old Church Road, hinter dem State

Park. Nicht weit von der Stelle, wo wir Matthew gefunden haben. Du weißt wo?"

„Ist das nicht der alte Knutschtreff?"

„Knutschtreff?"

„Na ja, die Teenies nennen das so. Da ist eine Lichtung über dem Fluss. Die Kids fahren dahin zum Knutschen."

„Ja, das ist es wohl. Lucy, sag Hal Bescheid. Er soll entscheiden, wen er mitbringt, okay?"

„Okay."

Er klappte das Handy zu. Was, wenn er nur einen Obdachlosen verscheucht hatte, der sich in der Kirche vor der Kälte schützen wollte? Dann stünde er wieder wie ein Idiot da. Aber zur Hölle damit, Hauptsache, sie fanden Timmy.

Er blieb am Kellerfenster stehen, stieß mit dem Fuß Holz und Glas beiseite und ging in die Hocke, um hineinzuleuchten. Ein Bett, Poster an den Wänden, und da stand eine Kiste mit Essen. Zweifellos hatte sich hier jemand eingerichtet. Ein Stück Kette blitzte im Lichtstrahl auf. Oder hier wurde jemand gefangen gehalten. Er sah die Comics, die verstreuten Baseballkarten und den kleinen Kindermantel. Timmys Mantel. Vielleicht ist es ja nicht seiner, sagte er sich, um nicht zu viel Hoffnung aufkommen zu lassen. Doch er war fast überzeugt, hier hatte man Timmy festgehalten. Maggie hatte Recht gehabt.

Dann sah er das blutige Kissen.

85. KAPITEL

Maggie hörte über sich kleine Tiere die Decke entlanghuschen. Erdkrumen fielen ihr ins Haar, aber sie wagte nicht aufzublicken. Sie schlug die Spinnweben beiseite. Etwas lief ihr über den Fuß. Sie brauchte kein Licht, um zu wissen, dass es eine Ratte war. Sie hörte sie in den Ecken und hinter den Erdwänden in ihre Tunnel verschwinden.

Mit den Schwenks ihrer Stablampe konnte sie immer nur einen kleinen Bereich ausleuchten. Sie hatte elf Stufen gezählt, die sie tief in die Erde hinabführten, wo die feuchte Luft immer dicker wurde. Sie war in einer Art Sturmkeller gelandet. Ein seltsamer Vergleich, wenn man bedachte, dass die Verstorbenen auf dem Friedhof keinen Wetterschutz mehr brauchten. Abgesehen von einem Holzregal und einer großen Kiste in der Ecke war der Raum leer. Auch die Regale waren leer, aber voller Staub und Rattenkot. Leider entdeckte sie weder einen Hinweis auf Timmy noch auf einen Tunnel. Wie hatte sie sich so irren können? Hatte Stucky sie etwa ihrer Instinkte beraubt?

Immerhin hatte jemand den Schnee von der Tür weggefegt und sie mit einer Plane zu verdecken versucht. Hier musste etwas Wichtiges sein. Sie ließ den Lichtkegel noch einmal durch den Raum gleiten und auf der Kiste verweilen.

Die alte Holzkiste war in auffallend gutem Zustand, kein Anzeichen von Verrottung oder beginnendem Verfall. Demnach stand sie noch nicht lange in diesem dunklen, feuchten Loch. Auf dem Deckel, der mit glänzenden neuen Nägeln befestigt war, lag nur wenig Erde.

Maggie steckte ihren Revolver ins Schulterholster und zog an dem Deckel, doch sie war nicht stark genug, um die Nägel zu lösen. In der Ecke fand sie ein Stück Metallrohr und benutzte es als Hebel. Die Nägel quietschten, hielten. Sofort entströmte der Kiste ein widerwärtiger Geruch, der rasch den kleinen Raum füllte. Maggie hielt inne und wich ein wenig zurück, um die Kiste in Augenschein zu nehmen. War sie groß genug für eine Leiche? Eine Kinderleiche? Sie hatte schon Körperteile in kleineren Behältnissen gefunden, wie die von Emma Jean Thomas, die Stucky in klei-

353

ne Essensbehälter verpackt und in Abfallcontainern hinterlassen hatte. Wer hätte gedacht, dass eine menschliche Lunge in einen Styroporbehälter von der Größe eines Sandwiches passte?

Sie versuchte die Kiste anzuheben, um sie hinaufzuschleppen an die frische Luft. Ausgeschlossen. Sie hebelte wieder am Deckel, und der Gestank ließ sie würgen. Sie spie die Stablampe aus, die sie zwischen den Zähnen gehalten hatte, und versuchte es mit angehaltenem Atem erneut.

Etwas kratzte in der Erde. Maggie fuhr herum. Da war Bewegung in der Dunkelheit, etwas Größeres als eine Ratte. Sie fiel auf die Knie und tastete nach dem Stablicht. Mit der anderen Hand hob sie das Metallrohr, bereit zuzuschlagen. Sie lauschte wieder mit angehaltenem Atem und leuchtete mit dem schmalen Lichtstreifen die gegenüberliegende Wand ab. Das Holzregal war vorgeneigt und von der Wand abgerückt. Dahinter entdeckte sie ein Loch, groß genug, um der Eingang zu dem berühmten Tunnel zu sein.

Eine Bewegung in der Dunkelheit hinter ihr. Sie war nicht mehr allein. Jemand stand am Ausgang und versperrte die Stufen. Sie spürte seine Gegenwart und hörte das leise Zischen seines Atems, als sauge er ihn durch ein Rohr an. Panik wie damals bei Stucky rann ihr eiskalt durch den Körper. Als sie in ihre Jacke fasste, glitt eine scharfe Klinge unter ihr Kinn.

86. KAPITEL

„Agentin Maggie O'Dell, was für eine schöne Überraschung."

Maggie erkannte die gedämpfte Stimme an ihrem Ohr nicht. Die scharfe Klinge drückte sich in ihren Hals. Der Druck nahm ständig zu, so dass sie gezwungen war, den Kopf zurückzunehmen, bis ihre Kehle völlig frei und schutzlos dalag. Sie spürte einen Blutstropfen in den Jackenkragen rinnen.

„Warum Überraschung? Ich dachte, Sie hätten mich erwartet. Sie scheinen sehr viel über mich zu wissen." Mit jeder Silbe grub sich das Messer tiefer.

„Lassen Sie das Metallrohr fallen." Er zog sie mit einem Arm an sich und drückte stärker als nötig, um seine Kraft zu demonstrieren.

Sie ließ das Rohr fallen, während er in ihre Jacke fasste. Vorsichtig zog er die Waffe heraus und riss die Hand zurück, als er dabei versehentlich ihre Brust streifte. Er warf die Waffe in eine dunkle Ecke, wo sie gegen die Kiste prallte. Maggie wunderte sich nicht, dass er lieber das Messer benutzte.

Sie versuchte sich seine Stimme einzuprägen und einen Eindruck von ihm zu bekommen. Er war kräftig und ein Stückchen größer als sie. Mehr konnte sie nicht sagen. Das Reiben von Gummi an ihrem Ohr und die gedämpfte Stimme verrieten ihr, dass er eine Maske trug. Die Hände steckten in schlichten schwarzen Handschuhen, billiges Kaufhausleder, Dutzendware.

„Ich habe Sie nicht erwartet. Ich dachte, Sie wären nach Haus gefahren, zu Ihrem Anwaltsehegatten und der kranken Mutter. Wie geht es Ihrer Mutter übrigens?"

„Warum sagen Sie es mir nicht?"

Die Klinge wurde nach oben gedrückt. Maggie sog Luft ein und widerstand dem Drang zu schlucken, während ein weiterer Blutstropfen ihr den Hals hinab zwischen die Brüste lief.

„Das war nicht sehr nett!" schimpfte er.

„Entschuldigung", presste sie hervor, ohne Mund oder Kinn zu bewegen. Sie würde es schaffen, sie konnte auf sein Spiel eingehen. Sie musste nur ruhig bleiben und die Regeln zu ihren Gunsten verändern. „Der Gestank setzt mir zu. Vielleicht könnten wir das draußen besprechen."

„Nein, bedaure. Da gibt es ein kleines Problem. Ich fürchte, Sie werden diese Höhle nicht mehr verlassen. Was halten Sie von Ihrem neuen Zuhause?" Er drehte sie herum, damit sie mit dem Stablicht die Umgebung ableuchtete, während das Messer ihre Haut ritzte. „Oder sollte ich besser sagen, von Ihrem Grab?"

Wieder spürte sie diese Eiseskälte in den Adern. Ruhig, bleib ruhig! Jetzt nur nicht an Stucky denken, wie er dir den Bauch aufgeschlitzt hat. Sie musste diesen Wahnsinnigen dazu bringen, nicht so fest zuzudrücken. Eine unbedachte Bewegung, und sie hatte die Messerklinge im Mund.

„Es nützt Ihnen nichts ... mich loszuwerden." Sie sprach langsam. „Das ganze Sheriff Department weiß, wer Sie sind. Etwa ein Dutzend Deputys sind in ein paar Minuten hier."

„Aber Agentin O'Dell, Sie können mich doch nicht bluffen. Ich weiß, dass Sie gern allein arbeiten. Das hat Sie ja auch bei Stucky in Schwierigkeiten gebracht, oder? Sie haben nichts über mich, außer Ihrem kleinen psychologischen Profil. Ich wette sogar, ich weiß, was drinsteht. Meine Mutter hat mich als Kind missbraucht, richtig? Sie hat einen Stricher aus mir gemacht, deshalb bringe ich jetzt kleine Jungen um, richtig?" Der Versuch zu lachen, endete in einem irren Kichern.

„Ich glaube eigentlich nicht, dass Ihre Mutter Sie missbraucht hat." Sie versuchte fieberhaft, sich an das Wenige zu erinnern, was sie über Pater Kellers Familie erfahren hatte. Natürlich war seine Mutter allein erziehend wie die Mütter der Opfer. Aber sie war gestorben, als Keller noch ein Kind war, ein tödlicher Unfall. Warum konnte sie sich nicht genau erinnern? Warum fiel ihr das Denken so schwer? Es lag am Gestank, am Druck des Messers und am Schock, ihr eigenes Blut zu spüren.

„Ich denke, sie hat Sie geliebt", fuhr sie fort, da er schwieg. „Und Sie haben Ihre Mutter geliebt. Aber sie *wurden* missbraucht." Ein spürbares Zucken verriet ihr, dass sie Recht hatte. „Von einem Verwandten, vielleicht einem Freund Ihrer Mutter ... nein, einem Stiefvater." Plötzlich erinnerte sie sich.

Das Messer sackte geringfügig tiefer, was ihr die Atmung erleichterte. Er schwieg und lauschte abwartend. Sie hatte seine Aufmerksamkeit und war am Zug.

„Nein, Sie sind nicht homosexuell, aber er hat Sie an Ihrer Sexualität zweifeln lassen, nicht wahr? Er nährte Ihren Verdacht, Sie könnten es sein."

Er lockerte den Arm um ihre Taille.

Sie spürte ihn heftiger atmen. „Sie bringen kleine Jungen nicht zum Spaß um. Sie versuchen sie zu retten, weil die Sie an den ängstlichen, schutzlosen kleinen Jungen erinnern, der Sie selbst waren. Hoffen Sie sich durch die Rettung der Jungen selbst zu retten?"

Er schwieg. War sie zu weit gegangen? Sie konzentrierte sich auf die Hand mit dem Messer. Wenn sie ihm den Ellbogen in die Brust rammte, konnte sie das Messer vielleicht auffangen, ehe er zustieß. Sie musste ihn ablenken.

Sie fuhr fort: „Sie bewahren diese kleinen Jungen vor Unheil, nicht wahr? Indem Sie ihnen Schlimmes antun, machen Sie Märtyrer aus ihnen. Sie sind ein richtiger Held. Man könnte sagen, dass Sie die perfekte Sünde begehen."

Er packte wieder fester zu und riss sie mit dem Arm nach hinten. Sie war zu weit gegangen. Das Messer schoss quer über ihre Kehle und wurde in ganzer Klingenlänge an ihre Haut gepresst. Mit einer einzigen raschen Bewegung konnte er ihr die Kehle durchschneiden.

„Das ist ein Haufen psychologischer Scheiße! Du weißt nicht, wovon du redest!" regte er sich mit tiefer kehliger Stimme auf. „Albert Stucky hätte dich aufschlitzen sollen, als er es konnte. Ich werde es an seiner Stelle tun. Wir brauchen mehr Licht!" Er zerrte sie zum Tunneleingang und holte die Laterne hervor. „Zünde sie an." Er schubste sie auf die Knie, hielt das Messer an ihre Kehle und warf Streichhölzer auf den Boden. „Zünde sie an, damit du zusehen kannst."

Ich will, dass du zusiehst, hörte sie Albert Stucky sagen, als stünde er wartend in einer Ecke. *Ich will, dass du siehst, wie ich es mache.*

Ihre Finger fühlten sich an, als gehörten sie nicht ihr. Obwohl sie gefühllos waren, zündete sie die Laterne gleich beim ersten Versuch an. Gelber Schein erfüllte den kleinen Raum. Maggie war wie betäubt. Das Blut schien aus ihren Adern gewichen zu sein, ihr Verstand war gelähmt und bereitete sich auf den Schmerz vor, indem er abschaltete. Es war die genaue Wiederholung des Traumas mit Stucky. Ihr Körper reagierte auf das überwältigende Entsetzen mit dem Abschalten aller Empfindungen.

Den Gestank nach verrottendem Fleisch einzuatmen, fiel ihr zunehmend schwerer. Ihre Lungen wollten nicht mehr funktionieren. Er presste ihr weiter die Messerklinge an den Hals, und sie spürte seine Hand leicht zittern. Ob aus Wut oder Angst konnte sie nicht entscheiden.

„Warum heulst oder schreist du nicht?" Es war Wut.

Sie schwieg und konnte nicht antworten. Sogar ihre Stimme hatte sie verlassen. Sie dachte an ihren Vater, der sie mit warmen braunen Augen anlächelte, während er ihr die Kette mit dem Kreuz anlegte. *Wohin du auch gehst, es beschützt dich. Nimm es niemals ab, okay, kleine Maggie?* Aber es hat mich nicht beschützt, Daddy, wollte sie ihm sagen. Und auch Danny Alverez nicht.

Der Fremde riss sie an den Haaren hoch, das Messer ständig an ihrer Kehle. Noch mehr Blut tropfte zwischen ihre Brüste.

„Sag etwas!" schrie er sie an. „Flehe mich an, bete!"

„Tun Sie es einfach", erwiderte sie matt. Mit viel Mühe brachte sie Stimme, Lippen und die verletzte Kehle dazu, die paar Worte auszustoßen.

„Was?" Er klang verblüfft.

„Tun Sie es!" wiederholte sie, lauter diesmal und kräftiger.

„Maggie?" Oben von den Stufen schallte Nicks Stimme herunter.

Der Fremde fuhr erschrocken herum, Maggie im Arm. Als könne sie sich selbst dabei zusehen, packte sie das Handgelenk des Mannes, hielt es fest und entwand sich ihm, als er zustieß. Das Messer drang in ihre Jacke und zerriss Stoff und Fleisch, als er es herauszog. Er stieß sie heftig von sich, und sie flog mit dumpfem Aufprall gegen die Erdwand.

Der Schein von Nicks Lampe kam die Stufen herunter, als der schwarze Schatten sich die Laterne schnappte und im Tunnelloch verschwand. Das Holzregal schwankte und krachte zu Boden, fast auf Nick.

„Maggie?" Das Licht seiner Taschenlampe blendete sie.

„Im Tunnel!" Sie wies dorthin und bemühte sich, auf die Beine zu kommen, doch ein heftiger Schmerz ließ sie zusammensinken. „Lass ihn nicht entwischen!"

Nick verschwand in dem Loch und ließ sie in Finsternis zurück. Sie wusste auch ohne Licht, dass sie blutete. Sie ertastete die klebrige Wunde an der Seite, holte die Kette mit dem Anhänger aus der Tasche und rieb mit den Fingern über das glatte Kreuz. Irgendwie erinnerte das kühle Metall sie an die Messerklinge. Gut und Böse – konnte man es immer so genau trennen? Sie schob sich die Kette über den Kopf und legte sie um den blutenden Hals.

359

87. KAPITEL

Nick versuchte nicht zu denken. Besonders jetzt nicht, da der Tunnel immer enger und kurviger wurde und ihn zwang, auf Händen und Knien zu kriechen. Den maskierten Schatten konnte er nicht mehr sehen. Seine Lampe zeigte nur Dunkelheit voraus. Bei jeder Bewegung rieselten Erde und Steine herab. Abgebrochene Wurzeln schlängelten sich aus dem Erdreich, baumelten manchmal vor ihm herunter und klebten ihm im Gesicht wie Spinnweben. Das Atmen fiel ihm schwer. Je weiter er kam, desto knapper wurde die abgestandene, widerliche Luft, die ihm in den Lungen brannte und die Schmerzen in seiner Brust verstärkte.

Fell wischte an seiner Hand entlang. Er schlug mit der Taschenlampe danach, verfehlte zwar die Ratte, schleuderte aber sämtliche Batterien heraus. Die plötzliche Dunkelheit überraschte ihn und machte ihm Angst. In Panik tastete er herum: die Lampe, Hände voll schimmeliger Erde, eine Batterie, zwei, schließlich drei. Bitte, lass es funktionieren! betete er, nicht sicher, ob er in dem engen Gang umdrehen konnte. Den ganzen Weg zurückkriechen wäre unmöglich.

Er schraubte die Taschenlampe zusammen. Nichts. Er schlug dagegen, befestigte die Klammern und schlug wieder. Licht. Gott sei Dank! Aber jetzt musste er nach Luft schnappen. Hatte die Dunkelheit ihm die letzte Atemluft entzogen?

Er kroch schneller. Der Tunnel wurde noch enger. Jetzt robbte er auf dem Bauch mit den Ellbogen voran und benutzte die Beine, wie ein Schwimmer, der sich gegen die Strömung stemmt. Er war ein lausiger Schwimmer, aber ein guter Taucher. Er japste wie ein Ertrinkender nach Luft und schluckte herabfallende Erde.

Wie weit war er gekommen, und wie weit musste er noch? Er hatte nichts erreicht, außer sich Kratzer von Rattenkrallen einzuhandeln und eine Erdlawine hinter sich auszulösen. Begrub er sich bei lebendigem Leibe selbst?

Wie hatte der Schatten so schnell verschwinden können? Und wenn das hier ihr Täter war, wen hatte er dann vorhin ins Gehölz verschwinden sehen?

Das Ganze war verrückt, absolut verrückt. Er würde es nicht schaffen, er bekam keine Luft mehr. Seine Lungen schienen jeden Moment zu explodieren. Erde klebte an ihm. Augen und Kehle kratzten wie Sandpapier. Der Mund war trocken, der Geruch nach Verwesung und Tod würgte ihn. Die Wände wurden noch enger und rieben an seinem Körper. Er hörte es reißen, wenn seine Kleidung, manchmal seine Haut an vorstehenden Steinen, Wurzeln und vielleicht sogar Knochen entlangstreifte.

Wie weit noch? Steckte er in einer Falle? Hatte er irgendwo am Anfang, als der Tunnel noch breit gewesen war, eine Abzweigung versäumt? Dort hatte er, wenn auch gebückt, noch gehen können. Hatte er einen weiteren Geheimtunnel übersehen? Das würde erklären, warum der Schatten vor ihm plötzlich verschwunden war. Was wenn der Tunnel in einer Sackgasse endete, an einer Erdwand?

Als er fürchtete, am Ende seiner Kräfte zu sein, traf der Schein seiner Lampe voraus auf etwas Weißes. Schnee, der den Tunneleingang versperrte. Mit letzter Willenskraft robbte, krallte und zerrte er sich an die Oberfläche. Plötzlich sah er den schwarzen, sternenklaren Himmel. Obwohl er glaubte, Meilen gekrochen zu sein, hatte er den Friedhof nicht einmal verlassen. Er erhob sich aus der Erde wie eine Leiche aus dem Grab. Kaum zwei Schritte vor ihm reckte sich der schwarze Engel empor, geisterhaft beleuchtet, dass es aussah, als lächle er.

88. KAPITEL

Christines Nacken schmerzte wie gewöhnlich, wenn sie auf dem Sofa einschlief. Sie sah Äste durch die Scheibe ragen. Hatte der Wind Äste durch ihr Wohnzimmerfenster geweht? Sie hatte ein Krachen gehört, und da war ein Loch in der Decke. Ja, sie konnte sogar Sterne sehen. Tausende schimmerten gleich über ihrem Hausdach.

Wo war die Decke von Großmutter Morrelli? Sie musste sich gegen die Zugluft schützen, vor der Kälte, die sie umwehte. Timmy, dreh bitte die Heizung hoch. Heiße Schokolade, vielleicht konnte sie zwei Becher heiße Schokolade für sie beide machen? Wenn sie doch nur das Mobiliar von der Brust schieben könnte. Und wo waren ihre Arme, wenn sie sie brauchte. Einen sah sie neben sich liegen. Warum konnte sie ihn nicht bewegen? War er eingeschlafen, wie der übrige Körper?

Diese ärgerlichen Scheinwerfer brannten ihr in den Augen. Wenn sie den Schalter fand, konnte sie sie ausschalten. In ihrem Licht tanzten die Äste in Zeitlupe Rumba und schlugen gegen das knirschende Glas. Es war viel zu anstrengend, die Augen offen zu halten. Vielleicht konnte sie wieder einschlafen, wenn nur dieses Rasseln aufhören würde. Es kam von irgendwo aus dem Mantel, aus ihrer Brust. Was immer es war, es war ärgerlich und ... und schmerzhaft ... ja, es war ärgerlich schmerzhaft.

Was machte Präsident Nixon denn da im Scheinwerferlicht? Er winkte ihr zu. Sie versuchte auch zu winken, aber ihr Arm war immer noch eingeschlafen. Er kam in ihr Wohnzimmer und schob die Möbel von ihrer Brust. Dann trug Präsident Nixon sie wieder in den Schlaf.

89. KAPITEL

Timmy sah seinen Schlitten stromabwärts treiben. Das helle Orange leuchtete im Mondlicht. Er kauerte sich in den Schnee hinter die großen Schilfhalme am Flussufer. Die vielen Sprungübungen auf Cuttys Hügel hatten sich ausgezahlt, obwohl seine Mom ihn umbringen würde, wenn sie davon erfuhr.

Er war ziemlich zuversichtlich, merkte aber, dass er beim Sprung einen Schuh verloren hatte. Sein Knöchel tat weh und sah komisch aus, aufgedunsen und etwa doppelt so groß wie der andere. Dann sah er den schwarzen Schatten wie eine Spinne den Hang herunterkommen. Er bewegte sich schnell, hielt sich an Wurzeln und Ranken fest, streckte sich und ergriff Felsen und Äste.

Timmy sah dem Schlitten nach und bedauerte jetzt, dass er nicht darin geblieben war. Der Fremde kam ans Flussufer und sah ebenfalls dem Schlitten nach. Der war schon so weit abgetrieben, dass man nicht mehr hineinschauen konnte. Vielleicht glaubte der Fremde, er sei im Schlitten, jedenfalls hatte er es nicht mehr eilig. Er stand nur da und starrte auf den Fluss. Vielleicht überlegte er gerade, ob er dem Schlitten nachspringen sollte?

Hier unten wirkte der Mann kleiner. Und obwohl es zu dunkel war, um sein Gesicht zu erkennen, sah Timmy, dass er keine Maske mehr trug.

Timmy duckte sich tiefer in den Schnee. Die Brise vom Wasser brachte feuchte Kälte mit. Er fror, dass ihm die Zähne klapperten und er wieder am ganzen Körper zu zittern begann. Sobald der Fremde verschwunden war, würde er dem Weg folgen. Es sah nach einem steilen Anstieg aus, aber das war besser, als wieder durch das Gehölz zu laufen. Außerdem führte der Weg ja irgendwohin.

Der Mann schien aufzugeben, fummelte in seiner Tasche herum, fand, was er suchte, und zündete sich eine Zigarette an. Dann drehte er sich um und kam direkt auf Timmy zu.

90. KAPITEL

Maggie kroch die Stufen hinauf, weil die Beine ihr den Dienst versagten. Ihre Seite brannte wie Feuer, das sich tiefer fraß und ihr Magen und Lungen versengte. Es fühlte sich an, als schösse eine abgebrochene Messerklinge durch ihren Körper. Sie müsste doch inzwischen Übung haben mit solchen Verletzungen. Machte Übung nicht den Meister? Sobald sie sich ins Mondlicht hochgekämpft hatte, wurde ihr beim Anblick des eigenen Blutes jedoch schwindlig und übel. Der verschmutzte rote Pulli war an der Seite so mit Blut getränkt, dass er schwarz wirkte.

Sie schob sich das Haar aus der schweißbedeckten Stirn und bemerkte, dass auch die Hand voller Blut war. Vorsichtig zog sie die Jacke aus und zerrte so lange am Futter, bis sie ein genügend großes Stück abgerissen hatte, um ihre Wunde damit abzudecken. Sie wickelte Schnee hinein, drückte das Polster auf die Verletzung und sah plötzlich Sterne. Sie kniff kurz die Augen zusammen gegen den Schmerz. Als sie sie öffnete, entdeckte sie einen dunklen Schatten auf sich zukommen. Er torkelte zwischen den Grabsteinen hindurch wie ein Betrunkener. Sie langte nach ihrer Waffe, doch die Finger ertasteten nur das leere Holster. Natürlich, ihre Waffe lag unten in einer dunklen Ecke.

„Maggie?" rief der Betrunkene, und sie erkannte Nicks Stimme. Vor Erleichterung vergaß sie für ein paar Sekunden ihre Schmerzen. Nick war mit Erde und Schmutz bedeckt, und sein Geruch, als er sich neben sie kniete, verursachte ihr Übelkeit. Trotzdem lehnte sie sich an ihn und ließ sich gern umarmen.

„Mein Gott, Maggie, alles okay mit dir?"

„Ich glaube, es ist nur eine Fleischwunde. Hast du ihn gesehen, hast du ihn geschnappt?"

Sie las ihm die Antwort vom Gesicht ab, das nicht nur Enttäuschung ausdrückte, sondern Verzweiflung. „Vermutlich ist da unten ein Gewirr von Tunneln, und ich habe den falschen genommen", erklärte er atemlos.

„Wir müssen ihn aufhalten. Er ist wahrscheinlich zur Kirche und hält dort Timmy fest."

„Stimmt."

„Was?"

„Ich habe den Raum gefunden, wo Timmy gefangen war. Er hat seinen Mantel dagelassen."

„Dann müssen wir Timmy suchen!" Sie wollte aufstehen, fiel aber in seine Arme zurück.

„Ich glaube, wir kommen zu spät, Maggie." Sie hörte, wie die Verzweiflung ihn zu übermannen drohte. „Ich ... ich habe auch ein blutiges Kissen gesehen."

Sie lehnte den Kopf an seine Brust und lauschte auf sein Herzklopfen und die unregelmäßigen Atemzüge. Nein, die kamen von ihr.

„Mein Gott, Maggie, du blutest stark. Ich muss dich ins Krankenhaus bringen. Ich will nicht zwei geliebte Menschen in einer Nacht verlieren."

Er stützte sie, während er sich, immer noch wackelig auf den Beinen, erhob. Sie hielt sich an ihm fest und begann aufzustehen. Der Schmerz kam in feurigen Schüben, versengend, reißend, wie glühendes Glas, das sich immer weiter in ihr Inneres fraß. An seinen Arm geklammert, fragte sie sich, ob sie richtig gehört hatte. Hatte er sie einen geliebten Menschen genannt?

„Nein, Maggie, ich sollte dich zum Jeep tragen."

„Ich habe gesehen, wie du gehst, Morrelli. Da versuche ich es

365

lieber auf meinen eigenen zwei Beinen." Sie zog sich hoch und biss die Zähne zusammen gegen den ständigen Schmerz.

„Halte dich einfach an mir fest."

Sie waren fast am Jeep, als ihr die Kiste einfiel.

„Nick, warte, wir müssen zurück."

91. KAPITEL

Christine starrte zum Himmel hinauf und fand leicht den großen Bären, das einzige Sternbild, das sie am Nachthimmel überhaupt kannte. Auf dem weichen Bett aus Schnee und unter der wunderbar warmen, kratzigen Wolldecke merkte sie kaum, dass sie neben der Straße lag. Und wenn sie atmen könnte, ohne Blut zu husten, könnte sie vielleicht auch schlafen.

Die Realität schlich sich in Form von Schmerzen und kurzen Erinnerungen ein. Eddie, der ihre Brüste streichelte. Metall, das gegen ihre Beine schlug und ihr die Brust quetschte. Und Timmy. O Gott, Timmy! Sie schmeckte Tränen und versuchte sie zu unterdrücken. Sie wollte sich aufrichten, doch ihr Körper gehorchte nicht. Er verstand ihre Befehle nicht. Könnte sie nicht einfach aufhören zu atmen, wenigstens für ein paar Minuten?

Die Scheinwerfer kamen aus dem Nichts, bogen um die Kurve und blendeten sie. Sie hörte Bremsen quietschen, Reifen blockierten, und Kies spritzte gegen Metall. Zwei gestreckte Gestalten stiegen aus dem Fahrzeug und kamen auf sie zu. Sie glaubte, es seien Außerirdische mit aufgeblasenen Köpfen und vorstehenden Insektenaugen. Dann erkannte sie, dass es die Hüte waren, die ihre Köpfe so groß machten.

„Christine! Großer Gott im Himmel, das ist Christine!"

Lächelnd schloss sie die Augen. Sie hatte noch nie so viel Angst und Panik in der Stimme ihres Vaters gehört. Wie vollkommen un-angemessen von ihr, sich darüber zu freuen.

Als ihr Vater und Lloyd Benjamin neben ihr knieten, konnte sie nur sagen: „Eddie weiß, wo Timmy ist."

92. KAPITEL

Nick versuchte Maggie zu überzeugen, sich in den Jeep zu setzen und dort zu bleiben. Vorläufig hatten sie die Blutung gestoppt, doch es war schwer zu sagen, wie viel Blut sie bereits verloren hatte. Sie konnte kaum stehen, war leichenblass, und vielleicht fantasierte sie sogar.

„Du verstehst nicht, Nick!" bedrängte sie ihn.

Er war drauf und dran, sie aufzuheben und in den Jeep zu werfen. Schlimm genug, dass sie nicht ins Krankenhaus gebracht werden wollte.

„Ich gehe und sehe nach, was in dieser blöden Kiste ist", entschied er. „Du bleibst hier."

„Nick, warte!" Sie grub ihm die Finger in den Arm und zuckte vor Schmerz. „Es könnte Timmy sein."

„Was?"

„In der Kiste."

Die Erkenntnis traf ihn wie ein Faustschlag. Erschüttert lehnte er sich an den Jeep. „Warum sollte er das tun?" presste er hervor, und die Kehle war ihm so eng, dass er kaum sprechen konnte. Er wollte sich nicht vorstellen, wie jemand Timmy in eine Kiste stopfte, Timmy tot? Aber hatte er nicht längst mit dieser Möglichkeit gerechnet? „Das ist nicht sein Stil."

„Was immer in der Kiste ist, war vielleicht für mich bestimmt."

„Das verstehe ich nicht."

„Erinnerst du dich an seine letzte Botschaft? Wenn er von Stucky weiß, hat er vielleicht Stuckys Gewohnheiten angenommen. Nick, in der Kiste könnte Timmy liegen. Und wenn das so ist, solltest du es nicht sehen."

Er betrachtete sie. Ihr Gesicht war mit Blut und Schmutz verschmiert, das Haar voller Erde und Spinnweben. Die schönen vollen Lippen waren vor Schmerzen zusammengepresst, die zarten Schultern gesenkt von der Anstrengung, sich aufrecht zu halten. Und trotzdem versuchte sie noch, ihn zu beschützen. Er machte auf dem Absatz kehrt und stapfte zurück.

„Nick, warte!"

Er ignorierte ihr Rufen. Ohne Hilfe konnte sie ihm sowieso nicht folgen. An den Stufen, die Maggie entdeckt hatte, zögerte er kurz und zwang sich, in die Höhle hinabzusteigen. Es stank zum Ersticken. Er fand die Metallstange und Maggies Revolver, den er einsteckte. Taschenlampe und Stange unter den Arm geklemmt, hob er die Kiste an und zog sie langsam die Stufen hinauf. Seine Muskeln protestierten, doch er ließ nicht locker, bis er aus dem Höllenloch heraus war und frische Luft atmen konnte.

Maggie war da und wartete gegen einen Grabstein gelehnt. Sie war noch blasser geworden.

„Lass mich das machen!" beharrte sie und langte nach der Metallstange.

„Ich mache das." Die Stange unter den Deckel geschoben, begann er zu hebeln. Das Quietschen der Nägel hallte durch die stille Nacht. Trotz Wind und Kälte betäubte der Geruch des Todes alle Sinne. Als der Deckel gelöst war, zögerte Nick noch einmal. Maggie trat neben ihn, griff um ihn herum und öffnete den Deckel.

Beide wichen einen Schritt zurück, aber nicht wegen des Gestanks.

Sorgfältig in ein weißes Tuch gewickelt, lag dort der kleine Körper von Matthew Tanner.

93. KAPITEL

Timmy konnte nicht weglaufen und sich nicht verstecken. Er schlitterte das Ufer hinunter zum Wasser. Konnte er den Fluss überqueren oder sich flussabwärts treiben lassen? Er prüfte das Wasser, das gurgelnd an ihm vorbeiraste. Die Strömung war zu stark und reißend, das Wasser viel zu kalt.

Der Fremde war über ihm stehen geblieben, um seine Zigarette zu rauchen, hatte sich jedoch abgewandt. In der Stille hörte Timmy ihn vor sich hin murmeln, ohne die Worte zu verstehen. Dann und wann stieß der Mann mit dem Fuß Erde und Steine ins Wasser, so nah, dass die Spritzer ihn trafen.

Er würde zurücklaufen müssen in den Wald. Da konnte er sich wenigstens verstecken. Durchs Wasser würde er die Flucht nicht schaffen. Er fror schon jetzt wie ein Schneider, im Wasser würde er erfrieren.

Timmy spähte über den Uferrand. Der Fremde zündete sich eine zweite Zigarette an. Jetzt! Er musste sofort loslaufen. Er kletterte das Ufer hinauf, stieß Erde und Steine ins Wasser – und das Platschen verriet ihn. Ehe er den Weg erreichte, knickte sein Knöchel weg. Timmy fiel auf Knie und Ellbogen, rappelte sich wieder auf und wurde plötzlich vom Boden gehoben. Er trat und strampelte und zerkratzte den Arm, der um seine Taille lag. Ein zweiter Arm legte sich um seinen Hals.

„Beruhige dich, du kleiner Scheißer."

Timmy begann zu schreien und zu brüllen. Der Arm würgte ihn und nahm ihm den Atem.

Als der Wagen die gewundene Straße hinabschlitterte, hielt der Fremde Timmy immer noch im Würgegriff fest. Der Wagen kam rutschend vor ihnen zum Stehen, doch der Fremde blieb gelassen und floh nicht. Obwohl die Scheinwerfer Timmy blendeten, erkannte er Deputy Hal. Warum ließ der Fremde ihn nicht los? Timmy tat der Nacken weh. Er kratzte den Mann wieder am Arm. Warum floh der Kerl nicht?

„Was ist hier los?" fragte Deputy Hal. Er und ein anderer Deputy stiegen aus und kamen langsam näher.

Timmy verstand nicht, warum sie nicht ihre Waffen zogen. Begriffen die denn nicht, was hier los war? Sahen die nicht, dass der Mann ihm wehtat?

„Ich habe den Jungen gefunden, er versteckte sich im Wald", erzählte der Mann ihnen voller Stolz. „Man könnte sagen, ich habe ihn gerettet."

„Das sehe ich", sagte Deputy Hal.

Nein, das war gelogen! Timmy wollte ihnen sagen, dass alles ganz anders war, aber mit dem Arm um den Hals konnte er weder atmen noch sprechen. Warum sahen die so aus, als glaubten sie dem Mann? Er war der Killer. Sahen die das denn nicht?

„Warum steigt ihr beide nicht bei uns ein? Komm, Timmy, du bist jetzt in Sicherheit."

Langsam löste sich der Arm von seinem Hals. Sobald Timmy mit den Füßen den Boden berührte, riss er sich frei und stolperte mit dem verletzten Knöchel zu Deputy Hal.

Hal packte Timmy an den Schultern und schob ihn sacht hinter sich. Dann zog er die Waffe und sagte zu dem Mann: „Komm jetzt. Du hast eine Menge zu erklären, Eddie."

94. KAPITEL

Freitag, 31. Oktober
Christine erwachte in einem Raum voller Blumen. War sie etwa schon tot? Verschwommen erkannte sie ihre Mutter am Bett sitzen und wusste, dass sie noch lebte. Der blau-rosa Jogginganzug ihrer Mutter war weder für den Himmel noch die Hölle geeignet.

„Wie fühlst du dich, Christine?" Ihre Mutter nahm lächelnd ihre Hand.

Offenbar ließ sie endlich ihr Haar grau werden. Es sah gut aus. Christine nahm sich vor, es ihr später zu sagen, wenn ein Kompliment passend kam, um die unvermeidliche Befragung abzuwehren.

„Wo bin ich?" Die Frage war dumm, aber nach den stundenlangen Halluzinationen absolut notwendig.

„Du bist im Krankenhaus, meine Liebe. Erinnerst du dich nicht? Du bist gerade eben aus dem OP gekommen."

OP? Erst jetzt bemerkte sie die vielen Schläuche an ihrem Körper und schlug panikartig die Decke zurück.

„Christine!"

Ihre Beine waren noch da. Und ja, sie konnte sie bewegen. Eines war bandagiert, aber das war nicht schlimm, solange es reagierte.

„Du musst dir nicht auch noch eine Lungenentzündung holen!" Ihre Mutter deckte sie wieder zu.

Christine hob beide Arme, bewegte die Finger und sah, wie die Flüssigkeiten aus den Schläuchen in ihre Venen tropften. Sie schien noch ganz zu sein und zu funktionieren. Dass sich Brust und Magen anfühlten wie gequetscht, war da nicht weiter von Belang.

„Dein Vater ist mit Bruce auf einen Kaffee hinausgegangen. Sie werden sich freuen, dass du aufgewacht bist."

„O Gott, Bruce ist da?" Plötzlich erinnerte sie sich an Timmy, und ihre Angst nahm ihr fast den Atem.

„Gib ihm eine zweite Chance", bat ihre Mutter, ohne ihr Atemproblem zu bemerken. „Diese Tortur hat ihn wirklich verändert."

Tortur? War das die neue Sprachregelung für die Entführung ihres Sohnes?

Erleichtert sah sie in dem Moment Nick den Kopf zur Tür hereinstecken. Er hatte eine frische Schramme an der Stirn, doch die Prellungen und Schwellungen am Kinn waren kaum noch zu sehen. Zu blauem Hemd und dunkelblauer Krawatte trug er Jeans und ein schwarzes Sakko. Wie lange hatte sie geschlafen? Wenn sie es nicht besser wüsste, würde sie denken, er hätte sich für eine Beerdigung angezogen. Sie dachte wieder an Timmy. Was genau hatte ihre Mutter mit Tortur gemeint? Eine neue Welle von Schmerzen und die Angst verstärkten den Druck in ihrer Brust.

„Hallo, mein Lieber", grüßte ihre Mutter, als Nick sich hinabbeugte und Christine die Wange küsste.

Sie beobachtete die beiden und suchte verräterische Signale. Sollte sie nach Timmy fragen? Würden sie lügen, um sie zu schonen? Hielt man sie für zerbrechlich?

„Ich will die Wahrheit wissen, Nick!" platzte sie so schrill heraus, dass sie ihre Stimme selbst kaum erkannte. Beide sahen sie erschrocken und besorgt an. Sie merkte jedoch, dass Nick wusste, was sie meinte.

„Okay, wenn du es so haben willst." Er ging zur Tür, und sie wollte ihm nachrufen, er solle bleiben und mit ihr reden.

„Nicky, bitte!" sagte sie nur, ohne Rücksicht darauf, wie flehentlich das klang.

Er öffnete die Tür, und da stand Timmy wie eine Erscheinung. Christine rieb sich die Augen. Halluzinierte sie wieder? Timmy humpelte auf sie zu. Sie sah die Kratzer und Schnitte auf seiner Wange und eine blutunterlaufene, geschwollene Lippe. Gesicht und Haare waren jedoch frisch gewaschen, und er trug saubere Kleidung. Er hatte sogar neue Tennisschuhe. War alles nur ein schrecklicher Albtraum gewesen?

„Hallo, Mom", sagte er, als sei es ein ganz gewöhnlicher Morgen. Er kletterte auf den Stuhl, den seine Großmutter ihm hinschob, und kniete sich hin, um auf das Bett sehen zu können. Christine ließ ihren Tränen freien Lauf. Sie hätte ohnehin keine Chance gehabt, sie zu unterdrücken. War er wirklich hier? Sie berührte ihn an der Schulter, glättete seinen Wirbel und streichelte ihm die Wange.

„Ach Mom, alle können das sehen", mäkelte er. Da wusste sie, dass er kein Traumbild war.

95. KAPITEL

Nick flüchtete, ehe es zu rührselig wurde und seine Augen in Tränen schwammen. Er bog um die Flurecke und stieß fast mit seinem Vater zusammen, der aus Sorge um den überschwappenden Kaffee in seiner Hand zurücktrat.

„Vorsicht, mein Sohn. Du versäumst das Beste, wenn du es so eilig hast."

Nick bemerkte sofort die sarkastische Kritik im väterlichen Mienenspiel, wollte sich die gute Laune jedoch nicht verderben lassen. Also wich er ihm lächelnd aus.

„Es ist nicht Eddie, weißt du?" rief Antonio ihm nach.

„Nein?" Nick blieb stehen und drehte sich um. „Nun, diesmal wird das ein Gericht entscheiden und nicht Antonio Morrelli."

„Was zum Teufel soll das heißen?"

Nick kam näher, bis er seinem Vater Auge in Auge gegenüber stand. „Hast du geholfen, falsche Beweise gegen Jeffreys zu platzieren?"

„Hüte deine Zunge, Junge. Ich habe nichts platziert."

„Wie erklärst du dann die Diskrepanzen?"

„Soweit ich weiß, gab es da keine Diskrepanzen. Ich habe getan, was nötig war, um diesen Scheißkerl zu verurteilen."

„Du hast Beweise ignoriert."

„Ich wusste, dass Jeffreys den kleinen Wilson ermordet hat. Du hast das Opfer nicht *gesehen*. Du hast nicht gesehen, was er diesem Jungen angetan hat! Jeffreys verdiente den Tod."

„Wage nicht zu behaupten, du hättest Entsetzlicheres erlebt als ich!" schimpfte Nick und ballte die Hände. „Ich habe in dieser Woche genug Grausamkeiten für ein ganzes Leben gesehen. Vielleicht verdiente Jeffreys den Tod. Aber indem du ihm zwei weitere Morde angehängt hast, hast du den wahren Täter laufen lassen. Du hast die Ermittlungen abgeschlossen und die Stadt in falscher Sicherheit gewiegt!"

„Ich habe getan, was ich für richtig hielt."

„Sag das nicht mir. Sag das Laura Alverez und Michelle Tanner. Sag ihnen, dass du getan hast, was richtig war!"

Nick ging erregt davon. Antonio Morrelli zu sagen, dass er sich geirrt hatte, war kein großer Sieg, und er empfand keinen Triumph. Doch als er mit energischen Schritten den langen Flur hinunterschritt, ging er ein wenig aufrechter.

Er blieb an der Schwesternstation stehen und war erstaunt, die Sekretärin in einem schwarzen Cape mit Hexenhut zu sehen. Er brauchte einen Moment, das orangerote und schwarze Krepppapier und die ausgeschnittenen Kürbisse zu deuten. Natürlich, heute war Halloween! Sogar die Sonne war rechtzeitig herausgekommen und hatte angefangen, den Schnee zu schmelzen.

Er wartete geduldig, solange die Sekretärin Zutaten für ein Rezept in den Hörer diktierte. Ihr Blick sagte ihm, es dauere nur einen Moment. Trotzdem beeilte sie sich nicht besonders.

„Hallo, Nick." Sandy Kennedy tauchte hinter ihm auf, schob sich an der Sekretärin vorbei und nahm sich eine Klemmkladde.

„Sandy, du hast es endlich zur Tagesschicht geschafft." Was für eine blöde Bemerkung, dachte er und lächelte die kurvige Brünette an. „Wie geht es dir? Ist lange her." Plötzlich fragte er sich, ob es einen Ort in der Stadt gab, wo er nicht auf eine Ex-Freundin oder Geliebte traf.

„Sieht aus, als ginge es Christine besser", stellte sie fest, ohne auf seine Bemerkung einzugehen.

Er versuchte sich zu erinnern, warum er keine Beziehung mit Sandy eingegangen war. Sie war klug und hübsch. Aber das waren alle Frauen gewesen, mit denen er im Bett war. Allerdings hielt keine den Vergleich mit Maggie O'Dell aus.

„Nick, alles okay mit dir? Können wir etwas für dich tun?"

„Können Sie mir Agentin O'Dells Zimmernummer sagen?" bat er die Sekretärin.

„372", erwiderte die prompt, ohne nachzusehen. „Am Ende des Flures, rechts. Aber sie könnte schon weg sein."

„Weg? Was soll das heißen?"

„Sie hat sich vorhin ausgetragen und wartet nur noch auf ein paar Sachen zum Anziehen. Ihre waren ziemlich zerrissen, als sie letzte Nacht eingeliefert wurde." Doch Nick war schon den halben Flur hinuntergegangen.

Er platzte ins Zimmer, ohne anzuklopfen, und erschreckte Maggie, die sich vom Fenster abwandte und schnell ihren Rücken und das offene Krankenhaushemd zur Wand drehte.

„Mein Gott, Morrelli, klopfst du nie an?"

„Tut mir Leid." Sein Pulsschlag beruhigte sich wieder. Sie sah wunderbar aus. Das kurze dunkle Haar glänzte wieder. Ihr zarter Teint hatte etwas Farbe, und die ausdrucksvollen braunen Augen strahlten sogar. „Sie sagten, du wärst vielleicht schon weg."

„Ich warte noch auf ein paar Sachen zum Anziehen. Jemand vom Hilfspersonal hat sich erboten, für mich einkaufen zu gehen." Sie machte ein paar Schritte, bemüht, den Rücken zur Wand zu drehen. „Das war vor etwa zwei Stunden. Ich hoffe nur, sie kommt nicht mit etwas in Pink zurück."

„Der Arzt hat dich entlassen?" Er versuchte es wie eine beiläufige Frage klingen zu lassen. Schwang da zu viel Besorgnis in seiner Stimme mit?

„Er überlässt mir die Entscheidung."

Sie sahen sich in die Augen, und er wünschte sich, dass sie seine Besorgnis bemerkte.

„Wie geht es Christine?" fragte sie.

„Der Eingriff ist gut verlaufen."

„Was ist mit ihrem Bein?"

„Der Doktor ist sicher, dass keine Schäden bleiben. Ich habe Timmy gerade zu ihr gebracht."

Ihre Miene wurde sanfter, obwohl ihr Blick irgendwie abwesend wirkte. „Wenn ich es nicht besser wüsste, würde ich fast an ein Happy End glauben." Sie lächelte leicht.

Herrgott, war sie schön, wenn sie lächelte! Er wollte es ihr schon sagen, unterließ es jedoch. Sie hatte keine Ahnung, wie erschrocken er gewesen war, als er hörte, sie sei bereits weg. Ob sie wusste, was er für sie empfand? Zum Teufel mit ihrem Ehemann und ihrer Ehe. Er musste es riskieren und ihr seine Liebe gestehen. Stattdessen sagte er: „Wir haben Eddie Gillick heute Morgen verhaftet."

Sie setzte sich auf die Bettkante.

„Und wir haben Ray Howard noch mal zur Vernehmung vorgeladen. Diesmal gestand er, dass er Eddie manchmal den alten blauen Pickup geliehen hat."

„An dem Tag, als Danny verschwand?"

„Ray konnte sich praktischerweise nicht erinnern. Aber da ist noch mehr – sehr viel mehr. Eddie begann seine Arbeit im Sheriff Department im Sommer vor den ersten Morden. Die Polizei von Omaha gab ihm ein Empfehlungsschreiben mit, doch in seiner Akte waren drei unterschiedliche Rügen. Alle wegen unangemessener Gewaltanwendung bei Verhaftungen. In zwei Fällen handelte es sich um Jugendliche. Einem Jungen hat er sogar den Arm gebrochen."

„Was ist mit den Letzten Ölungen?"

„Eddies Mom – auch eine allein erziehende Mutter – arbeitete auf zwei Stellen, um ihn auf katholische Schulen schicken zu können, bis zur High School übrigens."

„Ich weiß nicht, Nick."

Sie wirkte nicht überzeugt, und es überraschte ihn nicht, deshalb fuhr er fort: „Er hatte Zugang zu den Beweismitteln im Fall Jeffreys und kann sie getürkt haben. Außerdem hatte er Zugang zur Leichenhalle. Tatsächlich war er gestern Nachmittag dort, um die Autopsiefotos zu holen. Er kann leicht Matthews Leiche mitgenommen haben, als er merkte, dass ihn die Zahnabdrücke auf den Fotos identifizieren könnten. Außerdem wäre es leicht für ihn gewesen, mit seinen Polizeikontakten Auskünfte über Albert Stucky zu bekommen."

Als er den Namen erwähnte, verzog sie kaum merklich das Gesicht, und er fragte sich, ob ihr das bewusst war.

„Die Leichenhalle ist nie abgeschlossen", gab sie zu bedenken. „Jeder könnte sich Zugang verschafft haben. Und die Sache mit Stucky stand in allen Zeitungen und Zeitschriften."

„Es gibt noch etwas." Er hatte sich das für den Schluss aufbewahrt. Der belastendste Beweis war auch der fragwürdigste. „Wir haben belastende Sachen in Eddies Kofferraum gefunden." Er ließ sie seine Skepsis spüren. Geschah hier dasselbe wie bei Jeffreys? Sie dachten beide dasselbe.

„Was für Sachen?" Sie war interessiert.

„Eine Halloweenmaske, ein Paar schwarze Handschuhe und ein Stück Seil."

„Warum sollte er all das im Kofferraum seines abgestellten Wagens lassen, wenn er wusste, dass wir ihm auf den Fersen sind? Besonders, wenn er für die falschen Beweise im Fall Jeffreys verantwortlich war?"

Genau das hatte Nick sich auch gefragt. Trotzdem wollte er, dass dieser Fall endlich zum Abschluss kam. „Mein Dad hat durch die Blume zugegeben, dass er von den platzierten Beweisen wusste."

„Er hat das zugegeben?"

„Sagen wir, er hat zugegeben, dass er die Diskrepanzen ignoriert hat."

„Glaubt dein Vater, dass Eddie der Killer ist?"

„Er ist überzeugt, dass Eddie es nicht ist."

„Was dich natürlich umso mehr überzeugt, dass er es ist."

Sie kannte ihn wirklich gut. „Timmy hat ein Feuerzeug vom Täter. Es ist mit dem Emblem des Sheriff Department bedruckt. Dad gab die Dinger zur Belohnung aus, nicht viele, nur fünf. Eines bekam Eddie."

„Feuerzeuge kann man verlieren." Sie stand auf und ging langsam zum Fenster, diesmal so in Gedanken, dass sie den rückwärtigen Schlitz im Krankenhaushemd vergaß. Allerdings konnte er von seinem Standpunkt aus nur einen Streifen Rücken und Schulter sehen. In dem Hemd wirkte sie klein und zart. Er stellte sich vor, sie zu umschlingen, stundenlang mit ihr zusammenzuliegen, die Hände über die glatte Haut und die Haare fahren zu lassen und sich lange Zeit in ihrer Liebe zu verlieren.

Allmächtiger, woher kamen nur solche Wünsche? Erschöpft drückte er mit Daumen und Zeigefinger auf die Augen, um die Bilder seiner Fantasie zu vertreiben. „Du denkst immer noch, es ist Keller?" fragte er, obwohl er die Antwort kannte.

„Ich weiß nicht. Vielleicht will ich bloß nicht zugeben, dass ich meine Instinkte verliere."

Das konnte Nick nachvollziehen.

„Eddie entspricht nicht deinem Profil?"

„Der Mann in dem Erdloch war nicht irgendein Hitzkopf, der die Geduld verliert und dann kleine Jungen aufschlitzt. Er hat eine Mission ausgeführt, eine wohl überlegte und geplante Mission. Ich glaube wirklich, dass er irgendwie denkt, er rettet diese Jungen." Sie sah aus dem Fenster und wich seinem Blick aus.

Er hatte nicht gefragt, was vor seinem Auftauchen in dem Erdkeller geschehen war. Die Botschaften des Täters, der Bezug zu Albert Stucky, das betraf sie alles sehr persönlich. Vielleicht konnte er sich nicht mehr auf ihre Objektivität verlassen.

„Was sagt Timmy?" Sie wandte sich ihm wieder zu. „Kann er Eddie identifizieren?"

„Gestern Abend schien er sicher zu sein, aber das war gleich, nachdem Eddie ihn die Klippe hinuntergejagt und geschnappt hatte. Eddie behauptet, Timmy im Wald entdeckt und verfolgt zu haben, um ihn zu retten. Heute Morgen gab Timmy zu, das Gesicht seines Entführers nie gesehen zu haben. Aber es kann doch nicht alles bloßer Zufall sein, oder?"

„Nein, es klingt, als hättest du den Fall geklärt." Sie zuckte die Achseln.

„Aber habe ich auch den Täter?"

96. KAPITEL

Er stopfte seine wenigen Sachen in den alten Koffer und fuhr mit den Fingern über das Material, billiges Vinyl, das leicht brach. Die Zahlenkombination des Schlosses hatte er vor Jahren vergessen. Jetzt verschloss er ihn einfach nicht mehr. Sogar der Griff bestand nur aus einer Masse Klebeband, klebrig im Sommer, hart und kratzig im Winter. Er war das Einzige, was ihm von seiner Mutter geblieben war.

In der Nacht, als er von zu Hause weglief, hatte er ihn seinem Stiefvater unter dem Bett weg gestohlen. Sein Zuhause war nie ein Zuhause gewesen, erst recht nicht nach dem Tod der Mutter. Ohne sie war das zweistöckige Steinhaus zum Gefängnis geworden. Drei Wochen lang hatte er jede Nacht seine Strafe erhalten, ehe er türmte.

Sogar in der Nacht seiner Flucht hatte er gewartet, bis sein Stiefvater mit ihm fertig war und erschöpft zusammensackte. Danach hatte er den Koffer seiner Mutter geholt und gepackt, während ihm das Blut an den Innenseiten der Schenkel hinabgelaufen war. Im Gegensatz zu seiner Mutter hatte er sich nie an das tiefe gewalttätige Eindringen gewöhnt, und seine Tränen hatten ihn nicht geheilt. In jener Nacht hatte er kaum gehen können. Trotzdem hatte er die sechs Meilen zur katholischen Kirche unserer Heiligen Mutter von Lourdes geschafft, wo Pater Daniel ihm Unterschlupf gewährte.

Für Unterkunft und Essen hatte er einen ähnlichen Preis zahlen müssen, aber wenigstens war Pater Daniel freundlich, sanft und klein. Keine Risse und Prellungen mehr, nur noch die Demütigung, die er als Teil seiner Strafe akzeptierte. Schließlich war er ein Mörder. Der schreckliche Anblick verfolgte ihn noch im Schlaf – der Ausdruck der Überraschung in den toten Augen der Mutter, während sie ausgestreckt, mit verdrehtem Körper und gebrochenen Gliedern auf dem Kellerboden lag.

Er schlug den Kofferdeckel zu, als könne er so das Bild verscheuchen.

Der zweite Mord war wesentlich einfacher gewesen, eine streunende Katze, die Pater Daniel aufgenommen hatte. Im Gegensatz zu ihm hatte sie Obdach und Essen ohne Gegenleistung erhalten. Das allein war Grund genug gewesen, sie zu töten. Er erinnerte sich, wie ihm das warme Blut über Gesicht und Hände gespritzt war, als er ihr die Kehle durchschnitten hatte.

Von da an war jede Tötung eine spirituelle Offenbarung gewesen, eine Opferung. Im zweiten Jahr im Seminar hatte er den ersten Jungen umgebracht, einen arglosen Zeitungsjungen mit traurigen Augen und Sommersprossen. Der Junge hatte ihn an sich selbst erinnert. Deshalb musste er ihn umbringen.

Er sah auf die Uhr und wusste, dass er noch reichlich Zeit hatte. Sorgfältig stellte er den Koffer an die Tür, neben den grauschwarzen Matchbeutel, den er vorher gepackt hatte. Sein Blick glitt über die Zeitung, die gefaltet auf seinem Bett lag. Die Schlagzeile ließ ihn schmunzeln: „Deputy-Sheriff Verdächtiger im Fall der ermordeten Jungen".

Wie wunderbar leicht es gewesen war. Er hatte in dem Moment, als er Eddie Gillicks Feuerzeug auf dem Boden des alten Pickup fand, gewusst, dass der aalglatte, arrogante Angeber den idealen Sündenbock abgab. Fast so ideal wie Jeffreys seinerzeit.

Die langen Abende bei Kartenspiel und quälendem Geplauder mit dem Egomanen hatten sich endlich ausgezahlt. Er hatte Interesse an Gillicks letzter sexueller Eroberung geheuchelt, und Absolution und Vergebung geboten, als der gute Deputy schließlich nüchterner wurde. Er hatte sich als Gillicks Freund ausgegeben, in Wahrheit drehte sich ihm bei diesem eingebildeten Besserwisser der Magen um. Gillick hatte bei seiner Angeberei ein hitziges Temperament offenbart, das sich hauptsächlich gegen „jugendliche Punks" und „aufreizende Schlampen" richtete, denen er es zeigte. In vielerlei Hinsicht erinnerte Eddie ihn an seinen Stiefvater, was seine Verurteilung umso süßer machte.

Und warum sollte Gillick nicht verurteilt werden, bei seinem selbstzerstörerischen Verhalten und den Beweisstücken, die er ordentlich im Kofferraum des verbeulten Chevy platziert hatte. Was für ein Glück, im Wald auf den verunglückten Wagen zu treffen, und ein Kinderspiel, die tödlichen Beweise auszulegen, genau wie bei Jeffreys.

Er erinnerte sich, wie Ronald Jeffreys zu ihm gekommen war und den Mord an Bobby Wilson gebeichtet hatte. Als Jeffreys um Vergebung gebeten hatte, war nicht ein Hauch von Reue in seiner Stimme angeklungen. Jeffreys hatte seine Strafe verdient. Und es war so leicht gewesen, ihn hereinzureiten. Ein anonymer Anruf im Sheriff Department und ein paar belastende Beweise, das war's.

Ja, Ronald Jeffreys war der ideale Sündenbock gewesen, genau wie Daryl Clemmons. Der junge Seminarist hatte ihm seine homosexuellen Neigungen gebeichtet und sich damit nichts ahnend als Täter im Mord an dem kleinen, schutzlosen Zeitungsjungen angeboten, den man am Flussufer, in der Nähe des Seminars gefunden hatte. Dann war Randy Maiser gekommen, ein unglücklicher Vabagund, der in der katholischen St. Mary Kirche Zuflucht gesucht hatte. Die Leute von Wood River hatten den abgerissenen Fremden nur zu gern für schuldig gehalten, als einer ihrer kleinen Jungs ermordet wurde.

Ronald Jeffreys, Daryl Clemmons und Randy Maiser, alles ideale Sündenböcke. Und nun konnte er Eddie Gillick der Liste hinzufügen.

Er sah wieder auf die Zeitung, und sein Blick blieb auf Timmys Foto haften. Enttäuschung dämpfte seine gute Laune. Obwohl Timmys Flucht ihn überraschenderweise erleichtert hatte, zwang genau diese Flucht ihn nun zu gehen. Wie sollte er seine tägliche Arbeit weiter verrichten in dem Bewusstsein, den Jungen im Stich gelassen zu haben? Und Timmy würde irgendwann seine Augen, seinen Gang und seine Schuld erkennen. Schuld, weil er nicht imstande gewesen war, Timmy Hamilton zu retten.

Er nahm die Zeitung und blätterte zur Geschichte von Timmys Flucht und Christines Unfall. Er überflog den Artikel mit dem Zeigefinger und sah seinen abgebrochenen, abgekauten Nagel. Er verbarg den Finger beschämt in der Faust. Endlich fand er den gesuchten Hinweis am Ende des Artikels. Ja, Timmys Vater Bruce war wieder in der Stadt.

Er sah auf die Uhr. Der arme Timmy mit seinen vielen Prellungen. Er verdiente eine zweite Chance auf Rettung. Für etwas derart Wichtiges konnte er sich noch Zeit nehmen.

97. KAPITEL

Maggie hätte Nick gern versichert, dass der Fall gelöst war und keine Jungen mehr verschwinden würden. Doch während sie über Eddie Gillick als Verdächtigen sprachen, wurde sie die nagenden Zweifel nicht los. War sie nur starrköpfig? Wollte sie nicht wahrhaben, dass sie sich irrte?

Sie wünschte, die Krankenhaushelferin wäre so pünktlich wie sie keck gewesen war. Wie sollte man in so einem papierdünnen Hemd eine ernsthafte Unterhaltung führen? Und war es zu viel verlangt, ihr einen Bade- oder Morgenmantel zu geben, damit sie die ungeschützte Kehrseite bedecken konnte?

Sie merkte, wie Nick sich bemühte, sie nicht durch Blicke in Verlegenheit zu bringen, doch sie dachte bei jeder Bewegung an das lose Hemd und ihre Nacktheit. Noch unangenehmer war das Prickeln, das sie durchfuhr, sobald Nick sie ansah. Ihr Körper reagierte sofort auf ihn.

„Okay, es sieht so aus, als könnte Eddie Gillick der Schuldige sein", räumte sie ein und ignorierte ihre körperlichen Reaktionen. Die Arme vor der Brust verschränkt, ging sie zum Fenster, den Rücken zur Wand gedreht.

Heute war der Himmel so blau und klar, dass er künstlich wirkte. Von Gehsteigen und Rasenflächen war der meiste Schnee bereits geschmolzen. Bald würden nur noch die dunklen Eishaufen an der Straße übrig sein. Bäume, die noch nicht alle Blätter verloren hatten, schimmerten feucht in Gold, Gelb und Orange. Als sei ein Bann gebrochen, ein Fluch genommen worden, wirkte alles wieder normal. Alles bis auf das leichte Ziehen in ihrem Bauch, das nicht von den Nähten, sondern von ihren nagenden Zweifeln herrührte.

„Was hatte Christine gestern Abend mit Eddie zu schaffen?"

„Ich habe heute noch nicht mit ihr gesprochen. Gestern Abend sagte sie, Eddie habe sie heimfahren sollen, nahm aber einen Umweg. Er sagte ihr, wenn sie Sex mit ihm hätte, würde er ihr verraten, wo Timmy ist."

„Er behauptete zu wissen, wo Timmy ist?"

„Laut Christine, ja. Allerdings hat sie wohl fantasiert. Sie hat mir auch gesagt, Präsident Nixon hätte sie an den Straßenrand getragen."

„Die Maske, natürlich. Er hat Christine aus dem Wagen geholt und sein Tarnzeug in den Kofferraum gelegt!"

„Dann ist er losgerannt, um Timmy durch den Wald zu hetzen", fügte Nick hinzu. „Alles natürlich, nachdem er versucht hatte, Christine zu vergewaltigen und dich im Erdkeller umzubringen. Eifriger Bursche."

Sie starrten sich nur an. Das Offensichtliche blieb unausgesprochen, ließ jedoch bei beiden Enttäuschung und neue Angst aufkommen.

„Hat er bei dir irgendwas probiert?" fragte Nick schließlich.

„Was meinst du?"

„Du weißt schon ... hat er ...?"

„Nein", unterbrach sie ihn und ersparte ihm die Peinlichkeit. „Nein, hat er nicht."

Maggie erinnerte sich, wie der Täter ihre Waffe herausgefischt und unabsichtlich ihre Brust berührt hatte. Anstatt die Hand verweilen zu lassen, hatte er sie zurückgerissen. Als er ihr ins Ohr flüsterte, hatte er nicht mal ihre Haut berührt. Er war nicht an Sex interessiert, nicht mit Männern und schon gar nicht mit Frauen. Seine Mutter war schließlich eine Heilige. Maggie erinnerte sich an die Märtyrerbilder an Pater Kellers Schlafzimmerwand. Die Priesterschaft und das Zölibatsgelübde waren eine exzellente Tarnung für den Täter, ein exzellentes Versteck.

„Wir müssen Keller noch einmal befragen", sagte sie.

„Wir haben nichts gegen ihn in der Hand, Maggie."

„Miss O'Dell?" Eine Schwester steckte den Kopf zur Tür herein. „Sie haben Besuch."

„Wird aber auch Zeit", erwiderte sie und erwartete die kecke blonde Helferin.

Die Schwester hielt die Tür auf und lächelte den gut aussehenden blonden Mann im schwarzen Armani-Anzug flirtend an. Er trug einen billigen Kurzreisekoffer und hatte einen passenden Kleidersack über dem Arm.

„Hallo Maggie", grüßte er und trat ein, als gehöre ihm das Zimmer. Er warf Nick einen Blick zu, ehe er ihr sein teures Anwaltslächeln schenkte.

„Greg? Was tust du denn hier?"

98. KAPITEL

Timmy lauschte, bis der Automat seine Viertel Dollars geschluckt hatte, und traf seine Wahl. Fast hätte er ein Snickers genommen, erinnerte sich aber an seine Entführung und drückte den Knopf für Reese.

Er versuchte, nicht an den fremden Mann und das kleine Zimmer zu denken. Er musste an seine Mom denken und ihr helfen, wieder gesund zu werden. Es machte ihm Angst, sie in dem großen weißen Krankenhausbett an all die gurgelnden, zischenden und klickenden Maschinen angeschlossen zu sehen. Sie schien okay zu sein und sich sogar über Dad zu freuen, nachdem sie ihn natürlich erst mal angeschrien hatte. Dad hatte immer wieder gesagt, es täte ihm Leid. Als er aus dem Zimmer gegangen war, hatte Dad Moms Hand gehalten, und sie hatte nichts dagegen gehabt. Das musste ein gutes Zeichen sein, oder?

Timmy setzte sich auf den Plastikstuhl im Wartezimmer. Er wickelte den Riegel aus und teilte die beiden Stücke. Großvater Morrelli holte ihm ein Sandwich aus dem Supermarkt, nachdem sie die Koteletts in der Cafeteria inspiziert hatten.

Er warf sich ein ganzes „Peanut Buttercup" in den Mund und ließ es schmelzen, ehe er zu kauen begann.

„Ich dachte, du wärst ein Snickers-Typ."

Erschrocken drehte Timmy sich im Stuhl um. Er hatte nicht mal Schritte gehört.

„Hallo, Pater Keller", grüßte er mit vollem Mund.

„Wie geht's dir, Timmy?" Er tätschelte ihm die Schulter, und seine Hand verweilte auf seinem Rücken.

„Ich bin okay." Er schluckte den Rest der Süßigkeit und hatte den Mund leer. „Meine Mom ist heute Morgen operiert worden."

„Das habe ich gehört." Pater Keller legte einen Matchbeutel auf den Nachbarsitz und ging vor Timmy in die Hocke.

Timmy mochte das an Pater Keller, er gab einem immer das Gefühl, etwas Besonderes zu sein. Er war echt interessiert. Timmy erkannte das an diesen sanften blauen Augen, die manchmal so traurig wirkten. Pater Keller fühlte echt mit. Diese Augen ... Timmy sah wieder hin, und plötzlich hatte er ein mulmiges Gefühl im Bauch. Pater Kellers Augen sahen heute irgendwie anders aus. Er konnte nicht sagen, wieso. Timmy rutschte unruhig auf seinem Stuhl herum.

Pater Keller fragte besorgt: „Alles okay, Timmy?"

„Ja, alles prima. Hab wohl zu viel Süßes gegessen. Ich habe nicht gefrühstückt. Wollen Sie irgendwohin?" Er deutete mit dem Daumen auf den Matchbeutel.

„Ich bringe Pater Francis zu seiner letzten Ruhestätte. Ich bin gekommen, um zu sehen, ob er transportbereit ist."

„Er ist hier?" Timmy wollte gar nicht flüstern, aber er tat es automatisch.

„Unten, in der Leichenhalle. Möchtest du mich begleiten?"

„Ich weiß nicht recht. Ich warte auf meinen Grandpa."

„Es dauert nur ein paar Minuten. Es wird dir bestimmt gefallen. Die Halle sieht aus wie bei *Akte X*."

„Wirklich?" Timmy erinnerte sich, wie er Spezialagentin Scully bei den Autopsien zugesehen hatte. Er fragte sich, ob Tote wirklich alle grau und steif waren. „Sind Sie sicher, dass es okay ist, wenn ich mitkomme? Werden die Leute aus dem Krankenhaus nicht wütend?"

„Nein, da unten ist nie einer."

Pater Keller erhob sich und nahm den Matchbeutel. Er wartete, während Timmy den Rest des Riegels in den Mund schob und versehentlich das Einwickelpapier fallen ließ. Als Timmy sich bückte, um es aufzuheben, bemerkte er Pater Kellers Nikes, sauber und weiß wie immer. Aber heute ... heute war ein Schuhband geknotet! Das mulmige Gefühl in seinem Bauch wurde stärker.

Er richtete sich langsam auf, leicht benommen im Kopf. Zu viel süßes Zeug, dachte er und blickte in Pater Kellers lächelndes Gesicht. Der Pater wartete und streckte ihm eine Hand hin. Ein letzter Blick auf den Schuh.

Warum hatte Pater Keller einen Knoten im Schuhband?

99. KAPITEL

„Wie hast du herausgefunden, dass ich im Krankenhaus bin?" fragte Maggie Greg, sobald sie allein waren. Sie breitete die Anzüge aus, die sie vor Tagen sorgfältig eingepackt hatte, erfreut, dass sie zwei Reisen quer durchs Land unbeschadet überstanden hatten.

„Ich habe es erst heute Morgen im Sheriff Department erfahren. Irgend so 'n Flittchen im Lederrock hat es mir gesagt."

„Sie ist kein Flittchen." Maggie konnte kaum glauben, dass sie Lucy Burton verteidigte.

„Das unterstreicht nur mein Argument, Maggie."

„Welches Argument?"

„Dass dieser Job viel zu gefährlich ist."

Sie sah den Kurzreisekoffer durch, den er ihr gebracht hatte, beherrschte ihren aufkeimenden Ärger und dachte lieber daran, wie gut es war, wieder eigene Sachen zu haben. So lächerlich es klang, aber die eigene Unterwäsche anzufassen, vermittelte ihr ein Gefühl von Sicherheit und Normalität.

„Warum gibst du es nicht einfach zu?" beharrte Greg.

„Was soll ich zugeben?"

„Dass dein Job zu gefährlich ist."

„Für wen, Greg? Für dich etwa? Ich habe kein Problem damit. Die Risiken waren mir immer bewusst."

Sie sah ihn kurz über die Schulter hinweg an. Er ging hin und her, die Hände auf den Hüften, als warte er auf einen Urteilsspruch. „Als ich dich bat, meinen Koffer vom Flughafen abzuholen, habe ich nicht gemeint, du sollst ihn mir bringen." Sie versuchte ein Lächeln, doch er schien entschlossen, sich nicht vom Thema ablenken zu lassen.

„Nächstes Jahr werde ich Partner in der Kanzlei. Wir sind auf dem Weg, Maggie."

„Auf dem Weg, wohin?" Sie holte Slip und passenden BH heraus.

„Mein Gott, du solltest nicht diese gefährliche Arbeit vor Ort machen. Du hast acht harte Jahre beim FBI hinter dir. Du solltest die Erfahrung haben, um ... ich weiß nicht, bei der Dienstaufsicht oder Ausbilderin zu sein ... etwas in der Art."

„Meine Arbeit macht mir Spaß, Greg." Sie begann das Krankenhaushemd auszuziehen und warf einen Blick über die Schulter. Greg hob die Hände und verdrehte die Augen.

„Was? Willst du, dass ich gehe?" höhnte er verärgert. „Ja, vielleicht sollte ich gehen, damit du deinen Cowboy wieder hereinholen kannst."

„Er ist nicht mein Cowboy." Zornesröte überzog ihre Wangen.

„Hast du deshalb meine Anrufe nicht erwidert? Läuft da was zwischen dir und Sheriff Muskelprotz?"

„Mach dich nicht lächerlich, Greg." Sie riss sich das Hemd herunter und stieg mühsam in ihren Slip. Das Bücken und Armheben schmerzte. Zum Glück verbarg eine Bandage die unansehnlichen Stiche.

„O mein Gott, Maggie!"

Sie fuhr herum und sah, wie er auf ihre verletzte Schulter starrte, das Gesicht zur Grimasse verzogen. Ob vor Ekel oder Sorge konnte sie nicht entscheiden. Er musterte ihren übrigen Körper, und der Blick verweilte auf der Narbe unter ihren Brüsten. Plötzlich wurde sie sich schamvoll ihrer Nacktheit bewusst, was unsinnig war. Schließlich war er ihr Ehemann. Trotzdem schnappte sie sich das Hemd und presste es vor die Brust.

„Das stammt nicht alles von letzter Nacht", stellte er aufgebracht fest. „Warum hast du mir nichts davon gesagt?"

„Warum hast du es nicht bemerkt?"

„Dann ist es also meine Schuld?" Wieder hob er die Hände

hoch, eine Geste, die sie kannte, wenn er sein Plädoyer übte. Bei Geschworenen zeigte das vielleicht Wirkung, für sie war das wertloses Melodram, eine schlichte Technik, Aufmerksamkeit zu erregen. Wie konnte er es wagen, sich über ihre Narben zu beschweren.

„Es hat nichts mit dir zu tun."

„Du bist meine Frau. Bei deinem Job wird dein Körper zerschnitten, und das hat nichts mit mir zu tun? Ich mache mir Sorgen!" Sein blasses Gesicht bekam vor Wut große rote Flecke wie ein Ausschlag.

„Du bist nicht besorgt, du bist wütend, weil ich es dir nicht gesagt habe."

„Verdammt richtig, ich bin wütend. Warum hast du es mir verschwiegen?"

Sie warf das Hemd beiseite und bot ihm einen guten Blick auf die Narbe.

„Die bekam ich vor über einem Monat, Greg." Sie fuhr mit dem Finger die rote Narbe entlang, die Stucky ihr beigebracht hatte. „Die meisten Ehemänner hätten es bemerkt. Aber wir schlafen nicht mal mehr miteinander, wie könntest du es also bemerken? Dir ist noch nicht einmal aufgefallen, dass ich nachts nicht neben dir liege, sondern die meiste Zeit umherwandere. Ich bin dir gleichgültig, Greg."

„Das ist doch lächerlich! Wie kannst du so etwas behaupten? Ich will ja aus Sorge um dich, dass du das FBI verlässt."

„Wenn ich dir etwas bedeuten würde, könntest du verstehen, wie wichtig mir meine Arbeit ist. Nein, du sorgst dich nur, wie du vor den anderen dastehst. Deshalb soll ich mit der Arbeit am Tatort aufhören. Du möchtest deinen Freunden und Partnern sagen können, dass ich ein hohes FBI-Tier bin mit einem großen Büro und einer Sekretärin, die deine Anrufe durchstellen muss. Ich soll sexy schwarze Cocktailkleider tragen, damit du mich auf euren schicken Anwaltspartys herumzeigen kannst. Und meine unschönen Narben passen da nicht ins Bild." Sie stand da, die Hände auf den Hüften, und unterdrückte ein Frösteln. „So bin ich nun mal. Vielleicht passe ich einfach nicht mehr in deinen Countryclub-Lebensstil."

Er schüttelte den Kopf wie ein Vater, der die Geduld mit einer störrischen Göre verliert. Sie nahm das Hemd und hielt es wieder vor die Brust. Sie fühlte sich schutzlos, da sie mehr gezeigt hatte als nackten Körper. „Danke, dass du mir die Sachen gebracht hast", sagte sie leise. „Und jetzt möchte ich, dass du gehst."

„Na, prima." Er stieß die Arme in die Ärmel des Trenchcoat. „Warum treffen wir uns nicht zum Lunch, nachdem du dich abgekühlt hast?"

„Nein, ich möchte, dass du nach Hause zurückkehrst."

Er sah sie mit eisigen grauen Augen an, die zusammengepressten Lippen hielten eine zornige Erwiderung zurück. Sie wartete auf die nächste Verbalattacke, doch er machte auf den Absätzen seiner teuren Lederschuhe kehrt und stürmte hinaus.

Maggie warf sich aufs Bett. Der Schmerz in der Seite verstärkte noch ihre Erschöpfung. Sie hörte das Klopfen kaum, wappnete sich jedoch vor Gregs Zorn. Stattdessen kam Nick herein, warf einen Blick auf sie und drehte sich rasch um.

„Entschuldige, ich wusste nicht, dass du nicht angezogen bist."

Sie blickte an sich hinab und merkte, dass sie nur den Slip trug und das dünne Krankenhausnachthemd an die Brust presste. Sie vergewisserte sich, dass Nick ihr den Rücken zuwandte, und zog eilig ihren BH an, behindert durch die Stiche in der Seite.

„Eigentlich müsste ich mich wohl entschuldigen", sagte sie mit einer Spur Sarkasmus. „Offenbar wirkt mein vernarbter Körper abschreckend auf Männer."

Sie fuhr mit den Armen in die Ärmel ihrer Bluse, merkte, dass die Innenseite außen war, zog sie wieder aus und versuchte es erneut.

Nick riskierte einen raschen Blick über die Schulter. „Mein Gott, Maggie, inzwischen solltest du wissen, dass ich der Falsche bin, das zu bestätigen. Seit Tagen versuche ich irgendetwas an dir zu entdecken, das mich nicht antörnt."

Sie spürte, dass er lächelte, und hielt kurz beim Zuknöpfen der Bluse inne, da ihr ohnehin die Hände zitterten. Ihr war heiß geworden. Nick musste sie nicht mal ansehen, um solche Reaktionen bei ihr auszulösen.

„Jedenfalls wollte ich nicht einfach so hereinplatzen", entschuldigte er sich. „Ich wollte dir nur mitteilen, dass es ein Problem mit dem Verhör von Pater Keller gibt."

„Ich weiß, ich weiß, wir haben nicht genügend Beweise, ihn vorzuladen."

„Nein, das ist es nicht." Noch ein rascher Blick, um zu sehen, wie weit sie war. Sie hatte die Hose halb angezogen, und er wandte sich wieder der Tür zu. Sie lächelte über sein Taktgefühl. Schließlich hatte er sie schon mit weniger bekleidet gesehen, sie dachte an das Footballtrikot und den weichen, bequemen Bademantel.

„Wenn es nicht um Beweise geht, worum dann?"

„Ich habe gerade im Pastorat angerufen und mit der Köchin gesprochen. Pater Keller ist weg und Ray Howard ebenso."

100. KAPITEL

Sobald sie aus dem Fahrstuhl kamen, bemerkte Timmy das Schild: „Zutritt verboten – nur für Krankenhauspersonal". Pater Keller beachtete es nicht. Ohne Zögern ging er den Flur hinunter, als gehöre er hierher.

Timmy versuchte Schritt zu halten, obwohl sein Knöchel noch

schmerzte. Seit der Arzt ihm diese feste Plastikbandage verpasst hatte, tat er sogar noch mehr weh. Bestimmt bekam er blaue Flecke davon.

Pater Keller blickte zu ihm hinunter und bemerkte sein Hinken.

„Was ist mit deinem Bein passiert?"

„Ich habe mir gestern Nacht im Wald den Knöchel verstaucht."

Timmy mochte nicht daran denken. Denn wenn er es tat, hatte er gleich wieder dieses mulmige Gefühl im Bauch, und danach begann er zu zittern.

„Du hast eine Menge durchgemacht, was?" Der Priester blieb stehen und tätschelte ihm den Kopf. „Möchtest du darüber reden?"

„Nein, eigentlich nicht", sagte Timmy, ohne aufzublicken. Stattdessen sah er auf seine brandneuen Nikes, luftgepolsterte, die coolen, teuren. Onkel Nick hatte sie ihm heute Morgen geschenkt.

Pater Keller drängte nicht und stellte ihm auch keine weiteren Fragen wie die anderen Erwachsenen. Timmy war die Fragerei leid. Alle – Deputy Hal, die Reporter, der Arzt, Onkel Nick, Grandpa – alle wollten etwas über den kleinen Raum wissen, in dem er gefangen gewesen war, über den fremden Mann und über seine Flucht. Er wollte einfach nicht mehr daran denken.

Pater Keller öffnete eine Tür und kippte den Lichtschalter. Der riesige Raum wurde hell, als die Lampen eine nach der anderen aufflammten.

„Wow, das sieht wirklich aus wie bei *Akte X!*" begeisterte sich Timmy und ließ die Finger über die glänzenden Arbeitsflächen gleiten, die aus Edelstahl waren wie der große Tisch in der Mitte. Sein Blick wanderte über die eigenartige Sammlung von Utensilien, die ordentlich auf Tabletts lagen. Dann entdeckte er die Reihen von Schubladen an der gegenüberliegenden Wand und zeigte hin. „Bewahren die da die Toten auf?"

„Ja", bestätigte Pater Keller, wirkte aber geistesabwesend und stellte den Matchbeutel auf den Metalltisch.

„Ist Pater Francis in einer von den Schubladen?" flüsterte Timmy und kam sich dumm vor, schließlich konnte Pater Francis ihn ja nicht hören.

„Ja. Falls sie ihn nicht bereits geholt haben."

„Geholt?"

„Der Leichenwagen hat Pater Francis vielleicht schon zum Flughafen gebracht."

„Zum Flughafen?" Timmy war verwirrt. Er hatte noch nie davon gehört, dass Tote in Flugzeugen reisten.

„Ja. Ich habe dir doch gesagt, dass ich Pater Francis an seine letzte Ruhestätte begleite."

„Ja, okay." Timmy sah wieder über die Arbeitsflächen und Gerätschaften, trat näher, wollte etwas anfassen, unterließ es jedoch. Einige Werkzeuge waren scharf, andere lang und schmal mit engen Zähnen. Eines sah aus wie eine kleine Kettensäge. So komische Sachen hatte er noch nie gesehen und versuchte sich auszumalen, was man damit machte.

„Ich habe gehört, dein Vater ist zurückgekommen", sagte Pater Keller und stand steif neben dem Metalltisch.

„Ja, ich hoffe, er bleibt", erklärte Timmy mit einem flüchtigen Blick. Es gab zu viel Interessantes zu sehen: Ampullen, Röhren und sogar ein Mikroskop. Vielleicht konnte er sich zum Geburtstag ein Mikroskop wünschen.

„Du möchtest wirklich, dass dein Vater bleibt?"

„Ja, ich glaube schon."

„War er nicht gemein zu dir?"

Timmy sah Pater Keller überrascht an. Was meinte er damit?

Doch der Pater öffnete den Matchbeutel und befasste sich mit dessen Inhalt.

„Wie meinen Sie das?" fragte Timmy schließlich.

„Hat er dir nicht wehgetan?" Pater Keller blickte nicht auf. „Hat er nicht unangenehme Dinge mit dir gemacht?"

Timmy war nicht sicher, was unangenehme Dinge waren. Er wusste, dass er jetzt diesen zerknautschten Gesichtsausdruck hatte, den er immer machte, wenn er verwirrt war. Er hörte seine Mom sagen: Sieh mich nicht so an, oder dein Gesicht bleibt so stehen. Er versuchte die Miene zu verändern, ehe Pater Keller ihn ansah, doch der durchsuchte immer noch seinen Matchbeutel.

„Mein Dad war die meiste Zeit nett zu mir. Nur manchmal hat er mich, glaube ich, angebrüllt."

„Was ist mit deinen Prellungen?"

Timmy spürte sein Gesicht heiß werden vor Verlegenheit. Aber Pater Keller sah Gott sei Dank immer noch nicht auf. „Ich kriege einfach leicht blaue Flecke. Die meisten habe ich vom Fußballspielen." Und von Chad Calloway.

„Warum hat deine Mom deinen Dad dann hinausgeworfen?" Pater Kellers Stimme überraschte Timmy. Plötzlich klang sie komisch tief und eine Spur zornig, doch er blickte weiter in seinen Beutel.

Timmy wollte Pater Keller nicht ärgerlich machen. Er hörte das Klappern von Metall und fragte sich, was für Werkzeuge er in dem Beutel hatte.

„Ich weiß nicht genau, warum meine Mom ihn weggeschickt hat. Ich glaube, es hatte etwas mit einer nuttigen, vollbusigen Sekretärin zu tun", erklärte Timmy und versuchte den genauen Wortlaut wiederzugeben, den er von seiner Mom aufgeschnappt hatte.

Diesmal sah Pater Keller auf, und der Blick aus stechenden

blauen Augen ließ Timmy frösteln. Für gewöhnlich blickten Pater Kellers Augen freundlich und warm. Aber jetzt ... diese Augen ... nein, das konnte nicht sein. Timmy drehte sich der Magen um. Ihm wurde übel, er spürte schon die Säure in der Kehle und unterdrückte den Würgereflex. Das Zittern begann in den Fingern und erfasste langsam den Körper. Ihm wurde schwindlig.

„Timmy, alles okay mit dir?" fragte Pater Keller, und plötzlich waren die kalten Augen warm vor Mitgefühl. „Tut mir Leid, wenn ich dich erschreckt habe."

Timmys Panik schwand, der Magen beruhigte sich, doch es blieb eine Art Klumpen im Bauch zurück. Wie gebannt sah er Pater Keller in die Augen, gefesselt von der drastischen Veränderung im Ausdruck. Oder hatte er sich das eingebildet?

„Timmy", sagte Pater Keller freundlich, „glaubst du, dass dein Dad und deine Mom wieder zusammenkommen, dass ihr wieder eine richtige Familie werdet?"

Timmy schluckte trocken, um das unangenehme Gefühl loszuwerden. Aber der Magen tat ihm weh. Vielleicht lag es doch am Zuckerzeug, das er auf leeren Magen gegessen hatte.

„Das hoffe ich", erwiderte er. „Ich vermisse meinen Dad. Wir sind manchmal zusammen zelten gegangen. Nur wir beide. Dann durfte ich Köder auf meine eigene Angel spießen. Wir haben viel geredet und so. Das war echt cool. Außer dass Dad ein furchtbarer Koch ist."

Pater Keller lächelte ihn an und zog den Reißverschluss des Matchbeutels zu, ohne etwas herauszunehmen.

„Hier seid ihr zwei!" Antonio Morrelli stieß die Tür auf und erschreckte Timmy und Pater Keller. „Schwester Richards hatte den Fahrstuhl nach unten fahren sehen. Was macht ihr hier?"

Sein Grandpa stand lächelnd in der offenen Tür, gelbe Tüten aus dem Supermarkt in den Händen. Trotz des starken Geruchs nach antiseptischer Reinigungslösung hier unten roch Timmy Pastrami, Essig und Zwiebeln.

„Pater Keller wollte Pater Francis für die Reise abholen", erklärte Timmy, sah den Pater an und stellte erfreut fest, dass er lächelte. Dann sagte er zu seinem Grandpa: „Sieht das hier nicht aus wie bei *Akte X*?"

101. KAPITEL

Nick verlangsamte das Tempo, als er Maggies angestrengtes, blasses Gesicht bemerkte. Natürlich hatte sie Schmerzen, und natürlich beklagte sie sich nicht.

Der freitägliche Menschenandrang war über den Eppley Airport hereingebrochen. Eilige Geschäftsleute auf dem Heimweg, langsamere Herbst- und Wochenendurlauber, die zu viel Gepäck mitschleppten, um voranzukommen.

Mrs. O'Malley, die Köchin von St. Margaret, hatte Nick erzählt, dass Pater Kellers Maschine um 14 Uhr 45 gehe. Angeblich überführte er Pater Francis' Leichnam an seine letzte Ruhestätte. Als er gebeten hatte, mit Ray Howard zu sprechen, hatte sie ihm gesagt, Ray sei auch fort.

„Ich habe ihn seit dem Frühstück nicht gesehen, Nick. Immer schleicht er sich wegen irgendeiner Sache davon, die er angeblich für Pater Keller erledigen muss. Ich weiß nie, wann ich ihm glauben soll." Flüsternd hatte sie hinzugefügt: „Er ist mir unheimlich."

Nick hatte ihre Zusatzkommentare ignoriert. In seiner Eile war er nicht an der Paranoia einer Zweiundsiebzigjährigen interessiert und hatte versucht, sie auf die Fakten zu konzentrieren.

„Wo wird Pater Francis begraben?"

„Irgendwo in Venezuela."

„Venezuela? Großer Gott!" Mrs. O'Malley musste das überhört haben, sonst hätte sie ihn zweifellos zurechtgewiesen, den Namen des Herrn nicht grundlos in den Mund zu nehmen.

„Pater Francis liebte da einen kleinen Ort besonders", erklärte sie unaufgefordert, froh als Expertin seine Aufmerksamkeit zu haben. „Er hatte seine erste Stelle nach dem Seminar dort. Eine arme Bauerngemeinde. Ich erinnere mich nicht an den Namen. Pater Francis sprach immer von den hübschen braunhäutigen Kindern und wie sehr er hoffte, eines Tages dorthin zurückzukehren. Schade, dass es nicht zu Lebzeiten war."

„Wissen Sie noch, in der Nähe welcher Stadt der Ort lag?"

„Nein, ich erinnere mich nicht. Die ganzen Namen da unten sind so schwer zu behalten und auszusprechen. Pater Keller kommt nächste Woche zurück. Hat es nicht bis dahin Zeit?"

„Nein, ich fürchte nicht. Was ist mit der Flugnummer oder der Fluggesellschaft?"

„Meine Güte, ich weiß nicht, ob er was erwähnt hat. Könnte TWA gewesen sein ... nein, United, glaube ich. Die Maschine geht um Viertel vor drei in Eppley ab", hatte sie hinzugefügt, als sei das Erklärung genug.

Nick sah jetzt auf die Uhr, fast halb drei. Er und Maggie trennten sich an den Ticket-Schaltern und gingen mit gezückten Ausweisen an den Wartenden vorbei zum Tresen.

Die große Frau am TWA-Schalter ließ sich vom Ausweis eines Bezirkssheriffs nicht beeindrucken. Nick wünschte sich Maggies FBI-Autorität, versuchte es jedoch mit einem Lächeln und ein bisschen Schmeichelei. Die starre Miene der Angestellten wurde kaum merklich weicher. Ihr langes Haar war so straff zu einem Knoten geschlungen, dass ihr Gesicht ebenfalls straff und streng wirkte. Vielleicht hatte sie deshalb auch so schmale Lippen, die sich beim Sprechen kaum bewegten.

„Bedaure, Sheriff Morrelli. Ich kann Ihnen weder die Passagierliste geben noch Informationen über einzelne Passagiere. Bitte, Sie halten die Leute auf."

„Okay, okay. Wie ist es mit Flügen? Haben Sie einen Flug nach Venezuela, sagen wir in ..." Er sah auf die Uhr. „In zehn bis fünfzehn Minuten?"

Sie sah auf ihren Computer und ließ sich trotz des ungeduldigen Seufzens und Scharrens in der Schlange Zeit.

„Wir haben einen Flug nach Miami, mit direktem Anschluss an einen Flug nach Caracas."

„Großartig! Welcher Flugsteig?"

„Elf. Aber der Flug ging um Viertel nach zwei."

„Sind Sie sicher?"

„Ziemlich. Das Wetter ist bestens, alle Flüge sind pünktlich." Sie sah an ihm vorbei auf einen kleinen grauhaarigen Mann, der es nicht abwarten konnte, ihr sein Ticket zu geben.

„Können Sie nachprüfen, ob ein Sarg an Bord war?" fragte Nick und hielt die Stellung trotz eines Ellbogens im Rücken.

„Wie bitte?"

„Ein Sarg, für einen Leichnam." Er spürte, dass alle Blicke interessiert auf ihn gerichtet waren. „Der würde wohl unter Fracht laufen und somit niemandes Persönlichkeitsrechte verletzen." Er lächelte wieder, und hinter ihm kicherte jemand.

Die Dame am Schalter war nicht amüsiert, ihre Lippen wurden noch dünner. „Trotzdem kann ich Ihnen die Auskunft nicht geben. Wenn Sie jetzt bitte beiseite treten würden."

„Wissen Sie, ich könnte später mit einem Gerichtsbeschluss zurückkommen!" Plötzlich war er nicht mehr der nette Sheriff. Er verlor die Geduld, denn die Zeit lief ihm davon.

„Das wäre vielleicht das Beste. Der Nächste. Wer war der Nächste, bitte?" Da Nick nicht weichen wollte, trat sie etwas beiseite, um den älteren Herrn hinter ihm abzufertigen. Der drängte sich an Nick vorbei zum Schalter und maß ihn ungeduldig mit einem ärgerlichen Blick.

Nick ging zu Maggie, die mit einem anderen Schalterangestellten sprach. „Danke", sagte sie dem Mann von United und folgte Nick in eine Ecke abseits des Trubels.

Sie wirkte erledigt und war noch bleicher als zuvor. Er wollte sie fragen, ob alles in Ordnung sei, doch auf der Herfahrt hatte er schon drei- oder viermal gehört: Es geht mir gut.

„TWA hat einen Flug nach Miami mit einem Anschluss nach Caracas", erklärte er und betrachtete sie aufmerksam.

„Gehen wir. Welcher Flugsteig?" Sie bewegte sich jedoch nicht, sondern lehnte sich an die Wand, um zu verschnaufen.

„Er ging vor etwa zwanzig Minuten."

„Wir haben ihn verpasst? War Keller an Bord?"

„Die Schalterdame wollte es mir nicht sagen. Wir müssen vielleicht mit einem Gerichtsbeschluss zurückkommen, um es herauszufinden. Was sollen wir machen? Hinfliegen und versuchen, ihn zu schnappen, ehe der Anschlussflug abgeht? Wenn er nach Südamerika entkommt, kriegen wir ihn nie, Maggie."

Hörte sie ihm überhaupt zu? Es war nicht der Schmerz, der sie ablenkte. Ihr Blick war über seine Schulter gerichtet.

„Maggie?" versuchte er es wieder.

„Ich glaube, ich habe soeben Ray Howard gefunden."

102. KAPITEL

Maggie sah die Verwirrung in Nicks Miene. Sie selbst war auch leicht durcheinander und vor allem frustriert.

„Vielleicht hat er Pater Keller nur zum Flughafen gebracht", erklärte Nick mit leiser, ruhiger Stimme, obwohl Ray Howard jenseits der Ticket-Lobby und außer Hörweite war.

„Für gewöhnlich nimmt man kein Gepäck mit, wenn man jemand zum Flughafen bringt", gab Maggie zu bedenken.

Der große grau-schwarze Matchbeutel schien schwer zu sein, denn Ray Howard hinkte deutlicher als sonst. Er trug seine übliche Uniform aus brauner Hose mit Bügelfalte, weißem Hemd und Krawatte. Die Strickjacke hatte er durch einen blauen Blazer ersetzt.

„Sag mir noch mal, warum er kein Verdächtiger ist", bat Nick, ohne Ray aus den Augen zu lassen.

Maggie fiel kein Grund mehr ein. Schließlich sagte sie: „Das Hinken. Denk dran, dass die Jungen vielleicht in den Wald getragen wurden. Timmy sagte aus, der Täter habe nicht gehinkt."

Sie sahen Ray Howard kurz am Flugplan stehen bleiben und dann zur Rolltreppe gehen.

„Ich weiß nicht, Maggie, dieser Matchbeutel sieht ganz schön schwer aus."

„Ja", bestätigte sie und eilte mit ihm zu den Rolltreppen.

Ray Howard zögerte an der abwärts führenden Treppe und wollte vorsichtig einen Fuß aufsetzen.

„Mr. Howard!" rief Maggie.

Ray sah kurz über die Schulter, hielt sich am Geländer fest und sah noch einmal genauer zu ihnen hin. Die Echsenaugen waren erschrocken geweitet. Ray sprang auf die Rolltreppe, lief die Stufen hinunter und verschaffte sich freie Bahn, indem er die Leute mit dem Matchbeutel stieß und verdrängte.

„Ich nehme die Treppe!" Nick rannte zum Notausgang.

Maggie folgte Ray Howard, riss ihre Waffe aus dem Holster und hielt sie mit dem Lauf nach oben.

„FBI!" schrie sie und verschaffte sich so freie Bahn.

Rays Schnelligkeit überraschte sie. Er rannte durch die Menge, lief im Zickzack um Kofferträger und sprang über stehen gelassene

Hundekäfige. Er schubste Reisende beiseite, stieß eine blauhaarige alte Dame zu Boden und preschte durch eine Gruppe japanischer Touristen. Dabei sah er immer wieder zu Maggie zurück, mit offenem Mund atmend, Schweiß auf der Stirn.

Sie holte auf, doch ihre Atmung war beschwerlich. Das stoßweise Keuchen hörte sich an, als käme es aus einem Ventilator und nicht aus ihrer Brust. Das Brennen in der Seite ignorierte sie einfach.

Plötzlich blieb Ray stehen, entriss einer verblüfften Stewardess einen Kofferkarren und schob ihn auf Maggie zu. Die Koffer lösten sich. Einer sprang auf und spie Kosmetika, Schuhe, Kleidung und ein Sortiment Unterwäsche auf den Boden. Maggie glitt auf einem Spitzenhöschen aus, verlor die Balance, fiel in das Durcheinander und zerdrückte mit dem Knie ein Fläschchen flüssiges Make-up.

Ray lief Richtung Parkdeck und warf ein Lächeln über die Schulter. Er war fast an der Tür und presste den Matchbeutel an sich. Sein Hinken war jetzt noch ausgeprägter. Er stieß die Tür auf, als Nick ihn am Kragen packte und zu sich herumdrehte. Ray Howard fiel auf die Knie und bedeckte den Kopf mit beiden Armen, als erwarte er Schläge. Nick hielt ihn am Kragen fest.

Maggie rappelte sich auf, während die Stewardess ihre Sachen einsammelte. Nick sah ihr besorgt entgegen.

„Mir geht es gut", versicherte sie, ehe er fragen konnte. Als sie den Revolver einsteckte, spürte sie jedoch die klebrige Feuchtigkeit in der Seite. Sie zog die Finger aus der Innenseite der Jacke. Sie waren blutverschmiert.

„Mein Gott, Maggie!" Nick hatte es sofort bemerkt. Ray ebenfalls, und er lächelte. „Was tun Sie hier, Ray?" fragte Nick, packte fester zu, und Rays Lächeln verwandelte sich in eine Grimasse.

„Ich habe Pater Keller hergebracht. Er musste zu seinem Flug. Warum haben Sie mich gejagt? Ich habe nichts getan!"

„Warum sind Sie dann weggelaufen?"

„Eddie hat mir gesagt, ich soll mich vor Ihnen beiden in Acht nehmen."

„Das hat Eddie gesagt?"

„Was ist in dem Matchbeutel?" unterbrach Maggie die beiden.

„Ich weiß nicht. Pater Keller sagte, er braucht ihn nicht mehr. Ich soll ihn für ihn zurückbringen."

„Haben Sie was dagegen, wenn wir mal hineinsehen?" Sie zog ihm den Beutel aus den Händen. Sein Widerstand gegen die Festnahme rechtfertigte eine Durchsuchung. Der Beutel war schwer. Sie stellte ihn geöffnet auf einen nahen Stuhl, zögerte und lehnte sich an eine Telefonzelle, bis die Benommenheit verging.

„Sind Sie sicher, dass es nicht Ihr Beutel ist?" sagte sie und nahm die vertraute braune Strickjacke und mehrere gut gebügelte weiße Hemden heraus. Howard wirkte überrascht.

Ein Stapel Kunstbücher erklärte das Gewicht. Maggie legte sie beiseite, mehr an einer kleinen geschnitzten Kiste interessiert, die zwischen Boxershorts versteckt war. Die eingeschnitzten Worte auf dem Deckel waren Latein, leider hatte sie keine Ahnung, was sie bedeuteten. Der Inhalt überraschte sie nicht: ein weißes Leintuch, ein kleines Kruzifix, zwei Kerzen und ein kleiner Behälter mit Öl. Sie sah zu Nick, der den Inhalt frustriert zur Kenntnis nahm. Dann langte sie unter einen Stapel Zeitungsausschnitte am Boden der Kiste und zog eine Knabenunterhose hervor, die fest um ein glänzendes Filetiermesser gewickelt war.

103. KAPITEL

Sonntag, 2. November
Maggie gab einen weiteren Code in den Computer ein und wartete. Das Modem ihres Laptops war elend langsam. Sie nahm noch einen

Bissen von dem Blaubeermuffin, selbst gebacken und geliefert von – von wem sonst? – Wanda. Ihr Computer bemühte sich immer noch, Kontakt herzustellen. Sie sah sich im Zimmer um und wippte nervös mit dem Fuß, aber das machte den PC auch nicht schneller.

Ihre Sachen waren gepackt, sie hatte vor Stunden geduscht und sich angezogen, doch ihr Flug ging erst gegen Mittag. Sie rieb sich den steifen Nacken und konnte nicht glauben, dass sie die ganze Nacht im Lehnsessel geschlafen hatte. Noch erstaunlicher war, dass sie geschlafen hatte ohne Visionen von Albert Stucky.

Gelangweilt nahm sie die Ausgabe des *Omaha Journal*. Die Schlagzeile verstärkte nur ihre Unzufriedenheit. Es freute sie jedoch, dass der Artikel von Christine stammte. Sogar vom Krankenbett aus verfasste sie ihre Leitartikel. Wenigstens waren sie und Timmy in Sicherheit.

Sie überflog den Artikel noch einmal. Christine hielt sich an die Fakten und ließ die Experten, die sie zitierte, die sensationellen Schlussfolgerungen ziehen. Sie fand ihr eigenes Zitat und las es zum dritten Mal.

Spezialagentin Maggie O'Dell, mit dem Fall befasste FBI-Profilerin, sagte, es sei unwahrscheinlich, dass Gillick und Howard Partner waren. Serientäter seien Einzeltäter. Dennoch hat das Büro des Distrikt-Staatsanwaltes gegen Deputy-Sheriff Eddie Gillick und Kirchenküster Ray Howard Anklage wegen Mordes an Aaron Harper, Eric Paltrow, Danny Alverez und Matthew Tanner erhoben. Eine Separatklage wurde wegen der Entführung von Timmy Hamilton eingereicht.

Es klopfte an der Tür. Maggie warf die Zeitung beiseite und sah auf den Computermonitor. „Erste Zahl noch einmal eingeben", erschien auf dem Bildschirm, gefolgt von einem leisen Summen und einigen Piepstönen. Es war Sonntagmorgen. Warum dauerte es so lange, eine Verbindung herzustellen?

Auf dem Weg zur Tür sah sie auf die Uhr. Er kam früh. Sie mussten erst in dreißig, vierzig Minuten zum Flughafen.

Sobald sie die Tür öffnete, spürte sie das unwillkürliche Prickeln wieder. Nick stand lächelnd vor ihr, tiefe Grübchen in den Wangen. Ein paar Strähnen fielen ihm in die Stirn, und seine Augen strahlten verschmitzt. Er trug ein rotes T-Shirt und Jeans, beides so eng, dass sein athletischer Körper abgezeichnet wurde. Sie hätte ihn gern angefasst. Während sie sich begrüßten und er ins Zimmer kam, fragte sie sich, warum er diese Wirkung auf sie hatte. Sie ertappte sich dabei, den Blick über seinen Po wandern zu lassen, und schalt sich dafür.

„Es muss warm sein draußen", stellte sie fest. Ja, rede nur vom Wetter, das ist unverfänglich angesichts der erotischen Spannung, die er wieder hereinträgt.

„Kaum zu glauben, dass es vor ein paar Tagen geschneit hat. Nebraska-Wetter." Er zuckte die Achseln. „Hier, das ist für dich." Er reichte ihr ein kleines Geschenkpäckchen, das ihrer Aufmerksamkeit entgangen war. „Eine Art Dank-, Bindestrich, Abschiedsgeschenk."

Ihr erster Impuls war, es abzulehnen. Doch sie nahm es, wickelte es aus und merkte, wie aufmerksam er sie dabei beobachtete. Zum Vorschein kam ein rotes Footballtrikot mit der weißen Siebzehn auf dem Rücken, und sie musste lächeln.

„Das ist wunderbar!"

„Ich erwarte nicht, dass es dein Packers-Trikot ersetzt", sagte er eine Spur verlegen, „aber ich fand, du solltest auch eines der Nebraska Cornhuskers haben."

„Danke. Das ist lieb."

„Siebzehn war meine Nummer", fügte er hinzu.

Damit bekam das schlichte Baumwolltrikot eine noch größere Bedeutung. Sie sahen sich in die Augen, und Maggie wurde ernst, während sie das ärgerliche Prickeln zu unterdrücken versuchte. Immerhin wandte Nick als Erster leicht befangen den Blick ab. In solchen Augenblicken erstaunte er sie am meisten, wenn bei dem unbekümmerten, selbstsicheren Junggesellen der unwiderstehlich scheue, sensible Mann durchblitzte.

„Ach ja, und das ist von Timmy."

Sie nahm das Videoband, las den Titel und musste wieder lächeln. „*Akte X*."

„Er sagte, seine Lieblingsepisode ist auch drauf – die mit den Killerschaben natürlich."

Da er die Hände nun frei hatte, schob er sie in die Hosentaschen.

„Ich werde sie mir bestimmt ansehen und Timmy sagen, was ich davon halte", versprach sie, und die ungewohnte Verpflichtung, Kontakt zu halten, freute sie sogar.

Sie standen reglos da und sahen sich nur an. Die letzte Woche hatten sie fast rund um die Uhr zusammen verbracht, Pizzas und Brandy geteilt, Ansichten und Meinungen ausgetauscht, mit Verrückten und Heiligen gerungen, Ängste und Erwartungen erstickt und um kleine Jungen getrauert, die sie nicht kannten. Sie hatte Nick Morrelli Verletzlichkeiten eingestanden, wie sonst nicht einmal sich selbst. Vielleicht hatte sie deshalb das Gefühl, einen großen Teil von sich hier zurückzulassen. Ausgerechnet in einer Kleinstadt in Nebraska, von der sie zuvor nie gehört hatte. Was war aus der kühlen, distanzierten FBI-Agentin geworden, die in jeder Lage ihre Professionalität bewahrte?

„Maggie, ich ..."

„Entschuldige", unterbrach sie ihn, um nicht mit einem Eingeständnis von Gefühlen konfrontiert zu werden. „Das hätte ich fast vergessen. Ich versuche gerade, einige Informationen zu bekommen." Sie floh zum Tisch in der Ecke. Der Computer hatte endlich

406

die Verbindung hergestellt, und sie drückte noch einige Tasten, ungehalten darüber, wie aufgewühlt sie war.

„Du suchst ihn immer noch", stellte er ohne Staunen oder Verärgerung fest und stand beunruhigend nah hinter ihr.

„Von Caracas aus wurde Pater Francis' Leichnam per LKW in eine kleine Gemeinde etwa hundert Meilen südlich gebracht. Keller wird laut seinem Ticket heute zurückkehren. Ich versuche herauszufinden, ob er die Maschine zurück nach Miami genommen hat oder woanders hin fliegt."

„Ich staune, zu welchen Informationen du Zugang hast."

Sie spürte, wie er sich vorbeugte, um besser zu sehen.

„Am Flughafen habe ich mir gewünscht, einen FBI-Ausweis zu haben, anstatt meines mickerigen Sheriffsterns. Ich war weit außerhalb meines Bezirks."

„Ich hoffe doch sehr, dass du dir nicht wieder Gedanken darüber machst, inkompetent auszusehen."

„Nein, wirklich nicht", betonte er, und es klang überzeugend.

Schließlich erschien die Passagierliste von TWA Flug 1692 auf dem Monitor. Maggie fand Pater Michael Kellers Namen, der auch nach dem Abflug auf der Liste blieb.

„Dass er auf der Liste steht, bedeutet nicht, dass er im Flugzeug war."

„Ich weiß." Sie schlüpfte zwischen Nick und dem Computer heraus, um sich nicht zu Nick umdrehen zu müssen.

„Und wenn er nun nicht zurückkommt?"

„Ich finde ihn", sagte sie schlicht. „Er kann rennen, aber er kann sich nicht ewig verstecken."

„Selbst wenn du ihn findest, haben wir nicht den Hauch eines Beweises gegen ihn." Zögernd ließ er den Blick vom Computer, zu ihrem Gepäck und zu ihr wandern. „Ich weiß nicht, ob Eddie eine Rolle bei den Morden spielte, aber ich habe Ray Howard von Anfang an verdächtigt. Komm schon, Maggie. Wir haben ihn am Flughafen mit dem vermutlichen Mordwerkzeug geschnappt."

Stirnrunzelnd schüttelte sie den Kopf. „Er passt nicht ins Profil."

„Vielleicht nicht. Aber weißt du was? Ich möchte die letzte Stunde mit dir nicht über Eddie Gillick, Ray Howard, Pater Keller oder den Fall sprechen."

Er kam zögernd näher. Sie schob sich nervös das Haar aus der Stirn und eine Strähne hinter das Ohr. Sein intensiver Blick ging ihr durch und durch.

Nick berührte sanft ihr Gesicht. Sie hätte den Kuss verhindern können, als er sich leicht vorneigte. Doch als seine Lippen über ihre strichen, brauchte sie ihre Willenskraft, um die Knie am Nachgeben zu hindern. Da sie sich nicht zurückzog, bekam sie einen sanften, feuchten und so sehnsüchtigen Kuss, dass ihr schwindlig wurde und der Raum sich zu drehen schien.

Nachdem Nick den Kuss beendet hatte, hielt sie die Augen geschlossen, damit sich Atmung und Gleichgewichtssinn wieder normalisierten.

„Ich liebe dich, Maggie O'Dell."

Sie riss die Augen auf und entdeckte in seinem Gesicht, das nah vor ihrem war, jungenhafte Scheu. Offenbar war ihm das Geständnis nicht leicht gefallen. Sie wich zurück und merkte erst jetzt, dass er sie abgesehen von den Fingern am Gesicht nirgends berührt hatte. Was es ihr enttäuschend leicht machte, sich zurückzuziehen.

„Nick, wir kennen uns kaum." Sie hatte Mühe, ruhig zu sprechen. Wie konnte ein simpler Kuss sie derart aus der Fassung bringen?

„Ich habe noch nie für jemanden so empfunden wie für dich, Maggie. Und nicht etwa, weil du unerreichbar bist. Ich kann meine Gefühle nicht mal ansatzweise erklären."

„Nick ..."

„Bitte, lass mich ausreden."

Sie wartete und wappnete sich an die Kommode gelehnt vor einem Geständnis. Dieselbe Kommode, an der sie sich in jener Nacht festgehalten hatte, als sie gefährlich nah daran gewesen waren, miteinander zu schlafen.

„Ich weiß, wir kennen uns erst eine Woche, aber ich versichere dir, ich bin nicht impulsiv ... nun ja, bei Sex schon, aber nicht, wenn es um Gefühle geht ... um Liebe. Ich habe noch nie einer Frau meine Liebe gestanden."

Das klang nach einer Masche, doch sie sah ihm an, dass er aufrichtig war. Da sie etwas sagen wollte, hinderte er sie mit erhobener Hand daran.

„Ich erwarte nichts, ich möchte deine Ehe nicht gefährden. Aber du solltest nicht abreisen, ohne meine Gefühle zu kennen, für den Fall, dass es dir etwas bedeutet. Und selbst wenn nicht, möchte ich, dass du weißt, wie verrückt, tief, hoffnungslos, Hals über Kopf ich in dich verliebt bin, Maggie O'Dell."

Er wartete auf ihre Antwort. Sie war einen Moment sprachlos und hielt sich an der Kommode fest, um sich ihm nicht an den Hals zu werfen. „Ich weiß nicht, was ich sagen soll."

„Du musst nichts sagen."

„Ich habe auch Gefühle für dich." Sie mühte sich mit den Worten ab. Die Vorstellung, ihn nie wieder zu sehen, tat weh. Aber was wusste sie schon von Liebe? War sie nicht auch in Greg verliebt gewesen – irgendwann einmal? Hatte sie nicht geschworen, ihn immer zu lieben? „Mein Leben ist im Moment recht kompliziert", hörte sie sich sagen und hätte sich dafür ohrfeigen mögen. Nick hatte ihr sein Herz geöffnet und war ein Risiko eingegangen, und sie reagierte nüchtern und rational.

„Ich weiß", erwiderte er, „aber vielleicht bleibt es nicht kompliziert."

„Deine Gefühle bedeuten mir etwas, Nick", versicherte sie in dem schwachen Versuch, ihre Unschlüssigkeit abzumildern.

Er schien erleichtert, als sei die schlichte Beteuerung schon mehr, als er erwartet habe. „Weißt du", begann er und klang selbstsicherer, während ihr Herz schrie, sie solle ihm endlich gestehen, was sie fühlte. „Ich bin in diese übergroßen Fußstapfen meines Vaters getreten, und ich möchte das nicht mehr."

„Du bist ein guter Sheriff, Nick." Sie ignorierte den Schmerz im Herzen.

„Danke, aber es ist nicht das, was ich tun möchte", fuhr er fort. „Ich bewundere, wie viel dir deine Arbeit bedeutet – deine Hingabe ... deine sture Hingabe, möchte ich hinzufügen. Mir ist jetzt erst klar geworden, wie sehr ich mir eine Aufgabe wünsche, an die ich glaube."

„Also, was möchte Nick Morrelli werden, wenn er groß ist?" fragte sie lächelnd, obwohl sie ihn doch viel lieber umarmen wollte.

„Während des Jurastudiums habe ich im Büro des Distrikt-Staatsanwaltes von Suffolk County in Boston gearbeitet. Sie haben mir dort immer gesagt, ich könnte jederzeit zurückkommen. Es ist lange her, aber ich denke, ich rufe dort mal an."

Boston. So nah, dachte sie unwillkürlich. „Das klingt großartig", erwiderte sie und berechnete bereits die Strecke zwischen Boston und Quantico.

„Du wirst mir fehlen", sagte er schlicht.

Das traf sie unvorbereitet, da sie sich schon vor weiteren Geständnissen sicher glaubte.

Vielleicht bemerkte er ihr Unbehagen, denn er sah rasch auf die Uhr. „Ich sollte dich zum Flughafen bringen."

„Richtig." Sie blickte ihm in die Augen. Ein letztes Herzklopfen, eine letzte Chance, Gefühle zu gestehen. Oder würden sie noch genügend Chancen bekommen?

Maggie schob sich an ihm vorbei, schaltete den Computer aus, zog den Stecker, klappte den Deckel zu und schob den Laptop in seine Umhüllung. Nick nahm ihren Koffer, sie den Kleidersack. Sie waren bereits an der Tür, als das Telefon klingelte. Zuerst wollte sie es ignorieren und gehen. Plötzlich lief sie zurück und riss den Hörer hoch.

„Maggie O'Dell."

„O'Dell, ich bin froh, Sie zu erwischen."

Es war Direktor Cunningham. Sie hatte seit Tagen nicht mit ihm gesprochen. „Ich war gerade auf dem Weg nach draußen."

„Gut. Kommen Sie schnellstens zurück. Ich lasse Sie von Delaney und Turner am Flughafen abholen."

„Was ist los?" Sie sah Nick an, der mit besorgter Miene ins Zimmer zurückkam. „Das klingt, als würden Sie mir Leibwächter schicken", scherzte sie und spannte sich an, da er mit einem viel sagenden Schweigen antwortete.

„Ich wollte es Ihnen mitteilen, ehe Sie es aus den Nachrichten erfahren."

„Was denn?"

„Albert Stucky ist geflohen. Sie wollten ihn von Miami in ein Hochsicherheitsgefängnis nach Nord Florida bringen. Stucky biss einem Bewacher ein Ohr ab und erstach einen anderen mit – man soll es nicht glauben – einem hölzernen Kruzifix. Dann blies er ihnen die Köpfe mit den eigenen Dienstrevolvern weg. Offenbar hatte Stucky am Vortag in seiner Zelle Besuch von einem katholischen Priester. Er muss ihm das Kruzifix dagelassen haben. Ich möchte nicht, dass Sie sich Sorgen machen, Maggie. Wir haben den Bastard einmal geschnappt, wir kriegen ihn auch ein zweites Mal."

Doch Maggie hörte nur eines: „Albert Stucky ist geflohen."

EPILOG

Eine Woche später.
Chíuchín, Chile

Er konnte nicht glauben, wie herrlich sich der Sonnenschein anfühlte, während er mit nackten Füßen über den steinigen Strand ging. Die kleinen Schnitte und Kratzer waren ein geringer Preis dafür, warme Wellen um die Zehen spülen zu spüren. Der Pazifik erstreckte sich endlos weit, sein Wasser wirkte belebend, seine Kraft war überwältigend.

Hinter ihm erhoben sich die Berge Chiles und isolierten dieses kleine Paradies, wo arme, hart arbeitende Bauern sich Aufmerksamkeit und Erlösung erhofften. Die kleine Gemeinde zählte weniger als fünfzig Familien. Das war ideal. Seit seiner Ankunft hatte er kaum noch das Pochen im Schädel bemerkt. Vielleicht war es endgültig verschwunden.

Eine Gruppe braunhäutiger Jungen jagte hinter einem Ball her und kam auf ihn zu. Zwei von ihnen erkannten ihn aus der Morgenmesse. Sie winkten und riefen ihn beim Namen. Er lachte über ihre falsche Aussprache. Als sie sich um ihn scharten, tätschelte er ihnen lächelnd die Köpfe. Der mit den zerrissenen blauen Shorts hatte so traurige Augen und erinnerte ihn an sich selbst.

„Mein Name", belehrte er sie, „ist Pater Keller, nicht Pater Killer."

Band-Nr. 25002
7,95 €
ISBN 3-89941-002-5

GINNA GRAY
Zeugin am Abgrund

Lauren hat einen kaltblütigen Mord beobachtet, und als einzige Zeugin ist ihre Aussage von unschätzbarem Wert. Aber bis zur Verhandlung, die den Mafiaboss Giovessi für immer hinter Gitter bringen soll, vergehen noch Monate, in denen Lauren sich in größter Lebensgefahr befindet, mundtot gemacht zu werden. Man betraut FBI-Agent Sam Rawlins persönlich mit ihrer Sicherheit, und er fliegt sie aus – doch die Mafia ist schneller. Über den verschneiten Rocky Mountains stürzt das sabotierte Flugzeug ab. Für Sam und Lauren beginnt ein verzweifelter Kampf ums Überleben und eine dramatische Flucht vor Giovessis Schergen.

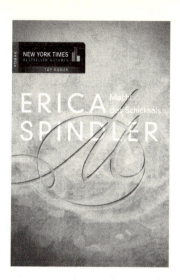

Band-Nr. 25003
7,95 €
ISBN 3-89941-003-3

ERICA SPINDLER

Macht des Schicksals

M – immer wieder schreibt Skye Dearborn diesen Buchstaben, aus einer dunklen Erinnerung ihres Unterbewusstseins heraus. Wer sie wirklich ist, und warum sie von ihrer eigenen Mutter als Kind aus der Mitte der mächtigen Monarch-Familie gekidnappt wurde, erfährt sie erst, als das Schicksal zuschlägt. Denn getrieben von dem Wunsch, ihre Zukunft allein zu meistern, verlässt sie Chance McCord, den sie liebt, und wird eine erfolgreiche Schmuckdesignerin bei dem Mann, vor dem ihre Mutter sie immer schützen wollte. Jetzt ist er seinem Ziel ganz nah: Skye zu besitzen – oder sie zu töten.

Band-Nr. 25004
7,95 €
ISBN 3-89941-004-1

HEATHER GRAHAM
Mörderspiel

Lochlyre Castle, das düstere schottische Schloss des Krimiautors Jon Stuart, ist Schauplatz der „Mystery Week": Ein gestellter Mord gibt Rätsel auf. Doch kaum betreten die Mitspieler das Castle, spüren sie, dass etwas anders ist als sonst. Denn während der letzten „Mystery Week" kam Jons Frau ums Leben, und der dunkle Verdacht, Jon sei nicht ganz unschuldig, überschattet plötzlich den Event. Nur eine Frau ist fest von Jons Unschuld überzeugt: die attraktive Sabrina Holloway, die mit ihm vor seiner Ehe eine stürmische Affäre hatte. Aber auch sie kann sich der bedrohlichen Atmosphäre nicht erwehren. Wird es wieder ein Opfer geben? Die „Mystery Week" beginnt – unheimlicher und mörderischer als je zuvor.